Franco Biondi
Aus der Werkstatt der Sprach-Verwegenheiten

WortWechsel
Bd. 20

Franco Biondi

AUS DER WERKSTATT DER SPRACH-VERWEGENHEITEN

Essays & Vorträge
1983-2015

THELEM
2017

Herausgegeben von Walter Schmitz

Die vorliegende Publikation wurde im Rahmen der Tätigkeit des Herausgebers als Direktor des MitteleuropaZentrums der Technischen Universität Dresden erstellt und von der Technischen Universität Dresden finanziell unterstützt.

Bibliografische Information der Deutschen Nationalbibliothek
Die Deutsche Nationalbibliothek verzeichnet diese Publikation in der Deutschen Nationalbibliografie; detaillierte bibliografische Daten sind im Internet über http://dnb.d-nb.de abrufbar.

Bibliographic information published by the Deutsche Nationalbibliothek
The Deutsche Nationalbibliothek lists this publication in the Deutsche Nationalbibliografie; detailed bibliographic data are available in the Internet at http://dnb.d-nb.de.

ISBN 978-3-945363-52-2

© 2017 THELEM Universitätsverlag und Buchhandel
Bergstr. 70 | 01069 Dresden
Alle Rechte vorbehalten. All rights reserved.

Gesamtherstellung: THELEM
Umschlagbild: »Der Flügel« von Uschi Keupert.
Foto: Ivan Biondi

VORWORT

Wer die ausstehende Sozialgeschichte der interkulturellen Literatur im Kontext der Einwanderung verfassen wird, kann leicht herausfinden, dass Aras Ören und Franco Biondi zu ihren Wegbereitern gehören und zwar an erster Stelle. Mit ihrer parteiergreifenden Entscheidung, das Leben der Einwanderer in den Mittelpunkt ihres schriftstellerischen Schaffens zu stellen, haben sie die interkulturelle Literatur in Deutschland von Anfang an als engagierte Literatur definiert. Vier Jahrzehnte danach und beim Betrachten ihres Gesamtwerkes können Leser und Forscher erfahren, dass und vor allem wie sie ihr Vorhaben in türkischer bzw. in deutscher Sprache erfolgreich umgesetzt haben. Dabei werden Leser und Forscher sich dem stimmigen Eindruck nicht entziehen können, dass Örens und Biondis Gedicht- und Erzählungsbände sowie umfangreiche Romane einen beachtlichen Teil der interkulturellen Literatur in Deutschland ausmachen. Ein weiteres, verbindendes Merkmal zwischen den Werken von Aras Ören und Franco Biondi ergibt sich aus der Qualität ihrer Sprache. Sie haben stets eine analytische, gestaltende Sprache geschrieben, mit der sie das Wesentliche aus der so widersprüchlich verlaufenen Einwanderung von Millionen Bauern und Handwerkern aus dem Mittelmeerraum nach Deutschland erfasst und dargestellt haben. Ein markanter, jedoch positiver Unterschied zwischen ihnen ergibt sich aus dem Standort, den sie angenommen haben, um durch ihre kreative Arbeit gesellschaftlich einwirken zu können. Aras Ören ist der engagierte, kritische und Solidarität einfordernde Beobachter, Franco Biondi hat sich von vornherein so weit als Teil des Geschehens verstanden, dass er sich nicht gescheut hat, einen Schriftsteller namens Franco Biondi in seinen Romanen handeln zu lassen. Es überrascht daher nicht, dass Franco Biondi als Essayist mit derselben Anteilnahme schreibt. Aus dem vorliegenden Essay-und-Vorträge-Band geht deutlich hervor, dass er z. B. das Aufkommen, die Entwicklung und die Rezeption der interkulturellen Literatur in Deutschland auffordernd kritisch begleitet und seinen eigenen literarischen Werdegang als interkultureller Autor von Beginn an streng hinterfragt hat.

Biondis Essays und Vorträge kreisen um Kernthemen wie: die Einwanderer und ihr Recht auf Selbstbestimmung, das Leben in der Fremde, der sprachliche Werdegang eines interkulturellen Dichters, Romanciers, Essayisten und Tagungsreferenten, die Zusammenarbeit von ausländischen Schriftstellern und Künstlern, die aufkommende interkulturelle Literatur in deutscher Sprache sowie die ablehnende Haltung des bundesrepublikanischen Literaturbetriebs gegenüber einer literarischen Avantgarde, mit der die Experten im Lande nicht gerechnet hatten. Die Texte des Sammelbandes, die im Lauf von dreißig Lebensjahren des Verfassers entstanden sind, haben eine persönliche Dimension, die ihn umso authentischer macht. Jenseits der Fachinhalte werden in dem Band existenzielle Erfahrungen, engagierte Erkenntnisse aus dem Leben in der Fremde, vielfältige Hinweise aus der Schreibwerkstatt eines interkulturellen Schriftstellers, aus dem Berufsalltag als Familientherapeut, und immer wieder leserfreundliche Selbstauskünfte und hilfreiche Hinweise zur Vermeidung von Fallen und Sackgassen in dem dialogischen Austausch zwischen Minderheiten und Aufnahmegesellschaft wiedergegeben.

Bei der Beschäftigung mit dem Sammelband steht es dem Leser frei, Essays und Vorträge aufgrund seiner Interessen und Bedürfnisse zu bündeln, er kann sich aber auch von der zeitlichen Progression leiten lassen, die Franco Biondi bei der Gestaltung des Buches als Lesevorschlag formuliert hat. Als dritte Erschließungsmöglichkeit gehe ich auf folgende vier Kernthemen bzw. Interessengebiete kurz ein.

Wer sich zum Beispiel für die Entstehungsgeschichte der interkulturellen Literatur in deutscher Sprache interessiert, wird durch die Lektüre von Beiträgen wie: *Literatur der Betroffenheit, Von den Tränen zu den Bürgerrechten, Verliert sich die PoLiKunst im Glaslabyrinth der Fremde?, Preisrede zum Chamisso-Preis, Vorläufige Thesen zur Literatur der Fremde, Die blinde Sehnsucht im blinden Land* eine befreiende Erfahrung machen. Er wird von dem medialen irrführenden Bild befreit, das weiterhin über Themen, Diskussionen und Zielsetzungen einer Gruppe junger Einwanderer herrscht, die sich dazu entschieden hatten, in der deutschen Sprache Dichter, Romancier, Kabarettist, Erzähler zu werden. Er wird erfahren, dass gerade die Mitglieder dieser Gruppe die interkulturelle Literatur in deutscher Sprache mit der Unterstützung von mutigen kleinen Verlagen auf den Weg gebracht haben. In den Beiträgen *Über Obrigkeitsdeutsch und Pluralität in der Sprache* und *Briefwechsel* (Corino/Biondi) wird er einiges über die »hilfeleistende« Haltung der Vertreter des Literaturbetriebs lesen können, womit sie versucht haben, ihre Inkompetenz zu verstecken.

Wer sich ein unverfälschtes Bild davon machen will, wie ein Dichter, Romancier und Essayist die deutsche Sprache für seine interkulturellen Inhalte stets fortentwickeln muss – weil jedes vollendete Werk dem Verfasser den Blick für neue Aspekte seines Anliegens frei macht –, dem bietet sich der Band als eine einmalige Möglichkeit an. Die Einmaligkeit des Sammelbandes ergibt sich zum Ersten aus der belegten Zeitspanne, die dem Band den Charakter einer Langzeitstudie verleiht. Zwischen dem Beitrag *Von den Tränen zu den Bürgerrechten* (1983), der einzigen und daher wertvollen Bestandsaufnahme der italienischsprachigen Emigrantenliteratur in der BRD der 70er/80er-Jahre, und *Der interkulturelle Autor und die Resonanzen* (2015), ein introspektiver Versuch, der eigenen Kreativität auf die Spur zu kommen, liegen mehr als drei Jahrzehnte. Zum Zweiten ist festzustellen, dass im Lauf dieser Zeit Franco Biondi als Einwanderer und Familien- und Traumatherapeut alltäglich zwischen dem Eigenen und der deutschsprachigen Umwelt hat vermitteln müssen. Darüber hat er Tagebuch geführt, das leider bis heute unveröffentlicht ist. Zum Dritten steht fest, dass Franco Biondi im Lauf dieser Zeit sein Gesamtwerk geschrieben hat. Was wiederum bedeutet, dass Franco Biondi die deutsche Sprache in einem ständigen kreativen Prozess für seine interkulturellen Themen als Dichter, Romancier, Essayist und Tagungsreferent sensibilisiert hat.

Für interkulturelle Leser und Forscher, die an analytischen Zeitdokumenten über die Einwanderung und ihre sich im Lauf der Zeit veränderte Wahrnehmung interessiert sind, stellen folgende Arbeiten Biondis einen wertvollen Fundus aus erster Hand dar: *Macht Emigration krank?*, *Was fremd bleibt. Über den intellektuellen Umgang mit der Anwesenheit von Inländern ohne Niederlassungsrecht*, *Die Fremde und die Anderen*, *Meine Heimat?*, *Herkunft und Zugehörigkeit*.

Eine absolute Seltenheit für interkulturelle Forscher und interessierte Leser stellen jene Essays und Vorträge dar, in denen Franco Biondi seine kreativen Schreibstrategien durch Bezugnahme auf sein Fachwissen und seine Erfahrungen als Familien- und Traumatherapeut sowie als Supervisor und Ausbilder zum systemischen Berater untersucht. Am intensivsten geschieht dies in seinen letzten zwei Arbeiten *Werke einer fragmentierten Persönlichkeit* und *Der interkulturelle Autor und die Resonanzen*. Dabei ist zu erwähnen, dass Franco Biondi sich schon sehr früh und immer wieder daran versucht hat, sich über sein Vorgehen als interkultureller Autor bewusst zu werden: wie z. B. in *Fremd dem eigenen Werk gegenüber* und *Über literarische Sprachwege*. Am einfachsten zu erreichen sind die Beiträge, in denen Franco Biondi sich mit dem Schreiben in einer »fremden« Sprache befasst, gerade weil ihre Titel unmissverständlich darauf hinweisen. Dort werden Fragen aufgegriffen, die interkulturelle Schriftsteller und nicht nur sie beschäftigen. Daher war es höchste Zeit, dass Biondis richtungsweisende Ausführungen Lesern und Forschern durch den vorliegenden Band zugängig gemacht worden sind.

Gino Chiellino, Augsburg, Januar 2016

ESSAYS UND VORTRÄGE

FREMD DEM EIGENEN WERK GEGENÜBER

Wenn ich die von mir verfassten Texte nach der Veröffentlichung erneut lese, fühle ich mich unmittelbar unangenehm berührt. Ursprünglich fasste ich das aufgekommene Gefühl als eine Art Scham auf, jenes Empfinden, das ich zum ersten Mal erlebte, als ich ein Gedicht von mir veröffentlicht fand. Aber das war keine richtige Scham, was mich beim Anblick des Textes heimsuchte, dessen Veröffentlichung einige Jahre zurücklag. Es war etwas Unheimliches. Un-heim-lich wurde das Gefühl, das ich spürte. Hierzu suchte ich und fand kein passendes Wort. Es halfen eher die Umschreibungsversuche, die in der Frage mündeten: »Und das soll ich geschrieben haben?« Und daraufhin: »Wer war der Franco, der dieses Zeug verfasst hat?«

Mir kam der Gedanke, dass dies ein Überfall von Fremdgefühl sein könnte. Fremdheit mir gegenüber, der sich unerschrocken verändert und irgendwie seltsam (:un-heim-lich) entwickelt, Fremdheit zum Ich, das in jener Zeit jene Erzählungen oder Gedichte schreiben konnte, Fremdheit über die dort thematisierte Fremdheit. Und schließlich ein Anflug von Fremdheit zu dem, der ich bin und gerade diese Zeilen niederschreibt.

Dies ist mir eben geschehen, als ich das Bändchen *Passavantis Rückkehr* wieder in die Hand nahm, ein Bändchen, das 13 Erzählungen enthält, die ich zwischen 1976 und 1981 schrieb. Zeitlich gesehen sind nur ein paar Jahre vergangen. Vom Zeiträumlichen her, eine lächerliche Zeitspanne. Diese Erzählungen verfasste ich, so glaubte ich damals, um die Fremde in mir anzugehen, aber auch die Entfremdung um mich, also vornehmlich zwischen mir als Emigrant und der deutschen Umwelt.

Diese Art von Fremde, sie hat viele Dimensionen; dabei geht es nicht nur um die existenzielle Komponente, sondern auch um die Entfremdung von jenen menschlichen Empfindungen, die Vertrautheit zu sich selbst und zur Gemeinschaft erfahren lassen. Eine Entfremdung, die Zweifel in das Innere einer Person streut. Was hatten z. B. die Regungen, sprich: die Nöte, der Protagonisten mit meinen inneren Zuständen zu tun?

In der Titelgeschichte *Passavantis Rückkehr* wird zum Beispiel sowohl das Erleben von Heimat in der Fremde als auch jenes Erleben von Fremde in der Heimat thematisiert: Nach fünfzehn Jahren Deutschland kehrt Vito Passavanti in sein Dorf zurück, aber es gibt keine Rückkehr mehr: Er hat sich mit seinem Fühlen und seinen Einstellungen anders entwickelt als die Dorfgemeinschaft. Zudem kehrt er als »Nichtreichgewordener« zurück und zwingt sich deshalb dazu, die üblichen Emigrantenlügen vorzutragen, hinzu findet er keine Arbeit. Mit seinem Freund Giorgio gerät er nun in Konflikt; Passavanti sieht sich dazu veranlasst, Sitten und Bräuche der Deutschen zu loben und sich zu deren positiven Seiten zu bekennen. Die Spannungen zwischen ihm und Giorgio enden am Ende der Erzählung tragisch und Passavanti muss zum zweiten Mal nach Deutschland emigrieren. Genaugenommen will mir diese Erzählung eine intime Mitteilung machen: »Bekenne dich zum endgültigen Abschied von deinem einstigen Herkunftsort!«

Eine weitere Variante der Fremde wird in der Erzählung *Die Trennung* durch einen Wechsel der Erzählerperspektiven dargestellt, die zur Herausbildung zweier Identitäten führt: Die Ehefrau hat durch die Fremde eine Entfaltung ihres Lebens erfahren, der Ehemann eine Einengung; und während sie bleiben will, plant der Ehemann systematisch die Rückkehr in die Heimat. Als für ihn alles so weit ist, beginnt die Ehefrau, in einem Restaurant bedienen zu gehen, er forciert hingegen die Heimkehr, aber plötzlich zieht sie aus der Wohnung aus. Die unterschiedlich erlebte Fremde hat keinen Raum mehr für Einigung: Er wird krank, was seine Rückkehr unmöglich macht, während die Frau ihr Leben zu verwirklichen beginnt.

Die zentralste Fremde, die in diesem Bändchen behandelt wird, ist jedoch eine äußere, also zwischen Individuum und Gesellschaft. Es geht hier um das Zusammenleben der deutschen Mehrheit mit den hier lebenden Minderheiten aus dem Ausland, wie dies in der Erzählung *Die Heimfahrt* in ein Narrativ eingebettet worden ist. Die Integration, wie sie hierzulande verstanden wird, wird als subtiler Anpassungsdruck geschildert. Die Fremde besteht nicht allein aus Haltungen. Der deutsche Alltag vermittelt dem Minderheitsangehörigen, »Du darfst hier sein, du gehörst aber nicht dazu«. Wenn sogar junge Ausländer abgeschoben werden, die in diesem Land geboren wurden oder als Kleinkind gekommen sind, wie es zum Beispiel in der Erzählung *Und nun schieben sie ab* beschrieben wird, und eine Anerkennung von Grundrechten der ausländischen Minderheiten vonseiten der politisch Verantwortlichen ausbleibt, bekommt die Fremde die zusätzliche Dimension der Verweigerung des Rechts auf Zukunft.

Die nicht zugestandene Zugehörigkeit, die Verweigerung des Rechts auf Zukunft, demzufolge bringen mich meine Schriften immer noch auf die Gegenwart zurück und lassen die Fremde als wandelbar und als Kontinuum erfahren. Ein Kontinuum, das von den äußeren Bedingungen ausgeht und ins Innere des Individuums gelangt. Und umgedreht, eine innere Fremde, die kontinuierlich nach außen drängt. Gerade weil ich diese Erzählungen in der festen Absicht, anspruchsvolle Literatur zu machen, geschrieben habe – was ich ohne Weiteres als gelungen betrachte –, und nicht so sehr, um Fragen der Gegenwart festzuhalten, muss ich schon staunen, wie wenig sie an Aktualität eingebüßt haben – ganz gleich ob es sich um *Passavantis* Rückkehr handelt oder um *Die Tarantel*. Gerade in dieser letzten Erzählung beschreibe ich einen grausamen Mord an einem Italiener. Diese Beschreibung ähnelt verblüffend den Ereignissen in Offenbach am 1. Mai dieses Jahres, wo zwei Nazis auf offener Straße den 48-jährigen Gennaro Annicelli erstochen haben – diese Aktualität schmerzt mich, lässt mich die Fremde als ein Virus erleben, denn ich hätte lieber, sie würde der Geschichte angehören und meine Erzählungen nur der Literatur.

Nichtsdestotrotz, rückblickend empfinde ich das, was inzwischen aus meiner Feder hervorgegangen ist, als befremdlich. Ja, meine Schreiberei befremdet mich. Es sind nicht die Themen an sich. Es ist eher das, was meine Sprache sagt und nicht sagt. Es ist eher die Grenze, die ich unentwegt an der Sprache spüre. Wittgenstein meinte, dass seine Sprache dort endet, wo seine Welt endet. Ich empfinde dennoch, dass meine innere und äußere Welt mehr ist als meine Sprache. Dass meine innere Welt nie genug Sprache zur Verfügung hat.

Insofern bin ich mehr als das, was aus den Erzählungen durchschimmert. Mehr und gleichzeitig weniger. Das Land, in das ich geboren wurde, und mein Lebensweg (ich mich, meine Familie mich usw.) haben mich zum Emigranten gemacht. Dass dieser Umstand mein Schreiben gerade prägt und zu bestimmen scheint, soll mich nicht dazu verleiten, den Blick zu versperren über das, was mich insgesamt ausmacht: ein Firmament aus widersprüchlichen Regungen. Ich habe neulich einen Entwurf mit dem Arbeitstitel *Sechs Personen, die in Antonino ein- und ausfließen* (eine Titelvariante war: ... *die sich in Antonino verlieren*) entwickelt – das widerspiegelt mehr meine Fremdheit gegenüber meinem Alltag und mir selbst. Gelegentlich kommt mir der Gedanke, dass das, was ich schreibe, nicht wirklich mir gehört. Aber es ist ein Teil von mir.

Wie dem auch sei: In der Werkstatt wartet ein neues Projekt, das mich wie eine Besessenheit nicht loslässt. Es will geschrieben werden. Vordergründig hat es nicht mit mir zu tun: Es geht erneut um einen jungen Mann, namens Mamo, der aus irrwitzigen Gründen aus dem Land vertrieben werden soll. Dieses Thema war im Erzählband sehr präsent, aber es verlangte in mir die Ausarbeitung einer weiteren Variante, aus mir nicht erfühlbaren Gründen. Meine gegenwärtigen Lebensumstände beweisen mir das Gegenteil von dem, was ich gerade schildern will. Und doch fühle ich mich getrieben, diese Erzählung zu schreiben.

Die Fremde ist nicht nur im Alltag allgegenwärtig. Es mutet so an, dass sie nicht nur die äußeren Umstände, sondern auch das Innere steuert. Und damit auch mein beginnendes literarisches Werk.

Lörzweiler, April 1983

VON DEN TRÄNEN ZU DEN BÜRGERRECHTEN
Ein Einblick in die italienische Emigrantenliteratur

I. Einleitung

Nicht wenige Autoren italienischer Herkunft haben sich in den verschiedenen Immigrationsländern mit ihren literarischen Produktionen einen Namen gemacht. Argentinien wurde zur bevorzugten Heimat zahlreicher Italiener, zu denen nicht nur Osvaldo Soreano, Arnoldo Conti, Antonio De Benedetto zählten, sondern auch Ernesto Sábato, der mit seinem bedeutendsten Werk *Sobre heroes y tumbas* über die Grenzen Amerikas hinaus Anerkennung fand. In den Vereinigten Staaten waren es Paul William Gallico, Gregory Corso, Armand Gatti und Mario Puzo. Besonders der Letztere setzte sich schriftstellerisch mit der Emigrationsthematik auseinander. Dabei ist Puzo wohl derjenige, der sich konsequenter als die anderen in seinen zwei Romanen *The Godfather* und *The Fortunate Pilgrim* dieser Thematik angenommen hat.

Jenseits des Atlantiks begann die Immigration aus Italien schon vor etwa 120 Jahren, diesseits erst in jüngster Zeit. Obwohl noch keine dreißig Jahre vergangen sind, seitdem die ersten Italiener auf Arbeitssuche in die Bundesrepublik kamen, haben sich schon eine ganze Reihe junger Autoren in deutscher Sprache zu Wort gemeldet.

Wegen der noch allgemein vorhandenen Unkenntnis über die Herkunft und Vielfalt dieser literarischen Produktionen erscheint es sinnvoll und angemessen, einen ersten kursorischen Überblick über diese Literatur italienischer Provenienz zu geben, wobei zwischen folgenden Autorentypen unterschieden werden kann:

- Schriftsteller, die im Herkunftsland die Emigration zum Thema gemacht haben, ohne selbst davon betroffen zu sein,
- emigrierte Schriftsteller, die die Thematik in ihren Publikationen am Rande anschneiden oder sie zum Hauptgegenstand ihrer Produktion erheben,
- Emigranten, die im Ausland von der Migration direkt betroffen sind und in der Emigration zu schreiben begannen.

Wir werden uns im Folgenden schwerpunktmäßig mit der letzten Kategorie näher beschäftigen.

II. Emigration von außen betrachtet

Wie im 19. haben auch im 20. Jahrhundert nicht allzu viele italienische Autoren die Emigration zum Gegenstand ihres Schreibens gemacht, und wenn Emigranten in ihren Werken auftraten, dann entweder als Randfiguren (z. B. C. Levi: *Cristo si è fermato ad Eboli*) oder als Vehikel der eigenen Problematik (z. B. C. Pavese: *La luna e il falò*, 1950). Die Rückkehr ist am häufigsten thematisiert; stellvertretend für einige andere sei hier wiederum C. Pavese zitiert, bei dem der Emigrant das Klischee des reichgewordenen Rückkehrers erhält, der in seinem »Ursprungsdorf« einkehrt, um Erinnerungen aufzufrischen und nach seiner wirklichen Herkunft zu forschen. Selten wird die Fremde selbst zum Gegenstand gemacht; die Abfahrt, das Szenarium der Emigration bekommt, wenn es überhaupt behandelt wird, das Charakteristikum des Melodramatischen oder gestaltet sich zum Schwarz-Weiß-Schema. Ein gutes Beispiel für die Schwierigkeit, als Nichtbetroffene das Emigrationsthema zu behandeln, dürfte hier der Roman *La passione di Michele* (1980) von G. Fava sein, einem bekannten Gegenwartsschriftsteller und Journalisten, der sonst sein Werk den Mafiamachenschaften widmete und vermutlich deswegen vor Kurzem umgebracht wurde (5. 1. 84). Dieser Roman, der durch die Verfilmung von W. Schroeter (*Palermo oder Wolfsburg*) in der Bundesrepublik einen beachtlichen Bekanntheitsgrad erlangte, beruht auf einem Ereignis, das sich im Jahre 1975 tatsächlich in der Bundesrepublik ereignet hat: Ein junger Mann aus Sizilien brachte aus Eifersucht vier junge Menschen um. Die gewählte Thematik, der Zusammenprall der Kulturen, ist wichtig und folgerichtig dargestellt, auch wenn sie einige vorherrschende Vorurteile gegenüber Südländern bestätigen mag. Da aber dieser Roman die täglichen Probleme und Nöte der italienischen Emigranten nur am Rande streift – und gleichzeitig viele Landschafts- und Stadtbeschreibungen enthält –, bekommt er eher den Unterton einer kritischen Touristenerzählung anstatt den eines sozialkritischen Werks: Wolfsburg und Berlin-West erhalten darin eine folkloristische Dimension. Die Einengung der ehemaligen Hauptstadt Deutschlands auf Geschäfte mit Sex und Erotik als Symbol einer industrialisierten Gesellschaft mag dabei metaphorisch stimmen, die Frage bleibt aber, wie das mit dem Alltag der Gastarbeiter in der VW-Metropole glaubwürdig zu verbinden ist.

Wer von sich in der Emigration reden gemacht hat, ist vielmehr ein anderer Autor mit einem Bändchen von 42 Gedichten in freiem Stil und freiem Erzählduktus, St. Villardo (1975). Die Gedichtsammlung mit dem Titel *Tutti dicono Germania Germania* geht von Interviews mit aus Sizilien stammenden und gerade im Urlaub weilenden Emigranten aus; es sind sozusagen »Dokumentargedichte« im weitesten Sinne, da der Autor das Gehörte, die Fakten und die Wertungen, die Lebenschroniken also, literarisch elaboriert. Die Arbeit erinnert ganz vage an die *Spoon River Anthology* von E. L. Masters (1915), ist aber insgesamt keine gute literarische Bearbeitung des Themas; L. Sciascia, der das Vorwort dazu schreibt, bemerkt zu Recht, dass darin keine Vermittlung durch den Dichter stattgefunden hat. Neben dem Rahmen des Hörensagens erhalten die Gedichte zusätzlich das Charakteristikum des Fernliegenden, des fast Mythischen.

III. Die Zurückgekehrten

Von den ins Herkunftsland Zurückgekehrten scheinen nur Texte vorzuliegen, die als einmalige Zeugnisse aufgrund einer gemachten und als außergewöhnlich empfundenen Erfahrung gelten können. Neben A. Serra (1974), der seine Verwicklung in eine als Streitfall geltende Mordsache in der Schweiz schildert, soll hier insbesondere M. Di Mauro (1967) angeführt werden, weil dieser stellvertretend für viele andere Emigranten ohne Schulbildung plötzlich zur Feder greift, um seine Lebenserfahrungen niederzuschreiben. Die Rettung aus der miserablen Lage zwischen bäuerlichem Elend und familiärer Unterdrückung erhofft sich M. Di Mauro im Militärdienst. Zwar kann er dort Schreiben und Lesen lernen, aber keine Existenzsicherung finden. Jede weitere Flucht aus den Feldern misslingt, bis er dann als Aushilfe in der Erntezeit nach Frankreich gehen kann und anschließend in die Bundesrepublik. Hier findet er zunächst Arbeit in einer Gießerei unter lebensgefährlichen Bedingungen (Schmelzen von Bomben aus dem Zweiten Weltkrieg); später arbeitet er in vielen anderen Betrieben. Der bereits seit Langem gesundheitlich Angeschlagene erkrankt schwer; aber es sind schöne Zeiten: Der Lohn fließt und das Wetter hat sich auf »schön« stabilisiert, so der Autor. Dadurch wird einiges klar: Er beschwert sich nicht über sein Los, er weiß nur, dass er insgesamt außergewöhnliche Erfahrungen gemacht hat, von denen er ein Zeugnis ablegen will (vgl. S. 152).

IV. Italienische Emigrantenliteratur in der Bundesrepublik

a) Ein kurzer Abriss der Anfänge

Während in der Schweiz die literarische Produktion italienischer Emigranten schon in den fünfziger Jahren einsetzte, beginnt diese

Entwicklung in der Bundesrepublik erst mit dem Einzug arbeitender Italiener Anfang der sechziger Jahre. Es handelt sich meist um kurze Lebensbeschreibungen oder auch religiöse Gedichte, die entweder in der von den italienischen Missionen herausgegebenen Wochenzeitung *La Squilla* (später unter dem Titel *Corriere d'Italia*, abgekürzt *CdI*) erschienen oder auch in die Informationsblätter örtlicher Missionen aufgenommen wurden. Erwähnenswert ist in diesem Zusammenhang die Lebenschronik von C. Pasquali, die er im April 1961 verfasste und einen Monat später veröffentlichte. In ihr spiegeln sich die erfahrene Ungerechtigkeit und die vielen Demütigungen, gegen die der Autor auf seinem Leidensweg anzukämpfen hatte. Missstände werden angeprangert und der Wunsch auf Änderung der Zustände ist erkennbar. Die eigene Betroffenheit kommt besonders in den folgenden Zeilen zum Ausdruck:

> Ich habe in der vergangenen Zeit gelitten, aber, indem ich euch diese wenigen Zeilen übergebe, lege ich euch das in die Hand, was mir noch geblieben ist: Die Zukunft [...]. Ich weiß nicht, ob mein Schreiben veröffentlicht wird, und wenn nicht, ich werde trotzdem glücklich sein, weil ich jetzt nicht mehr der einzige bin, der die Wahrheit kennt: jene Wahrheit, die unter der schweren Last des Lebens begraben ist, falls man das als Leben bezeichnen kann.

Pasqualis schonungslose Darstellung der Lage der Emigranten lässt darauf schließen, dass ihm seine Leidensgenossen die Situation zu sehr beschönigen.

Als literarisches Zeugnis einer Lebenserfahrung will auch G. Bertagnoli seinen in deutscher Sprache erschienenen Roman *Arrivederci, Deutschland!* (1964) verstanden wissen. Der Held, Rino Sorrentini, ist kein »typischer« Gastarbeiter. Nicht die Arbeitsmarktsituation seines Landes, sondern eher persönliche Gründe treiben ihn in die Emigration. Geboren und aufgewachsen in Verona, kommt er Ende der fünfziger Jahre in die Bundesrepublik. Auf der Suche nach der eigenen Identität möchte er die negativen Erfahrungen mit einem Mädchen vergessen. Stattdessen erfährt er den leidvollen Weg eines Gastarbeiters. Als er ein Mädchen kennenlernt und sich in sie verliebt, steht er nicht nur vor der Entscheidung: Sigrid oder Gabriella, sondern auch Deutschland oder Italien. Bei seiner kurzfristigen Rückkehr in die Heimat sieht er sein Land mit anderen Augen und entscheidet sich für Sigrid. Er baut sich in der neuen Heimat eine zweite Existenz auf und ist glücklich, den für ihn richtigen Weg gefunden zu haben. Der Roman zeichnet sich nicht durch ein hohes erzählerisches Niveau aus, er verliert sich allzu häufig in nebensächlichen Beschreibungen. Die für die italienische Volkskultur typische Sentimentalität zieht sich durch den ganzen Roman. Da das Buch an die Deutschen als Adressaten gerichtet ist, spart Bertagnoli auch nicht mit Dankbarkeitsbekundungen. Interessant bleibt der Roman vor allem deshalb, weil er als ein Zeugnis jener Anfangsjahre Einblicke in die Emigrantenwelt gibt und herausstellt, dass bestimmte Themen keine Einzelfälle bleiben, sondern mit einer gewissen Kontinuität immer wieder auftauchen.

Im gleichen Jahr erschienen in italienischer Sprache zwei Gedichtbände von A. Pesciaioli (1964a, 1964b), die zwar in der Bundesrepublik geschrieben sind (er lebt seit 1961 in einem kleinen Ort im Schwarzwald), die die Emigration selbst jedoch nur am Rande behandeln. Dieses Phänomen kann als Emigration in der Emigration bezeichnet werden. Seine Themen sind die Natur und ihre Wandlungen, der Kosmos, die Trauer und die Todesfurcht – Themen, die der Dichter auch in seinen späteren Lyrikheften *La guerra di Dio* (1975) und *L'ultima luna* (1978) aufgreift. In *La guerra di Dio* werden Ungeziefer, Qual und Tod thematisiert, die beschriebene Atmosphäre ist düster und geheimnisvoll. Es handelt sich um apokalyptische Dichtung, die nach V. d'Adamo (»*Il Mulino*« 1975, 9, S. 10) eine gewisse Ähnlichkeit mit der Malerei Boschs und Brueghels aufweist. Die Gedichte in *L'ultima luna* nähern sich in Themen und Formenwahl denen von G. Ungaretti, ohne jedoch bloße Nachahmung zu werden.

Erst gegen Ende der sechziger Jahre wuchs das Interesse der italienischen Informationsdienste in der Bundesrepublik an den literarischen Arbeiten der Emigranten. Gedicht- und Prosawettbewerbe wurden und werden noch als Mittel zur Förderung der Autoren und als Anlass für Veröffentlichungen veranstaltet. Von 1968 bis 1972 rief ein christlicher Verein zu solchen Wettbewerben auf, seit 1974 übernahm das die Privatinitiative um A. Pesciaioli, die ALFA (Associazione Letteraria Facoltà Artistiche), 1975 die zweisprachige Zeitschrift *Incontri*, 1976 der den italienischen Sozialisten nahestehende Kulturverein »FISC« (Federazione Italiana Sport e Cultura) und 1983 nun auch die Missionszeitung *Corriere d'Italia*. *Incontri* veröffentlichte in jeder Nummer einige Gedichte, *Corriere d'Italia* von 1974 an ebenfalls, manchmal sogar auf einer ganzen Seite. Seit 1981 ist die Tendenz in *Corriere d'Italia* wieder rückläufig und die Gedichte erscheinen nur noch sporadisch auf eine Sparte beschränkt.

A. Pesciaioli, der als Elektriker tätig ist, machte sich nicht nur einen Namen durch die Publikation von Gedichtheften (seit 1975 über fünfzig), sondern ebenfalls durch die Herausgabe der Literaturzeitschrift

Il Mulino, in der er mehr als zweitausend Italienern, die hauptsächlich im Ausland leben, die Gelegenheit bot, ihre Arbeiten zu veröffentlichen (Angaben in *Il Mulino* 1982, 1, S. 2). Zwar glichen die ersten Ausgaben, deren Auflagezahlen zwischen 200 und 800 Exemplaren ständig pendelten, in Form und Aufmachung eher noch einer Schülerzeitung, doch bot sich immerhin den schreibenden und weitverstreuten Emigranten zum ersten Mal die Chance, untereinander Kontakt aufzunehmen und gemeinsam zu publizieren.

Il Mulino wurde auf diese Weise zum Sammelbecken emigrierter italienischer Schreibender. Das Gros der Anhängerschaft Pesciaiolis, abgesehen von denjenigen, die sich später dem *Südwind* angeschlossen haben, besteht aus zwei großen Gruppen: Die eine setzt sich aus literarisch Ungebildeten zusammen, die sich einerseits – oft unterbewusst – der Tradition der Emigrantenliteratur und andererseits dem Erbe der klassischen in der Grundschule vermittelten und der volkstümlichen Romantik verpflichtet fühlen. Die andere Gruppe besteht aus literarisch Gebildeten oder aus solchen, die sich dafür halten und die sich mehr an den klassizistischen Traditionen der italienischen Literatur orientieren. Während A. Pesciaioli mit seinen Publikationen einen »populistischen« Kurs ansteuerte – alles, was aus Emigrantenfedern floss, sollte veröffentlicht werden, auch auf die Gefahr hin, dass in den Seiten des *Mulino* faschistische oder rassistische Gedichte eines in Äthiopien lebenden Italieners neben denen eines der Aufklärung verpflichteten Autors abgedruckt wurden – verfolgte der zwei Jahre später entstandene Verein FISC unter der Leitung von A. Polidori das Ziel, die guten, schönen und anspruchsvollen Werke emigrierter Literaten zu publizieren. A. Polidori vertrat in diesem Sinne aus der Sicht der bürgerlichen Literatur einen ästhetischen Standpunkt, der jedoch pathetische und sentimentale Züge durchaus auch zuließ. Die Aktivitäten des FISC erstreckten sich von der Veranstaltung diverser Gedichtwettbewerbe bis hin zur Herausgabe eines Sammelbandes mit Prosa und Gedichten, sowie dreier Gedichtbände (Polidori 1982, 1983), die eine Auswahl der besten Texte enthalten. Jedoch erlangte diese Initiative nie die Bedeutung und Reichweite wie die des Kreises um A. Pesciaioli. Gleiches lässt sich rückblickend auch für die Westberliner zweisprachige Monatszeitschrift *Incontri* konstatieren. Zwar räumte diese den in der Bundesrepublik lebenden Italienern eine kleine Gedichtecke ein, man schrieb aber diesen schriftstellerischen Produktionen eher den Charakter einer Freizeitlyrik oft mit Notwehrhaltung zu. Eine tragende Rolle errang in dieser Phase der Konsolidierung die an den katholisch-italienischen Missionen orientierte Wochenzeitung *Corriere d'Italia* unter der Leitung von C. Mosna, eine Zeitung, die seit 1975 bestrebt war, die Schirmherrschaft über die Initiativen um A. Polidori und A. Pesciaioli zu übernehmen. Regelmäßig druckte sie die Gedichtvorschläge für die Wettbewerbe ab und brachte außerdem Kurzgeschichten, Erzählungen, Interviews mit schreibenden Emigranten, zwei Kurzromane und drei Sonderbeilagen (ab 1982). Darüber hinaus diente die Zeitung als Medium für die Auseinandersetzung mit der Emigrantenliteratur, ihren Zielen und ihrer Reichweite (vgl. hierzu den Abschnitt »Il dibattito«). Aufgrund dieser Entwicklungen kristallisierten sich allmählich literarische Tendenzen und Gruppierungen heraus.

Mit der Zeit änderte sich auch das Bild der Emigranten in Deutschland, ein neuer Typus des italienischen Auswanderers überquerte die Grenzen; Familienväter ließen nun, da sie die Baracken und Wohnheime verlassen konnten, ihre Frauen und Kinder nachkommen, und gemeinsam baute man sich eine eigene Existenz auf. Das Anwachsen der italienischen Bevölkerung stellte die Bundesrepublik vor Schwierigkeiten. Diese reichten von dem Problem der Einschulung italienischer Kinder bis zu Verständigungsschwierigkeiten der Ausländer untereinander sowie bei der Klärung des Verhältnisses zur deutschen Umwelt. Die Emigranten, die sich entschlossen haben, in Deutschland zu bleiben, sahen sich ebenfalls mit zahlreichen Problemen konfrontiert. Das Phänomen der Emigration wurde komplexer. Es verlor mehr und mehr den Charakter der Vorläufigkeit und Themen der Anfangsjahre wie die des Heimwehs büßten ihre vorherrschende Stellung ein. Das Leben in der neuen Heimat bedeutete gleichzeitig eine Auseinandersetzung mit einer anderen Kultur. Dass sich dieses Problem nicht leicht lösen ließ, zeigte sich daran, dass schon bald der Ruf nach dem Sprung über die Gettomauer laut wurde. Vor diesem gesellschaftspolitischen Hintergrund bildete sich 1980 eine Autorengruppe heraus, die die Entfaltung der Emigrantenliteratur in der Begegnung mit deutschen Autoren im multinationalen Rahmen proklamierte. Anfänglich gruppierte sie sich um den *Südwind*, später dann auch um die »PoLiKunst«. Einige Schriftsteller dieser Gruppe wollten die Emigrantenliteratur aufgrund ihrer Entstehungs- und Entfaltungsbedingungen in Verbindung mit der Arbeiterliteratur sehen, ein Sachverhalt, der nicht ganz von der Hand zu weisen ist, wenn man bedenkt, dass die Emigranten ja aufgrund der wirtschaftspolitischen Situation Italiens nach Deutschland gekommen sind. Jedoch erscheint mir dieser Blickwinkel etwas verkürzt, denn man muss auch berücksichtigen, dass diese Literatur in all ihrer Offenheit und Wirkung im multinationalen und -kulturellen Rahmen auch den Einflüssen der bundesrepublikanischen und italienischen Gegenwartsliteratur unterliegt. Der Gruppe geht es gegenwärtig hauptsächlich darum, zwar aus der Perspektive der betroffenen Emigranten heraus zu publizieren, dabei aber den Hintergrund beider kultureller Einflüsse nicht außer Acht zu lassen. Dass diese Konzeption nicht unrichtig war, zeigt ein Vergleich: Während die italienische Emigrantenliteratur des »Gettos« unverändert blieb (gleiche Inhalte, gleiche Formen), gelang es der Literatur der Neulinge, die alten Grenzen zu überwinden, neue Themen zu entwickeln und so gezielt auf die multikulturelle Gesellschaft der Bundesrepublik einzuwirken.

b) »Il dibattito«

Die Veröffentlichung literarischer Arbeiten und die Teilnahme diverser Werke an Wettbewerben wurden von einer Auseinandersetzung begleitet, die sich um Zielsetzung und Zweck der Literatur drehte. Einige wesentliche Punkte sollen an dieser Stelle aufgegriffen werden, da sie meines Erachtens sehr aufschlussreich sind für das gegenwärtige Wirken der italienischen Emigrantenschriftsteller in der deutschen Literaturlandschaft.

Die unter dem Namen »Il dibattito« ausgefochtene Auseinandersetzung, die Ende 1975 einsetzte und bis zum Sommer 1983 andauerte, wurde zum überwiegenden Teil auf den Seiten der *Corriere d'Italia* ausgetragen. Sie begann mit dem Abdruck eines Briefwechsels zweier »Kulturarbeiter« (*CdI* 23. 10. 1975), in dem es hieß, die Emigration gleiche einem kulturellen Vakuum. Die Bindungen zum Herkunftsland seien abgebrochen und die zum Gastland nur schwer herzustellen. Daher sei es dringend nötig, kulturelle Aktivitäten zu entwickeln. Aufmerksamkeit weckte das daraufhin veröffentlichte Manifest, das Vito d'Adamo nach verschiedenen Gesprächen mit A. Pesciaioli verfasst hatte (*CdI* 4. 4. 1976). In diesem »Manifest« wurde die Literatur der italienischen Emigranten als »Letteratura Gast«, in Anlehnung an das deutsche Wort »Gast«, postuliert: Diese Literatur, so der Autor, entstehe in Baracken oder in feuchten Buden, spielende Kinder im Hintergrund, manchmal als Produkt schlafloser Nächte, den Lärm der Maschinen und Fließbänder noch im Ohr. Sie sei autonom gegenüber der Literatur Italiens oder Deutschlands, eine Literatur »in minor«, also keine Kunst im eigentlichen Sinne, sondern man betrachte sie eher unter dem Aspekt des Handwerks. Sie sollte Ausdruck des Protestes sein, man erhoffte sich eine bessere Zukunft, ein Europa der Arbeiter. Der Begriff »Gast« wurde in diesem Manifest uminterpretiert. Er besaß nicht mehr den Charakter des Vorläufigen, sondern bezeichnete jetzt die Situation des Gastarbeiters als Außenseiter. Das Ziel dieser Literatur ist also, die Verdrängung in

Randpositionen in beiden Ländern anzuprangern. Adressaten dieser Literatur waren Emigranten, aber auch Einheimische.

Im Anschluss an diese Feststellungen wies F. Biondi (*CdI*, 2. 5. 1976) auf den Sachverhalt hin, dass trotz der kulturellen Unterschiede zwischen den Emigranten verschiedener Nationalität doch gemeinsame und ähnliche Erfahrungen im Hinblick auf Arbeit und Emigration gemacht würden. Die Unterschiede zwischen eigentlicher Emigrantenliteratur und der des Herkunfts- oder Gastgeberlandes beruhten nur auf den spezifischen Erfahrungen der Autoren, deshalb seien deren Texte im binationalen und/oder multinationalen Zusammenhang zu bewerten, um so anschließend Bezugspunkte (oder: Vergleichsmöglichkeiten) herstellen zu können. Die Frage, ob es sich denn tatsächlich um eine »Literatur minor« handle, verwandelte F. Biondi in die Frage, ob es sich nicht stattdessen um eine »andere Literatur« (vgl. *CdI*, 20. 6. 1976, *Dialog* 11/1976) handle.

Während A. Pesciaioli, unter einem Pseudonym schreibend (vgl. G. Vetere, *CdI*, 16. 5. 1976), die Position d'Adamos unterstrich und die Herausgabe seiner Monatszeitschrift als eine auf Förderung literarischer Aktivitäten gerichtete Arbeit verstand und zur Sammlung von Arbeitsliteratur über die Grenzen (erg.: Italiens, der Verf.) hinweg aufrief, stand F. Vitaliano (*CdI* 23. 5. 1976), ein Arbeiter der Rüsselsheimer Opelwerke, dessen Aktivitäten kritisch gegenüber. Er schätzt die Produktion von Emigrantenliteratur nicht sehr hoch ein, denn eigentlich könne sie erst dann entstehen, wenn die Emigranten im Gastland integriert seien. Demgegenüber wies G. Chiellino (*CdI*, 6. 6. 1976) darauf hin, dass Emigrantenliteratur von dem Moment an als solche bezeichnet werden könne, in dem ein Emigrant den Entschluss fasse, seine Lage schriftlich zu fixieren und anzuprangern, was aber nicht dazu verleiten dürfe, die Produkte aus diesem Umstand heraus als schlechterdings gut, authentisch oder spontan zu klassifizieren, geschweige denn als literarisch gültig zu betrachten. Um festzustellen, was noch authentisch sei oder aber aus einer unterentwickelten Literaturvorstellung herrühre, müssten eine Reihe analytischer Kriterien ausgearbeitet werden. Hier spielt G. Chiellino auf die Benutzung des Versmaßes sowie den Gebrauch romantisierender Metaphern an. Er spezifizierte seinen Standpunkt in einem späteren Beitrag (*CdI*, 17. 6. 1976) und forderte nun tiefergehende Forschungsarbeiten und die Elaboration der in den Texten behandelten Themen. Gleichzeitig erteilte er den offiziellen italienischen Kultureinrichtungen in der Bundesrepublik eine klare Abfuhr mit der Begründung, sie seien zu weit entfernt von jeder Realität.

Ausgehend von ganz ähnlicher Kritik an eben diesen Institutionen, die aus ihrem Elfenbeinturm heraus operieren wollen, nahm E. Parenti (Okt. 1976) die Gelegenheit wahr, in einem Artikel der *Incontri* mit dem bezeichnenden Titel *Wenn Dante wüsste* ... die Emigrantenliteratur als generell nostalgisches Kulturgut abzulehnen. Seine Argumentation läuft darauf hinaus, dass die Literatur, die doch eigentlich Ausdruck der Identität eines ganzen Volkes sein sollte, bei den Italienern in der Bundesrepublik den Gettomief an sich hätte und nur noch Produkt einer Subkultur werden könnte.

Diese Stellungnahme der den italienischen Sozialisten nahestehenden zweisprachigen Monatszeitschrift veranlasste den Chefredakteur der *Corriere d'Italia*, C. Mosna, dazu, in dem Leitartikel *Dante non si scandalizza* (Dante empört sich nicht) (*CdI*, 21. 11. 1976) zu kontern. Er schreibt:

> Viele Emigranten haben nicht das Glück gehabt, viele Jahre in den heiligen Stätten der bürgerlichen Kultur zu verbringen und drücken sich gerade so aus, wie sie es können. Dabei mögen manche Träger der bürgerlichen Kultur die Nase rümpfen, wenn sie die hinkenden Verse von Arbeitern sehen, die nach der Arbeit den Bohrer hinlegen und zur Feder greifen ...«. »Wenn meine Zeitung einen Platz für die Schriften der Emigranten zur Verfügung stellt, bedeutet dies nicht gleichzeitig, dass gute bürgerliche Kultur aus dem Fenster geschmissen wird. Es geht eher darum, den Emigranten einen Weg zu zeigen, wie sie sich innerhalb der beiden Kulturen zurechtfinden können.
> *(Ebd.)*

Ferner verwies er noch auf das unilaterale Konzept der bürgerlichen Kultur, das die Arbeiter, respektive die Emigranten, zu passiven Rezipienten degradiere. Daher sei es sein Anliegen, demokratische Selbstbestimmungsinitiativen, wie das Experiment der »Letteratura Gast«, zu unterstützen (ebd.). In der darauffolgenden Nummer von *Incontri* (Dez. 76) konstatiert F. Biondi, dass es notwendig sei, kulturelle Lücken zu füllen. Im Augenblick sei es wichtiger, dass überhaupt geschrieben werde; die Frage nach den Inhalten könne erst einmal in den Hintergrund treten. Es sei daher unsinnig, klassische Maßstäbe zur Beurteilung des neues Genres zu verwenden, da die Autoren ja andere Ziele verfolgten; im Gegenteil, die ästhetischen Kategorien müssten sich am besonderen Verhältnis von Inhalt und Form und an den Grundvoraussetzungen der Emigranten orientieren.

Den Zusammenhang von Kulturvorstellungen in der Emigration und der Arbeiterbewegung untersuchte Biondi in einem weiteren Beitrag, der im *Corriere d'Italia* erschien (12. 12. 1976 und 19. 12. 1976). Zu der

Zeit war er sehr aktiv im »Werkkreis Literatur der Arbeitswelt« tätig. Als Antwort auf E. Parenti machte er geltend, dass nun einmal der größte Teil der Emigranten Arbeiter seien und daher deren Literatur definitionsgemäß zur Arbeiterliteratur gehöre und nicht von derselben ausgeklammert werden könne. Die Internationalisierung der Kultur, unterstützt von moderner Technologie, aber auch von der Emigrationsbewegung selbst, stünde, so Biondi, in der Gefahr der Vereinnahmung durch gewinnorientierte Interessenverbände, die eine Herausforderung für die Arbeiterbewegung darstelle. Die kulturellen Aktivitäten in der Emigration sollten diese Herausforderungen ebenfalls annehmen.

Angesichts der bis dahin vorgetragenen Fülle von Aspekten und Argumenten folgerte G. Chiellino (*CdI*, 9. 1. 77): »… der Diskurs hat sich dermaßen ausgeweitet, dass dies nicht mehr auf den Seiten der Zeitungen zu bewältigen ist; ein Symposium ist dringend nötig.« Woraufhin etwa zwei Monate später V. d'Adamo antwortete: (*CdI*, 8. 3. 1977): »Die Autoren sind da, Themen sind auch vorhanden, aber wie ist es mit der Finanzierung?«

Die zweite Phase der »Il dibattito« wurde mit der Besprechung eines Gedichtbandes in der Dezember-Nummer (1977) von *Incontri* eingeleitet, in der P. Porcheddu die hier besprochenen Gedichte der »Letteratura Gast« gegenüberstellte. Auf den Vorwurf, »Letteratura Gast« sei ein verzweifeltes, melancholisches Dichten in Baracken, reagierte F. Biondi (*CdI*, 8. 1. 1978) mit einem Beitrag über die Arbeiterliteratur in der Emigration. Bedeutsame Erläuterungen und Differenzierungen leistete anschließend A. Pesciaioli. Der Herausgeber von *Il Mulino* und Veranstalter jährlicher Gedichtwettbewerbe, der noch in einem WDR-Interview (26. 11. 1977) den von ihm selbst (mit d'Adamo) geprägten Begriff der »Letteratura Gast« deutlich abgelehnt hatte, mit der Begründung, dass er zu restriktiv sei und zur Modeerscheinung werde, machte sich plötzlich zum entschiedensten Verfechter dieser Wortprägung und versuchte, sie in einer Reihe von Beiträgen zu erläutern: »Diese Wiederentdeckung (der Emigrantenliteratur) ist getauft und bezeichnet worden als ›Letteratura Gast‹. Diese Definition umfasst alle intellektuellen Aktivitäten der Emigranten, die außerhalb der italienischen Nationalgrenzen wohnhaft sind« (*CdI*, 21. 5. 1978).

Ferner: »Sie ist weder Dissens- noch Protestliteratur, weder Invektive noch Jammer. Sie ist *erlebte Poesie,* die die Erfahrungen widerspiegelt, die aufgrund der erzwungenen Isolation gemacht wurden, sie ist Ausdruck der zum Schweigen verbannten Minderheit … *Poesie Gast* ist authentische Poesie, ohne Sophismen und Hintergedanken, die nicht nur von Menschen geschrieben wurde, die oft nur fünf Jahre ihres Lebens zur

Schule gegangen sind, sondern auch von gebildeten Arbeitern. Sie ist echt erlebt.« (ebd. in *CdI*, 19. 1. 1978).

Für A. Pesciaioli soll sich die Frage von Form und Inhalt an den Bedingungen der Arbeitsemigration orientieren; einer der wesentlichen Gründe für ihn ist folgender:

> Diese Literatur ist eine einfach geschriebene, weil sie an Gedanken und Traditionen einer Generation von Menschen anknüpft, die fern von der eigenen Heimat leben muss: sie kann sich nicht aufgrund der gegebenen Wirklichkeit des Emigrantendaseins auf linguistische Feinheiten, auf die Form stützen; sie geht von der eigenen Wirklichkeit aus, die eine linguistische Eleganz ausschließt.
>
> *(CdI, 7. 5. 1978).*

Dass Emigrantenliteratur von A. Pesciaioli so definiert werden konnte oder musste, gründet sich primär auf die Tatsache, dass ein Großteil seiner Abonnenten Arbeiter sind. Die Jahrgänge des *Il Mulino* und die an die fünfzig Gedichthefte zeugen davon. Während A. Pesciaioli bestrebt ist, die in aller Welt verstreuten italienischen Autoren unter den Sammelbegriff »Autori-Gast« zu stellen, neigen A. Polidori (1976), C. Mosna (vgl. *CdI*, 21. 5. 1978 b) und V. d'Adamo (vgl. z. B. *CdI*, 4. 4. 1976) dazu, diese Literatur als ein auf den europäischen Gedanken und auf Westeuropa beschränktes Phänomen zu betrachten. Emigrantenliteratur soll demnach die Voraussetzungen für ein »Europa der Arbeiter« schaffen.

Gegen diese Position wandte sich allerdings G. Chiellino mit dem Argument, dass diese Perspektive für die Emigranten mystifizierend und entfremdend sei (vgl. Mosna in *CdI*, 21.5.1978 a).

In einer Zwischenbilanz lässt sich Folgendes festhalten: Zwar brachte V. d'Adamo mit seinem Manifest den »Il dibattito« in Gang, doch brachte der Beitrag außer der Definition und Beschreibung der Emigrantenliteratur nichts Neues. Weder beinhaltete er schlüssige, von den Autoren annehmbare Perspektiven, noch gab es unmittelbare Hinweise auf eine mögliche Stoßrichtung der literarischen Arbeit. Auch spätere Beiträge vermochten nichts anderes auszurichten, blieben stets Zusammenfassung des Diskussionsstandes (*CdI*, 13. 6. 1976 u. 28. 11. 1976). Anders dagegen sind die Beiträge A. Pesciaiolis zu werten, dessen Vorstellungen zwar nicht allgemein akzeptiert wurden, der aber dennoch mit seinen Arbeiten neue Dimensionen eröffnete und somit einen Autorenkreis um sich sammeln konnte. Eine wichtige Vermittlerrolle spielte dabei der *Corriere d'Italia* als ein Befürworter dieser Literaturarbeit und als Austragungsort der Auseinandersetzungen.

Mit dem Artikel *Die Literatur der Emigration muss der deutschen Literatur begegnen* (*CdI*, 17. 2. 1980) leitete F. Biondi die nächste Phase der Diskussion ein. Der Beitrag lieferte eine Übersicht der kulturellen Aktivitäten anderer ausländischer Gruppen und plädierte für die Begegnung der unterschiedlichen Kulturkreise in der Bundesrepublik:

> So wichtig und nützlich die Sammlung der in der Welt verstreuten Emigrantenliteratur auch ist, für die in der Bundesrepublik lebenden italienischen Emigranten stellt sich die Wirklichkeit als ein Getto dar. [...] diese Literatur, will sie ernstgenommen werden, soll sich, in systematischer Form, in die literarischen und kulturellen Strömungen der Bundesrepublik integrieren und in ständiger Wechselbeziehung mit den demokratischen Organisationen stehen, die einen Dialog mit den anderen ethnischen Gruppen aufrechterhalten. [...] Ein Zusammenschluss einer multinationalen Literaturbewegung in der Bundesrepublik erscheint notwendiger denn je.

Die direkte Stellungnahme A. Pesciaiolis (*CdI*, 2. 3. 1980) zu diesem Artikel verdeutlichte noch einmal die Linie seiner Arbeit: Sein Literaturkreis habe nie eine Öffnung zu den Gastgebervölkern abgelehnt, ganz gleich, ob diese deutscher, französischer, schweizerischer oder amerikanischer Nationalität seien. Sein Kreis bevorzuge kein Volk und deshalb sei es nicht einzusehen, dass das künftige Wirken der Initiative von den Deutschen abhängig werden sollte.

Der »Il dibattito« entfachte sich so recht erst nach dem Erscheinen des zweiten Bandes der Reihe *Südwind-Gastarbeiterdeutsch,* der im Sommer 1981 erschien und in dem die »PoLiKunst« ihre Aktivitäten im bundesrepublikanischen Raum entwickelte. Publiziert wurden Autoren wie F. Biondi, G. Chiellino, G. Fiorenza, G. Giambusso, V. d'Adamo, C. Abate und andere mehr. Eigentlicher Anlass dürfte aber die kurze Anmerkung des Chefredakteurs des *Corriere d'Italia,* C. Mosna (*CdI*, 4. 10. 1981), gewesen sein, die er einer Gedichtbandbesprechung nachschob und in der er die Meinung vertreten hatte, dass die literarische Bewegung auseinandergedriftet sei, was ihr Farbe und Glaubwürdigkeit genommen habe. G. Chiellino vertrat daraufhin, entgegen der Position Pesciaiolis (*CdI*, 18. 10. 1981 s. o.), den Standpunkt, dass »der kleine Haufen (der sich der multinationalen Vereinigung »PoLiKunst« angeschlossen hatte, der Verf.) sich von diesem Zusammenschluss ein stärkeres Stimmrecht verspricht. Zum zweiten bringt der Kontakt zu anderen Emigranten die Möglichkeit, über die Zukunft und das Verhältnis zu dem Herkunftsland nachzudenken« (*CdI*, 18. 10. 1981).

G. Giambusso lieferte weitere Argumente, mit denen er die Meinung Chiellinos unterstützte:

> Die Bewegung hat sich internationalisiert und verfolgt eine neue Linie, in der folgende Aspekte relevant werden:
> a) Veröffentlichungen in italienischer Sprache mit Übersetzungen ins Deutsche,
> b) Mitarbeit in der Reihe ›Südwind‹,
> c) interkultureller Austausch mit Arbeiten anderer Nationalität in der ›PoLiKunst‹«
>
> *(CdI, 1. 11. 1981).*

Zusätzliche Vorschläge, die die Notwendigkeit einer multinationalen Arbeit noch unterstrichen, wurden von F. Biondi in die Diskussion eingebracht:

> [...] eine Aufgabe besteht sicherlich darin, einen Ort der Begegnung zu schaffen, einen Ort des Vergleichs, der Debatte und der Reflexion. Auf diese Art und Weise kann ein Gedanken- und Erfahrungsaustausch zwischen den italienischen Gemeinden in der Bundesrepublik, den Autoren anderer Nationalität und den deutschen Gesprächspartnern stattfinden, um so dem nationalen Getto zu entkommen. Die Emigranten erhalten die Chance, aktiv am gesellschaftlichen Leben, das in Deutschland schon polynational geworden ist, teilzunehmen. Ebenfalls muss ein Podium geschaffen werden, in dem sich engagierte Stimmen der Emigration zu Wort melden können und das weder von offiziellen Stellen noch von anderen Institutionen, egal welche politische oder ideologische Herkunft, beeinflussbar sein soll [...]. Kurz: die multinationale Zusammenarbeit soll als Brücke zwischen den in der Bundesrepublik anwesenden Kulturen fungieren.
>
> *(CdI, 22.11. 1981).*

Schließlich wies auch C. Abate (*CdI*, 31. 1. 1982) darauf hin, dass es keinen Sinn habe, Missstände mit Gedichten anzuprangern, wenn die Rezipienten sie nicht verstehen könnten. C. Mosna machte erneut auf die Spaltung der Emigrantenliteratur aufmerksam (CdI, 2. 7. 1983), indem er sie in drei große Flügel unterteilte, den Kreis um Pesciaioli, der inzwischen als eingetragener Verein unter der Bezeichnung ALFA zu finden ist (Associazione Letteraria Facoltà Artistiche), dann um den FISC um Polidori und schließlich um den *Südwind*. Im Übrigen fährt er in seinem Leitartikel mit der Feststellung fort, dass im *Südwind* nur eine bestimmte Autorengruppe mit klarer politischer Tendenz engagiert sei. Wie wenig jedoch dieser Tatbestand zutrifft, zeigen bereits beide im *Südwind* erschienenen zweisprachigen Anthologie-Bände, die dem Leser einen Überblick über die Situation der in der BRD lebenden und schreibenden Emigranten verschaffen (im zweiten Band ist auch A. Pesciaioli selbst mit Gedichten vertreten). Es ist völlig falsch, Literaturbewegungen mit schon vorhandenen Definitionen kategorisieren zu wollen, denn dadurch werden die Bedingungen, die für die Entstehung von Literatur verantwortlich sind, außer Acht gelassen, deren Wechselbeziehung nicht berücksichtigt. Die Frage, ob denn tatsächlich eine Spaltung innerhalb der italienischen Emigrantenliteratur stattgefunden habe, scheint mir daher überflüssig, denn: Unterschiede haben von Anfang an bestanden.

Oder, um mit G. Chiellino zu antworten:

> Jede beliebige Bewegung, deren Entstehung sich nicht einem Manifest verdankt, sondern von der Praxis ausgeht, ist umso kreativer, je mehr sich die Thesen und Inhalte voneinander unterscheiden. Die Diskussionen sind aufgrund der auftretenden Widersprüche interessanter, reichhaltiger, lebendiger.
> *(CdI, 22.10.1983)*

Dies sollte auch als Herausforderung für die multinationale, multikulturelle Arbeit gelten.

c) Die herkömmlichen Themen der Emigrantenliteratur

Prinzipiell werden alle Aspekte des Alltags Gegenstand des Schreibers: von der Heirat der Tochter bis zum Erdbeben in einem fremden Land. Trotzdem lässt sich aus der Unzahl literarischer Produktionen, die seit etwa 1970 veröffentlicht wurden (Gedichte und Prosa), eine Gruppe zentraler Themen herausarbeiten; m. E. lassen sich drei Themenkomplexe unterscheiden:

- die erste Konfrontation mit dem Emigrantendasein (Der Abschied von der Familie, Verwandten und Freunden, von der vertrauten Umgebung; die erste Fahrt in die Fremde, die Begegnung mit der Realität des Ankunftslandes; ferner: die eigentliche Ankunft, Sprachschwierigkeiten, bürokratische Probleme etc.);
- die Erfahrungen als Emigrant (Leben im Ankunftsland: das Wohnen, die Arbeitswelt, die Konfrontation mit einer anderen Kultur, anderen

Sitten und Gebräuchen; Entfremdung, Heimweh und Sehnsucht nach der vertrauten Umgebung. Erinnerungen an das Heimatdorf, Diskriminierung, Anklage der Missstände, Bürgerrechte, Alltagserfahrungen, aktuelle politische Ereignisse in der Heimat);
– sogenannte freie Themen (besondere Anlässe in der Familie: z. B. Heirat der Tochter, Geburt eines Kindes, etc.; existenzielle Fragen; Natur, Katastrophen in der Welt, triviale Themen, z. B. Nachahmungen von Schlagertexten, etc.).

Ob in Prosa oder Gedichten, in der herkömmlichen Emigrantenliteratur geht es entweder darum, die Isolation in der Fremde durch Schreiben zu füllen (vgl. auch G. Chiellino, 1983 b, S. 139 ff.) oder darum, ein Zeugnis über die eigenen Erfahrungen abzulegen bzw. diese mitzuteilen.

In den Gedichten findet sich die Lebenschronik allerdings seltener. Gelegentlich tritt sie doch auf, wie z. B. bei F. Cosimo (*Il Mulino* 1980, 10, S. 8). Das Gedicht wird im Allgemeinen eher dazu genutzt, Stimmungen, Gefühle, Wünsche, Träume, Enttäuschungen, Wut u. v. m. zum Ausdruck zu bringen.

Die Abfahrt aus dem Heimatland, der Akt des Emigrierens, wird meist als dramatisches Ereignis beschrieben. Gefühle des Schmerzes (z. B. A. Supertino in: G. Giambusso 1982, S. 109), der Trauer (G. Cesano. In: *CdI*, 18. 6. 1978), der Wut (G. Giambusso, 1982, S. 77) oder aber des Widerstandes (Gino Chiellino. In: *Werkkreis Literatur der Arbeitswelt* 1981, S. 8) werden zum Ausdruck gebracht. Häufig steht der Koffer als Metapher für die Emigration. Auch der Zug, die Schwalbe, die in die Kälte des Nordens wandern muss, die Möwe oder aber die Pflanze, die dem Boden entrissen wird, erlangen metaphorische Bedeutung und werden ebenso häufig gebraucht wie das Bild des stummen Vaters und der weinenden Mutter auf dem Bahnhof. Die Thematisierung der Abfahrt erfährt manchmal eine generationsübergreifende Dimension im Sinne der Weitergabe des Schicksals der Väter auf die Söhne (vgl. G. Giambusso 1977. In: A. Pesciaioli, 1977, S. 58; F. Biondi, 1982a, S. 54 ff. In: F. Biondi et al. 1983, S. 37). Das Familiendrama wird durch das Bild der Begegnung des Vaters, der endgültig heimkehrt, mit seinem Sohn, der gerade den Weg in die Emigration antritt, besonders drastisch veranschaulicht (vgl. F. Cuda. In: *Il Mulino* 1980, 12, S. 7). Gesetzmäßigkeiten der Emigration zeigt O. Rosi auf (In: *Punto d'Incontro*, 1975, S. 53), indem er sie zum übergreifenden Generationsproblem erhebt.

Osvaldo Rosi

ERBSCHAFT

Es gibt welche, die einen Palast
für sich allein und andere,
die ein Grundstück nur zur Hälfte erben
jeder erbt jedoch etwas.

Meine Verwandten hatten weder Paläste
noch Grundstück und Haus.
Ihr Reichtum war allein
ein alter Koffer
und viel Liebe für mich.

Ich erinnere mich noch
an das Gesicht meiner Eltern
als sie mir ihren Reichtum reichten
und zu mir sagten, weinend:
Gott sei mit dir.
Damals verstand ich nicht
was sie damit meinten.
Aber heute, wo ich Emigrant bin,
habe ich verstanden,
was es bedeutet
den alten Koffer der armen Leute
zu besitzen.

Der Aufenthalt in der Emigration wird nicht selten mit Naturmetaphern beschrieben, die oft die pessimistische Stimmung des Schreibenden wiedergeben, bei A. Pesciaioli (in: G. Chiellino 1983 S. 31, 131) herrscht das Düstere sogar vor.

Das Gefühl der Entfremdung, der Heimatferne und der empfundenen Isolation zieht sich wie ein roter Faden durch die Emigrantenlyrik. Dabei steht diese Stimmung oft im Zeichen der Selbstanklage und der Verzweiflung, wie bei D. Zarra Marra (In: A. Pesciaioli 1977, S. 32).

Dina Zarra Marra

EMIGRANT

Sehr viel Zeit ist vergangen,
und du findest dich noch
unter einem fernen Himmel,
unter fremden Menschen.
Das Heimweh verlässt dich nie,
du denkst an deine ferne Heimat,
dein kleines Häuschen, deine Liebsten.
Du lebst Tag für Tag
mit der Hoffnung im Herzen,
und abends wiederholst du vergebens:
Morgen fahre ich weg, morgen kehre ich
nach Hause zurück.

Konkret und eindringlich beschreibt Luisa Moraschinelli (In: *CdI*, 30. 1. 1977) die Situation des Emigranten zwischen Heimat und Gastland.

Luisa Moraschinelli

WO BIN ICH AM MEISTEN AUSLÄNDERIN?

Drohend
Düster
überladen und gesättigt
ist die Luft, die ich einatme.
Sie ist dieselbe, die einem Orkan vorausgeht.
Schwere Wolken,
manchmal Lichterstrahlen,
ein Blitz,
und noch mehr schwere Wolken.
O Land, das mich aufgenommen hat,
das auch gütig gewesen ist,
wie unangenehm und widerspruchsvoll
sind die Töne, die an mein Herz gelangen:
Krisen,
Entlassungen,
Einschränkungen,
ungewisse Perspektiven.

Und du, Land meiner Herkunft,
dessen Arme immer gestreckt
sein müssten,
um mich aufzunehmen, schweigst –
oder wenn du sprichst,
ist deine Stimme eher eine Einladung,
fern zu bleiben,
statt zurückzukehren.

Wo bin ich am meisten Ausländerin?
Wo den Fuß niedersetzen,
ohne die Angst unterzugehen?

Dass Entfremdung und Verlassenheit als eine Form der Preisgabe einer für intim gehaltenen Stimmung empfunden werden können, zeigt P. Bonanno (In: *Il Mulino* 2, 1975, S. 5).

Pasquale Bonanno

DIE ENTFREMDUNG

Niemand wird wissen, dass ich geweint habe,
ich habe mir die Augen bedeckt und an dich gedacht.
Die Tränen waren gesalzener Regen;
niemand wird wissen, dass ich sie getrunken habe.
Heute habe ich den bitteren Geschmack der Entfernung
verspürt!

Maria Campisi brachte die eigene Situation auf die knappe Formel: »Nun satt/entfernt/weine ich.« (*CdI*, 23. 10. 1977). Die Klagen über die Entfernung, die Fremde und das Fremdwerden rühren aus der nach mehreren Jahren gewonnenen Erkenntnis, dass man im Ausland eine Fremde geblieben und zugleich im eigenen Heimatdorf eine Fremde geworden ist (vgl. G. Comini in: A. Pesciaioli 1977, S. 81). Dieses Wissen kann sogar zur totalen Selbstentfremdung führen (G. Accoto in: A Pesciaioli 1977, S. 37).

Giuseppe Accoto

10 MAL FREMDER

Alles ist fremd in mir...
zwischen Leib und Seele,
auch der Schatten erinnert mich oft:
von mir selbst fremd zu sein.

Der hier hergestellte Bezug »eigener Schatten und Selbstentfremdung« erinnert in frappierender Weise an Adalbert von Chamissos *Peter Schlemihls wundersame Geschichte*, in der der Held ein Mann ohne Schatten ist. Es ist jedoch unwahrscheinlich, dass Accoto dieses Werk Chamissos gekannt hat.

Das vorherrschende Thema vieler Texte ist das nagende Heimweh, das nicht selten mit romantisierenden Metaphern und dem Vokabular der italienischen volkstümlichen Romantikerschule zum Ausdruck gebracht wird (vgl. z. B. Fadda, in: *Il Mulino* 1975, 5, S. 3). Die zurückgelassene Heimat bekommt mit einigen wenigen Ausnahmen idyllische oder idealisierende Züge (Zizzo, in: *Il Mulino* 1975, 2, S. 8 oder A. Ruocco, in: *Incontri* 1980, 6, S. 38). Nach K. Stiller (1976) scheinen die Motive, die zum Verlassen der Heimat zwangen, vergessen oder zumindest verziehen. In der Darstellung naher Bezugspersonen, die in der Heimat geblieben sind, wird das Heimweh konkretisiert, wie etwa in der Figur der Mutter, die mit ausgestreckten Händen wartet (vgl. G. Pierino in: *Il Mulino* 1978, 8, S. 5), oder auch in der Figur des Vaters. Beide werden Symbol der versprochenen Rückkehr (vgl. F. Altomari, in: *Il Mulino* 1976, 5, S. 45). Weitaus häufiger aber sind Frau und Kinder Bezugspunkte der dichterischen Auseinandersetzung. Selten ist die Äußerung dieser Sehnsucht so konkret, sensibel und frei von aller Klage beschrieben worden wie bei P. Gabriele (in: G. Chiellino 1983 b, S. 89):

Pierino Gabriele

DIE ENTFERNUNG

Sich lieben und entfernt sein,
getrennt durch eine unsichtbare Barriere,
sich mit den Gedanken nahe fühlen
und sich nicht berühren können.
Sich lieben, sich begehren,

in sich selbst hineinrufen,
schreien, ohne zu sprechen,
sich hören mit den Gedanken,
sich anschauen mit den Augen der Phantasie.

Sich lieben und entfernt sein
ist Leiden, Hoffen,
Warten,
Hinschauen zur Unendlichkeit,
sich an der Leere festzuhalten,
indem man die Nägel auf die Handteller presst –
vergebens.

Oder auch bei G. Fiorenza (1976, in deutscher Übersetzung in: G. Giambusso 1982, S. 63), der seit zwanzig Jahren in Deutschland lebt und im Übrigen als einer der produktivsten und einfallsreichsten Autoren gelten darf:

Giuseppe Fiorenza

WENN ES EIN BÜRGERSTEIG WÄRE

Mein Zimmer ist ein Rondell,
ich befinde mich darin und es umgibt mich.
Wir beide lieben uns mit Zuneigung,
weil ich alleine bin und es mir alles bedeutet.
Jedoch in den Tagen der Ruhe
werde ich dem Zimmer unerträglich;
die schlaflosen Nächte lassen mich leiden:
ich stehe auf und gehe auf und ab,
trete auf dem gesamten Boden herum,
und bestimmt leidet er darunter.
Wenn die Wände klagen,
bemerkte ich, dass meine Schuhe sie getreten haben.
So entstehen Fragezeichen,
wenn man die Rollen tauschen möchte, wenn es
                 ein Bürgersteig wäre,
frage ich mich,
wäre ich nicht schon längst zu Hause?
Wenn die Wände nicht getreten würden,
mein Schuh nicht gescholten,

würde ich meine Familie besuchen,
und meine Arbeit mit Freude wieder aufnehmen...
Aber das ist nur Phantasie...
Als ich noch zu Hause war
- in jener kalten Winternacht
- dachte ich
sind die Kinder zugedeckt?
Meine Voraussicht war richtig.
Jetzt allerdings kann ich nicht...
ich hoffe nur...
Im Ausland arbeite ich, um zu verdienen...
aber es ist mir kein Trost:
ich verdiene das Brot und resigniere!

(Übersetzung von Franco Antonio Belgiorno)

Die Resignation, die in Verzweiflung mündet, und das Gefühl der Verlassenheit, der Ausweglosigkeit gipfeln in Aussagen wie der Martorinos »Sohn von Niemand zu sein« (In: *Il Mulino* 1976, 2, S. 4) oder »Menschen, die auch von Gott verlassen werden« (R. Mele, in: *Il Mulino* 1980, 2, S. 8). *Ich habe geträumt, nicht mehr Emigrant zu sein*, so lautet der Titel eines Gedichtes von R. Corriere (In: *CdI*, 18.6. 1978), wodurch die Wiedererlangung der Menschenwürde nicht mehr in der Realität, sondern nur noch im Traum stattfinden kann.

All die bisher vorgestellten Texte wirken, vor dem Hintergrund der Abfahrt in die Emigration, mit all den daran geknüpften Hoffnungen auf eine bessere Zukunft, als Ausdruck der Enttäuschung, der Desillusionierung und Ernüchterung. Die einen bleiben im Gefühl der Verlassenheit stehen, wie E. Di Meo (In: A. Pesciaioli 1975, S. 40):

Ernesto Di Meo

ILLUSIONEN

Freunde, Haus, Heimat.
Warum habe ich euch verlassen, an jenem Tag?
Nun weiß ich, dass es Wahnsinn war.
...
Ich bin abgereist wie ein Raubvogel.
Nun bin ich wie eine Möwe
ohne Nest, verloren in den Meeren.

Andere Autoren nennen die Verantwortlichen, die ihrer Ansicht nach die Schuld an der Misere tragen und die Situation der Emigranten noch ausnutzen. In mehreren Gedichten und Prosatexten wird oft ironisch und spöttisch der Zeigefinger gegen italienische Politiker erhoben (z. B. P. Serpi, in: *CdI*, 18. 7. 1976; La Marca, in: *Il Mulino* 1976, 6, S. 6; G. Fiorenza 1978, u. v. a.).

Die Kritik an dem Ankunftsland wird, wenn überhaupt, mit äußerster Vorsicht geübt, meist aus Furcht vor unangenehmen Konsequenzen. Schon das Gefühl der Dankbarkeit denjenigen gegenüber, die den Emigranten den Broterwerb erst ermöglichen, schließt oft eine Kritik aus. Daher gibt es auch einige Texte, die das Leben im Ankunftsland nur positiv bewerten und Formulierungen enthalten wie »in jede Seite der Welt/siehst du den Sonnenuntergang/daher wird dein Schmerz weniger werden« (A. Gianpietro in: *Il Mulino* 1976, 3, S. 11).

Viele weigern sich, sich selbst als Ausländer zu begreifen (R. Mazzotta, in: G. Chiellino 1983 b, S. 69). Liebeserklärungen »an den Schwarzwald/ mein zweites Land/in dieser europäischen Heimat!« (V. d'Adamo in: *Il Mulino* 1976, 4, S. 7) werden gemacht oder man bedankt sich einfach (wie G. Accoto in: *Il Mulino* 1980, 6, S. 10). Dennoch fehlt es nicht an Autoren, die sich, in unterschiedlicher Nuancierung, gegen offenkundige Missstände in der Emigration wenden. Im Verlauf der Jahre wurden sie sogar zahlreicher. War z. B. P. Marinos Gedicht zunächst noch ein Einzelfall, in dem die Ungerechtigkeit der Gastarbeitersituation aufgezeigt wird, so änderte sich dies in den letzten Jahren beträchtlich.

Pasquale Marino

DER GASTARBEITER

Du bist immer in jener Kneipe,
vor dir ein Glas Bier.

Du kennst die Liebe
einer viertel Stunde
mit einer Frau,
die du nicht kennst.

Manchmal bist du Dieb,
manchmal bist du Mörder!
Aber du bist etwas
was du vielleicht nicht weißt:

> Du bist ein lebendiges Symbol
> einer großen Ungerechtigkeit.

Die zunehmend kritischer werdende Reflexion basiert zum Großteil auf den mittlerweile sich ändernden Rahmenbedingungen der italienischen Emigranten in der Bundesrepublik (vgl. dazu Abschnitt 4a). Ferner muss auch die Arbeit des *Südwinds* und der »PoLiKunst« als Einflussfaktor berücksichtigt werden. Neben diesen Entwicklungen lassen sich heute weitere Aspekte erkennen: Durch die multinationale Zusammenarbeit entstanden Verbindungen unterschiedlichster Sujets und Formen. Ein Beispiel mag hier G. Giambussos Gedicht geben (In: H. Bektas et al., 1983, S. 146fl): *Türken raus*.

Giuseppe Giambusso:

»TÜRKEN RAUS« – EIN FABELGEDICHT

drei junge Stiere gehen durch den Wald

eins
zwei
und drei

ohne Angst vor den Feinden

eins
zwei
und drei

drei Farbenstriche
der Natur

einer weiß
einer rot
einer schwarz

der Wolf einsam
und ängstlich
folgte ihnen

der Wolf hungrig:

euer Freund, der weiße
ist zu weiß

und wird den Feind anziehen!
lasst mich euch helfen
euch von ihm zu befreien...

zwei junge Stiere
gehen durch den Wald

eins
zwei
und zwei

ohne Angst
vor den Feinden

eins
zwei
und zwei

Der Wolf unersättlich:
dein Freund, der rote
ist zu rot
wird dir Unglück bringen
lass es meine Sorge sein...

ein junger schwarzer Stier
geht durch den Wald

eins
eins
und eins

ohne Angst
vor den Feinden

der Wolf zufrieden:
– nun bist du dran! –
(der junge schwarze Stier, verzweifelt
ruft seine Freunde um Hilfe)

drei junge Stiere
gingen durch den Wald

ohne Angst vor den Feinden

eins
zwei
und frei
(Übersetzung: Gino Chiellino)

Die Nüchternheit der Sprache und deren Knappheit erinnern uns an die politischen Gedichte deutscher Prägung; die Fabel von den drei Stieren dagegen, die den multinationalen Einfluss erkennen lässt, ist altorientalischen Ursprungs. Giambusso benutzt sie, um sich mit der türkischen Minderheit in der Bundesrepublik zu solidarisieren.

Im Verlauf des »Il dibattito« wurden auch die literarischen Texte erörtert, die eindeutig Position bezogen; weiter oben wurde bereits auf V. d'Adamos poetisches Bekenntnis zu einer europäischen Heimat (*Il Mulino* 1976, 4, S. 7) hingewiesen, andere Beispiele liefern F. Biondi mit dem in deutscher Sprache veröffentlichten Gedicht *Mauern* (*CdI*, 13. 7. 1980) und G. Chiellinos Epos *Kein Widerspruch* (*CdI*, 18. 6. 1978):

Gino Chiellino

KEIN WIDERSPRUCH

Alles ist politisch
Scheißen auch

in der Fabrik wird
es rationalisiert

die Bauern im Süden
die Gastarbeiter im Norden
und nicht sie allein
haben keine hygienischen
Klos

Was hat dort ein Gedicht zu suchen?
(Übersetzung des Autors)

Franco Biondi:

MAUERN

(für A. Pesciaioli)

Meine
Haut
eingemauert
in
diesen
Gettos

will
platzen

damit
sie
nicht
langsam
und
sicher
eine
Mauer
wird.

d) Weiterentwicklung der Emigrantenliteratur

Zwei Kurzromane (F. Vitaliano und L. Rossotti) und eine Vielzahl von Erzählungen und Kurzgeschichten (hauptsächlich von d'Adamo, G. Fiorenza, F. Biondi, G. Cabbutto, D. Meo, C. Chierenti u. v. a.) sind bisher in der missionarischen Wochenzeitung (in italienischer Sprache) erschienen und erfuhren große Resonanz bei der Leserschaft. Der erste Kurzroman in 22 Fortsetzungen stammte von dem Opelarbeiter F. Vitaliano (1976–1977), der das Gettoleben italienischer Emigranten in einer kleinen hessischen Stadt beschreibt. Die Handlung kann schnell umschrieben werden: Maria, ein in der Bundesrepublik aufgewachsenes italienisches Mädchen, lernt an ihrem Arbeitsplatz Jürgen kennen, in den sie sich gleich verliebt. Die Treffen der beiden müssen vor Marias Familie verheimlicht werden, denn offiziell ist Giacomo der eigentliche Freund des Mädchens, der jedoch von ihr abgelehnt wird. Die zudringlicher werdenden Annäherungsversuche Giacomos und das Drängen der Familie auf Heirat treiben den Konflikt auf die Spitze. Ob Maria am Schluss des Romans ihre Familie verlässt und endgültig zu Jürgen flieht, bleibt offen. Der angesprochene Konflikt, das Sich-Auseinanderleben der Familie führt zum Bruch mit den alten Traditionen. Gerade das Problem der aus der Heimat mitgebrachten Traditionen, die sich in der deutschen Alltagsrealität oft nicht fortführen lassen, wird oft auch zum Gegenstand der Diskussionen um die Türken erhoben.

Wie G. Bertagnoli (1964) verliert sich auch Vitaliano leider allzu oft in Nebensächlichkeiten, in zahlreichen Details, die sich nicht in den Kontext integrieren lassen. Der zweite, 1977 in siebzehn Fortsetzungen erschienene Kurzroman stammt von L. Rossotti, einem Nachtportier einer mittelgroßen Wiesbadener Firma, der die düstere Seite der Emigration schilderte. In knapper, nüchterner Form erzählt der Autor den Weg eines Kaufmannes, der nach dem Besuch der Handelsschule keine Arbeit in seiner Heimat findet und sich daher entschließt, zunächst nach England und dann in die Bundesrepublik auszuwandern. Die ihm angebotene Stellung als Lagerist befriedigt ihn jedoch bald nicht mehr; vergebens schaut er sich nach einem seiner Ausbildung gemäßen Arbeitsplatz um und landet schließlich als Zuhälter und Dealer auf der schiefen Bahn. Der Roman endet mit seiner Verhaftung.

Die Kurzgeschichten und Erzählungen befassen sich mit einer Fülle von Themen. V. d'Adamo etwa berichtet aus dem Kinzigtal, vom Arbeitsplatz oder vom Urlaub in Italien. Die kleinen Probleme des Alltags schildert er unter der Perspektive des christlichen Sozialismus. Seine Helden sind positive Charaktere, die die Idee des Europas der Arbeiter im Herzen tragen. Anders C. Abate (vgl. die deutschen Übersetzungen in: F. Biondi et al. Reihe *Südwind-Gastarbeiterdeutsch*), der in seinen Texten mehr auf das individuelle Problem des Emigranten mit seinem Heimatdorf eingeht, auf das ewige Pendeln zwischen Deutschland und Italien sowie die Weitergabe der Emigration vom Vater auf den Sohn. Hier wird der Versuch unternommen, Gründe für das Scheitern der »ersten« Emigranten-Generation zu finden, die sich aufopferte, um den Söhnen und Töchtern den gleichen Weg ersparen zu können. Andererseits zeigt C. Abate aber auch auf, dass heute akademische Berufe oder höhere Schulbildung im Allgemeinen nicht mehr ausreichen, um die wirtschaftliche Situation in Italiens Süden zu verbessern und das Land vor seiner Ausblutung zu bewahren. All diese Erzählungen zeugen von einer feinen Ironie. Die Liebe zur Heimat und die Erinnerungen an das Dorf werden aus der Ferne oft übertrieben dargestellt oder sogar in die Sphäre der Irrationalität gerückt.

Bei F. Biondi (1982a, 1982b) finden sich noch andere Aspekte. Er schildert, meist aus unmittelbaren Erfahrungen schöpfend, in seinen beiden in deutscher Sprache verfassten Erzählbänden die Widersprüche und Missstände der Emigration. In der Erzählung *Die Heimfahrt* wird neben der Schilderung des Barackenlebens die Entwicklung der Angst eines Emigranten dargestellt, der glaubt, seine Ehefrau könne daheim das Los als »Emigrantenfrau« nicht mehr ertragen und zusammen mit einem anderen Mann Haus und Kinder verlassen. *Passavantis Rückkehr* beschreibt das Scheitern einer als endgültig geglaubten Rückkehr eines 15 Jahre lang in Mainz lebenden Gastarbeiters. Da er mit leeren Händen zurückkehrt, wird er als Versager betrachtet, findet keine Arbeit und die Reintegration in die Bevölkerung seines Heimatdorfes gelingt ihm nicht mehr. Am Schluss der Erzählung kehrt er in die Bundesrepublik zurück.

Das Sich-Auseinanderleben eines Paares wird in *Die Trennung* (1982 b) beschrieben. Er möchte zurück in sein Dorf, wo er ein Haus gebaut hat, sie dagegen richtet sich auf Verbleib in der Bundesrepublik ein. Als sich der Konflikt zuspitzt, verlässt sie die Wohnung, er versinkt in lähmende Depressionen. Neben Grundproblemen der »ersten« Gastarbeitergeneration thematisieren diese und eine Reihe weiterer Erzählungen (ebd.) die Jugendproblematik, die Ausländerfeindlichkeit, die Beziehungen zwischen Deutschen und Ausländern sowie die Abschiebung der Gastarbeiter in die Heimat. Die letztere Thematik wird in der Novelle *Abschied der zerschellten Jahre* (1984) aufgegriffen, in der die verzweifelten Versuche eines Jugendlichen geschildert werden, der sich gegen die Abschiebung wehrt. Das Recht auf eine Zukunft wird der heranwachsenden Ausländergeneration verweigert. Der Einfluss multinationaler Aktivitäten im *Südwind* und in der »PoLiKunst« wird in diesem Sujet erkennbar.

Verwiesen sei auch auf die bisher (in italienischer Sprache) erschienenen Gedichtbände, die ebenfalls die Emigrantenproblematik aufgreifen, so z. B. in A. M. Morescos Sammelband (1975), der die Intimität des Privatlebens zum Ausgangspunkt nimmt, um so den Alltag zu charakterisieren. Die Verse sind frei von verzweifelten Untertönen und Gefühlen der Verlassenheit. Sie leben aber von den Erinnerungen und der Suche nach Liebe und Geborgenheit. Ein umfangreiches Werk weist der Opelarbeiter Fiorenza auf (veröffentlicht nur 1976a, 1976b, 1977, 1978a, 1978b u. 1982), der zu den produktivsten und phantasievollsten Autoren gehört. Anfänglich schrieb er aus Zeitvertreib im Wohnheim Gedichte, später jedoch sah er im Schreiben die Möglichkeit, die Erfahrungen zu verarbeiten und ein Zeugnis abzulegen (vgl. Interviews im WDR, 27. 11. 1977 und in: *PoLiKunst-Jahrbuch* 1983, S. 34 ff.). Ohne hinreichende Kenntnisse der italienischen Grammatik entstanden allmählich Texte, die im Autor einen aufmerksamen Beobachter seiner Umwelt erkennen lassen, der seine Biografie in die Erzählungen und Gedichte miteinbringt. Der Duktus ist vorwiegend von einer feinen, aber scharfen Ironie, die manchmal ins Pathetische umschlägt. Zentrale Themen neben der Schilderung der Emigration sind der Alltag und anekdotische Begebenheiten aus den vierziger und fünfziger Jahren, die sich in seinem sizilianischen Dorf in der Nähe von Catania zugetragen haben. Bedeutung erlangten seine Gedichtsammlungen: *Cos'è questo paese* (1978 a) und *Perdonami Italia* (1977), in denen er neben der eigenen Lage das Verhältnis der Emigranten zum Herkunftsland bearbeitet. Die Beziehung zu seinem Herkunftsland beschreibt er als »Liebe ohne Orgasmus«. In *Perdonami Italia* hört er in der Ferne, wie unter den Politikern Streit bei der Verteilung der Reichtümer des Landes entsteht. In einem der Gedichte stellt er sich den Bau einer Anlage vor, mit der die Tränen der Emigranten ins italienische Parlament gepumpt werden. Das Parlament wird zum Schwimmbad umfunktioniert, in dem die Parlamentarier Weihbäder nehmen können. Das Gedicht *Cos'è questo Paese* enthält eine Anklage gegen Italien, das schläft und es zulässt, dass die durch Schwerstarbeit verdienten und überwiesenen Gelder der Emigranten in dunklen Kanälen verschwinden. Seine in *Corriere d'Italia* und im *Südwind* publizierten Kurzgeschichten und Erzählungen sprechen vom Hetztempo in der Fabrik, die neben Autos auch Verrückte produziert, von der Leichtgläubigkeit vieler Emigranten, die sich über ihre Situation hinwegtäuschen. Ähnlich wie bei G. Bertagnoli (1964) und F. Vitaliano (1976–1977) verliert sich auch G. Fiorenza in Nebensächlichkeiten und Nebenhandlungen, ein Faktum, das bei allen drei Autoren einerseits von der nicht vollständig durchgehaltenen Analyse der behandelten Sachverhalte herrührt, andererseits aber auch an der Erzählhaltung liegt, die in der Literatur der unteren Klassen vorzuherrschen scheint.

Der ebenfalls aus Sizilien kommende Lyriker G. Giambusso (1979), erst als Arbeiter in der Bundesrepublik tätig, nach Abendkursen Grundschullehrer für italienische Kinder, geht von den herkömmlichen Themen der Emigrantenliteratur aus, fächert sie aber gleichzeitig auf, vertieft sie und – vor allem – entwirft neue Blickperspektiven, indem er ihnen einen engagierten Unterton gibt. Es sind Gedichte, die das Hin- und Hergerissen-Sein bloßlegen: zwischen der Bindung zum Herkunftsort und Weltoffenheit, zwischen Aufbegehren gegen die Ursachen der Emigration und Resignation, zwischen Isolation und Sehnsucht nach Menschen um sich. Auch das deutsche Umfeld wird nicht außer Acht gelassen (vgl. z. B. das Gedicht im Abschnitt 4c, vgl. auch in G. Giambusso

1982, S. 81); dabei bedient er sich in vielen Gedichten leidenschaftlich eindringlicher Sprachbilder.

Einen anderen Duktus haben F. Biondis Gedichte. Sein auf Deutsch verfasster und im Selbstverlag veröffentlichter Gedichtband (1979) ist mehr der Alltagslyrik verpflichtet und hat demnach den Gastarbeiteralltag vor Augen: die Fabrik, das Baracken- bzw. Wohnheimleben, die Entwurzelung, die Entfremdung und die Desillusionierung, die Vorläufigkeit.

Auch der sonst als Italienischlehrer tätige G. Chiellino (1984) will mit seiner ebenfalls in deutscher Sprache verfassten und veröffentlichten Gedichtsammlung den Alltag des Arbeitsemigranten beleuchten. Es geht ihm aber auch darum, die neue, inzwischen verwandelte Emigration vor Augen zu führen. Mit seinen knappen, teilweise nüchtern-lyrischen und in Gedankensprüngen verlaufenden Gedichten, die, um das behandelte Objekt stärker zu betonen, eine gewisse Distanzierung des Dichters zum Sujet aufweisen, will er Leser zum Nachdenken und zur Überprüfung des eigenen Standpunktes herausfordern. G. Chiellino will einerseits die Missstände im Alltag der italienischen Gastarbeiter anprangern und auf das Verhältnis Gastarbeiter-Einheimische und Gastarbeiter-Immigrationsstaat hinweisen, andererseits die Entwicklung, der ein Gastarbeiterautor unterworfen ist, im Prozess der Bewusstwerdung des eigenen Alltags aufzeigen. Daher der doppelte Sinn des Titels seines Gedichtbandes, *Mein fremder Alltag:* der eigene Alltag, der fremd ist, und die Aneignung der Fremde durch den Alltag.

Bemerkenswert ist der Band nicht nur hinsichtlich des Sujets und der sprachgewandten Form, sondern vor allem dadurch, dass sich hier ein besonderer Typus des Gastarbeiters zu Wort meldet: der Arbeitsemigrant mit universitärer Bildung, ein Vertreter einer Gruppe, die aufgrund der widersprüchlichen Verhältnisse in Süditalien auswandern musste.

Anschließend sei noch auf C. Abate (1977), F. Piccolo (1980), P. Gabriele, C. Pasquale (1981) hingewiesen. Besondere Erwähnung verdient F. Piccolo, dessen jüngste Arbeiten in Anlehnung an die experimentelle Poesie entstanden sind. Interessant sind seine Versuche insofern, als sie das Experimentelle der konkreten Poesie in den Dienst der Aufklärung stellen und auf die Emigrationsthematik beziehen. Dabei wird nicht nur das Visuelle und Musikalische eingesetzt, sondern auch die Verbindung diverser Techniken angestrebt. In *Ein Land, wo nicht nur Milch und Honig floss* besteht die Komposition aus jeweils 5 Bildern, 5 Verbaltexten und 5 musikalischen Themen für Saxophon. Der Ablauf stellt sich wie folgt dar:

Die Bedeutung der Farben der deutschen Fahne beinhaltet eine mathematische Abnahme der Farben, ausgehend von Schwarz bis hin zum

Gelb; im Jahre 1990 hat z. B. die gelbe Farbe die Bedeutung »Honig-Recht«. Das Saxophon hat die Funktion, den Text der deutschen Hymne zu übermitteln, begrenzt auf die Bedeutung der Farben »Schwarz-Rot-Gelb = Freiheit-Einigkeit-Recht«, mit musikalischer Interpretation, die der Musiker frei bestimmen kann. (F. Piccolo, in: *PoLiKunst* 1984, S. 38).

Ein anderes Beispiel für die Verwendung akustischer Themen ist das Gedicht *Deutschland im Urlaub*, wo das Wort »Willkommen« durch ein Echogerät zum »Will-kommen« verfremdet wird, so dass das Wort »kommen« sich wiederholt und die Bedeutung des Wortes figurativ gegeben wird (ebd.). Durch den Einsatz experimenteller Poesie sollen nach F. Piccolo »alle fünf Sinne einbezogen werden und alle nationalen und kulturellen Grenzen abgeschafft werden« (ebd. S. 40).

Wenn nicht anders angegeben, sind die Gedichte vom Verfasser dieses Artikels ins Deutsche übertragen worden.

LITERATURLISTE

Abate, Carmine: Nel labirinto della vita. Poesie. Rom 1977.
Abate, Carmine: Il salto e l'alibi. *CdI*. 31.1.1982.
Bektas, Habib u. a.: Arrivederci, Deutschland! Stuttgart 1964.
Biondi, Franco: Emigrati, creatori di una nuova cultura. *CdI*. 2.5.1976.
Biondi, Franco: Importante il fatto che si scriva. *Incontri* November 1976, S. 31.
Biondi, Franco: Cultura d'emigrazione e movimento operaio. *CdI*. 12.12.1976 und 19.12.1976.
Biondi, Franco: Cultura dell'emigrato. *Dialog. Zeitung für ausländische Arbeitnehmer*. Nr. 7. Dezember 1976, S. 5.
Biondi, Franco: Cultura operaia in emigrazione. *CdI*. 8.1.1978.
Biondi, Franco: La letteratura Gast qualifica l'emigrato, non lo isola. *CdI*. 18.6.1978.
Biondi, Franco: Nicht nur gastarbeiterdeutsch. Gedichte. Klein Winternheim 1979.
Biondi, Franco u. a. (Hgg.): Im neuen Land. Bremen 1980.
Biondi, Franco: La letteratura d'emigrazione deve incontrare quella tedesca. *CdI*. 17.2.1980.
Biondi, Franco u. a.(Hgg.): Zwischen Fabrik und Bahnhof. Prosa, Lyrik und Grafiken aus dem Gastarbeiteralltag. Bremen 1981.
Biondi, Franco; Schami, Rafik: Literatur der Betroffenheit. Bemerkungen zur Gastarbeiterliteratur. In: Schaffernicht, Christian (Hg.): Zuhause in der Fremde. Ein bundesdeutsches Lesebuch. Fischerhude 1981, 5, S. 124–136.

Biondi, Franco: Movimento letterario d'emigrazione – cos'è e cosa fa. *CdI*. 22.11.1981.

Biondi, Franco; Naoum, Jusuf; Schami, Rafik (Hgg.): Annäherungen. Prosa, Lyriken und Fotografiken aus dem Gastarbeiteralltag. Bremen 1982.

Biondi, Franco: Passavantis Rückkehr. Erzählungen 1. Fischerhude 1982.

Biondi, Franco: Die Tarantel. Erzählungen 2. Fischerhude 1982.

Biondi, Franco; Naoum, Jusuf; Schami, Rafik (Hgg.): Zwischen zwei Giganten. Prosa, Lyrik und Grafiken aus dem Gastarbeiteralltag. Bremen 1983.

Biondi, Franco: Abschied der zerschellten Jahre. Novelle. Kiel 1984.

Bonazza, Vincenzo: L'emigrante. Bari 1976.

Chiellino, Gino: Vi insegno il primo passo. *CdI*. 27.6.1976.

Chiellino, Gino: No alle élites. *CdI*. 27.6.1976.

Chiellino, Gino: Chiellino risponde a Biondi. *CdI*. 14.11.1976.

Chiellino, Gino: Minacciano di consumarci. *CdI*. 9.1.1977.

Chiellino, Gino: Il movimento si è internazionalizzato. *CdI*. 18.10.1981.

Chiellino, Gino (Hg.): Nach dem Gestern/Dopo ieri. Gedichte aus dem Alltag italienischer Emigranten. Bremen 1983.

Chiellino, Gino: Libertà van cercando ch'è si cara... *CdI*. 22.10.1983.

Chiellino, Gino: Mein fremder Alltag. Gedichte. Kiel 1984.

Chinatti, Roberto: Poesie. Vicenza 1977.

Corriere d'Italia: Inserto speciale 1. Frankfurt a.M. 1981.

Corriere d'Italia: Inserto speciale 2. Frankfurt a.M. Januar 1982.

Corriere d'Italia: Inserto speciale 3. Frankfurt a.M. Juli 1982.

Currà, Francesco: Rapsodia meccanica. Poesie in fabbrica. Milano 1977.

D'Adamo, Vito: Il confronto. In: *Il Mulino* 9 (1975).

D'Adamo, Vito: Manifesto della cultura degli emigrati. *CdI*. 4.4.1976.

D'Adamo, Vito: L'élite finge di ignorare. *CdI*. 13.6.1976.

D'Adamo, Vito: Cultura dell'emigrato e letteratura Gast. *CdI*. 28.11.1976.

D'Adamo, Vito: Per un simposio di cultura Gast. *CdI*. 8.3.1977.

De Amicis, Edmondo: In Amerika. Roma 1897.

De Amicis, Edmondo: Dagli Appennini alle Ande. Firenze 1974.

Di Donato, Pietro: Christ in concrete (1939). Ital: Cristo fra i muratori. Milano 1973.

Di Mauro, Marco: Bello stabile. Bari 1967.

Dolci, Danilo: Non sentite l'odore del fumo? Bari 1971.

Fava, Giuseppe: La passione di Michele. Bologna 1980.

Fiorenza, Giuseppe: Il tempo stringe. Poesie. Nordrach 1976.

Fiorenza, Giuseppe: Se fosse un marciapiede. Poesie. Nordrach 1976.

Fiorenza, Giuseppe: Perdonami Italia. Poesie. Nordrach 1977.

Fiorenza, Giuseppe: Interview mit Pesciaioli im WRD III. Antonio, d'Adamo, Vito; Polidori, Antonio und Biondi, Franco, 26.11.1977.

Fiorenza, Giuseppe: Cos'è questo paese? Poesie. Nordrach 1978.

Fiorenza, Giuseppe: La cartolina. Poesie. Nordrach 1978.
Fiorenza, Giuseppe dill'Elba: La chiamerei Anna. Poggibonsi 1981.
Fornaro, Arturo: Offerta all'alba/Angebot des Frühlichts. St.Gallen 1961.
Fornaro, Arturo: Lettera allo straniero/Brief an den Fremden. Zürich 1964.
Fornaro, Arturo: Resoconti/Berichte. Neuwied/Berlin 1964.
Fornaro, Arturo: Edizione Sera/Abendausgabe. Zürich 1971.
Fornaro, Arturo: Le stelle portano il tuo nome. Zürich 1978.
Giambusso, Giuseppe: Poesie. Fröndenberg 1979.
Giambusso, Giuseppe: Ma cos'è il movimento? *CdI*. 1. 11. 1981.
Giambusso, Giuseppe (Hg.): Wurzeln, hier/Le radici, qui. Gedichte italienischer Emigranten (Ital./Dt.). Bremen 1982.
Gori, Pietro: Senza patria. Scene sociali dal vero in due atti od intermezzo in versi martelliani. In: Savona, A. V.; Straniero, M. L. (Hgg.): Canti dell'emigrazione. Milano 1976.
Guerrazzi, Vincenzo: Nord e Sud uniti nella botta. Padova 1974.
Guerrazzi, Vincenzo (Hg.): L'altra cultura – inchiesta operaia. Padova 1975.
Guerrazzi, Vincenzo: La fabbrica dei sogni. Romanzo. Roma 1977.
Guerrazzi, Vincenzo: La fabbrica dei pazzi. Romanzo. Roma 1978.
Guerrazzi, Vincenzo (Hg.): Gli intelligenti. Inchiesta. Napoli 1978.
Guerrazzi, Vincenzo: La festa dell'Unità. Romanzo. Milano 1982.
Il Mulino. Periodico di arte e letteratura. Jahrgänge 1975–1982.
Lazzarin, Marcello: Gente di nessuno. Lugano 1976.
Ledda, Gavino: Padre padrone. L'educazione di un pastore. Milano 1975. (Dt.): Padre padrone. Mein Vater, mein Herr. Frankfurt a. M. 1981.
Levi, Carlo: Cristo si è fermato ad Eboli. Torino 1945. (Dt.): Christus kam nur bis Eboli. München 1981.
Mäder, Rolf (Hg.): Il pane degli altri. Autori italiani emigrati in Svizzera. Bern 1972.
Malfatti, Luigi: Eredità e premessa dell'Europa unita. *CdI*. 26. 2. 1978.
Malfatti, Luigi: Letteratura Gast – un ponte fra le culture? *CdI*. 12. 3. 1978.
Marretta, Saro: Piccoli italiani in Svizzera. Milano 1968. (Dt.): Oliven wachsen nicht im Norden. Bern 1970.
Marretta, Saro: Papà, tatà, pipì. Lugano 1971.
Marretta, Saro: Allegro svizzero. Bern 1976.
Marretta, Saro: Am Ende stand der Bahnhof/Il paese finiva alla stazione. (Zweisprachig.) Bern 1977.
Moresco, Anna Maria: Tra il cielo e noi. Poesie. Udine/Firenze 1975.
Mosna, Corrado: Dante non si scandalizza. *CdI*. 21. 11. 1976.
Mosna, Corrado: 1. congresso scrittori Gast. *CdI*. 21. 5. 1978.
Mosna, Corrado: Proiettare la letteratura Gast verso i traguardi dell'integrazione e dell'unità dell'Europa. *CdI*. 21. 5. 1978.
Mosna, Corrado: L'angolo della poesia. *CdI*. 4. 10. 1981.

Mosna, Corrado: Il movimento si spezzato. *CdI*. 2.7.1983.
Parenti, Enzo: Wenn Dante es wüsste... In: Incontri Oktober 1976, S. 24 ff.
Pasquale, Ciro: Vagabondaggi in versi. Poesie. Poggibonsi 1981.
Pasquali, Carlo: Un operaio racconta: Il passato, il futuro. In: *La Squilla*. Maggio 1961.
Pavese, Cesare: La luna e i falò. Milano, 1950 (Dt): Junger Mond. Frankfurt a. M. 1975.
Perri, Francesco: Emigranti. (Milano 1926.) Cosenza 1976.
Pesciaioli, Antonio: Le macchie al sole. Poesie. Napoli 1964.
Pesciaioli, Antonio: Le braccia di pietra. Poesie. Napoli 1964.
Pesciaioli, Antonio (Hg.): Panorama della poesia italiana all'estero. Nordrach 1974.
Pesciaioli, Antonio: La guerra di Dio. Liriche. Nordrach 1975.
Pesciaioli, Antonio (Hg.): Panorama della poesia italiana all'estero. Nordrach 1975.
Pesciaioli, Antonio (Hg.): Panorama della poesia italiana all'estero. Nordrach 1976.
Pesciaioli, Antonio (Hg.): Panorama della poesia italiana all'estero. Nordrach 1977.
Pesciaioli, Antonio: L'ultima luna. Liriche. Nordrach 1978.
Pesciaioli, Antonio: Letteratura Gast: Definizione e valori. *CdI*. 29.1.1978.
Pesciaioli, Antonio: Letteratura Gast e gli intellettuali. 7.5.1978.
Pesciaioli, Antonio: Autori, opere, diffusione. *CdI*. 21.5.1978.
Pesciaioli, Antonio: Perché letteratura Gast? *CdI*. 4.6.1978.
Pesciaioli, Antonio: A proposito d'incontro letterario con i tedeschi. *CdI*. 2.3.1980.
Pesciaioli, Antonio: Un cenacolo più che associazione. *CdI*. 18.10.1981.
Piccolo, Fruttuoso: 1970–1980: dieci anni fra due mondi. Poesie. Hannover 1980.
Piccolo, Fruttuoso: Meine Poesie in der Emigration ist die visuelle Poesie. In: PoLiKunst (Hg.): Der Tanz der Fremden. Jahrbuch 1984. Frankfurt a. M. 1984.
Pierino, Gabriele: Senza meta. Poesie. Nordrach 1978.
Piras, Franco: Chicco. Biografia d'un emigrato sardo. Napoli 1976.
Polidori, Antonio: Una cultura dell'emigrazione. In: Cronaca vera Nr. 201, 14.7.1976.
Polidori, Antonio (Hg.): Gast. Antologia opere di emigrati. Hüfingen/Baden 1981.
Polidori, Antonio (Hg.): Diario Fisc d'emigrazione 1. Hüfingen/Baden 1982.
Polidori, Antonio (Hg.): Diario Fisc d'emigrazione 2/3. Hüfingen/Baden 1982.
PoLiKunst (Hg.): Ein Gastarbeiter ist ein Türke. Jahrbuch 1983. Augsburg 1983.
PoLiKunst (Hg.): Der Tanz der Fremden. Jahrbuch 1984. Frankfurt a. M. 1984.
Porcheddu, Pietro: Letteratura Non-Gast: Poesie d'amore. In: *Incontri*. Dezember 1977, S. 37.
Punto d'Incontro Wettingen (Hg.): Il pane dei sogni. Poesie di emigrati. Perugia 1975.
Punto d'Incontro Wettingen (Hg.): Il quotidian vivere. Antologia di poesie di emigrati. Wettingen 1977.

Punto d'Incontro Wettingen (Hg.): I singhiozzi del cuore. Antologia di poesia di emigrati. Bergamo 1979.

Puzo, Mario: The fortunate Pilgrim (1964). [Dt.]: Mamma Maria. Hamburg 1972.

Puzo, Mario: The God-Father (1969). [Dt.]: Der Pate. Wien/München/Zürich 1969.

Sabato, Ernesto: Sombre heroes y tumbas (1961). [Dt.]: Über Helden und Gräber. München 1977.

Savona, A. V./ Straniero, M. L. (Hg.): Canti dell' emigrazione. Milano 1976.

Schami, Rafik (Hg.): Das Unsichtbare sagen. Prosa und Lyrik aus dem Alltag des Gastarbeiters. Kiel 1983.

Scotellaro Rocco: L'uva puttanella. Contadini del Sud. Bari 1977.

Serra, Antonio: Casa accadde veramente quella notte. Milano 1974.

Stiller, Klaus: Gute Gründe zum Schreiben. In: Incontri, November 1976.

Strati, Saverio: Mani vuote. Milano 1960.

Strati, Saverio: Il nodo. Milano 1966.

Strati, Saverio: Gente in viaggio. Milano 1966.

Strati, Saverio: Noi lazzaroni. Milano 1972.

Strati, Saverio: Il selvaggio di Santa Venere. Milano 1977.

Rossotti, Luciano: Chi viene dal sud. Romanzo breve in 17 puntate. In: *CdI*. 9.10.1977.

Venturini, Fiorenza: Die Sehnsucht blieb. Zürich 1959.

Venturini, Fiorenza: Nudi col passaporto. Milano 1969.

Venturini, Fiorenza: Stagionali e rami secchi. Milano 1976.

Venturini, Fiorenza: Storia dei trafori del San Gottardo 1882–1980. Trentamila minatori italiani. Milano 1980.

Vetere, Gaetano: A come Alfa: che ne dite die noi? *CdI*. 16.5.1976.

Vilardo, Vincenzo: Tutti dicono Germania Germania. Milano 1975.

Vitaliano, Ferrullo: Cultura d'emigrazione? Meglio essere cauti. *CdI*. 23.5.1976.

Vitaliano, Ferrullo: Den venga maggio. Romanzo breve in 22 puntate. *CdI*. 5.9.1976 bis 20.2.1977.

Werkkreis Literatur der Arbeitswelt (Hg.): Sehnsucht im Koffer. Frankfurt a. M. 1961.

Zanier, Leonardo: Risposte ai ragazzi di Fagagna. Cos'è l'emigrazione? Perché si emigra? Siamo anche noi emigrati? Bellinzona 1975.

Zanier, Leonardo: Che Diaz... us al meriti. Aiello Udine 1979.

Zanier Leonardo: Sboradura e sano. Firenze 1982.

EINIGE ÜBERLEGUNGEN ZUR KÜNSTLERISCHEN FOLKLORE

Die Vielzahl der folkloristischen Darbietungen bei Ausländerfesten, »Tag des ausländischen Mitbürgers« oder bei anderen von offizieller Seite geförderten Veranstaltungen führte mir wieder einmal vor Augen, wie gedankenlos oder gar missbräuchlich mit Kulturgut umgegangen wird. Dies scheint keine einzigartige isolierte Erscheinung zu sein, im Gegenteil: Sie gesellt sich zu den allgemein gesellschaftlichen Tendenzen, die hie und da mit einigen zeitlichen und strukturellen Verschiebungen vorzufinden sind. Die in der Folklore Tätigen sollten sich dieser Tendenz zumindest annähernd bewusst sein, wollen sie ihre Arbeit ernst nehmen. Es wäre dabei wünschenswert, wenn sie ihre Arbeit genauer definieren und genau von zwielichtigen Folkloredarbietungen abgrenzen, falls ihnen ihre folkloristischen Aktivitäten am Herzen liegen.

Was Folklore genau ist, sind sich die Folkloreforscher und Musikethnologen nicht einig; Einigkeit scheint nur darüber zu bestehen, sie als Sammelbegriff für das gesamte Gut der volkstümlichen Traditionen zu benutzen. Die musikalischen, die literarischen, die bildenden Kunstprodukte machen also nur einen Teil der Folklore aus.

Im Folgenden beschränke ich mich bei meinen Überlegungen auf die künstlerische Produktion und Darbietung der Folklore. Auch dieser Teil der Folklore weist eine weitere allgemeinere Gemeinsamkeit auf: Sie hat meist einen funktionalen und Ereignis- bzw. Erlebnischarakter: bei Festen, religiösen Riten, bei Hochzeiten, bei Trauerklagen etc.; oder als Kindereinschlaf-, Arbeits-, Liebes-, Schicksalslieder. Besonders Tänze und Gesänge bekommen also außerhalb der Ereignisse und der Funktionen entfremdete Dimensionen. Darauf werde ich später zurückkommen.

Der Begriff »Folklore« impliziert, wie ebenso der Begriff »Volksdichtung«, dass es deutlich trennbare, ja sogar gegensätzliche Künste gibt: die der unteren und die der oberen Klassen. Neben den unterschiedlichen Inhalten, Formen und Strukturen wird darin auch ein unterschiedlicher Dyadenaufbau zwischen Produzent und Rezipient erkannt: Während ein Werk in den dominierenden Klassen von zwei unveränderlichen Polen ausgeht, der Autor als Produzent auf der einen Seite und der Leser und Betrachter, der Zuhörer als Rezipient auf der anderen Seite, also eingleisig, geht die Folklore gleichzeitig von zwei Polen aus, wonach jeder Pol im Prinzip auswechselbar ist: Der Rezipient kann demnach jederzeit Produzent werden. Diese Austauschbarkeit in der Folklore impliziert nämlich das Fehlen einer Spezialisierung und des Vertreterprinzips, die sonst sehr typisch für die bürgerliche Kultur sind.

Bei der Betonung einer Dichotomie gehen alle Schulen von der »romantischen« zur »klassischen« Schule, von den »Positivisten« zu den »Idealisten« bis zur marxistischen Schule davon aus, dass Inhalte, Formen und Strukturen der Folklore niedrige Stufen, ja eine gewisse »Primitivität« aufweisen, im Vergleich zu den in derselben Zeit herrschenden Kulturen. Wie z. B. der bekannte Philosoph, Historiker und Kunstkritiker in der ersten Hälfte dieses Jahrhunderts, Benedetto Croce, der zwar eine Zweiteilung der Dichtung verwirft, aber der Volksdichtung eine psychologische Einfachheit bescheinigt.

Weitaus anders ist die Position Paolo Pasolinis bezüglich der italienischen Volksdichtung und des Liedgutes, wenngleich auch sie in die gleiche Richtung geht: Die Volksdichtung ist das Produkt des Verhältnisses der dominierenden Klassen zu den dominierten im Kontext der historischen Entwicklung einer Gesellschaft. Die dominierten Klassen, tendenziell konservativ und nur zögernd aufnahmebereit, deren kulturelles Gut komplizierte Aufschichtungen unterschiedlicher und assimilierter Kulturen aufweise, würden dem Einfluss der dominierenden Kultur unterliegen. Dann wird die »Kultur der dominierenden Klassen mit der Zeit selbst traditionell«, wird in das Kulturgut der dominierten Klassen integriert; dadurch weist sie nicht eine andere Kultur, sondern eher eine originelle Verbindung »der vorherexistierenden Folkloredichtung mit der der höheren Kultur auf.« (Pasolini 1972.)

All diese Überlegungen, so wertvoll und weiterführend sie auch sein mögen, berücksichtigen nicht, dass trotz der Herrschaftsstrukturen ein kultureller Einfluss von den dominierten zu den dominierenden Klassen ausgehen kann, besonders dann, wenn handfeste Interessen dahinterstehen. Die Geschichte liefert auch genug Beispiele: so die Entwicklung des Blues und des Jazz, die aus dem Repertoire der dominierten Afroamerikaner zur Weltfolklore, aber auch zum Kulturgut der dominierenden Klassen aufgestiegen sind. Oder auch einfachere Sachverhalte: Es ist z. B. überliefert, dass Giuseppe Verdi im Volk, auf Märkten und Plätzen, mit dem leeren Notenblock in der Hand herumstreunte und fleißig die Melodien für seine Opern abschrieb. Ähnliches wird dem Werk Gustav Mahlers nachgesagt. Außerdem, um mit Gramsci zu sprechen, sind die dominierten Klassen nicht kulturhomogene Gruppen, sie weisen dagegen eine Vielzahl von kulturellen Aufschichtungen auf, die unterschiedlich kombiniert sind.

Durch seine Aufnahme auf Schallplatte 1964 verhalf Yves Montand dem Partisanenlied *Bella ciao* zu Weltbekanntheit. Obwohl es schon gleich nach dem Zweiten Weltkrieg eine rasche Verbreitung im italienischen Raum genoss, wissen nur die ältere Generation und die Volkskundler, dass dieses Lied eine Verschmelzung und zugleich eine Neuversion eines alten Volkskinderlieds (*La me nona l'è vecchierella*) mit einer Volksballade (die wiederum zu der Zeit bereits eine Verschmelzung von zwei noch älteren Volksliedern: *La pesca dell'anello* und *Fiore di tomba* war) ist. Aus dem Widerstandslied, das inzwischen ein regelrechtes Volkslied geworden ist, sind in der italienischen Nachkriegszeit neue Versionen entstanden und populär geworden, z. B. ein Arbeiterinnenlied, das während der Fabrikkämpfe in den siebziger Jahren entstanden ist. Eine weitere Umwandlung hat *Bella ciao* in der Arbeitsemigration durch eine Gruppe Italiener um die »Iniziativa Lavatori Italiani in Hannover« erfahren.

Weitere Beispiele ließen sich hier anführen, aber es geht mir um das Prinzip, worauf es ankommt. Dadurch will ich ein Grundmerkmal der Folklore umreißen: Folklorelieder, ja die Volksdichtung an sich, sind kein starrer, für alle Zeiten endgültiger künstlerischer Volksausdruck. Sie sind in ihrem gesellschaftlichen historischen Zusammenhang zu sehen und zu verstehen. D. h. aber auch, dass sie ohne diesen Rahmen funktionslos werden, bzw. genauer: einen anderen Funktionszusammenhang erhalten, z. B. den der Unterhaltung oder des Musealen.

Aus dieser Betrachtung heraus, gehe ich davon aus, dass keine eigentliche Urfassung der künstlerischen Folklore existiert. Ganz gleich, was vor unserer Nase liegt, es handelt sich immer um eine Variante, um eine Verschmelzung, um Umwandlung, um Schleifung und vieles mehr. Müßig ist daher der Streit der Folkloreforscher, z. B. bei den Italienern, ob der Strambotto als Grundstruktur der italienischen Volksdichtung sizilianischer, toskanischer oder gar gallischer Herkunft ist; die Frage nach der Herkunft gleicht der Frage: Wer war zuerst da, die Henne oder das Ei?

Nicht in diesem Ausmaß und in dieser Akzentuierung lassen sich Fragen über die Musikinstrumente in der Folklore stellen. Hier ist die historische Wandlung im Einsatz offensichtlicher, wenn auch erhebliche Lücken in vielen Jahrhunderten und in der sogenannten Vorgeschichte bestehen und offensichtlich noch keine Geschichte der Musikinstrumente existiert. Nichtsdestotrotz tun manche Folkloreanhänger so, als müsse eine folkloristische Darbietung nur mit diesen und jenen Instrumenten (und in jener Folkloretracht) gebracht werden. Konsequent gedacht, müssten die italienischen Folkloredarbieter (und nicht nur sie, da die folgenden Instrumente eine größere Verbreitung hatten) mit Dudelsack und Schalmei auftreten, weil diese die ältesten Musikinstrumente in der Folklore sind. Der Dudelsack als Instrument der dominierten Volksklassen hatte für sie oft einen rituellen, magischen Charakter. Die Lieder, die mit ihm gespielt wurden, bezogen sich z. B. auf Fruchtbarkeitsriten.

Bis vor Kurzem, vielleicht heute noch, wurde er in manchen Gebieten Italiens benutzt, um die Tänze nach der Getreideernte zu begleiten, um nach der letzten Getreideladung die »Seele des Getreides« zu feiern. In den Tarantellen des 17. Jahrhunderts hatte er einen durchaus wichtigen Platz (zusammen mit Schalmei und Tamburin) und wurde auch in der magischen Medizin zur Behandlung des Tarantismus eingesetzt. Ab dem 16. Jahrhundert nahm aber zunehmend die Geige Einzug in die musikalischen Darbietungen, die Gitarre kam etwas später; und während die Gitarre noch ein fester Bestandteil der Folkloreorchester ist, wurde die Geige zum guten Teil vom Akkordeon ersetzt, das nun selbst im Folklorerepertoire immer mehr den Platz zugunsten der moderneren Instrumente räumen musste.

Dass der Dudelsack aus der italienischen Folklore nicht völlig verschwunden ist, liegt auch zum guten Teil daran, dass er in den Weihnachtsbräuchen einen festen Platz erworben hat: Aus den Bergen kommen alljährlich die Dudelsack- und Pfeifenspieler mit ihrem *Tu scendi dalle stelle* in die Stadt, um Geld zu verdienen. Das ist der einzige übriggebliebene Sinn einer so traditionsreichen Folklore. Die Folklore, wie die Folklorekatalogisierer sie verstehen, hat längst ausgedient oder ist dabei auszudienen, je nach Stand des Umwälzungsprozesses. Keine Region der Welt scheint davon verschont zu werden. Sowohl die konservative als auch die teilweise noch lebendige und die neue, junge Folklore haben neue Funktionen, neue Strukturen und neue Inhalte, die es alle noch zu erforschen gilt.

Das Gebiet, wo ich geboren wurde, heißt Romagna, ein Landstrich, der historisch und kulturell mehr zu Mittelitalien gehört (da er auch mehrere Jahrhunderte lang eine »meridionalistische« Regierung hatte), im Gegensatz zur stark vom Norden beeinflussten Emilia, mit der die Romagna geografisch heute eine gemeinsame Region bildet.

Um mit Pier Paolo Pasolini zu sprechen, »ist die Romagna gerade jenes Land mit einer unruhigen, harten und aktiven Bevölkerung; die Lieder haben hier eine außergewöhnliche Lebendigkeit und Notwendigkeit, sie haben sicherlich eine der schönsten Liedersammlungen Italiens: sowohl in dem pathetischen Sich-gehen-lassen als auch in der Fröhlichkeit, sowohl in der Gewalt, die aus den Strophen entspringt, als auch in der Gefühlsseligkeit …« (Pasolini 1974.)

Auch der Italienhistoriker Denis Mack Smith weiß von dieser Region nicht anderes zu berichten, dass sie »von Traditionen politischer Unruhen und Aufbegehren lebte.« Gerade am Beispiel der romagnolischen Folklore lässt sich zeigen, wie die dominierende Kultur, wenn sie die Produkte der dominierten Kultur nicht völlig ablehnt, diese in das eigene System integriert: durch das Weglassen der rebellischen Elemente in der Musik und in den Texten, wo es notwendig erscheint, und durch die Übernahme des übrigen Repertoires und durch Neuentwicklungen.

Die ersten gewaltigen Veränderungen in diesem Jahrhundert vollzogen sich in der Zeit des Faschismus: abgesehen von den inzwischen klassisch gewordenen Texten wurden viele Lieder durch neue ersetzt, viele andere wurden für Musikkapellen und für die neugegründeten *Canterini romagnoli* adaptiert und neu geschrieben; doch die noch einschneidenderen Veränderungen sind nach dem Faschismus in den fünfziger Jahren anzusiedeln. Es wird berichtet, dass noch Mitte der dreißiger Jahre die vorherrschenden Tänze der Springtanz (norditalienische Herkunft) und die Tarantellen (süditalienische Herkunft) waren und dass sie in der Regel von einem Trio, Violine, Gitarre und Akkordeon (das Akkordeon nahm dem bis dahin eingesetzten Tamburin den Platz weg), begleitet wurden. Das änderte sich bald durch den Kapellendirigenten Secondo Casadei, der sofort Schule machte: Er vertonte die romagnolischen Volkslieder neu zu reißenden Walzern, Mazurken und Polken und führte in seiner Kapelle (indem er sie auch erweiterte) eine ganze Reihe neuer Instrumente ein, wie Saxophone und Klarinetten, die nach und nach in vielen Liedern zu leitenden Instrumenten wurden.

Es war anschließend sein Neffe, der nach Secondo Casadeis Tod seinen Kurs konsequent fortsetzte, indem er weitere Melodievereinfachungen und Texttrivialisierungen (z. B. *Oh, du Schöne am Meer*) einführte und somit ab den siebziger Jahren der romagnolischen Folklore unter dem Namen »il liscio« (sehr bezeichnender Titel: das Glatte) zum nationalen Durchbruch verhalf, sodass sie sogar zur Unterhaltung der deutschen Touristen am Meer im Sommer erfolgreich eingesetzt wird. Aber die romagnolische Folklore verdankte ihren nationalen Erfolg hauptsächlich ihrer Wandelbarkeit und Flexibilität bei der Aufnahme neuer Impulse, die sie unterhaltend und konsumierbar und damit funktional für das neue, sich industrialisierende und elektronisierende Italien machte.

Nun, diese »Volkslieder« haben so gravierende Änderungen erfahren, dass sie im Vergleich zu den Vorlagen aus den vorigen Jahrzehnten als reine Fälschungen bezeichnet werden können: die Musikgruppen, wie die von Casadei und die *Canterini romagnoli* mit ihren bunten romagnoli-fremden Trachten haben mit Romagna-Folklore so wenig zu tun wie James Last mit der deutschen Folklore. Aber es ist ein gutes Geschäft, sie als Folklore zu verkaufen.

In den letzten zehn Jahren folgen nun weitere Regionen dem Beispiel der Romagna, z. B. Sizilien und Neapel an vorderster Front. So sind in den neuen neapolitanischen Liedern die südamerikanischen und die Blues-Einflüsse nicht mehr zu überhören.

Diese Entwicklung bestätigt im Groben einige formulierte Annahmen, weist aber auch auf besondere, veränderte Bedingungen hin, die diese Entwicklung erst ermöglichten: die Folklore als Industriebetrieb, das Folklore-Liedgut als austauschbar, als Konsumgegenstand. Die um sich greifende Technologisierung der Massenmedien und der nicht mehr spezialisierte Konsument sowie die Entfremdung der dominierten Klassen von der eigenen Folklore beschleunigen diesen Prozess. Aber das alles ist nur die eine Seite des Problems.

Es ist sehr offensichtlich, dass die herkömmliche Folklore nicht mehr funktional zum Leben, zu den Tätigkeiten und dem Erleben ihrer Träger ist: Die sozioökonomischen Veränderungen in den letzten Jahrzehnten oder die gerade im Gange sind oder erst jetzt beginnen (je nach Verschiebungsphase also) haben eine Veränderung der familiären Struktur, der Geselligkeitsgewohnheiten, der kulturellen Veranstaltungen zur Folge. Diese Veränderungen haben den vorindustriellen Traditionen und Kulturen den Boden unter den Füßen entzogen (oder sie werden es, wo es noch bevorsteht, tun: durch die Kolonialisierung durch Dallas und Co. wird es dann noch schneller, brutaler gehen) und führen zu neuer Folklore.

Es ist ebenso offensichtlich, dass die herkömmliche Folkloretradition erstarrt, verhärtet ist, weil den Bedingungen einer ständigen Befruchtung und Erneuerung jede Grundlage entzogen wurde. Gleichzeitig aber, das lässt sich beim genaueren Hinsehen erkennen, fließen Teile der herkömmlichen Folklore in deren Rudimenten in die Neufolklore und in die folklorisierte (industriell betriebene) Kultur ein. Diese neue kommerzialisierte Folklore ist, trotz der im Vergleich zur herkömmlichen noch größeren Vereinfachung und Trivialisierung wie bei den bürgerlichen Künsten, in eine Spezialisierung eigetreten und einem Stellvertreterprinzip unterworfen. Das heißt, die ehemaligen Folkloreträger, die dominierten Klassen also, sofern einige von ihnen nicht selbst Markloredarbieter sind, sind zu bloßen Rezipienten geworden; dieser Sachverhalt hebt das eingangs zitierte Charakteristikum der Folklore auf, nämlich dass Folklore von zwei im Prinzip umkehrbaren Polen ausgeht. Das Gedächtnis der dominierten Klassen hat auch keine Speicherfunktion mehr; es ist nun an die Maschinen und an die Folkloreindustrie delegiert worden. Diese wiederum aktualisiert und verändert die Folkloreprodukte nach Umsetzchancen. Diesen im Gange befindlichen Prozess würde ich Entfolklorisierung der Folklore nennen.

Die Entfolklorisierung hat längst begonnen, und in Europa hat sie längst stattgefunden, abgesehen von den sogenannten Randregionen, wo der Prozess voll im Gange ist. Sie erstreckt sich nicht nur auf die musikalische Folklore, sondern auf alle folkloristischen Bereiche wie z. B. die Volksmärchen bis hin zur Volksmalerei. Neben der neufolkloristischen Kultur ist dagegen eine folklorisierte Kultur angetreten, die zunehmend an Bedeutung und Einfluss gewinnt. Ich würde es sogar so beschreiben: In dem Ausmaß, in dem die herkömmliche folkloristische Kultur zurücktritt (oder genauer funktionslos wird) tritt in ähnlichem Ausmaß die folklorisierte Kultur an ihre Stelle.

Es ist die folklorisierte Kultur à la James Last aus der Hitparade und, warum nicht, à la Lindenberg (in der Fabrik und im Büro werden anstatt Volksliedern Schlager geträllert), eine folklorisierte Kultur der Showmaster und der Quiz mit Banalitäten, der Fernsehmärchen und der Gruselmärchen auf den massenhaft produzierten Kassetten, (statt dem Kind Märchen zu erzählen wenn es Zuwendung verlangt, wird der Fernseher eingeschaltet); eine folklorisierte Kultur also, in der die industriell produzierte Naivmalerei aus dem Supermarkt zu beziehen ist (und in diesen Prozess werden auch die Kulturgüter der dominierenden Klassen einbezogen, keine Ausnahme also: Die Durchlässigkeit der kulturellen Schranken ist heutzutage größer geworden.).

Dies ist eine folklorisierte Kultur, durch die Elvis Presley, die Beatles und manche Lieder Bob Dylans, obwohl fremdsprachig, bereits Folklore geworden sind, moderne Folklore, eine Folklore, die nicht mehr an nationale und ethnische Schranken gebunden ist (weil die Folkloreindustrie, wie jeder andere Betrieb auch, expandierende Märkte braucht).

So dürfen wir nicht vergessen, dass die folklorisierte Musik einen kolonialistischen Charakter hat: Zum einen schöpft sie ihre Wandelbarkeit und Flexibilität zum Zwecke des Umsatzanstieges aus den Melodien fremder Folklore (wer kennt z. B. nicht Hits mit afrikanisierten, asiatisierten, südamerikanisierten Melodieuntertönen); sie einverleibt diese regelrecht, ohne ihre Grundstrukturen zu verlieren. (Ein weiteres Beispiel, bald im Kommen: der Sazrock, oder der türkische Rock der Cobragruppe aus Westberlin.) Und zum anderen kehrt sie so verwandelt in jene Gebiete zurück (sofern diese Prozesse nicht direkt an Ort und Stelle ablaufen), wo sie geschöpft wurde, und fällt somit auf nahrungsreichen Boden.

Somit bedeutet Entfolklorisierung auch Entwurzelung der Folkloreträger von ihrer Folklore. Ähnlich dürfte es im nationalen Rahmen zwischen den sozialen Klassen zugehen: Aufgrund der unterschiedlichen Verfügbarkeit ökonomischer Mittel und kultureller Techniken und Infrastrukturen ist zu vermuten, dass die »Kulturvermittlung« von oben nach unten verläuft, doch ist die Assimilierung der dominierten Kultur und der Erfahrungen ein gegenläufiger Prozess, z. B. durch:

- die Mitglieder der unteren Klassen, die ihre eigene Kultur und die der dominierenden Klassen beherrschen und benutzen und somit ihre Kultur transformiert vermitteln,
- die Mitglieder der dominierenden Klassen, die fasziniert und grob informiert die Erfahrungen und die Kultur der dominierten Klassen zu transformieren und verarbeiten versuchen,
- diejenigen »kultivierten« Künstler aus den dominierenden Klassen, die aus dem folkloristischen Leben der dominierten Klassen schöpfen und das Produkt verwerten, genauso wie ein Unternehmer die Arbeitskraft.

Welche Funktion kann die herkömmliche Folklore in der Emigration haben, habe ich mich manchmal gefragt. Diese Frage stelle ich mir z. B., wenn ich in einsamen Stunden oder in denen der Verbitterung und Enttäuschung plötzlich Sehnsucht nach Bar Roma oder einfach nach Landsleuten bekommen habe, und ich plötzlich meine Folklore-Kassette aus dem Land, wo ich zufällig geboren wurde, hervorgezaubert und in den Kassettenrecorder eingelegt hatte, ohne dass es mir bewusst wurde, was ich überhaupt tat (und ich merkte auch, dass es bei folklorisierter Musik ähnlich verlief).

Wer in Ausländerwohnheimen am Rande der Fabriken gelebt hat oder gelegentlich war, wird sich sicherlich erinnern, dass aus jedem Zimmer jaulende Folkloreklänge heraussprudeln. Dies und viele Berichte von anderen Emigranten verleiten mich zu dem Schluss, dass Folklore u. a. auch die Funktion der Stärkungsspritze hat, dass sie so eine Art Schutzhülle in der Emigration schafft, eine Art Ersatzwelt (eine Ersatzwelt, weil ich dabei den Eindruck bekomme, der Migrant will Mumien wieder lebendig machen). Ebenso unbehaglich wird es mir, wenn ich bei Veranstaltungen bin, bei denen folkloristische Darstellungen angeboten werden; sie erwecken nämlich den Eindruck, sie wollten das berühmte »Schaut her, ihr Einheimischen« bewirken, aber, und das ist das Entscheidende für mich aus der Position des Unterlegenen, ohne diese überhaupt infrage zu stellen, ja im Gegenteil: Die folkloristischen Darbietungen konventioneller Art, wie sie bei etwa 95 % der Veranstaltungen zu erleben sind, helfen, das Diskriminierende in Kultur und Gesellschaft zu rechtfertigen und zu zementieren, abgesehen von dem konsumierenden Charakter solcher Veranstaltungen.

Hinzu kommt, und das muss auch gesagt werden, dass diese Darbietungen ihren Funktionen völlig entzogen worden sind (siehe oben), ja entstellt worden sind; letztendlich vermitteln sie ein exotisch anmutiges Bild des betreffenden Landes. Daraus, dass die Folklore ein der Bevölkerung fremdes Produkt geworden oder im Werden ist, folgert nämlich eine weitere Ableitung: Zum Kennenlernen der Kultur anderer Völker ist die bei diesen Veranstaltungen dargebotene Folklore kein adäquates Mittel, weil sie nur ein verzerrtes Bild des unbekannten oder kaum gekannten Landes geben kann.

Dass die Folklore also einen Funktionstransfer in der Emigration erfährt, zeigt sich auch in dem weiter oben zitierten Beispiel der italienischen Gruppe in Hannover, die *Bella Ciao* an ihre Lage adaptiert hatte, aber auch in einer Schallplatte der Gruppe »operaio multinazionale« aus Brüssel mit ihrem *Canzoniere dell emigrazione 1977*, die 13 Volkslieder aus Italien ebenfalls adaptierte.

Dabei will ich eine letzte Überlegung formulieren: Zwar erhält die musikalische Folklore eine starre Gestalt (eine Mumifizierung) wenn sie z. B eine Fixierung erfährt (bibliografisch, phonetisch, visuell), doch zeigt es, dass sie trotzdem und gerade deswegen sich einer partiellen Erneuerung unterzieht, da sie ja dadurch wieder als Unterlage für Neuschöpfungen dient; allerdings sind diesen Änderungen enge Grenzen gesetzt, da sie sich meist auf Inhalte und Instrumente beziehen, selten auf die Form (obwohl noch zu erforschen wäre, inwieweit die musikalische Folklore bisher künstlerischen Experimentierversuchen gedient hat, wie z. B. bekannt ist, dass Bela Bartoks Werk zum großen Teil auf balkanischer Folklore basiert). Außerdem verlaufen diese Weiterentwicklungen nicht mehr im Sinne der Folklorisierung, da die herkömmliche Folklore zunehmend eine Randposition in den heutigen Gesellschaften erhält. Und die Neufolklore ist in beträchtlichem Umfang in der Hand der Industrie.

Lörzweiler, im November 1983

MEINE FREMDE IST EIN SPIEGEL- UND GLASLABYRINTH
Vortrag, gehalten in Oldenburg am 6. 2. 1985

Seit geraumer Zeit beschäftige ich mich mit Schreibanlässen italienischer Arbeitsemigranten und in einigen Essays hatte ich einige davon ausgemacht. So zum Beispiel:

- um ein Zeugnis über die gemachten Erfahrungen in der Fremde niederzulegen,
- um Erlebnisse im fremden Alltag zu verarbeiten,
- um Trauerarbeit für das Zurückgelassene zu leisten.

Mein Freund Gino Chiellino konnte auch einen weiteren, sehr wichtigen Anlass ausfindig machen, nämlich: um die Isolation in der Fremde durch den Schreibakt aufzuheben.

Dass ich mich mit Schreibanlässen italienischer Arbeitsemigranten so intensiv beschäftigt habe, hängt auch mit meiner eigenen Entwicklung zum Schriftsteller zusammen. Und nicht zuletzt, um dem eigenen Umgang mit der Fremde auf die Spur zu kommen. Denn: So klar und selbstsicher, wie wir über unsere eigene Motivationen und Beweggründe exponieren, so deutlich sind sie mir selbst in Wirklichkeit gar nicht. Wenn ich also den Versuch unternehme, meine ersten Schreibanlässe zu ergründen, so glaube ich festzustellen, dass alle vier angeführten Gründe für mich – auch wenn mit unterschiedlichem Gewicht – eine wichtige Komponente gewesen waren. Indem ich also über meine eigenen anfänglichen Schreibgründe nachdenke, entdecke ich nicht nur, dass es mir nicht so ganz klar ist, was mich alles bewegt haben kann, zur Feder zu greifen.

Ich entdecke auch, dass diese Suche selbst ein Abtasten der Fremde ist. Es geht also nicht nur um eine Verarbeitung der erlebten Fremde um mich und in mir. Ja, Fremdheit mir gegenüber, der sich unerschrocken verändert und irgendwie seltsam (:un-heim-lich) entwickelt. Ja, meine Schreiberei befremdet mich. Es sind nicht die Themen an sich. Es ist eher das, was meine Sprache sagt und nicht sagt. Es ist eher die Grenze, die ich unentwegt an der Sprache spüre. Mir geht es auch um die zusätzliche Frage: Wie gehe ich anschließend mit den jeweiligen Zwischenergebnissen und mit dem Verarbeitungsprozess um? Und wie geht die fremde Umwelt schließlich damit um?

Dies sind Fragen, die den Rahmen meines heutigen Vortrags sprengen würden, zumal ich mich selbst, wie bereits erwähnt, nicht völlig in der Lage erlebe, umfassend auszumachen, welche Bewegungen mich beim Schreiben begleitet haben. Daher werde ich mich heute mehr den ersteren Fragen widmen. Die Verarbeitung der Fremde dürfte bei schreibenden Arbeitsemigranten nicht grundsätzlich anders verlaufen als bei inzwischen klassisch gewordenen Dichtern und Schriftstellern.

Bei verschiedenen Schriftstellern, ob wir A. Camus nehmen oder vielleicht C. Pavese, war die Erfahrung der Fremde mehr ein intellektueller Prozess als eine unmittelbare Erfahrung; ein intellektueller Prozess, der unmittelbar auf ihren Alltag zurückwirkte (wobei bei A. Camus die Lebensjahre in Algerien von entscheidender Bedeutung für die Erfahrung von Fremde gewesen sein dürften). Bei Arbeitsemigranten dürfte es umgekehrt verlaufen sein: Es war der unmittelbare, fremde Alltag, der auf den intellektuellen Prozess zurückwirkte und eine Wechselwirkung zwischen den beiden im Gang setzte. Sind also die Ersten mehr aus der intellektuellen Ebene betroffen, so sind es die Zweiten aus den unmittelbarsten Erfahrungen.

Bekanntlich rettet aber weder die deduktive noch die induktive Vorgehensweise vor Unzulänglichkeiten. Dies hat mit den inhärenten Eigenschaften der Fremde zu tun, sowie mit deren polaren Beziehung zum Gegenpol, dem Vertrauten, dem Bekannten. Und letztendlich mit dem Prozess, der die Fremde zum Vertrauten verwandelt und gleichzeitig eine neue Fremde erzeugt.

Es hat nicht nur mit der Trivialität zu tun, dass es beinah unmöglich ist, als Mensch die Ganzheit zu erleben, da der Mensch immer nur ein Teil der Welt ist und bleiben wird. Auf der Ebene der unmittelbaren Fremde ist es ebenso so gut wie unmöglich, gleichzeitig in zwei verschiedenen kulturellen Orten zu leben – entweder man lebt in dem einen oder in dem anderen oder man wird etwas Neues, was weder das eine noch das andere ist.

Dies hat auch mit einem anderen Sachverhalt zu tun. Nehmen wir hier das Beispiel des lang in der Fremde lebenden Gastarbeiters: Je mehr sich er an eine Gesellschaft anpasst, desto mehr wird in ihm auf der einen Seite das Gefühl der Fremde geringer, auf der anderen Seite größer – mit wachsendem Vertrautwerden der fremden Kultur, wird die herkünftige Kultur fremder. Und man sich selbst als Träger dieser Herkunft.

Ich wollte das alles schon einleitend sagen, weil ich sonst nachher nur schwer verdeutlichen kann, wie ich mich sehe, in meiner Entwicklung von einem Konflikt mit der Fremde zum anderen hin, zu dem hin, wer ich heute bin, in meinem Schreiben. In einer gewissen Weise ähnele ich all denjenigen Arbeitsemigranten, die versuchen, der Fremde zu entrinnen.

Viele Italiener in der Bundesrepublik suchen das Entrinnen durch ein Leben in einer relativ homogenen Gemeinschaft, die sonst auch Getto genannt wird, ohne sich mit der Fremde und mit sich hierin tiefer auseinanderzusetzen. Andere finden ein Entrinnen in einem – wenn auch unterbewussten – Identitätswandel, andere wiederum glauben, ihre Lösung in einer Rückkehr zu finden und halten daher eine Auseinandersetzung mit dieser Gesellschaft für überflüssig.

In meiner Auseinandersetzung habe ich vielleicht mal den einen, mal den anderen Weg etwas gestreift; von meiner Entwicklung her, scheine ich auch in keine Kategorie richtig hineinzupassen. Ich komme zum Beispiel nicht aus dem typischen Süden, aber auch nicht aus dem typischen Norden. Zudem weist meine Kindheit keine typische, stereotype Entwicklung auf. Schon der Hinweis, dass ein Teil meiner Kindheit sich im Schaustellermilieu zwischen Nord- und Mittelitalien abgespielt hat, zeigt, dass ich schon vor der Bundesrepublik mit der Fremde zu tun hatte. Dennoch würde ich die entscheidende Begegnung mit der Fremde mit der Ankunft und dem Leben in diesem Lande ausmachen.

Schon die Sprache. Einschneidend waren dabei die mit der Sprache gekoppelten Erlebnisse. Es geschah zum Beispiel im Betrieb, dass die meisten Arbeitskollegen auf Distanz waren; einige machten vor mir schöne Gesichter und meckerten in meiner Gegenwart über mich, weil sie meinten, ich würde ja kein Wort verstehen (und vergaßen, dass die Mimik auch für sich sprach). Ich lernte zu unterscheiden, dass es nicht mir als Mensch galt, sondern mir als Vertreter einer Kategorie; die der Gastarbeiter. Eine weitere Erfahrung machte ich in einer Metzgerei 1965; ich konnte damals das Wort Schnitzel, obwohl ich es auf einem kleinen Zettel niedergeschrieben hatte, nicht deutlich aussprechen. Die Verkäuferin verstand mich nicht; vielleicht ungeduldig geworden, begann sie andere Kunden zu bedienen, obgleich ich beharrlich auf ein Fleischstück in der Vitrine zeigte. Vor der Metzgerei über der Glastür stand der Namen des Besitzers, Canevari, geschrieben; offenbar ein italienischer Zuname, vielleicht ein Italiener aus der Jahrhundertwende, der inzwischen völlig assimiliert war.

Diese und andere Erlebnisse führten mich allerdings nicht zum Hass oder zur Weinerlichkeit; ich begriff das alles als eine Herausforderung. Eine der vielen Antworten war für mich das Erlernen der Sprache. Ich pflegte damals, mir jedes neues Wort aufzuschreiben und einzuüben. Von meinem Wesen her bin ich überhaupt nicht ordentlich; so können Sie sich vielleicht vorstellen, was für eine riesige Zettelwirtschaft sich in den Taschen des Arbeitsanzuges fand; allerdings nicht zur Freude meiner Mutter, die damals meine Wäsche wusch. Dadurch, das kann ich im

Nachhinein sagen, konnte ich mit zunehmender »Sprachbeherrschung« zwar Isolation und Fremde angehen, jedoch klatschte die Doppelheit dieser Gesellschaft immer heftiger gegen meine Augen. Und natürlich meine eigene auch.

Es würde zu weit führen, würde ich die einzelnen Etappen dieses Prozesses anführen. Entscheidend bleibt festzuhalten, dass ich einerseits mit bestimmten Erwartungen und Wünschen in diesem Land eintraf (die als typisch für Arbeitsemigranten bezeichnet werden können), andererseits Erfahrungen machte, die dazu in gewissem Gegensatz standen, was mich alsbald dazu veranlasste, ernüchtert Zwischenbilanz zu ziehen. Dies wurde zudem durch die Erfahrung, im Herkunftsort allmählich fremd zu werden, forciert.

Die Unmöglichkeit der Integration in der deutschen Gesellschaft, trotz überanstrengenden Anpassungsbemühungen in Freizeit und Alltag tat das Übrige. Da begannen also meine Versuche, die Fremde durch Schule und Weiterbildung zu überwinden. Abendkurse, Tageskurse, Bücher, Broschüren etc.; Prüfungen, Zertifikate, Diplome etc.

Aus dem heutigen Blickwinkel würde ich sagen: Es war auch ein Trugschluss. Vielleicht ein schönerer. Doch waren es die Zeiten, in denen meine ersten Schreibversuche stattfanden. Zum einen brachte ich kleine Wutausbrüche als Ausdruck meiner Ohnmacht – aber nicht nur – zu Papier, zum anderen löste in mir mein Schreiben eine Mischung aus Scheu und Ehrfurcht aus. Meine Schreibversuche verunsicherten mich. Ich brauchte Zeit, bis ich wagte, meine ersten Zeilen zu veröffentlichen. Und somit nach Gleichgesinnten zu suchen. Ich war nicht der Einzige, der einen Angriff auf die Fremde vornahm.

Durch den *Corriere d'Italia* und *Il Mulino* und die Gedichtwettbewerbe fand sich der Kreis, aus dem später auch ein Teil in die »PoLiKunst« einmündete. Für mich wurde dies eine wichtige Erfahrung. In der gleichen Zeit war ich auch im Werkkreis »Literatur der Arbeitswelt« aktiv und ich konnte vergleichen: einmal unter Italienern in Deutschland, einmal als einer von drei Ausländern in einer deutschen Organisation mit über dreihundert Mitgliedern. Der Werkkreis erwies sich für mein Empfinden als unsensibel, ja blind für die Belange und Bedürfnisse der ausländischen Minderheiten; im Banne des »Dibattito« unter den Landsleuten empfand ich immer stärker die Enge des Gettos und das Bedürfnis, zusammen mit Angehörigen anderer nationaler Minderheiten Gemeinsamkeiten zu suchen und Erfahrungen auszutauschen.

Für mich hatte sich also die Erfahrung der doppelten Fremde angebahnt, die nach einem Ausweg suchte. Hatte ich 1976 in der Erzählung *Passavantis Rückkehr* die Erfahrung der doppelten Fremde in Bezug auf Herkunftsort und deutsche Gesellschaft beschrieben, so blieb mir nichts anderes übrig, als zu konstatieren, dass diese doppelte Fremde auch unter den schreibenden Landsleuten in der Fremde und unter den Schreibenden aus der deutschen Arbeiterbewegung vorkam. Ich bekam allmählich so ein Gefühl, dass meine Suche mit einer partiellen Aufhebung der Fremde und der gleichzeitigen Entstehung einer neuen Fremde verbunden war.

Gespräche mit Gino Chiellino, Dragutin Trumbetas, Jusuf Naoum, Burhan Karkutli, und letztendlich das Treffen mit Suleman Taufiq auf der Buchmesse 1979 leiteten mich weg aus alten Fremde und führten mich in eine Ersatzheimat, die den Namen *Südwind-Gastarbeiterdeutsch* erhielt. Sie versprach mir, die mich begleitende Fremde aufzuheben oder zumindest zu vermindern. Tatsächlich verschafften mir diese Aktivitäten ein neues Identitätsgefühl, vor allem ein anderes Selbstbewusstsein.

So stellte sich für mich die Frage nach der eigenen kulturellen Identität nicht mehr dichotomisch, Italienisch oder Deutsch oder Gastarbeiter oder Assimilierter, sondern ganz neu. Das Neue, das prickelte unter der Haut, es gab mir das Gefühl, ein unbekanntes Feld zu treten. Ein Feld, das sich un-heim-lich anfühlte. Aber im Guten. Das Nationalitätsübergreifende und das Multikulturelle meiner literarischen und kulturellen Arbeit, mit all den kleinen Schritten und all den Rückschlägen, ließ mich die Fremde übergreifender erleben und anpacken als bisher. Die vielen Nuancen der Fremde traten deutlicher hervor, die vielen Facettierungen, die verzweigten Labyrinthe.

Ja, ich spürte die Fremde als ein immenses Spiegellabyrinth, das in weiten Teilen in ein Glaslabyrinth übergeht, in dem die Augen nicht mehr reichten. Hier stockte das Gefühl, der Verstand geriet ins Niemandsland, das Verzweigte in mir und um mich herum war nicht mehr zu erfassen.

Im Spiegellabyrinth sieht man sich selbst bekanntlich in unmittelbarer Form, aber mehrfach, also mit vielen unterschiedlichen Schattierungen; im Glaslabyrinth sieht man sich dagegen verschwommener, aber man kann die anderen sehen und in ihren Bewegungen verfolgen, in ihrer Mimik, doch ohne direkt in Kontakt kommen zu können. Darinnen weiß man nicht genau, wohin man gehen soll, von dort aus kann man nicht ohne Weiteres zurück. Wenn das Labyrinth sehr kompliziert und immens ist, ist die Wahrscheinlichkeit, sich zu begegnen, nicht ausgeschlossen, doch nicht so groß einzuschätzen. Bedrängt man sich zu treffen, so muss man sich enorm anstrengen, die Wege studieren, das System zu erkennen versuchen, auf Hindernisse achtgeben, beobachten, nach welchen Regeln oder ohne Regeln sich die anderen bewegen und in welcher Richtung. Dabei wird man gezwungen, sich selbst anzusehen. Somit sich selbst ständig zu überprüfen. Das alles scheint ein Vorgang mit Ankoppelung und Rückkopplungsmechanismen zu sein. So scheint es.

Diese Art von Fremde ist für mich sowohl Glas- als auch Spiegellabyrinth. Im Glaslabyrinth sieht man hindurch und man will mit den anderen in Verbindung kommen. Es sind aber die Glaswände, die trennen. Manchmal vergisst man sie, und prompt stößt man, beim Versuch der Annäherung, gegen die Glasscheiben. Ich nehme an, dass, je mehr das Leben in der Fremde sich lähmt, desto mehr verwandelt sich das Glaslabyrinth in ein Spiegellabyrinth. Für Menschen in der Fremde verhalten sich Glas- und Spiegellabyrinth wie das altbekannte Vexierbild mit Vordergrund- und Hintergrundfiguren. Bekanntermaßen zeigt die eine Möglichkeit einen Gegenstand, eine Vase, und die andere zwei Gesichtsprofile.

Da die Lähmung des Lebens in der Fremde die Wahrnehmung beeinflusst und demzufolge einschränkt, wird der Druck auf den Einzelnen größer. Dies kann dazu führen, sie mehr und mehr zu hinterfragen, wie man ist, wer man ist: das Glaslabyrinth wird zum Spiegellabyrinth, wie das Vexierbild von den Gesichtern zu einer Vase wird. Da aber der Einzelne sich im Spiegellabyrinth prinzipiell von allen Ecken her ansehen kann, den Rücken, die Seiten, den Nacken etc., kann dieser Wahrnehmungsdruck den Einzelnen dazu zwingen, sich entweder zu verleugnen oder zu verkennen. Oder auch, den inneren Rückzug anzutreten.

Wünschenswert wäre, wenn man diese Chance dazu nützen würde, sich näher kennenzulernen, den eigenen Mechanismen und Abläufen näherzukommen, das eigene Fühlen und Denken bewusster zu erleben. Dennoch bleibt ungewiss, ob etwas weiterhin ausgegrenzt bleibt. Ich glaube, dass eine Überschreitung einer Grenze uns zu einer neuen Grenze führt. Schließlich widerspiegelt der Spiegel die eigene Gestalt, die Äußerlichkeiten, nicht das Innere, nicht das Ganze. So bleibt man sich selbst auch im Spiegellabyrinth ausgegrenzt. Wie im Glaslabyrinth.

Die Fremde scheint in diesen Labyrinthen unauflösbar. Sie bleibt, wenn man sie lässt. Ich will mir nicht anmaßen, auf dem besten Weg zu sein, die Fremde hinter mich zu kriegen; Trugschlüsse habe ich in meinem Leben schon mehrmals gehabt. Dennoch glaube ich, für mich Möglichkeiten gefunden zu haben, die Fremde zu verringern.

Wie ich bereits oben erwähnte, begreife ich mich nicht mehr als in einer kulturellen Identität zu Hause. Auch nicht in einer dichotomischen. Italien liegt für mich Zeitkilometer zurück; ich kann sie überhaupt nicht beschreiben. Und die Bundesrepublik ist mir so nahe und doch gleichzeitig so fern. Stück für Stück versuche ich daher, Glaswände und Spiegelwände in mich hineinzubringen, um aus dem, was daneben steht, ein Stück von mir zu machen. Ich bemühe mich also zu einer multikulturellen Identität hin.

Ob dies meine eigene Fremde überwinden oder verringern hilft, mag ich nur bedingt beantworten. Zum Spiegel hat man meist ein ambivalentes Verhältnis. So auch zum Spiegellabyrinth. Zumal ich aus ihm schöpferische Kraft beziehe, die mich beim Schreiben packt.

Als Schreibender sehe ich inzwischen nicht nur durch das Glas des Glaslabyrinths schärfer, sondern kann mich auch im Spiegellabyrinth selber deutlicher und durchdringender erkennen. Dennoch versuche ich, mir nichts vorzumachen; ich erlebe die Fremde in einem scharfen, ganzheitlichen Spannungsverhältnis. Der scharfsinnige Hans Mayer charakterisierte vor Kurzem seine Rückkehr aus dem Exil 1946 mit dem Satz: »Meine Rückkehr in die Fremde.« Ein sehr treffender Satz. Für mich gilt doch eher der Satz: »Es ist die ständige Wiederkehr der Fremde.«

DIE FREMDE WOHNT IN DER SPRACHE

Vor etwa drei Wochen habe ich in München einen Vortrag gehalten, der sich mit Assimilierungsversuchen befasste, auch in der deutschen Sprache. Assimilierungsversuche, um diejenige Literatur zur Anpassung zu bewegen, die unter dem Stichwort Gastarbeiterliteratur bekannt ist. Nach dem Anführen einiger Beispiele für diese Bestrebungen sagte ich, dass ich für meine Gedanken an einen Satz Wittgensteins anknüpfen werde, der in seiner *Philosophischen Grammatik* Folgendes schrieb: »Wer sich nach anderen grammatikalischen Regeln richtet als etwa den üblichen, spricht darum nicht Falsches, sondern von etwas anderem.«

Als ich diesen Satz vor etwa zehn Jahren las – zu jener Zeit hatte ich einen kleinen Hang zur Linguistik und zur Philosophie –, begriff ich ihn so, wie er gemeint war: die Sprache als Erscheinung, nicht also als Phänomen des Alltags oder gar als ideografisches Korrelat. So konnte es geschehen, dass ich diesen Satz nicht auf die Alltags-Grammatik bezog. Das ist schon sonderbar, denn Anlässe hatte ich genug: Ich holte in jener Zeit gerade das Abitur nach und sorgte für Aufsehen im Kollegium und unter den Kollegiaten wegen meiner Aufsätze im Fach Deutsch. Diese zeigten sich als Exotikum: ein Gastarbeiter, und doch solche Aufsätze!

Zwar verstieß ich fortwährend gegen die grammatikalischen Konventionen, aber dennoch kamen verschiedene Kollegiaten zu mir, um Hilfe für ihre Aufsätze zu holen. Sonderbar war das Ganze vor allem deshalb, weil das, was ich in den Schriften meinte, nicht das war, was Lehrer und Kollegiaten glaubten, darin zu verstehen. Diese Unterschiede lagen nicht an meinen vermeintlichen Mängeln in der deutschen Sprache, noch beruhten sie auf dunklen Italianismen oder gar den absurdesten Wortschöpfungen. Sie waren eher, so erkenne ich heute, auf das Ideografisch-Phänomenologische zurückzuführen. Ich dachte und schrieb aus meiner unmittelbaren Perspektive heraus. Ein Zeugnis jener Zeit ist mein Gedichtband *Nicht nur gastarbeiterdeutsch*. Es war erst mit den Südwind-Erfahrungen, dass ich Wittgensteins Satz für mich neu formulieren konnte und ihn dadurch mit meinen Spracherfahrungen verknüpfte. In diesem Zeitraum unterrichtete ich zudem italienische Arbeiter in der deutschen Sprache und entdeckte in ihren schriftlichen Übungen zum einen meine Anfänge, zum anderen das, was meine These stützte.

Im Gastarbeiterdeutsch werden umfangreiche Paradigmen der flektierten Formen der grammatikalischen Kategorien (Artikel, Verb, Adjektiv, Relativpronomen etc.) stark vereinfacht. Im Prozess der Verallgemeinerung tritt eine einzige Form häufig stellvertretend ein für alle übrigen Paradigmen. In einer Studie dieser Phänomene führte eine Linguistengruppe aus Frankfurt ein Beispiel mit den ihnen möglich erscheinenden Deutungen eines Satzes an, wobei situative und intonatorische Komponenten unbestimmt blieben. Ich zitiere: »Meister sagen: Eimer holen.« Für die deutschen Wissenschaftler kamen folgende Deutungsmuster als wahrscheinlich in Frage:

1. Der Meister sagt(e), er holt (wird holen, hat geholt etc.) den Eimer.
2. Sag dem Meister, er soll den Eimer selbst holen.
3. Ich werde dem Meister sagen, ich hole den Eimer selbst.

Eine vierte und – für mich und für den größten Teil der italienischen Kursteilnehmer – die wahrscheinlichste Möglichkeit blieb dort unerwähnt, nämlich: »Der Meister sagt: Hol den Eimer!« Trotz der Polyvalenz dieses grammatikalisch verallgemeinernden Satzes waren wir sicher: Wir waren von unseren anderen grammatikalischen Erfahrungen ausgegangen. Von unserer anderen Grammatik, die vom Alltag bestimmt wird. Und die nicht unter den grammatikalischen Konventionen subsumiert ist.

Jeder gehörte, gesprochene, geschriebene Satz wird von anderen früher schon gehörten, gesprochenen oder geschriebenen Sätzen interpretiert und beeinflusst; die darin gemachten Erfahrungen bestimmen unsere neuen Erfahrungen. Positiver wie negativer Art. Die Sprache bestimmt nämlich darüber, wie menschliche Beziehungen erfahren werden. Für Gastarbeiter, wenn wir einmal diesen Ausdruck gebrauchen wollen, enthält jedes neu erlernte Wort in seinem Fundament den Grundkonflikt zwischen Freiheit der Sprache und deren erfahrungsbedingter Einengung. Sodann auch den Kompromiss zwischen Freiheit der Sprache und Erinnerung – ein Fundament, auf dem unübersteigbare Mauern entstehen. Ich werde oft an das Erlernen der Sprache durch Kinder erinnert, wenn ich Sätze höre, die bei dem langwierigen Spracherwerbsprozess von Personen auftreten, die schon ganz überzeugt sind, die deutsche Sprache zu beherrschen, und unbeirrbar darauf bestehen, mit ihrem Ausdruck recht zu behalten. Die Anwendung der nicht mehr in Frage gestellten Grammatikregeln hat somit auch konstitutiven Charakter für die Beziehungen der deutschsprachigen Mehrheit mit den anderssprachigen Minderheiten. Die Wahl der Wörter und der Syntax lässt außerdem erkennen, wie diese Beziehungen erfahren werden, sie definiert ja diese Beziehungen selber.

Diese Beziehungen offenbaren sich oft in einfachen Sätzen wie: »Die Gastarbeiter sind auch Menschen.« Zwar lässt dieser Satz eine Vielzahl von Deutungen zu, doch vom Standpunkt des darin gemeinten, zum Objekt gemachten Angehörigen der betroffenen Minderheiten enthält dieser Satz eine Reihe von problematischen Implikationen. Ganz egal, wer diesen Satz ausspricht. Die banale Feststellung, dass Menschen Menschen sind, lässt darauf schließen, dass sie beim Aussprechen dieser Selbstverständlichkeit für den anderen gar nicht so selbstverständlich war. Weiterhin impliziert das Wörtchen auch, dass der Sprecher die einen als Menschen betrachtet und dass der Gastarbeiter kein Mensch sein könnte. Dieser Satz enthält schließlich konnotative Komponenten und er enthält solche Gesten wie Toleranz und Nachsicht. Gesten also, die eine Beziehung als eine solche von oben nach unten definieren. Mit solchen unscheinbaren Sätzen, die entweder offen oder getarnt normative Aussagen über Minderheiten machen, war ich bereits seit meiner Kindheit konfrontiert: Aus der Welt der Sesshaften kommend, lebte ich für viele Jahre in der Welt des fahrenden Volkes – ich vermute, meine Empfindlichkeiten in der deutschen Sprache sind zum guten Teil auf diese Erfahrungen zurückzuführen.

Die Implikationen, die in dem Satz »Gastarbeiter sind *auch* Menschen« enthalten sind, dürften den Teilnehmern dieses Kolloquiums bekannt sein; dennoch wollte ich sie hier aufgreifen, um darauf hinzuweisen, wo in Wirklichkeit die Fremde wohnt. Sie wohnt bereits in diesem Satz und nicht in dem Menschen, der eine andere Herkunft hat. Eine Fremde, die sich hier an dem unscheinbaren Wörtchen »auch« festmachen lässt, aber viel tiefer geht. Gerade in diesem Wörtchen als einem Sinnbild für Möglichkeiten entdecke ich die Einengung aller existenziellen Möglichkeiten, gerade hier entdecke ich die Mauer inmitten des Wortes, hier spüre ich meine Verlassenheit und meine Einsamkeit in der Sprache. Gerade in der Sprache, dem echten Ort der Begegnung.

Die Wahl der Wörter und der Syntax offenbart auch Identitäten im Geflecht der Beziehungen. Martin Walser schrieb in einem Aufsatz zum Selbstverständnis des Schriftstellers, dass das Ich des Autors prinzipiell beschädigt ist, seine Identität fragwürdig, ungesichert. Ich persönlich will nicht vom beschädigten Ich sprechen, denn das Wort »beschädigt« deutet auf einen abgeschlossenen Prozess hin, einen Prozess, an dessen Ende mein Ich mit Schäden dasteht. Daher möchte ich eher von einem sich in Frage stellenden Ich ausgehen. Der oben genannte Satz mit dem »auch« stellte indirekt das evidente Menschsein der Gastarbeiter in Frage.

Wie in meinem deutschen Alltag, so wurde auch meine deutsche Sprache beziehungsweise deren mir eigentümliche Anwendung in Frage gestellt. Nicht nur im Gespräch wurde ich mit Belehrungen konfrontiert, selbst im Schreibprozess wurde ich mit ständigen Hinterfragungen konfrontiert (eine Trennung zwischen sprachlicher Äußerung und Identität würde ich nicht ohne weiteres nachvollziehen, denn die Sprache ist der persönliche, individuelle Wohnort jedes Menschen). Natürlich enthält das Infragestellen auch produktive Momente sowohl im Schreibprozess als auch in der Konfrontation mit deutschen Lesern. Während im Prozess des Schreibens identitätskonstituierende Kräfte in verstärktem Maße wirksam werden, ist in der Gegenüberstellung mit den deutschen Lesern die Konstellation etwas anders gelagert. Auf dieser Ebene werden zusätzlich Beziehungen definiert. In dieser Interaktion wird der deutsche Leser als der in seine deutsche Muttersprache Hineingeborene definiert und als ein Mensch betrachtet, der mit mehr Macht über die Sprache ausgestattet ist. Der ausländische Schriftsteller wird dagegen als ein in die deutsche Sprache Hineingepflanzter betrachtet, also sozusagen als Gast definiert. Dementsprechend wird er als jemand betrachtet, der weniger Macht und Befugnisse über die Sprache hat. Auf der einen Seite sind nun alle herrschaftsbezogenen Begriffe zur Definition der Beziehung zur Sprache nicht griffig, denn Sprache lässt sich nicht beherrschen, noch lässt sie über sich verfügen, auf der anderen Seite treten aber die Interaktionspartner oftmals in solchen Rollen auf. Das lässt sich manchmal an einem vom deutschen Leser an einen deutschschreibenden Ausländer gerichteten Satz festmachen: »Das sagt man nicht auf Deutsch!« Oder: »Das versteht kein Mensch!« Die eigene Bequemlichkeit oder, noch schlimmer, die eigene Unfähigkeit in der deutschen Sprache wird somit verallgemeinert, gar in Form von Absolutheit, gleichzeitig aber in den schreibenden Ausländer hineinprojiziert.

Am Anfang meiner deutschsprachigen Karriere empfand ich mich in der deutschen Sprache dermaßen infrage gestellt, dass mich eine tiefe Besessenheit erfasste, alles von der deutschen Sprache Gehörte zu beherrschen. Es zu beherrschen, um nicht mehr infrage gestellt zu werden. Meine erste Begegnung mit einem Lehrbuch zum Erlernen der deutschen Sprache, 1965, war aber schon ein Schiffbruch. Das Lehrbuch, das mir ein Landsmann für zehn Mark verkauft hatte, war aus den 30er-Jahren und dementsprechend noch in gotischer Schrift und mit völlig veraltetem Vokabular. Bis ich das merkte, war ich bereits bei Kapitel 23, aber der Schiffbruch hat bekanntlich auch Vorteile, weil er in der Regel den Geist des Lebenwollens herausfordert. Obwohl mir die Unerfüllbarkeit dieser an mich gestellten Forderung einsichtig wurde, wurde die Besessenheit, alle Sätze der deutschen Sprache beherrschen zu wollen, zu einer entscheidenden Kraft, die mich letztendlich zum Leben in diesem Land verleitet und zum deutschsprachigen Schriftsteller gemacht hat. Auch aus dieser Blickrichtung gesehen, bin ich kein Gast mehr in der deutschen Sprache. Wurde sie anfangs noch als eine fremde Macht erfahren, der ich mich, um mich zu wehren, zu bemächtigen hatte, so ist sie heute für mich in einer gewissen Weise ein Zuhause geworden. Genauer ausgedrückt: In der deutschen Sprache habe ich mir ein Zuhause errichtet. Dennoch bleibt in der Sprache die Fremde wohnen. Sprache ist an und für sich Fremde. Jeder Mensch muss in seinem Leben sein eigenes Zuhause in der Sprache errichten. Ein Leben lang muss er daran arbeiten, muss er die darin enthaltene Fremde bewohnbar machen. Neben dieser grundsätzlich der Sprache innewohnenden Fremde gibt es für mich als Angehörigen einer Minderheit in der Bundesrepublik eine weitergehende Fremde. So bin ich in mehrfacher Hinsicht ein Fremder geblieben, ein Fremder, der sich in der Fremde zwar relativ freizügig bewegen kann und dennoch darin gefangen ist. Gefangen durch die Einengung der existenziellen Möglichkeiten, die darin vorgenommen wird.

Eine Zeitlang war für mich das Schreiben in deutscher Sprache mit der Identitätsfrage verbunden. Denn auch hier wie bei der anfänglichen Besessenheit, die gesamte deutsche Sprache beherrschen zu wollen, erfuhr ich Sprache als eine fremde Macht, der ich ausgeliefert war und gegen deren Omnipotenz ich kämpfen musste. Es hat mehrerer »Lichtjahre« bedurft, bis ich für mich entdeckte, dass diese Blickwinkel verkürzt waren. So wenig man eine Sprache beherrschen kann, ebenso wenig kann man ihr ausgeliefert sein. Im Alltag finden in ihr Macht und Ausgeliefertsein eher ihren Niederschlag. Gegenwärtig interpretiere ich daher meinen Bezug zur deutschen Sprache so, dass ich darin eine multikulturelle Identität suche, jenseits der nationalen und kulturellen Schranken, die mit einer Sprache verbunden sind. Ich glaube, dass in der Unerschöpflichkeit der Sprache diese Möglichkeit enthalten ist.

Als Fremder muss man nicht nur eine gewisse Sensibilität für Nuancen entwickeln, nicht nur die Polyvalenz der Sprache Schritt für Schritt abtasten, sondern auch – konsequent zweifelnd – die Sprache selbst als Kommunikation infrage stellen. Ich meine hiermit nicht ein Infragestellen, wie es in der experimentellen Literatur anzutreffen ist. Ich meine eher ein Mit-Fragezeichen-Versehen, wenn die Sprache der Mehrheit gegenüber den Minderheiten angewandt wird. Ein Mit-Fragezeichen-Versehen aus dem besonderen Blickwinkel eines Minderheitsangehörigen mit seinen besonderen ideografischen Erfahrungen. Ein Infragestellen der Sprache als Instanz der Mehrheit hat mich immer mehr in der Auffassung bestärkt, dass die Fremde nicht so sehr in dem Menschen wohnt, der aus der Fremde kommt; primär wohnt sie in der Sprache selbst. Ich meine zum einen diejenige Fremde, die der Sprache inhärent ist und gegen die auch diejenigen angehen müssen, die in die Sprache hineingeboren sind – vom erstgesprochenen Wort im Kindesalter bis zum letztgesprochenen. Ein jeder von uns weiß auch von der Unerschöpflichkeit der Sprache, von der Vielschichtigkeit des Gemeinten in einem Wort, die nie völlig erfasst werden kann, und von der Weite der konnotativen Bezüge, bis hin zu den etymologischen Vertikalen, die zum Ursprung der Wörter führen können. Und ich meine zum anderen das Fremdwerden der Wörter aufgrund der Tatsache, dass sie durch die Mächtigen der Gesellschaft und durch die herrschende Meinung besetzt werden. Wörter werden nämlich ständig besetzt, indem bestimmte Bedeutungen hineingezwungen und andere hinausgedrängt werden. An dieser Stelle möchte ich nur auf den historischen Begriff der Freiheit hinweisen. Wie oft hat sich nicht in der Weltgeschichte gezeigt, dass die Sprache der Befreiung sich alsbald als die Sprache der Machtausübung entlarvt, wie sie dann die Sprache des Öffentlichen und des Privaten gleichermaßen zu beherrschen und zu lenken sucht! Und in dem Maße, wie ihr das gelingt, macht sie sich uns fremd. Ich als Angehöriger einer Minderheit anderer Herkunft erfahre in meinem Alltag, wie Begriffe aus unserer Lebenssphäre enteignet, neu besetzt und schließlich mit fremdem Gehalt an uns zurückgegeben werden. Als Beispiel möchte ich nur an den Begriff »Kopftuch« erinnern. Ganz zu schweigen von dem Begriff »zweite Generation«. Aus der Perspektive der Arbeitsemigranten sind die eigenen Kinder keine »zweite Generation«, sondern einfach eine weitere Generation in der langen Generationenreihe.

Für mich heißt es also nicht: Schreiben in fremder Sprache. Sondern: Ich möchte gegen die Fremde in der Sprache anschreiben. Nicht, um darin Eindeutigkeit zu erzielen, denn Literatur braucht meines Erachtens die ewige Fremdheit der Sprache. Ich schreibe eher, um die mich beunruhigenden Fragen aufzuwerfen. Jene beunruhigenden Fragen nämlich, die sich in Buchstaben kleiden und zu deutschen Sätzen werden, die aber dennoch Zeichen sind und mehr meinen, als sie zu meinen vorgeben. Anschreiben gegen die Fremde in der Sprache bedeutet für mich auch Schreiben in Widerspruch zur besetzten Sprache. Vielleicht erweist sich das als Sisyphusarbeit, vielleicht kann es aber auch die Fremde etwas erschüttern (um wie viel, das vermag ich allerdings nicht abzuschätzen). Prinzipiell kann der Schriftsteller derjenige sein, der die Sprache seiner Beunruhigungen und seiner Leidenschaften in den Fremdwerdungsprozess der Sprache einkeilt. Diese Art zu schreiben hat wiederum andere grammatikalische Regeln als die üblichen; es drückt anderes aus und spricht doch von demselben.

Lörzweiler, den 16. Mai 1985

VERLIERT SICH DIE POLIKUNST IM GLASLABYRINTH DER FREMDE?

Als der Begriff »Integration« in der Öffentlichkeit lanciert wurde, meinte man vielerorts die Assimilation der Gastarbeiter-Minderheiten in die deutsche Gesellschaft. Zu der Zeit war das vorherrschende Menschenbild des Gastarbeiters das des *homo economicus*; das Kulturelle, das an der Oberfläche des deutschen Alltags durchzuschimmern begann, als störend empfunden und zu ändern man bedacht war, trat für die Einheimischen in Form von Bräuchen und Sitten auf. Das Folkloristische der Minderheiten wurde dagegen seiner Funktion entsprechend akzeptiert und gar gefördert. Auch wenn der Begriff der Integration zeitweilig verschwand, um in der öffentlichen Diskussion dem der Rückkehrförderung Platz zu machen, wird heutzutage nicht weniger assimiliert als früher. Als klassisches Beispiel brauche ich nur die Schule zu nennen, wo Herkunftssprache und -kultur, wenn überhaupt, in den einen oder anderen Nachmittag gebannt werden.

Im kulturellen Feld konnte es nicht lange bei Bräuchen oder Folklore bleiben, denn in der Öffentlichkeit wuchs das Interesse an dem Fremden. Die Autoren der Minderheiten selbst hatten inzwischen zum Mittel der Selbsthilfe gegriffen und waren in die Öffentlichkeit getreten. Dass die kulturellen Minderheiten in wenigen Jahren umfangreiche Aktivitäten entfalten und mit dem Anspruch auf Gleichberechtigung sich öffentlich machen konnten, wurde für die deutsche Öffentlichkeit eine Überraschung und eine Herausforderung zugleich. Dies umso mehr, zumal es sich herausstellte, dass Literatur und Kunst der Fremden irgendwie anders waren als die des Landes, sowohl in den Inhalten, als auch in formaler Hinsicht. Seitdem fehlt es nicht an Assimilationsversuchen auch im künstlerischen, literarischen Bereich. Somit droht ihr, kaum aus der »Anonymität« der Minderheitsnischen heraus, sich schon im Glaslabyrinth der Fremde zu verlieren.

Im Glaslabyrinth können wir bekanntlich die anderen, aber auch uns selbst, durch die relative Reflexwirkung der Gläser sehen. Sind Mimik und Handlungen der anderen nah zu sehen, so sind sie in Wirklichkeit fern. Gleichzeitig ist kein echter Kontakt möglich, solange der Weg zueinander nicht gefunden wird. Nun: Eine Gesellschaft wie diese ist weitaus komplizierter als das Glaslabyrinth, die Wege verzweigter, die Glaswände verschmierter. Die Gefahr, irgendwo stecken zu bleiben, ist also umso größer. Umso größer ist ebenso die Anfälligkeit zur Anpassung an die gegebenen Normen und Strukturen, um anschließend nicht allein und sich selbst überlassen in irgendeinem Winkel des Glaslabyrinths zu stehen. Ich glaube, der Druck der Anpassung, also der Assimilation, lastet mehr und mehr auf unseren Kugelschreibern, auf unseren Federn, auf unseren Pinseln. Das dürfen wir einfach nicht hinnehmen.

Es gibt viele Spielarten des assimilatorischen Eingriffs, viele Felder, in denen die Assimilation der Literatur der Minderheiten erreicht werden kann. Beispiele im größerem Umfang anzuführen, wäre hier zu sehr platzerobernd; daher werde ich mich im Folgenden auf einige kurze und anschauliche Beispiele beschränken, damit deutlich werden kann, was ich meine.

Im Essay *Literatur der Betroffenheit* wurde bereits auf die Schere der Lektoren hingewiesen. Nach fünf Jahren kann ich resümierend sagen, dass sich diese Erfahrungen in einer nicht kleinen Reihe von Fällen bestätigt haben. Nicht alle Lektoren haben auch eine Schere. Und nicht alle Scheren konnten sich durchsetzen, denn sie hatten manchmal mit selbstbewussten Autoren zu tun, die dem Lektor nachweisen konnten, wie sensibel und wie genau sie mit der deutschen Sprache umgegangen waren. Nun, es gibt auch eine Reihe von Freunden der Literatur, die mit Autoren aus den kulturellen Minderheiten so umgehen, als seien diese Kinder, denen man beibringen müsse, wie man richtig schreibt: »So schreibt man nicht auf Deutsch!«, flüstern sie den Autoren väterlich in die Ohren. Dabei scheinen diese selbsternannten Deutschlehrer nicht zu merken, dass sie dadurch zum Anwalt der herrschenden Normierung machen, deren Vertreter sie eigentlich nicht zu sein angeben. Normierungen, die durchzublicken sie nicht mehr imstande sind. Wer von ihnen überprüft z. B. den etymologischen Faden eines Wortes oder die offizielle Reihe der gebräuchlichen Konnotationen und Gebrauchsanweisungen?

Nicht nur die Haltung zum Andersherkünftigen ist problematisch, sondern auch der Bezug zur eigenen Sprache. So kann es sich durchaus ergeben, dass mancher Freund am sprachlichen Widersinn des Begriffspaares »atomarer Schutzschirm« nichts auszusetzen hätte, wohl aber an der verdrehten Wendung eines fremd herkünftigen Autors wie bei »einen Klotz im Magen haben«, denn nach überliefertem, starrverstandenem Sprachgebrauch kann man nur »einen Klotz am Bein haben« oder man kann »ein Klotz sein«, aber niemals einen im Magen haben. Würde aber einer dieser Freunde irgendwann entdecken, dass diese oder jene Wendung aus der Feder von Thomas Mann oder von Goethe stammt, dann würde er sich wundern, warum sie noch nicht in den Duden aufgenommen wurde. Für was und für wen sich dieser Freund entscheidet, ist offensichtlich. Im Annehmen und Ablehnen sprachlicher Änderungen wird nach wie vor ein Obrigkeitsdenken an den Tag gelegt.

Was das für das Schreiben in »fremder« Sprache bedeutet, dazu werde ich beim Symposium des Münchener Instituts »Deutsch als Fremdsprache« ausführlicher Stellung nehmen, indem ich an einem Zitat aus Wittgensteins *Philosophische Grammatik* anknüpfen werde. Ich zitiere: »Wer sich nach anderen grammatikalischen Regeln richtet als etwa den üblichen, spricht darum nichts falsches, sondern von etwas anderem.« Kulturelle, künstlerische Anpassung wird also gefordert, mal ganz offen, mal unterschwellig.

Dies geht manchmal so weit, dass manchem fremd herkünftigen Autor suggeriert wird, wie er als ein hierzulande lebender Ausländer sich und seine Umwelt sehen sollte. So fordert ein Rezensent unverhohlen, die fremd herkünftigen Autoren sollten sich fröhlich beschreiben, also nach dem Stereotyp des Südländers, der immer fröhlich ist und gar dem Kummer entgegenlacht. Auch der Lektor eines bekannten, gewerkschaftseigenen Verlages kam mit einer solchen Forderung bei der Auswahl von Texten für eine Anthologie und berief sich auf seine Erfahrungen in einem Herkunftsland der Gastarbeiter, wo er häufig gewesen war. Da das Bild des anderen, des Fremden, zunehmend medien- und urlaubsvermittelt ist, und zu diesen Forderungen führten, werden sie notgedrungen zu solchen (literarischen, künstlerischen) nach der Reproduktion von Klischees des Fremden.

Einige selbsternannte Förderer der »fünften Literatur der deutschen Sprache« gehen allerdings noch weiter: Sie rufen laut durch den Blätterwald, dass die Mehrheit weniger kritisiert werden sollte. In mehreren Besprechungen und unterschiedlichen Stellungnahmen wettern sie vehement gegen sie, sie sei einseitig. So als ob das berühmte deutsche Wort »Ausgewogenheit« nun auch in den Künsten das absolute Primat haben sollte. Somit verlangen diese selbsternannten Förderer implizit eine affirmative Literatur und Kunst, Literatur und Kunst also, welche die zwischenmenschlichen Auseinandersetzungen und Beziehungen, z. B. zwischen Minderheiten und Mehrheit affirmativ darzustellen hätte. Eine solche affirmative Literatur genießt allerdings gegenwärtig großen Applaus nur in totalitätsstrebenden Systemen. (Ob diese Rezensenten die anderen vier deutschsprachigen Literaturen nach ihrem kritischen Charakter abklopfen würden, das bleibt dahingestellt.)

Selbst in die Struktur des Werkes wird à la Reich-Ranicki eingeredet: Es wird Harmonisierung, Vereinfachung und Glattbügeln des Alltags gefordert. Dass es eine Relation zwischen Brüchigkeit des Alltags und des Lebens auf der einen Seite mit der Brüchigkeit der Struktur eines Werkes geben könnte, wird hier nicht vermutet.

Neulich, in einem Gespräch beim Lektorat des gewerkschaftseigenen Verlages, versuchte der Lektor, bestimmte Texte aus der vorbereiteten

Anthologie herauszukatapultieren. Die Sachverhalte, dass gewisse Stilelemente oder lyrische Haltungen im Herkunftsland mancher Autoren eine Tradition haben, schob er zur Seite. »Wir leben in Deutschland, die ausländischen Literaten haben sich anzupassen. Basta.« Dann argumentierte dieser Lektor, dass es gewisse Stile und Handlungen in der deutschen Literatur bereits gegeben hätte und diese zurzeit nicht mehr gebräuchlich seien. Nach dem Motto: »Der Richter hat im Namen der deutschen Literatur sein Urteil gefällt. Angeklagter Autor, erkennen sie ihre Strafe an?« So erzeugt die Mehrheitsgesellschaft Anpassung, so praktiziert sie Assimilation.

Ich kann dieser kurzen Reihe von Beispielen entnehmen, dass Teile der bundesdeutschen Öffentlichkeit und des buchmachenden Gewerbes das Menschenbild des Gastarbeiters als *homo culturale* noch nicht nachvollziehen wollten oder konnten. Gewollt oder nicht, halten sie an einem Menschenbild des Fremden als der *Rückständige* fest. Der Rückständige, der die Menschen- und Künstlerwürde erst dann erlangt, wenn er den herrschenden literarischen und sprachlichen Maßstäben entsprechen wird. Aber wer setzt sie fest? Wer hebt sie zum Maßstab an? Wenn keine konkreten Personen oder Gruppen auszumachen sind, warum sind diese die entscheidenden Maßstäbe? Die Richter unter den sich erklärenden Freunden und Feinden sind hier eine Erklärung schuldig.

Um es klarzustellen; es geht nicht darum, dass die Literatur der Fremden bevorzugt behandelt werden sollte; eine kritische Auseinandersetzung ist geboten, ja, ausdrücklich erwünscht. Jedenfalls verlangt die kritische Auseinandersetzung ein Sich-Einlassen auf das Werk und seinen Kontext, es erfordert ein Verstehen, ein Verstehenwollen. Sie verlangt also eine kritische Nähe und eine selbstkritische Distanz. Solange sie oberflächlich an die Sache herangehen, solange müssen sie sich eine thesenartige Etikettierung gefallen lassen: Sie sind das Markenzeichen jenes problematischen Aufklärungsgeistes, den ich heute als missionarischen Ethnozentrismusgeist bezeichnen könnte. Ich meine jenen Ethnozentrismusgeist, der darum bemüht war und/oder ist, die für rückständig gehaltene Welt nach seinem Ebenbild modellieren zu wollen.

Natürlich ist die künstlerisch-literarische Anpassung umso reibungsloser, je mehr Vertreter der Minderheiten dem Assimilationsdruck nachgeben. So fehlt es im Gros der Autoren aus den Minderheiten nicht an Bemühungen zu gefallen. Hauptsächlich um des Erfolges willen. Es ist aber auch in der individuellen Geschichte der Einzelnen begründet oder auch aus einer politischen Position heraus nachvollziehbar. Es bestehen wenige Zweifel, dass dies alles legitim ist und jede Position ihren Platz in einer Bewegung hat, will sie sich wörtlich Bewegung nennen. Will man haben, dass eine Literaturbewegung sich wirklich ihren Namen verdient und sich tatsächlich bewegt, kann sie nicht ein so banales Ziel verfolgen, wie zum Beispiel zu einem Podest zu gelangen, denn dort wird sie sicherlich zu einer Statue erstarren. In jeder Bewegung ist also notwendig, auf die Art und auf die Richtung der Schritte zu achten und diese bewusst zu machen. Eine zur Statue erstarrte Bewegung im Glaslabyrinth dürfte zwar stolz glitzern, zumindest in der ersten Zeit, mehr aber nicht. Nicht selten beziehen nämlich Bewegungen aus ihrer ersichtlichen Schwäche eine fundamentale Stärke, die Erstaunliches an den Tag bringt. Das möchte ich aus der Perspektive des heutigen Tages fast auch für die PoLiKunst sagen – sie ist dabei, Erstaunliches hervorzubringen. Gerade deswegen müssen wir uns die Dialektik der Welt vor Augen halten; jene Dialektik, dass die erlangte Stärke wiederum zu entscheidenden Schwächen führt, z. B. wenn Prozesse oder Bewegungen institutionalisiert werden oder gar zu Institutionen erstarren.

An dieser Stelle darf der Hinweis nicht fehlen, dass einige Autoren aus den Minderheiten in gewisser Weise zur Folklorisierung der Minderheitenliteratur beitragen und Wasser auf die Mühle der Klischeeinhaber führen. Es geht nicht allein um die Frage, ob bei der Selbstdarstellung vor der Kamera Folklore mitgemacht werden soll; ob z. B. der türkische Schriftsteller in einer türkischen Kneipe aus seinen Werken vortragen soll oder der italienische Autor vor einer Flasche Chianti und einem Teller Cannelloni oder der arabische Erzähler bei einer Tausendundeinenacht-Atmosphäre ..., was ja von den meisten Massenmedien gerne verlangt wird – im Namen der Bilderwirksamkeit; dabei sehen sich viele Autoren vor der Alternative: entweder so oder gar keine Aufnahme.

Nein, nicht den Versuch der Folklorisierung der Minderheitsautoren meine ich vordergründig. Es geht mir vielmehr um diejenigen »Verführten«, die – ob »Ausländer« oder Deutsche – bereit sind, zu groben Klischeefiguren zu verkommen und somit zur Folklorisierung des Gastarbeiters und der Literatur der Minderheiten beitragen. Eine Folklorisierung, die selbst manchen deutschen Freund peinlich berührt. Und es geht auch darum, ob aus dieser Bewegung *vermehrt* hübschere, rundere und harmonisch lächelnde Sujets hervorgehen sollen. Eine ästhetische Perspektive, die selbstverständlich legitim ist, die sich dennoch gefallen lassen muss, kritisch mit ihrer Funktion konfrontiert, mit dem kulturellen Hintergrund und mit dem Alltag und Leben verglichen zu werden.

Noch problematischer ist aus meinem Blickwinkel die erklärte Absicht mancher Autor aus der PoLiKunst, den Leser verführen zu wollen. Ich persönlich halte ich nichts davon, den Leser verführen zu wollen. Denn durch Verführung kann der Leser oder der Erzähler niemals

Selbstaufklärung vorantreiben. Die deutsche Geschichte insbesondere zeugt hiervon. Eher will man sich durch Verführung durch Literatur Vorteile verschaffen. Und der Vorteil aus der Leserverführung ist eine sehr individuelle Bevorzugung. In diesem Zusammenhang noch eine Anmerkung: Es kann meiner Auffassung nach nicht gehen, dass mit dem Gedanken des Überlebens geschrieben wird – eine sich ernstnehmende Literatur könnte einen höheren Anspruch haben, als Gefahren und die Schwere zu überleben. Ich denke und fühle, dass eine Bewegung, die unter anderem sich mit den Beziehungen Mehrheit-Minderheiten auseinandersetzt, nicht im Sinne haben kann, im Glaslabyrinth zu überleben. Wenn, dann geht es um Leben überhaupt, um dessen Gestaltung. Um eine Partizipation des Einzelnen – ob Mehrheits- oder Minderheitsangehöriger.

Diese kritischen Überprüfungen führen keinesfalls zu einer Einengung und Vereinheitlichung des künstlerischen Schaffens. In einer Zeit der Aufklärung schrieb Moses Mendelssohn über seinen Freund Lessing, dass für ihn »Kritik eine Gymnastik des Geistes« war. Wir können von dieser Art von Aufklärung einiges lernen. Auf diese Frage zurückkommend: Es gibt einen Sachverhalt, der oft und gerne übersehen wird, sowohl Erfahrungen als auch Utopien können zu einem Korsett für das Leben werden. In dem Maße, wie Bewegungen sich institutionalisieren lassen und deren Mitglieder nur noch nach dem Erfolg streben, in ähnlichem Ausmaß werden die darin enthaltenen Erfahrungen zu einem Korsett, das umso erdrückender wird, desto fetter man darin wird. Realitätsüberprüfende, vorurteilsüberschreitende Erfahrungen und Utopien sind meines Erachtens Voraussetzung der Fantasieentfaltung und des künstlerischen Schaffens.

Gewiss kann man sich an dieser Stelle fragen: Wie sieht es mit einer solchen Freisetzung des Künstlerischen gegenwärtig aus? In welchem Spannungsverhältnis steht sie mit dem Alltag und mit dem Leben? Deutliche Tendenzen einer sich wandelnden Gesellschaft kann ich in der wachsenden Entsinnlichung von Erfahrungen, in einer Enthistorisierung des Bewusstseins und in einer zunehmenden Funktionalisierung des Lebens ausmachen. Wer kennt z. B. nicht die Schwierigkeit mit der Überflutung oder Verkürzung oder Entstellung oder Vorenthaltung von Informationen? Oder auch das Zerschnippeln und Entstellen von Ereignissen und des Realitätskontextes? Gesellschaftliche Realität wird immer weniger unmittelbar erfahrbar. Interaktionen zwischen Menschen und Gruppen werden vermehrt zuerst durch Massenmedien ausprobiert und vermittelt. Somit werden Beziehungen am Arbeitsplatz, im Kaufhaus oder in der Freizeit durch die vermittelten Stereotype bestimmt und gefestigt. Wobei sie dann auch durch die Möglichkeit der Überprüfung anhand der Begegnungen nicht mehr genügend verändert werden können. Außerdem trägt die Realitätsvermittlung zur Verwischung der Wechselwirkung interagierender Gruppen bei: Indem die Massenmedien, die Institutionen und die Mehrheit als Ganzes die ethnischen Minderheiten mit bestimmten, eng umgrenzten Problemen andauernd paaren, blenden sie die eigene Teilhabe darin völlig aus und tragen zur Brüchigkeit des Alltags und des Lebens bei. Das hat Folgen für die Mehrheits-Minderheiten-Beziehungen. Diese Entwicklung sehe ich im strukturellen Wandel eingebettet, im ständig härter werdenden Kampf um die Existenz und gesellschaftliche Positionen. Insofern betrachte ich die Brüchigkeit des Alltags und des Lebens in der Emigration als einen speziellen Fall eines umfassenden Phänomens. Auch die Fragen der Identität und der Fremde sind strenggenommen keine Fragen, die Autoren aus einer faktischen Fremde gepachtet haben. Auch Autoren wie Albert Camus oder Cesare Pavese haben sie aufgearbeitet, auch wenn vielleicht nur in transzendentaler oder deduktiver Weise und an einem explizit eurozentrischen Gedankengut haftend. Auch deutschsprachige Gegenwartsautoren wie Peter Handke oder Botho Strauß versuchen, Fragen der Identität anzugehen, im Übrigen, ohne Substanzielles des weltweiten Geschichtsprozesses herauszuschälen. Anzumerken ist hier, dass, nach den dringendsten Fragen der wirtschaftlichen Katastrophe, Fremde und Identität zu brennenden Fragen der so bezeichneten Dritten Welt geworden sind. Eine Welt, die erst ihrer Identität weitgehend beraubt, dann der eigenen Heimat fremdgemacht wurde, nun funktional an die sich selbst so nennende Erste Welt gebunden wird. Bestimmt wäre an dieser Stelle interessant zu diskutieren, ob inzwischen hinreichende Zeichen vorhanden sind, die auf eine Anbahnung eines Paradigmenwechsels hinweisen. Nicht à la Fritjof Capra, sondern eher à la Pier Paolo Pasolini. Dieser sprach bekanntlich von einer anthropologischen Mutation und meinte damit jene interklassizistische Angleichung und jene Verwischung von ehemals eindeutigen kulturellen Zeichen, mit verehrenden Folgen für die Kulturgüter. Angesichts der Entwicklung in der so bezeichneten Dritten Welt und durch die Emigration neuentstandenen multikulturellen Gesellschaften wäre zu fragen, ob damit nicht auch eine intra-ethnische Angleichung an ein ethnozentrisches Modell im Gange ist. Der oben beschriebene Assimilationsdruck deutet in diese Richtung. Kritisch zu Pasolini wäre u. a. anzumerken, dass der Begriff der Mutation irreführend ist. Er stammt aus den biologischen Wissenschaften und enthält die Kategorien »Zufall« und »Erhaltung der Rasse« als erklärende Komponenten des Begriffs.

Eine Maxime der westlichen Industriegesellschaften, die sie heftig zu bekämpfen angeben, entpuppt sich in den gegenwärtigen Tendenzen in Wirklichkeit als deren wichtigstes Ziel: nämlich Menschen so viel wie möglich gleichzumachen nach der Ideologie, wonach die gleichen Produkte gesteigert abgesetzt werden müssen. Wer kennt z. B. nicht die seltsame Entwicklung der Turnschuhe vom Fachartikel zum Massenprodukt für alle Orte und alle Jahreszeiten? Oder die Auswucherung der Fernsehserien *Dallas*- und *Denver*-Interaktionsmodelle? Sprich: der Verhaltensstile und damit der darin enthaltenen Ideologie und Ware? Nicht nur scheinbare Äußerlichkeiten wie Haartracht oder Kleidung, sondern auch sexuelle Verhaltensweisen und Stile in der Partnerbeziehung, Esskultur etc. werden vermehrt durch Massenmedien als »mustergültig« vermittelt bzw. durchgesetzt.

Bei diesen Tendenzen können Identitäten Spaltungen und Diffusionen erfahren; ein Bruch zwischen Gleichsein und Anders-behandelt-Werden kann entstehen, zwischen Gleichgemacht-Werden und reellem Anderssein. Insofern ist die Brüchigkeit des Alltags und des Lebens der ethnischen Minderheiten wiederum ein Spezifikum. Aber wer kann die Frage beantworten, ob in diesem Spezifikum das Umfassende des Phänomens plastischer ist als anderswo? Wer kann z. B. schon die Frage beantworten, ob die künstlerische Darstellung des Phänomens der Literatur und Kunst der in Deutschland lebenden Minderheitsautoren besser gelingen kann oder schlechter als bei anderen Literaten? Wer diese Frage bereits jetzt beantworten kann, der macht es sich einfach.

Anschließend möchte ich einige Provokationen vorbringen, die Widerspruch und dadurch Denkanstöße hervorrufen wollen. Aus meinem Blickwinkel haben die Autoren und Künstler aus den kulturellen Minderheiten eine Reihe von Anknüpfungspunkten mit der Tradition der kritischen und selbstkritischen Aufklärung. Zur Entfaltung der künstlerischen Aktivitäten ist z. B. jener kritische Selbst-Aufklärungsgeist vonnöten, der Fantasien freisetzt, Erkenntnisse freilegt und der dem ethnozentrischen, eurozentrierten Denken, Fühlen und Handeln zuwiderläuft oder es bremst und zurückwirft. Hierzu muss vor Augen gehalten werden, dass auf der gesellschaftlichen Ebene Fremdenfeindlichkeit nicht ohne Selbstaufklärung möglich ist. So gesehen ist ein Demokratieverständnis, das keinen Platz für kulturelle und ethnische Minderheiten hat, ebenso brüchig.

Gewiss, die europäische Aufklärung war überhaupt nicht frei von Widersprüchen. Während die europäischen Herrschenden dabei waren, weite Teile der Welt als Kolonien an sich zu reißen, ritten die europäischen Geister auf der Euphorie der Entdeckung der Fremde und gaben ihnen somit die legitimatorische Grundlage ihres Tuns. Die Neugier der Aufklärung entschleierte die Fremde und trug dazu bei, dass die fremde Welt aus ihrem Gleichgewicht gehoben wurde. Wer theoretische Schriften und Reiseberichte aus der Zeit liest, kann die große Portion Sendungsbewusstsein feststellen, die den fremden Völkern Lebenspraxis vermitteln wollte. Auf der anderen Seite ermöglichten die Erfahrungen der Fremde bei einigen Aufklärungsvertretern eine europäische Zivilisationskritik, eine Selbstaufklärung und Achtung und Verständnis für das Anderssein; es war wahrscheinlich jene aufgeklärte Haltung, die im Hintergrund des bürgerlichen Denkens gehalten wurde. In dieser Doppelbödigkeit, die sich bis zur Gegenwart gehalten hat, lässt sich jedenfalls eine Haltung erkennen, die sich den gegenwärtigen Tendenzen der Uniformierung entschieden entgegenstellt, und dazu beiträgt, dass einige Grundlagen für den Ausbau einer multikulturellen Gesellschaft geschaffen werden können.

Zum Schluss möchte ich einige Anmerkungen über die bundesdeutsche Gegenwartsliteratur und ihre Autoren machen. Wenn ich wieder die Blicke darauf werfe, lässt mich der Eindruck nicht los, dass sie sich zum guten Teil von Moden und schnellen Trends speist und – außer einigen Ausnahmen – dahinvegetiert. Ihr fehlen offenbar bedeutendere Entwürfe, die ihr eine Kontur über die Zeit geben könnten. Ihre einzige Klammer ist, dass sie einem Nationalstaat und einer Nationalsprache angehört. Immer mehr teilt sie sich in Gruppenliteraturen auf (Frauenliteratur, Alternativliteratur, Hochliteratur, Subliteratur etc.) und funktionalisiert somit Form und Inhalt der Werke immer stärker nach soziologischem Wissensbedürfnis oder nach Unterhaltungswert. Deren Warencharakter und die darin enthaltenen Zwänge bringen sie zu einer enormen konformen Haltung trotz aller scheinbaren Unterschiede. Damit scheinen viele deutschsprachige Gegenwartsautoren wie im Glaslabyrinth verlaufen, einige sichtbar verunsichert. Auf der einen Seite trotzen sie ein Riesenbewusstsein aus sich heraus (z. B. auch, wenn sie sich mit Autoren aus der sogenannten Dritten Welt vergleichen), andererseits leiden sie an mangelndem Selbstbewusstsein (angesichts ihrer ökonomischen und gesellschaftlichen Stellung). Aufgrund ihrer ökonomischen Abhängigkeit sind sie schrecklich darum bemüht, ihre Unterwürfigkeit zu kaschieren. Auf der anderen Seite vergeuden sie ihre Kräfte in Zankereien mit Kollegen (der Streit läuft nicht wegen der Inhalte, sondern ganz profan um die Verteilung der Lesungen und der Stipendien). So als ob alles bereits gesagt und probiert worden wäre, verweilen sie in der Ziellosigkeit, warten sie offenbar auf Godot. Ihre

Literatur scheint sich im Glaslabyrinth der deutschen Fremde verloren zu haben.

Anknüpfungspunkte sind darin also nicht ohne Weiteres zu finden. Ich bin davon überzeugt, dass es sie gibt. Wahrscheinlich sind sie in jenen Kreisen zu finden, die einen Ausbruch suchen. Die hierzulande lebenden Künstler und Literaten fremder Herkunft können sich mit ihnen konfrontieren und der deutschsprachigen Literatur jene neuen Impulse geben, die sie braucht, um sich sehen lassen zu können.

Als Fazit also: Die PoLiKunst sollte meiner Meinung nach die eingeschlagene Richtung als selbstständige, lose Gruppierung fortsetzen und keinesfalls mit einem Riesenprogramm kommen. Eher sollte sie weiterhin einen moralischen und emanzipatorischen Anspruch am Alltag und Leben mit sich tragen. Und in diesem Glaslabyrinth der Fremde eine *fermenta literaris* streuen, einen Hefeteig für die Literatur der multikulturellen, multiethnischen Gesellschaft. Es ist nicht viel verlangt. Es handelt sich nicht um eine Utopie, wirklich.

Lörzweiler, den 24. April 1985

MACHT EMIGRATION KRANK?

I.

Bereits Überlieferungen aus dem Altertum berichten vom krankmachenden Einfluss der Fremde. Es ist bekannt, dass der lebensfrohe Ovid, von seiner Heimatstadt Rom nach dem fernen Pontus verbannt, bittere Tränen vergoss. Aus verschiedenen Berichten des siebzehnten Jahrhunderts geht hervor, dass bei in Frankreich und Holland stationierten Schweizer Söldnern das Spielen und Singen der heimatlichen »Kühe-Reihen« verboten wurde, weil durch sie die länger Stationierten in Heimweh verfielen und sich sogar zu Tode weinten. Die Massenwanderungen seit der Industrialisierung der gegenwärtigen Metropolen brachten eine Vielfalt von »Emigrations«-Krankheiten mit sich, die diese Heimweherscheinungen noch in den Schatten stellen. Doch obwohl sich das Phänomen der Auswanderung gewaltig ausgeweitet hat und immer mehr Menschen zu einem Leben in der Fremde gezwungen sind, sind Untersuchungen zu den psychosozialen Folgen der Emigration rar. Dennoch lassen sich aus den spärlichen Studien und Untersuchungen zur psychischen und sozialen Gesundheit von Emigranten einige vorläufige Schlüsse ziehen.

Schon in älteren sozialpsychiatrischen Untersuchungen in den Vereinigten Staaten wurde bei Einwanderern eine höhere Rate psychischer Erkrankungen als bei Einheimischen festgestellt. Allerdings waren jene Befunde nie ganz sauber und verallgemeinerungsfähig, zum einen, weil Einwanderer nur in extremen Notlagen von institutioneller Hilfe Gebrauch machen, zum anderen, weil Ärzte und Psychiater nicht selten alles, was nicht in den vorherrschenden kulturellen Rahmen passte, als abnorm abstempelten. In Anlehnung an diese älteren Untersuchungen wurden auch in den klassischen europäischen Immigrationsländern Schweiz, Frankreich und Bundesrepublik Deutschland eine Reihe von Forschungen unternommen, die zumeist zeigten, dass, wie in den Vereinigten Staaten, auch in Europa die Emigranten stärker und häufiger als Einheimische unter psychischen Belastungen leiden, die zur Krankheit führen. Diese Ergebnisse werden durch Meinungsumfragen in Arztpraxen, soziologische Feldstudien und Erfahrungen aus klinisch-psychiatrischen Untersuchungen gestützt. Demnach sind nicht selten mehr als die Hälfte bis über zwei Drittel der angegebenen Krankheiten bei ausländischen Arbeitern psychisch bedingt oder mitbedingt. Am häufigsten sind psychosomatische Störungen und Depressionen anzutreffen; hingewiesen wird auch darauf, dass die gehäuft auftretenden depressiven Zustandsbilder sich vorwiegend in ängstlicher Stimmung, Schlaflosigkeit, Vitalitätsverlust, hypochondrischen Beschwerden und Libidoabnahme ausdrücken. Erwähnt werden außerdem Entwurzelungssyndrome, hysterieartige Organstörungen und gastarbeiterspezifische paranoide Syndrome sowie soziokultureller Stress. Häufiger anzutreffen als angenommen sind nach einigen Klinikern wie Steinert und Teber psychische Störungen bei Gastarbeitern, die unter der Bezeichnung »akute paranoide Reaktionen« (bekannt auch als »Bouffée delirante«) zusammengefasst werden und die sonst in Europa und in den USA selten anzutreffen sind, während sie in Asien und Afrika bei Menschen, die stark überfordert sind oder unter Gefangenen – als eine heftige Reaktion auf eine massive Bedrohung durch die Umwelt – häufiger vorkommen. Seine klinischen Erfahrungen veranlassen Steinert zu dem Schluss, dass ein besonderer psychischer Stress unter Gastarbeitern sich qualitativ sehr deutlich nachweisen lässt, auch wenn er quantitativ nicht in Erscheinung tritt.

Aufgrund der Befunde wurden in der Fachwelt unterschiedliche Hypothesen aufgestellt, die sich entweder nur teilweise ergänzen oder gar völlig widersprechen. Die eine Überlegung, wie oben bereits ersichtlich, geht vom Vorhandensein eines soziokulturellen Stresses aus. Dieses Konzept betont vor allem die massiven Schwierigkeiten der Anpassung an die neue Umwelt; es sieht in der Emigration das krankmachende oder zumindest krankheitsauslösende Moment. Eine andere, entgegengesetzte Überlegung geht von einem Krankwerden vor der Emigration aus: Die Vorboten der Krankheit beunruhigten danach den späteren Patienten innerlich so sehr, dass er sich zur Emigration veranlasst sieht. Diese Hypothese wurde hauptsächlich bis in die vierziger Jahre vertreten, hat sich inzwischen als unhaltbar erwiesen. Zur Interpretation der psychischen Schwierigkeiten der Emigranten wird seit den vierziger Jahren die Kulturschock-Hypothese herangezogen. Dieser Ansatz geht davon aus, dass, je tiefer die soziokulturelle Distanz zwischen Ursprungs- und Aufnahmeland ist, desto schwieriger und aufwendiger es für den Emigranten wird, die Begegnung mit der neuen Umwelt ohne Traumata zu bewältigen. Einige Befunde stützen diese Annahme; ihr Erklärungswert bleibt jedoch auf ersten Phasen der Immigration beschränkt. In einer Untersuchung bei Portugiesen in der Schweiz konnte zum Beispiel festgestellt werden, dass die Häufigkeit der psychischen Erkrankungen auch zwischen dem dritten und dem fünften und zwischen dem siebten und dem fünfzehnten Jahr Aufenthalt in der Schweiz höher war als in den anderen Zeiträumen. Schließlich kamen auch zwei weitere Forscher in den USA zu dem Schluss, dass von den nach Philadelphia immigrierten Afroamerikanern diejenigen weniger psychische Störungen aufwiesen, die kürzer als fünf Jahre immigriert waren. Eher als den »Kulturschock« sehen sie das Auseinanderklaffen zwischen erwartetem und realem sozialen Aufstieg als Ursache von psychischen Beschwerden.

Mit der Kulturschock-Annahme verwandt ist eine weitere Hypothese, die aufgrund der Beobachtungen bei Einwanderern in den USA der vierziger Jahre entwickelt wurde: die des Kulturwechsels. Darunter wird die allmähliche Ablösung von der Herkunftskultur verstanden, verbunden mit einer zunehmenden Anpassung des Lebensstils, der Verhaltensweisen und der Identität an die Kultur und die Normen des Einwanderungslandes. Demnach findet beim Emigranten ein zunehmender Wechsel der Bezugsgruppen und -werte statt, der eine teilweise Umstrukturierung der soziokulturellen Persönlichkeit und einen Identitätswandel mit sich zieht. Dieser Kulturwechsel, verbunden mit Identitätswechsel, erhöht das Risiko psychischer Störungen bei Einwanderern. Es werden fünf verschiedene Arten dieses Wandels beschrieben: Im ersten Fall sind die Werte des Einwanderungslandes nur an der Oberfläche akzeptiert worden, während die alten Werte weiterleben, wenn auch unterdrückt oder unbewusst. Eine zweite Art des Wandels geschieht nur äußerlich: In diesem Falle werden zum Beispiel nur die Kleider, die Äußerlichkeiten und die Handlungsweisen des Einwanderungslandes angenommen; das alte Wertsystem ist bewahrt. Eine dritte Möglichkeit besteht darin, dass der Immigrant sich nur minimal wandelt. Sowohl die Werte als auch die äußere Erscheinung (Kleidung, Verhaltensweisen und so weiter) bleiben erhalten – mit Ausnahme der Verhaltensweisen, die der unmittelbare Kontakt mit den Einheimischen erfordert. Es gibt hier keinen Versuch, mit Einheimischen in Wettbewerb zu treten, die betreffenden Personen empfinden auch keine Ambivalenz zum eigenen Wertsystem. Im vierten Fall findet Entwurzelung statt und bei der fünften Wandelmöglichkeit integriert sich der Einwanderer in eine ethnische Gruppe oder in eine andere Minderheit.

Nicht nur, dass hier die kulturellen Unterschiede zwischen angelsächsischen und südeuropäischen Emigranten keine Beachtung finden; auch die Möglichkeit der Auseinandersetzung der Kulturen untereinander sowie die Rolle des sozialen Status werden in diesen Untersuchungen nicht gesehen. Unberücksichtigt bleibt insgesamt auch der unmittelbare Einfluss der Gesellschaft: wie diese Emigranten aufnimmt und behandelt und wie das sich auf die psychische Gesundheit auswirkt. Dieser letzte Aspekt wird in jüngster Zeit von einigen Wissenschaftlern beachtet. Demnach führen die feindliche Einstellung der einheimischen

Bevölkerung gegenüber Einwanderern, die Politik der beschleunigten Assimilation (sprich: Integration), die öffentliche Abneigung gegen die »Ausländer« und die »Schmelztiegel«-Politik zu psychischen Störungen bei den betroffenen Immigranten. Vergleiche von Untersuchungsergebnissen aus jenen Ländern, die nach dem Zweiten Weltkrieg relativ hohe Anteile von Einwanderern aufgenommen haben (Australien, Kanada, Singapur, Vereinigte Staaten, Israel), sowie Erfahrungen mit vor dem Zweiten Weltkrieg Exilierten haben auch die Bedeutsamkeit der Gruppenzugehörigkeit ins Blickfeld gerückt: Je größer die Emigrantengemeinde gleicher ethnischer Herkunft im Aufnahmeland ist, desto geringer ist die psychische Erkrankungsrate von Emigranten. Das von der öffentlichen Meinung der »Gastländer« gegeißelte Getto erweist sich somit für gefährdete Emigranten als »psychisches Rettungsboot«.

Für die Integrationsstrategie der bundesrepublikanischen Regierung Mitte der siebziger Jahre sind ähnliche Schlüsse zu ziehen, wobei die Besonderheiten eines Landes wie der Bundesrepublik zusätzlich zu berücksichtigen sind: das unbewältigte Verhältnis zum Fremden, die Tradition der individuellen und kollektiven Entmündigung, der unmittelbare, ethnozentristische Anpassungsdruck der bundesdeutschen Gesellschaft mit ihren für die Gastarbeiter ungewohnten Disziplinierungszwängen – dies alles führt zu einer krankmachenden Integration oder zur kulturellen und psychischen Vereinsamung derjenigen, die de facto längst Einwanderer sind.

II.

Auch über die Emigrantenkinder, für die die deutsche Gesellschaft die ethnozentrische und daher sich selbst entlarvende Bezeichnung »zweite Generation« durchgesetzt hat, liegen nur spärliche Untersuchungen und Studien vor, und meist nur schulbezogener und empirischer Art, wodurch sie nur beschränkt verallgemeinerungsfähige Schlüsse erlauben. Affektive Störungen wie allgemeine Ängstlichkeit, starke Unsicherheit, Konzentrationsstörungen, Kontaktschwierigkeiten, aber auch andere vereinzelte Verhaltensstörungen werden dort registriert. Oft werden gestörte Identitätsentwicklungen genannt. Im Allgemeinen wird zugestanden, dass die Persönlichkeitsentwicklung der Emigrantenkinder aufgrund ihrer spezifischen Umweltsituationen gefährdeter ist als die der deutschen Gleichaltrigen. Auch wenn sich in den letzten Jahren Feldstudien, Untersuchungen und ärztliche Erfahrungsberichte vermehren, ist davon auszugehen, dass das Phänomen noch nicht in seinem ganzen Umfang und in seiner Tiefe erkannt wird. Bisher völlig ununtersucht geblieben ist zum Beispiel, ob die Belastungsfolgen bei den heranwachsenden »Ausländern« Ähnlichkeit haben mit denen, die bei kolonialisierten Völkern zu verzeichnen waren und sind oder eher in Verbindung mit den Erfahrungen aus den Einwanderungsländern USA und Australien zu sehen sind.

In den neuesten Feldstudien und ärztlichen Berichten werden psychische Erkrankungen bzw. Schädigungen in engem Zusammenhang mit dem Alter bei der Einreise und mit dem Geburtsort (Bundesrepublik oder Ausland) gesehen. Auch wird das Problem unterstrichen, dass gleichzeitig die Familie einerseits, deutsche Institutionen und Peergroups andererseits auf die Kinder einwirken. Es wird auch erwähnt, dass die Zersplitterung von Familien dadurch, dass ein Familienmitglied in der Bundesrepublik angeworben wurde und die Restfamilie im heimatlichen Dorf zurückblieb oder später nachzog, bei den Kindern zu schweren Verhaltensauffälligkeiten führte. Eine besondere Variante des Hospitalismus (der sonst bei Heimkindern oder bei verlassenen Säuglingen zu verzeichnen war) ließ sich bei einer Reihe von Gastarbeiterkindern feststellen, die im Säuglings- oder im Kleinkindalter in der Bundesrepublik und im Herkunftsland der Eltern hin- und hergeschoben wurden. Bei der Beschreibung dieser Phänomene werden die Rahmenbedingungen jedoch nur unzureichend ausgemacht.

Nicht nur die Berufstätigkeit beider Eltern, sondern auch die Verweigerung des Rechts auf Zukunft in der Bundesrepublik (politisches und behördlich verordnetes Belassen der Emigranten und ihrer Kinder in einem unsicheren Status) und im Herkunftsland (fehlende Voraussetzungen für eine Rückkehr), die forcierten Assimilierungsbestrebungen in der Schule unter systematischer Diskriminierung der Herkunftskultur und -sprache und das Fehlen vertrauenswürdiger Betreuungspersonen (welches der häufige und schädigende Wechsel von Bezugspersonen mit sich zieht) dürften in vielen Fällen die Eltern zu der Entscheidung veranlassen, die Kinder im Herkunftsland aufwachsen zu lassen; die aber inzwischen dort verlorengegangene Möglichkeit der Betreuung (zum Beispiel die Großeltern sind zu alt) und die hierfür fehlenden Infrastrukturen führen dann zu der entgegengesetzten Entscheidung.

Nicht minder konfliktreich gestaltet sich die Entwicklung, wenn die Kinder im Vorschul- oder im Einschulungsalter beginnen, in der Bundesrepublik zu leben, und die Anpassungsschwierigkeiten nicht in Angleichung, sondern in psychischen Krankheitssymptome einmünden. In der Regel besteht in der einschlägigen Literatur die Neigung, die Hauptverantwortung hierfür den Eltern aufzubürden, indem argumentiert wird, sie seien nicht in der Lage, ihren Kindern genügend Rückhalt zu bieten oder sie stellten an sie zu hohe schulische Erwartungen. Sollen Schädigungen vermieden werden, ist auch hier, wie wir bereits oben festgestellt haben, von ausschlaggebender Bedeutung, ob bei der Ankunft eine hinreichend zahlreiche ethnische Minderheit existiert, die die gegebenen Konflikte aufzufangen vermag. Von entscheidender Bedeutung ist auch die Offenheit einer Gesellschaft, also der deutschen Institutionen, die per Auftrag die Kinder aufnehmen müssen (Stichwort: Einstellung und Verhalten des Schulpersonals Ausländern gegenüber) sowie der unmittelbaren deutschen Umgebung (Verhalten der Nachbarschaft den Kindern gegenüber). (Im Hinblick auf diese Rahmenbedingungen müssen auch die deutschen Wissenschaftler und die Ärzte, die Berichte zu diesem Thema verfassen, ihre eigene Rolle als Teil des deutschen Umfelds von Emigranten überprüfen!)

Besonders schwierig ist die Identitätsentwicklung in gemischten oder vorwiegend deutschen Peergroups. Da deutsche Kinder in der Regel Repräsentanten der herrschenden kulturellen Normen sind, die in der Peergroup eine spezifische Variation erfahren, entstehen im täglichen Verhalten des ausländischen Heranwachsenden Orientierungsschwierigkeiten und Verunsicherungen. Speziell dort, wo die Reaktionen der deutschen Gleichaltrigen nicht abgeschätzt werden können – wie in der Familie oder innerhalb der eigenen ethnischen Minderheit –, können sich permanent gestörte Beziehungen entwickeln, die wiederum den Aufbau der sozialen Identität hemmen. Ob es zu Schädigungen kommt, hängt vor allem davon ab, inwieweit es den Kindern und Jugendlichen gelingt, die Spannungen auszubalancieren, die oft entgegengesetzten Erwartungen, die an sie gestellt werden, für sich zu vereinbaren, und sich mit der besonderen Identität, die sie entwickeln, abzufinden, sie zu akzeptieren oder in ihr sogar etwas Positives zu sehen – was die beste Lösung sein dürfte. Der entgegengesetzte Fall kommt jedoch häufig vor. Die »Identitätskrise« oder »Identitätsdiffusion«, verbunden mit den Alltagserfahrungen von Benachteiligungen, Diskriminierungen und geringen Chancen eines Aufstiegs gemäß den eigenen Fähigkeiten, führen zu negativeren Selbstbildern. In diesem groben Rahmen sind auch die überproportional gehäuft festgestellten psychosomatischen Erkrankungen bei »Ausländern« zu sehen, die in einer Feldstudie gefunden wurden.

Ob mit den Herkunftsfamilien in die Bundesrepublik eingewandert oder hier geboren – jene Heranwachsenden, die als »die zweite Generation« bezeichnet werden, werden die Konfliktfelder mehr oder weniger bewusst und herkunftsbezogen erleben und daher eher als ihre Eltern in der Lage sein, Techniken zu entwickeln, die letztendlich eine psychische oder psychosomatische Erkrankung verhindern. Die von ihnen ausgehenden Generationen werden sehr wahrscheinlich vor neuartigen Konflikten und Gefahren stehen, ganz gleich, ob sie im vollen Assimilationszyklus aufgehen oder ob sie ihre ethnischen Zugehörigkeit wahren.

III.

Eine Chance psychischer Gesundheit besteht zweifelsohne in einer Identitätsentwicklung, die Zugehörigkeit, Abgrenzung und Entfaltungsmöglichkeiten beinhaltet. Das heißt, dass Einwanderer ihre ethnischen und kulturellen Besonderheiten nicht aufzugeben brauchen, gleichzeitig aber die Möglichkeit haben, sich kulturell neu zu orientieren und frei zwischen den ethnischen Gruppen zu bewegen. Eine Vorstellung, die von einer polyethnischen und multikulturellen Gesellschaft ausgeht. Faktisch ist inzwischen dieser Sachverhalt in der Bundesrepublik Deutschland gegeben. Bewusstseinsmäßig, politisch und in Bezug auf infrastrukturelle Maßnahmen und kulturpolitische Konsequenzen wird der gegebenen Sachlage aber keine Rechnung getragen. Stattdessen stehen wir hier vor der systematischen Entmündigung und Diskriminierung der ausländischen Minderheiten, die teilweise zur Assimilation und teilweise zur Segregation führt. Für die kurdisch sprechende Minderheit, um nur ein Beispiel zu erwähnen, setzt sich die Politik der Assimilierung ähnlich wie im Herkunftsland fort.

Gegenwärtig ist die Bundesrepublik als ethnozentrisch zu charakterisieren. Setzt sich die heutige Ausländerpolitik fort, so ist die Bundesrepublik auf dem »besten« Weg, ethnische Klassen zu schaffen, die hinsichtlich ihres Anteils an Macht, Prestige und Einkommen sich systematisch voneinander unterscheiden. Dies wird für die psychosoziale Lage der Betroffenen nicht ohne Folgen bleiben.

Die psychosoziale Versorgung ist für die gesamte bundesdeutsche Bevölkerung völlig unzureichend. Für die ausländischen Minderheiten, die — wie wir bereits weiter oben gesehen haben — unter stärkerem psychosozialen Stress und mit Identitätskonflikten leben müssen, ist die Lage noch prekärer. Es fehlt nicht nur an behandelndem und »betreuendem« Personal, sondern auch an dessen Kenntnissen von den Spezifika der psychischen Reaktionen der Minderheitsangehörigen. Schließlich herrscht auch in diesen qualifizierten Berufen noch die (unausgesprochene, aber in der Praxis praktizierte) Maxime: erst die Deutschen, dann die Ausländer (wenn überhaupt). Dabei wäre es zur Vermeidung (genauer: zur Verringerung) von Fehldiagnosen und daher von Fehltherapien unerlässlich, Fachpersonal aus den ausländischen Minderheiten einzusetzen.

Liegt die psychosoziale Versorgung im Argen, so scheint die Frage der Präventivmaßnahmen gar nicht präsent zu sein. Ein Spiegel der gegenwärtigen »Ausländerpolitik«, die heute eigentlich Minderheitenpolitik heißen sollte.

IV.

Um diese Fehlentwicklungen zu verhindern oder zumindest zu bremsen, gibt es zwei Möglichkeiten: erstens die Motivierung von »Verbündeten« aus der deutschen Bevölkerungsmehrheit, zweitens Selbsthilfe. Beides dient dazu, Ansätze für ein Miteinander zu entwickeln, die Machbarkeit des friedlichen und bereichernden Zusammenlebens der Minderheiten mit der Mehrheit stärker ins Bewusstsein zu rufen, was nicht nur eine Verbesserung der psychosozialen Lebensgrundlage der Betroffenen mit sich ziehen dürfte.

Lörzweiler, Herbst 1986

LITERATURLISTE

Binder, J./Simoes, M.: Sozialpsychiatrie der Gastarbeiter. In: Fortschritte der Neurologischen Psychiatrie 46 (1978), S. 242–259.

Binder, J./Simoes, M.: Psychische Beschwerden bei ausländischen Arbeitern. Eine Untersuchung bei portugiesischen Emigranten. In: Zeitschrift für Soziologie 9 (1980), H. 3, S. 262–274.

Bäcker, W.: Psychiatrie der Gastarbeiter. In: Psychiatrie der Gegenwart. Forschung und Praxis. Bd. III: Soziale und angewandte Psychiatrie. Berlin/Heidelberg/New York 1975, S. 429–466.

Frigessi-Castelnuovo, D./Risso, M.: A mezza parete. Emigrazione, nostalgia, malattia mentale. Torino 1982.

Häfner, H.: Psychiatrische Morbidität bei Gastarbeitern in Mannheim. In: Nervenarzt 51 (1980).

Murphy, H. B. M.: Migration, Culture and Mental Health. In: Psychological Medicine 7 (1977), S. 677–684.

Murphy, H. B. M.: Migration and the Major Mental Disorders. A Reappraisal. In: Zwingmann, C./Pfister-Ammende, M. (Hgg.): Uprooting and after... Berlin/Heidelberg/New York 1973, 5. 204–220.

Parker, S./Kleiner, R. J.: Goal striving. Social Status and Mental Disorder: A Research Review. In: Sociological Review 28 (1963), S. 200.

Ruesch, J./Jacobson, A./Loeb, M. B.: Acculturation and Illness. In: Psychological Monographa 62 (1948).

Steinert, H.: Das Seelenleben der Gastarbeiter. In: Die Tat, Zürich, 1. 6. 1976.

Teber, S.: Arbeitsemigration und Verhaltensstörungen. Frankfurt a. M. 1983.

DANKESREDE ZUR VERLEIHUNG
DES CHAMISSO-PREISES

Meine Damen und Herren!

Ich freue mich über die Verleihung sehr und bedanke mich herzlich. Sie hat mich überrascht und beglückt. Jetzt, in diesen Augenblicken möchte ich sie genießen. Hierdurch sehe ich mein bisher schmal veröffentlichtes Werk von den Juroren gewürdigt und geschätzt. Denn, »nicht nach Weisheit weit umhergefahren« bin ich, sondern nur nah und wegen des Brots emigriert, »doch will mir meine Weisheit klein erscheinen«. Die Verleihung sehe ich mit einem dem Namen des Trägers verbundenen Symbol verknüpft, mit Chamissos erfolgreichstem Werk, das Peter Schlemihls Schattenverkauf und dessen vergebliche Suche darstellt. Eher die Interpretation Thomas Manns nachvollziehend als die von Gero von Wilpert, darin erkenne ich die Unmöglichkeit, den eigenen verkauften Schatten wiederzuerlangen, ein Vorgang, der sich für eine gewisse Identifikation anbietet. Wie für Schlemihl die alten Schuhe die Tragfläche für seine Weltreisen und für die Naturforschung wurden, wurden die Schuhe der Literatur zu meinem Heim. Ohne Zweifel: Die Schattenlosigkeit ist inzwischen ein allgemeiner Standort für viele Menschen in der modernen Gesellschaft geworden und scheint mir nicht mehr aufhebbar. Auch wenn für Pirandello – ein Autor, den ich sehr schätze – wir alle hoffnungslos nackt und mit Masken bekleidet sind, glaube ich dennoch, dass des Menschen Gesicht irgendwo begraben liegt – irgendwo liegt meine Identität, meine Herkunft. Deren Suche ist meine Suche. Eine Suche, die von einer Sehnsucht nach der verlorenen Zukunft geleitet wird. Dieses Herumtasten um einen Weg ist nicht nur durch die gegebenen Bedingungen schwierig, es ist umso schwieriger, je mehr der TÜV einer Gesellschaft und eines Literaturbetriebs auf ihm lasten und ihn ersticken. Fern sind die Zeiten, in der der Diakonus zu Zürich und bekannter Forscher der Physiognomik, Johann Caspar Lavater, den der Aufklärung verpflichteten Philosoph und überzeugten Juden Moses Mendelssohn öffentlich unter Druck setzte, damit dieser seinen Schatten austausche. Nur die Geisteskraft eines Moses Mendelssohns konnte den Bekehrungsversuchen eines Lavaters widerstehen, die Überzeugung, dass ein Glaube keinen anderen bekehren darf. Aber Teile der Öffentlichkeit schwangen im Zeichen der Aufklärung mit Moses Mendelssohn mit, der Schatten-TÜV war noch nicht ausgebaut. Vielleicht mehr als vor 200 Jahren sind breite Teile der Öffentlichkeit gegen die Schattenvielfalt gestimmt und neigen dazu, sie zu vereinheitlichen. Mich kann man durch keinen Schatten mehr austauschen, weil ich, als ein der gesellschaftlichen Realität entfremdeter Mensch, einer eigentümlichen Schattenlosigkeit verpflichtet bin. Und gerade deshalb ist der Konflikt zwischen mir und dem Literaturbetrieb vorprogrammiert. Breite Teile des modernen Literaturbetriebes bevorzugen Autoren mit geformter Schattenlosigkeit. Oder sie gehen von der grundsätzlichen Austauschbarkeit der Gegenwartsautoren aus, dies umso mehr und so krasser in Erscheinung tretend, sobald es sich um deutschsprachige Autoren fremder Herkunftssprache handelt. Einige Beispiele will ich erwähnen. Der Schriftstellerverband Niedersachsen wollte im Rahmen seiner Tagung einen Leseabend mit Max v. d. Grün und ausländischen Autoren organisieren. Bereits der Grundgedanke dieser Planung ist entlarvend: Max v. d. Grün und *ausländische Autoren*. Der Organisator, ein linksorientierter Autor und Wissenschaftsjournalist unter anderem mit Schwerpunkt auf Zeitgeschichte, schrieb mich an. Auf mein Antwortschreiben reagierte er u. a. mit diesem Satz: »Nun, leider, ein anderer Kollege hatte meine Anfrage noch schneller beantwortet.« An viele ausländische Autoren gleichzeitig hatte er geschrieben. Auf mein Befremden hin wurde er selbstgefällig und überheblich. Neben dieser symptomatischen Erscheinung, ausländische Autoren und ihre eigenen Grundfragen mit austauschbaren Themen gleichzusetzen, also Literatur mit Kartoffelsäcken zu verwechseln, treffe ich Lavatersche Situationen an, bei denen ich zu Lesungen eingeladen werde, um hausgemachte Thesen über die Minderheiten für sich zu bestätigen. Die Diskussionen arten nicht selten so aus, dass die Veranstalter versuchen, mich zu überzeugen, wie Ausländer sind. Wie wenig der Geist des Diakonus Lavater verschwunden ist, zeigt sich unter anderem auch darin, dass sich bis heute kein deutscher Verlag gefunden hat, der auch nur einen Autor aus den bundesdeutschen Minderheiten aufnimmt, um ihn kontinuierlich zu publizieren; selbst der Bekannteste unter uns, Aras Ören, der als Erster von dieser hohen Jury mit dem Chamisso-Preis ausgezeichnet worden ist, musste letztlich zu einem türkischen Verlag in der Bundesrepublik ausweichen – von diesem türkischen Verlag eine mutige Antwort auf die Lage. Unsere einzige bisherige Quelle, der Südwind ist inzwischen versiegt: Der Verlag hat dafür kein Geld mehr. Die im Veröffentlichungsvorfeld getroffenen Einschränkungen werden von Lektoren und Verlagen mit den merkwürdigsten ästhetischen Maßstäben vorgenommen. Der Lektor eines renommierten Verlags schreibt z. B. als Ablehnungsgrund: »Der Leser wird oft alleingelassen in dieser Geschichte, zu wenig ist sie gegliedert.« Die Änderungsvorschläge, damit das Werk »gut« werden sollte, erinnern mich immer wieder an Lavater. Ich erwähne das alles nicht, um zu lamentieren, und ebenso nicht, um einen Bonus Malus zu fordern – den haben wir nicht nötig –, sondern nur, um kundzutun, wie die Schere zwischen deutschsprachigen Autoren fremder Herkunftssprache und deutscher Öffentlichkeit zunehmend auseinanderklafft. Während ich in meinen Schriften Erkundungen vornehme, z. B. über das Zusammensein in diesem Land oder die Vorstellung von meinem Schatten auf der Schattenlosigkeit zeichne, erwartet die Öffentlichkeit, der Literaturbetrieb inbegriffen, Tränen oder Heimweh (mit gleichzeitiger Ablehnung) oder eine Gleichschaltung zum deutschen Standard. Diese Verleihung ist also umso mehr ein Lichtblick in meinem schwierigen und konfliktträchtigen Alltag im Literaturbetrieb und will uns und die deutsche Öffentlichkeit dazu ermuntern, das Reservat, das für deutschsprachige Autoren fremder Herkunftssprache entstanden ist, zu durchlöchern. Ich sehe mich seit Langem bereit, das Reservat zu verlassen. Doch, trotz dieser hohen Auszeichnung, die meinem Werk von deutscher Seite zuerkannt worden ist, sehe ich mich in der deutschsprachigen Literatur in größerem Abseits denn je. Auch wenn ich vom Abseits herkomme – mein biografischer Hintergrund hat mich dazu bestimmt –, und auch wenn ich im Abseits bin, ich gehöre hierher. Mein Wille, dazuzugehören, ist größer, als all die Bemühungen, mich draußen zu halten, so groß, dass ich allem Widrigen widerstehen könnte. Und doch bin ich schon müde und abgekämpft und erwäge, das gefundene Heim, das für mich heute die Literatur repräsentiert, zu verlassen. Immerhin habe ich das gut gelernt: Schon einmal habe ich meinem Herkunftsland den Rücken gekehrt. Wenn man in den Geschichtsbüchern jenes Landes nachliest, steht als charakteristisch für diese Zeit der Auswanderung von Millionen Italienern das Doppelwort: italienisches Wirtschaftswunder. Dieses Doppelwort hat sich als stärker erwiesen als die nackte Realität der Auswanderung. Schließlich hat auch Peter Schlemihl seinen Schatten nicht wiedergefunden, und Moses Mendelssohn durfte die Zerstörung der Vernunft durch die Zwischenergebnisse oder im Namen der Vernunft nicht einmal erahnt haben. Aber ich weiß, dass das Abseits häufig die existenzielle Heimat des Schriftstellers ist. Und ich weiß auch, dass dies für mich dem Keim der kreativen Umstrukturierung eines Menschen gleicht. Darin liegt ja auch meine Chance: In der Schattenlosigkeit einen konturscharfen Schatten ausbauen.

Ich bedanke mich für Ihre Aufmerksamkeit.

München, 13. Februar 1987

»SO SEHE ICH MICH UNTER DEN DEUTSCHEN«

Ich nehme an, ich soll über etwas erzählen, was im Zitat von Hölderlin steckt, der hier für diesen thematischen Block steht. »Wie ich unter die Deutschen kam.« Ich will allerdings einräumen, dass ich dies bereits mehrmals thematisiert habe. So wie in den Essays *Meine Sprache wohnt in der Fremde*, erschienen bei Piper. Oder in einem an der Oldenburger Universität gehaltenen Vortrag, *Meine Fremde ist ein Spiegel- und Glaslabyrinth*. Dies ist auch in verschiedenen Erzählungen Gegenstand geworden, die in den Erzählband *Passavantis Rückkehr* bei dtv aufgenommen wurden. Auch in meiner neuen literarischen Arbeit bleibt dies mein Thema, z. B. im Roman *Der Niemandsländer*. Wer sich dafür interessiert, kann sich diese Texte zu Gemüte führen und/oder dazu beitragen, dass die unveröffentlichten Texte zugänglich gemacht werden können.

Hier und heute möchte ich hierzu im Zeichen einer kleinen Variation reden; und zwar unter dem Motto: »So sehe ich mich unter den Deutschen«. Vom Beruflichen her lebe ich als Familientherapeut und Schriftsteller. Im Vergleich zur Herkunftszeit, vor 15, 20 Jahren, als ich noch als Elektroschweißer und Hilfsarbeiter tätig war, befinde ich mich heute nicht mehr am Rande der sozialen Skala. Und doch, wenn ich meine beruflich erworbenen Kompetenzen und meine erreichte berufliche Stellung in Bezug nehme und diese mit denjenigen der Einheimischen innerhalb des Berufsstandes vergleiche, dann erweist sich, dass ich die Randpositionen keineswegs verlassen konnte, im Gegenteil, ich wurde darin festgeschraubt, in sozialer wie in existenzieller Hinsicht. Das lässt sich sowohl für die Tätigkeit als Familientherapeut, der nur eine Arbeit unter seinen Kompetenzen leistet, als auch als Schriftsteller, der sich bisher in einem literarischen Reservat aufhalten muss, sagen. Dieser Zustand hat natürlich den Vorteil, dass mein menschliches Dasein nicht auseinanderklaffend, wohl aber als vollständig und übereinstimmend erlebt werden kann. Gerade diese Vollständigkeit des Erlebens erlaubt mir zu erkennen, dass dieses Reservat eine Randposition ist, die dem Standort des Exils gleicht. Ein Standort, der mir seit Anbeginn meiner Arbeitsemigration vertraut ist. Insofern betrachte ich die Arbeitsemigration als eine Variante des Exils.

Denn, glauben Sie mir, meine Damen und Herren, wäre meine Existenz nicht bedroht gewesen, hätte ich nicht mein Herkunftsland verlassen. Aber wie ist das charakterisiert, das Exil? Welche Perspektiven habe ich im Land meines Exils als Literat?

Diese Frage will ich mir stellen. Diese Frage verlangt umso dringender eine Antwort, seitdem ich meine Literaturzeugnisse in deutscher Sprache abfasse, und ich, rein objektiv, ein deutschsprachiger Schriftsteller fremder Sprachherkunft geworden bin.

Und gerade in diesem Sachverhalt steckt der Unterschied zwischen mir als faktisch gewordenem Minderheitsangehörigen und dem im deutschen Exil lebenden ausländischen Künstler. Als deutschsprachiger Schriftsteller fremder Herkunft bin ich dem Leben in diesem Land verpflichtet. Das bedeutet unter anderem, dass ich mir über das Zusammenleben der Mehrheit und der neuen Minderheiten Gedanken mache: Diesen Sachverhalt möchte ich betonen, um kundzutun, wie die Schere zwischen deutschsprachigen Autoren fremder Herkunftssprache und deutscher Öffentlichkeit zunehmend auseinanderklafft. Während breite Teile der Öffentlichkeit in der Literatur der ausländischen Minderheiten Tränen, Heimweh, Entwurzelung und Klagen (mit gleichzeitiger Ablehnung) oder eine Anpassung bzw. eine unkritische Zustimmung zu deutschen ästhetischen Standards erwarten, versuchen mehrere Schriftsteller der Minderheiten eine neue Sprache, neue Nuancen aus der deutschen Sprache zu erkunden oder ein neues Sprachempfinden zum Ausdruck zu bringen.

Gerade deshalb ist der Konflikt zwischen mir und dem Literaturbetrieb vorprogrammiert. Breite Teile des modernen Literaturbetriebes bevorzugen Autoren mit genormter Entfremdung. Oder sie gehen von der grundsätzlichen Austauschbarkeit der Gegenwartsautoren aus, dies umso mehr und umso krasser in Erscheinung tretend, sobald es sich um deutschsprachige Autoren fremder Herkunftssprache handelt.

Einige Beispiele will ich erwähnen. Der Schriftstellerverband Niedersachsen wollte im Rahmen seiner Tagung einen Leseabend mit Max v. d. Grün und ausländischen Autoren organisieren. Bereits der Grundgedanke ist entlarvend: Max v. d. Grün und ausländische Autoren. Der Organisator, ein linksorientierter Autor und Wissenschaftsjournalist schrieb mich an. Auf mein Antwortschreiben reagierte er u. a. mit diesem Satz: »Nun, leider, ein anderer Kollege hatte meine Anfrage noch schneller beantwortet.« An viele ausländische Autoren gleichzeitig hatte er geschrieben. Auf mein Befremden hin wurde er selbstgefällig und überheblich. Neben dieser symptomatischen Erscheinung, ausländische Autoren und ihre eigenen Grundfragen mit austauschbaren Themen gleichzusetzen, also Literatur mit Kartoffelsäcken zu verwechseln, treffe ich Lavatersche Situationen an, bei denen ich zu Lesungen eingeladen werde, um ihre hausgemachten Thesen zu bestätigen. Die Diskussionen arten nicht selten so aus, dass die Veranstalter versuchen, mich zu überzeugen, wie Ausländer sind. Wie wenig der Literaturbetrieb bereit ist, die Literatur der ausländischen Minderheiten als gleichberechtigt aufzunehmen, zeigt sich unter anderem auch darin, dass sich bis heute kein deutscher Verlag gefunden hat, der auch nur einen Autor aus den bundesdeutschen Minderheiten aufnimmt, um ihn kontinuierlich zu publizieren. Selbst der Bekannteste unter uns, musste letztlich zu einem türkischen Verlag ausweichen – von diesem türkischen Verlag eine mutige Antwort auf die Lage. Die Ausgrenzung der ausländischen Minderheitsautoren zeigt sich auch darin, dass diese so gut wie nicht in Zeitschriften und Anthologien, die die Literatur des Landes von Zeit zu Zeit vorstellen, repräsentiert sind.

Beim Verfassen dieser Zeilen konnte ich mir eingestehen, dass es mir nicht leicht fällt, über die Literatur der Exilierten zu sprechen in einem Land, in dem ein sehr bedeutender Dichter, der aus dem eigenen Schoß hervorgegangen, ein Exilierter gewesen ist: Heinrich Heine. Gerade die Betrachtung der Behandlung des Exilierten Heine erweist sich als exemplarisch und projeziert mir, wie es mit uns, mit unserem Exildasein als Schriftsteller in diesem Land, ungefähr ergehen könnte. So brauche ich als deutschsprachiger Schriftsteller nicht erneut ins Exil zu gehen. Ich gelte hier als Fremder, und Ihnen dürfte die innere Emigration bekannt sein.

Bekanntlich hatte sich Heinrich Heine nicht an die Sprach- und Denkgewohnheiten seiner Zeitgenossen gehalten und musste deshalb ins Exil gehen. Auch im Exil bezeugte Heine seine tiefe Liebe zu seiner ihn verjagenden Heimat Deutschland. Selbst aus seinen spöttischen Gedichten schimmerte Enttäuschung und tiefe Liebe hervor. Der Autor, der schrieb: »Meine Brust ist ein Archiv deutschen Gefühls«, und der an anderer Stelle gerufen hatte: »Denke ich an Deutschland in der Nacht, dann bin ich um den Schlaf gebracht.« Ja, dieser Autor, der weltweit Anerkennung erlangte, wie wurde dieser Exilierte dann nach seinem Ableben in seinem Herkunftsland behandelt? Jedes Mal wenn ich einen kurzen Blick in die hundertdreißig Jahre nach seinem Tod werfe, so bahnt sich in mir ein ungutes Gefühl.

Auch wenn es heute – wie im Dritten Reich – für den *Loreley*-Verfasser nicht mehr heißen muss, »Autor unbekannt«, und auch wenn heute keine totale Exilierung eines Autors getrieben wird und ohne Weiteres getrieben werden kann, indem, wie im Dritten Reich, sein Liedgut als das von Eichendorff und Mörike ausgegeben wurde, ist Heinrich Heine in der bundesrepublikanischen Gegenwart im Exil geblieben.

Somit bleibt Leben und Nachleben dieses bedeutenden Dichters ein andauerndes Exil. Die Formen der Exilierung sind subtiler geworden, dennoch noch sichtbar geblieben. Während z. B. am einhundertjährigen Todestag Heinrich Heines, im Jahre 1956, viele Autoren des Dritten

Reiches noch vielfach in Schulbüchern aufzufinden waren, war Heine in keinem bundesdeutschen Schulbuch zu finden. In vielen Schulen ist er heute noch völlig unbekannt.

Gerade noch vor fünfzehn Jahren, 1972, verweigerte ihm seine Geburtstagsstadt noch, sein literarisches Wirken mit dem Universitätsnamen zu ehren. Gerhart-Hauptmann-Schulen kann man zigmal in jeder Stadt finden, Heinrich-Heine-Schulen sind eine ausgesprochene Seltenheit.

Heine und Exil sind in dem Land, in dem er auf der Welt kam, Identitäten geblieben. Deshalb wäre es vermessen und illusorisch, von uns Stiefexilierten mit der Fremde als Identität und von uns Schriftstellern mit bescheidener literarischer Qualität unserer Werke zu verlangen, einem ganz anderen Schicksal zu unterliegen als Heine, auch wenn dies gewiss eine Art Wiedergutmachung für den Autor von *Deutschland. Ein Wintermärchen* wäre.

In Anbetracht dieser Tatsachen erweisen sich meine Bemühungen, in diesem Land als Literat angenommen zu werden oder – als anders im Sinne der Vielfalt ohne Etikettierungen und Schablonen – dazuzugehören, als Utopie.

Die Bemühungen, das Literat-Dasein des Exilierten dem Dasein der anderen deutschsprachigen Schriftsteller anzugleichen, entpuppen sich nur als die Windmühlen des Don Quijote. In diesem Sinne sind für mich heute die Windmühlen des Don Quijote der hochgepredigte Kulturstandard einer sich für besser haltenden Gesellschaft und der Geist der Selbstherrlichkeit geworden, die der Andersartigkeit, wenn diese nicht assimiliert werden kann, höchstens Randpositionen zugestehen.

Die bundesrepublikanische Gesellschaft bietet der deutschsprachigen Literatur der Autoren fremder Sprachherkunft bisher nur Angebote in Entweder-oder-Form: Entweder gehst du in dem gegebenen Standard völlig unter, fügst du dich ein, wie zur Zeit die Bereitschaft der Ausländer gefördert und hochgelobt wird, den deutschen Pass zu nehmen, oder du wirst ausgegrenzt, du richtest dich in dem Exil ein.

Das sich diesem Exildasein-Widersetzen wird manchmal sogar als Hass gegen die Deutschen und gegen das Land interpretiert. Dabei wäre schon einiges leistbar, um die Exilmauer abzutragen.

Erst wenn die Entweder-oder-Denkweise überwunden wird und von mindestens drei Auswahlalternativen ausgegangen werden kann, kann das Leben sinnvoll gestaltet werden. Zum Ersten gehört zur Überwindung der Exilmauer das Annehmen-Können.

Annehmen können heißt nämlich nicht, Lippenbekenntnisse kundzutun, sondern ganz praktisch die »Anderen«, die seit Jahren in diesem Land leben, in die Infrastruktur und in die Grundlagen einer Gesellschaft einzubetten, ihnen einen gleichberechtigten Platz einzuräumen. Dies wäre möglich, auch wenn die einschlägigen Erfahrungen in multikulturell gewordenen Gesellschaften zeigen, dass häufig Mehrheiten selbstgefällig sind und von sich aus nur Krümel zugestehen, was leider eher zu Verhärtungen der Gruppengrenzen führt.

Zur Lebenserweiterung sind jedoch Aufweichungen und Durchlässigkeit dieser Grenzen nötig. Ein Miteinander und Füreinander wäre also möglich, sowie es noch möglich ist, Heinrich Heine seinen gebührenden Platz zugestehen und für diese einzigartige Figur der deutschen Literatur das Exil endlich aufzuheben.

Solange das nicht bewusst gewollt und zielstrebig daran gearbeitet wird, bleiben Exil und Windmühlen weiterbestehen.

Ich bedanke mich für Ihre Aufmerksamkeit.

Loccum, 20. Februar 1987

MINDERHEITSBEITRAG ZUR
ARBEITSGRUPPE »LITERATUR«

Die Arbeitsgruppe »2. Literatur« hat einen Katalog an Forderungen zusammengetragen, die ich und einige Kollegen zum Teil mittragen, zu denen ich mich zum anderen Teil jedoch in einigen Details nicht hergeben möchte, zumal der eine Punkt gestern überhaupt nicht zur Debatte stand: Ich beziehe mich auf die Forderung »Kommunales Wahlrecht für Ausländer«. Dieser Punkt wurde überhaupt nicht behandelt und es wundert mich jetzt, diese Forderung hier im Katalog aufzufinden; wäre sie diskutiert worden, hätte ich hierzu meine grundlegenden Bedenken zum Ausdruck gebracht.

Daher erhebe ich Anspruch auf ein Minderheitsvotum. Schließlich hat die Diskussion gestern, nachdem ich als Einführung meine Vorschlagsliste vorgetragen habe, einen merkwürdigen Verlauf eingeschlagen. Meine Vorschläge wurden nicht diskutiert, stattdessen wollte der Diskussionsleiter, Dietger Pforte, mehr über das Selbstverständnis der ausländischen Literaten wissen, und nur in den letzten anderthalb Stunden drängte dieser nach der Ausarbeitung konkreter Vorschläge, wobei er meine kaum noch, seine eigenen dagegen zur Debatte stellte.

Mein letzter Vorschlag, eine Forderung Gino Chiellinos in seinem Vortrag vom Vormittag, was auch eine Empfehlung des Tagungsleiters – von Dr. Olaf Schwencke – war, nämlich auf Bibliotheken und VHS einzuwirken, damit diese Leseabende mit »ausländischen« Autoren mit denen der deutschen Autoren gleichstellen, wurde nicht aufgegriffen.

Ich konnte mich daher des Eindrucks nicht erwehren, dass alles wie bisher laufen sollte, nämlich dass ein deutscher Kulturpolitiker die Bedürfnisse und Interessen der »ausländischen« Autoren besser kennt als diese selbst – haben diese womöglich nur als Feigenblatt zu dienen?

Dadurch hat genau das stattgefunden, was ich vor einer Woche bei der Preisverleihung als Lavatersche Haltung bezeichnet hatte.

Die Partizipation, von der Claudio Lange sprach, ist gerade gestern ein Schlagwort geblieben. Was gestern gelaufen ist, ist ein Vorgang, den ich als soziale-liberale-Koalitionslösung bezeichnen möchte. Gewiss, sie ist viel besser als eine von Zimmermann.

Immerhin konnte ich für mich hier eine deutliche Sensibilisierung feststellen und eine gewisse Bereitschaft, über die Positionen von Minderheitsangehörigen nachzudenken. So erfreulich das ist, bleibt dies, im Vergleich zu dem, was getan werden müsste, unbefriedigend.

Diese Tatsachen verleiten mich zur alten Erkenntnis zurück, dass die »ausländischen« Literaten immer noch ihre besseren Förderer und Vermittler sind. Dass Selbsthilfe immer noch die bessere Hilfe bleibt. Dennoch möchte ich hier sagen, dass ich und einige meiner Kollegen gesprächsbereit bleiben. Es liegt praktisch in der Hand der deutschen Kulturmacher, ob sie mit uns das Gespräch fortführen oder sie uns weiterhin im Exil belassen, ob diese Tagung ein punktuelles Ereignis bleibt oder ob für Kontinuität gesorgt wird.

So oder anders: Ich bin seit einundzwanzig Jahren in diesem Land. Ich bin ein einfacher Gastarbeiter gewesen, aber ich wusste auch damals: dass ich mein Selbstbestimmungsrecht mit Zähnen und Klauen gegen die Fremdbestimmung verteidigen musste.

Darum bin ich Schriftsteller geworden. Und als Schriftsteller bekenne ich mich zu den besten Traditionen der deutschen Literatur und Philosophie, ganz gleich ob die Rede von Lessing, Heine oder von Mendelssohn ist.

Die Zeit wird also zeigen, meine Damen und Herren, ob Sie es mit Ihren Bekundungen ernst meinen.

Wer meinen Vorschlagskatalog, den ich gestern in der Arbeitsgruppe »Literatur« vorgetragen habe, zur Kenntnis nehmen will, kann ihn hier lesen:

Wie können die Wirkungsmöglichkeiten der ausländischen Literaten verbessert werden?

Ich gehe davon aus, dass viel zu tun ist und wirksames Handeln erste Bürgerpflicht ist. Deshalb habe ich einen Katalog zusammengestellt, der hier nur als Vorschlagsliste dienen soll. Für manchen dürfte dieser Katalog als zu viel erscheinen. Ist es aber viel, ein bisschen Gleichheit für die weniger Gleichen vor dem Grundgesetz zu fordern? Und meinen Sie nicht, dass wir endlich die ersten Schritte unternehmen sollten, um die Anormalität der Nichtanerkennung der Ausländeranwesenheit in der Bundesrepublik mit der Normalität der Gleichberechtigung auszutauschen?

Die Wege, um eine solche Normalität zu erreichen, sind vielfältig. Für den literarischen Bereich möchte ich folgende Möglichkeiten erwähnen: Bei den deutschen Schriftstellerkollegen und -kolleginnen und ihren Organisationen Einfluss nehmen, dass
1. ausländische Schriftsteller keine Themenkisten sind, um hausgemachte Welttheorien und Weltsicht für sich zu bestätigen,
2. dass diese zu Kongressen, Tagungen und Symposien, die der VS und der PEN-Club organisieren und die das Land, ihre Kultur und Geschichte behandeln, genauso wie deutsche

Schriftsteller eingeladen werden sollen; wir haben über Heine, Büchner, Goethe, Hölderlin und Lessing auch Einsichten,

3. an Stipendien gleichberechtigt beteiligt werden sollen.

Nicht mehr die Sozialämter sollen für die Kultur der Ausländerminderheiten verantwortlich sein, sondern die Kulturämter und die Kommunen.

Inzwischen arbeiten verschiedene Kulturämter in die richtige Richtung. Auf die Kulturämter und Kommunen soll jedoch eingewirkt werden, dass sie die oben referierten Vorschläge berücksichtigen.

Zudem sollen sie die Einsicht gewinnen, dass die Minderheiten sich nicht auf die türkischen beschränken. Es muss auch die Einsicht vermittelt werden, dass nicht mehr Ausländerfeste und Folkoreabende als kulturelle Kulisse für deutschsprachige Autoren fremder Sprachherkunft dienen sollen, sie sollen vielmehr an den Lesungen in VHS und Bibliotheken und an kulturellen Aktivitäten der Städte in stärkerem Maße beteiligt werden.

Auf Verlage soll auch eingewirkt werden, sie sollen ihr Verlagsprogramm erweitern und ihre unerschütterlichen ästhetischen Standards relativieren. Ausländische Autoren sollen endlich fester Bestandteil ihres Programms werden; schließlich, wenn sie sich für einen deutschen Autor entschieden haben und an ihn glauben, scheuen sie in der Regel keine Investition, um diesen zu lancieren und zu stützen.

Deshalb schlage ich vor, dass eine Tagung mit Verlagslektoren und Verlagsvertretern angeregt wird. Ebenso sollte eine Tagung mit Beteiligung von Literaturkritikern und ausländischen Schriftstellern stattfinden.

Insgesamt sollte auf den gesamten Kulturbetrieb eingewirkt werden, damit eine Teilnahme

- an Anthologien
- an Zeitschriften,
- in Rundfunk- und Fernsehprogrammen im Sinne einer gleichberechtigten Beteiligung endlich ermöglicht wird.

Loccum, 22. Februar 1987

EIN RISS VERLÄUFT DURCH DIE FREMDE

Ich habe mich seit geraumer Zeit mit Schreibanlässen italienischer Arbeitsemigranten beschäftigt. Auszumachen war, zum Beispiel:

- ein Zeugnis über die Erfahrungen in der Fremde darzulegen,
- Erlebnisse im fremden Alltag zu verarbeiten,
- Trauerarbeit für das Zurückgelassene zu leisten

sowie die Isolation in der Fremde durch den Schreibakt aufzuheben; auf Letzteres wies mein Freund G. Chiellino hin.

In meinem Essay *Von den Tränen zu den Bürgerrechten* habe ich eine ausführliche Übersicht über die Vielfalt der Literatur der italienischen Emigranten gegeben. Wer sich damit beschäftigen möchte, kann dies im *LiLi*-Heft Nr. 56 (1984) von Helmut Kreuzer und Peter Seibert nachlesen.

Die darin beschriebene Entwicklung der italienischen Emigrantenliteratur zeigt die Anfänge und eine Auseinandersetzung auf den Seiten der katholischen Zeitung *Il Corriere d'Italia* von 1975 bis 1983. Stück für Stück haben sich zwei Grundstörungen herausgeschält. Eine große Gruppe der Beteiligten verharrte beim herkömmlichen Dichten von Emigrantenerzeugnissen zu den oben beschriebenen Thematiken, mit dem Ziel, ihre Texte in der Muttersprache herauszubringen. Die andere Grundströmung hingegen strebte die Veröffentlichung ihrer Werke in deutscher Sprache an und bewegte sich zu der Gründung einer multinationalen Künstlergruppe hin. Aus diesen Bemühungen sind dann sowohl die »PoLiKunst« und die Herausgebergruppe »Südwind« hervorgegangen, deren Mitgestalter ich bis zum heutigen Tag bin.

Wenn ich die daraus hervorgegangene Literaturbewegung um die PoLiKunst und Südwind sowie die Literatur der Ausländer im Allgemeinen betrachte, so kann ich etwas vereinfacht und zusammenfassend für die Zwecke meines Vortrags heute sagen, dass sich inzwischen verschiedene Grundrichtungen entwickelt haben. Die eine Grundposition tendiert dazu, eine Anpassung an die allgemeinen Trends der deutschsprachigen Literatur zu vollziehen, z. B. in der Frauenliteratur oder als Märchen. Eine andere Position neigt eher dazu, die klassischen Themen der Emigrantenliteratur mit einiger Abwandlung hervorzubringen, also eine Pflege von Heimweh, Klage und Exotismus in deutscher Sprache. Eine dritte hingegen – sich der kulturellen und der ethnischen Minderheitsangehörigkeit bekennend – scheut eine Einmischung und Auseinandersetzung in dieser Gesellschaft nicht und sucht hierbei neue literarische und künstlerische Wege und/oder Integrationsversuche zwischen hergebrachten und neuen Stilmitteln, hergebrachten und neuen Themen, sowie eine Beschäftigung mit der deutschen Sprache.

Dass ich mich mit Schreibanlässen italienischer Arbeitsemigranten so intensiv beschäftigt habe, hängt auch mit meiner eigenen Entwicklung zum Schriftsteller zusammen. Und nicht zuletzt, um dem eigenen Umgang mit der Fremde auf die Spur zu kommen. Denn: So klar und selbstsicher ich mich als Schriftsteller fremder Sprachherkunft über meine eigene Motivationen und Beweggründe zeige, so deutlich sind diese mir selbst in Wirklichkeit gar nicht.

Wenn ich trotzdem den Versuch mache, meine ersten Schreibanlässe zu ergründen, so glaube ich festzustellen, dass alle fünf angeführten Gründe für mich – auch wenn mit unterschiedlichem Gewicht – eine wichtige Rolle gespielt haben. Indem ich also über meine eigenen anfänglichen Schreibgründe nachdenke, entdecke ich nicht nur, dass es mir nicht so ganz klar ist, was mich alles bewegt haben kann, zur Feder zu greifen. Ich entdecke auch, dass diese Suche selbst ein Abtasten der Fremde und ein Versuch ist, sich an sich selbst als Mensch anzunähern, mit sich in größerer Übereinstimmung zu leben.

Die Verarbeitung der Fremde dürfte bei schreibenden Menschen fremder Sprachherkunft nicht grundsätzlich anders verlaufen als bei inzwischen klassisch gewordenen Dichtern und Schriftstellern wie Albert Camus oder Cesare Pavese oder Elias Canetti.

Sowohl bei ihnen als auch bei Arbeitsemigranten dürfte der unmittelbare fremde Alltag, der auf den intellektuellen Prozess zurückwirkte und eine Wechselwirkung zwischen den beiden im Gang setzte, die Folie ihres kreativen Schaffens sein, wobei die frühsten Erfahrungen aus der Kindheit als Prädispositionsfaktoren anzunehmen sind. Dies hat mit den inhärenten Eigenschaften der Fremde zu tun, sowie mit deren polaren Beziehung zum Gegenpol, dem Vertrauten, dem Bekannten. Darum erwähne ich für beide Gruppen die Kindheitserfahrungen als gemeinsame Prädisposition zum Erleben der Fremde.

Letztendlich hängt es mit dem Prozess zusammen, der die Fremde zum Vertrauten verwandelt und gleichzeitig eine neue Fremde erzeugt. Dies hat z. B. für einen Menschen nicht nur mit der Trivialität zu tun, dass es für ihn beinah unmöglich ist, als Mensch Ganzheit zu erleben, da der Mensch immer nur ein Teil der Welt ist und bleiben wird. Auf der Ebene der unmittelbaren Fremde ist es ebenso gut wie unmöglich, gleichzeitig in zwei verschiedenen kulturellen Orten zu leben – entweder man lebt in dem einen oder in dem anderen oder man versucht, Zwischenlösungen zu entwerfen und auszuleben. Ich will sie hier Strategien zum Entrinnen nennen.

In einer gewissen Weise ähnele ich auch all denjenigen Arbeitsemigranten, die einer Chimäre nachlechzten, indem sie eine Zeit lang versuchten oder noch versuchen, der Fremde zu entrinnen. Viele in der Bundesrepublik lebende Italiener suchen das Entrinnen durch ein Leben in einer relativ homogenen Gemeinschaft, die sonst auch Getto genannt werden kann, ohne sich mit der in sie hineingeschlichenen Fremde tiefer auseinanderzusetzen. Andere finden ein Entrinnen in einer – auch wenn unterbewussten –, bedingungslosen Anpassung an Werte und Normen der aufnehmenden Gesellschaft. Andere wiederum glauben ihre Lösung in einer baldigen Rückkehr zu ihrem Herkunftsort zu finden und halten daher eine Auseinandersetzung mit dieser Gesellschaft für überflüssig, ohne zu bemerken, wie tief die Zeit der Arbeitsemigration sie als Menschen grundlegend gewandelt hat.

Es gibt kein Entrinnen in und aus der Fremde, ganz gleich wie der Mensch in der Emigration sich verhält. Dies hat auch mit einem anderen Sachverhalt zu tun. Nehmen wir hier das Beispiel des lang in der Fremde lebenden Arbeitsemigranten, der dem hiesigen deutschen Alltag relativ offen entgegensteht: Je mehr sich er an eine Gesellschaft anpasst, desto mehr wird in ihm auf der einen Seite das Gefühl der Fremde geringer, auf der anderen Seite größer. Mit wachsendem Anvertrautwerden der fremden Kultur, wird die herkünftige Kultur fremder; und er sich selbst als Träger dieser Herkunft. Ab irgendeinem Lebenszeitpunkt kann es sogar sein, dass der Emigrant sowohl nicht in der neuen Kultur integriert als auch mit der herkünftigen nicht mehr sinnstiftend verbunden ist.

Wenn wir dann berücksichtigen, dass in den modernen Industriegesellschaften die Emigranten in der Regel mit der Kultur von vielen Emigranten anderer Herkunft in Berührung kommen, und davon mit den Jahren nicht unberührt gelassen werden, so wird offensichtlich, dass der moderne Arbeitsemigrant etwas Neues, was weder das eine noch das andere ist, wird. Er wird zu einem völlig neuen Menschen, nicht nur zum Fremden schlechthin, sondern gleichzeitig zum Träger einer ganz neuen Kultur, die im Idealfall ein bisschen von allem ist, auf jeden Fall etwas ganz Neues.

De facto sind schon in diesem Sinne in der Bundesrepublik Deutschland neue Minderheiten mit neuen Kulturen entstanden. Ich möchte das alles dick unterstreichen, weil ich sonst nur schwer verdeutlichen kann, wie ich mich hier und heute sehe, wie ich mich in meinem Lebensprozess im immerwährenden Konflikt mit der Fremde erkenne, zu dem hin, wer ich heute bin, und wie es sich in meinem Schreiben niederschlägt.

Ich will natürlich nicht verhehlen, dass mein Lebensprozess nicht geradlinig verlaufen ist. Und verläuft. In der Auseinandersetzung mit dem Land, in dem ich mich niedergelassen habe, mit dem Herkunftsland und schließlich mit der Fremde habe ich vielleicht mal den einen, mal den anderen oben beschriebenen Weg etwas gestreift; von meiner Entwicklung her scheine ich auch in keine Kategorie richtig hineinzupassen.

Für diejenigen Emigranten, für die die Entscheidung gefällt wurde, für den eigenen Lebensrest im Niederlassungsland zu bleiben, und also das Erleben der Fremde im eigenen Herkunftsland durch diese Entscheidung ausgeschieden haben, erlebe ich einen gemeinsamen Nenner als das Entscheidende. Für diese Menschen ist ein unwiderruflicher Bruch, ein Riss, der durch die eigene Person verläuft, entstanden: Durch den Weggang vom Herkunftsort wurde ein entscheidender Schnitt in den jahrhundert langen Generationsfaden derjenigen, die in einer so lange Zeit in sich abgeschlossenen Kultur lebten, vollzogen. Die Fäden zu den übrigen Verwandten, Freunden und Bekannten sind gelockert oder gar gerissen, die Fortsetzung des Lebens erfolgt nicht mehr dort.

Für die, die sich in einer binationalen Ehe eingerichtet haben, ist dieser Riss noch tiefgreifender. Dieser Einschnitt wirkt sich psychologisch als unversöhnlich aus, weil die andere Möglichkeit der eigenen Ich-Entwicklung für immer ausgeschlossen worden ist, was dazu führt, dass dadurch kein Frieden mit sich als Mensch geschlossen werden kann. Der Versuch des Friedschließens mit sich selbst wird auf der anderen Seite zunehmend erschwert, je mehr erkannt wird, dass in jenem Land, in dem man sich für den Rest des Lebens niedergelassen hat, es wiederum unmöglich ist, einen gleichberechtigten Platz neben den Einheimischen zu erhalten.

Ich möchte kurz an meiner Person diesen Zustand erläutern: Vom Beruflichem her lebe ich hier und heute als Familientherapeut und Schriftsteller. Im Vergleich zur Herkunftszeit, vor 15, 20 Jahren, als ich noch als Elektroschweißer und Hilfsarbeiter tätig war, befinde ich mich heute nicht mehr am Rande der sozialen Skala. Und doch, wenn ich meine beruflich erworbenen Kompetenzen und meine erreichte berufliche Stellung in Bezug nehme und diese mit denjenigen der Einheimischen innerhalb des Berufsstandes vergleiche, dann erweist sich, dass ich die Randpositionen keineswegs verlassen konnte, im Gegenteil, ich wurde darin festgeschraubt, in sozialer, wie in existenzieller Hinsicht.

Das lässt sich sowohl für die Tätigkeit als Familientherapeut, bei der ich nur eine Arbeit unter meinen Kompetenzen leiste, als auch als Schriftsteller, der sich bisher in einem literarischen Reservat aufhalten muss, sagen. Dieser Zustand hat natürlich den Vorteil, dass mein menschliches Dasein nicht auseinanderklaffend, wohl aber als vollständig und übereinstimmend erlebt werden kann. Gerade diese Vollständigkeit des Erlebens erlaubt mir zu erkennen, dass dieses Reservat eine Randposition ist, die dem Standort des Exils gleicht. Ein Standort, der mir seit Anbeginn meiner Arbeitsemigration vertraut ist. Insofern betrachte ich die Arbeitsemigration als eine Variante des Exils.

Aber wie ist das charakterisiert, das Exil? Welche Perspektiven habe ich im Land meines Exils als Literat? Diese Frage muss ich mir stellen. Diese Frage verlangt umso dringender eine Antwort, seitdem ich meine Literaturzeugnisse in deutscher Sprache abfasse, und ich, rein objektiv, ein deutschsprachiger Schriftsteller fremder Sprachherkunft geworden bin. Und gerade in diesem Sachverhalt steckt der Unterschied zwischen mir als faktisch gewordenem Minderheitsangehörigen und dem im deutschen Exil lebenden ausländischen Künstler. Als deutschsprachiger Schriftsteller fremder Herkunft bin ich dem Leben in diesem Land verpflichtet.

Das bedeutet unter anderem, dass ich mir Gedanken über das Zusammenleben der Mehrheit und der neuen Minderheiten mache: Diesen Sachverhalt möchte ich betonen, um kundzutun, wie die Schere zwischen deutschsprachigen Autoren fremder Herkunftssprache und der deutschen Öffentlichkeit zunehmend auseinanderklafft. Und gerade deshalb ist der Konflikt zwischen mir und dem Literaturbetrieb vorprogrammiert. Breite Teile des modernen Literaturbetriebes bevorzugen Autoren mit genormter Entfremdung. Oder sie gehen von der grundsätzlichen Austauschbarkeit der Gegenwartsautoren aus, dies umso mehr und umso krasser in Erscheinung tretend, sobald es sich um deutschsprachige Autoren fremder Herkunftssprache handelt. Dies alles kann nicht ohne Einfluss für die literarische Produktion dieser Autoren bleiben.

Dieser Riss durch die eigene Fremde erscheint somit in einer Dimension, die zwangsläufig Gegenstand unmittelbarer oder unterbewusster künstlerischer Verarbeitung wird und vermutlich gute Chancen hat, Ausgangspunkt für die nachfolgenden Künstlergenerationen zu werden. Denn es ist dieser Riss, der dem schreibenden Fremden nicht nur verunmöglicht, in Einklang mit sich selbst und den Vertretern der Mehrheit zu leben, sondern er geht quer durch die Generationen innerhalb der Minderheiten hindurch. So ist zu beobachten, dass es unter den Autoren fremder Sprachherkunft, die in diesem Land geboren sind, einige gibt, die versuchen, die eigene Herkunft zu verleugnen und somit diesem Riss zuzukitten. Dass jedes Zukitten nie lange standhält, ist eine Erfahrung, die die Geschichte immer von Neuem zeigt. Nur wenige junge Autoren aus den Minderheiten wagen sich ganz schüchtern und verängstigt an diese Fragen. Ich persönlich zweifle, dass diese sogenannte »zweite Generation« in der Lage ist, dies mit der Courage des schöpferischen Künstlers anzugehen.

Somit ist zu vermuten, dass erst die Kinder der Kinder der heutigen Arbeitsemigranten diesen Riss umso deutlicher und umso krasser erleben werden und gegebenenfalls zum Gegenstand künstlerischer bzw. literarischer – also schöpferischer – Auseinandersetzung machen werden.

Aber noch ist es, wenn er schon nicht aufgehoben werden kann, eine Aufgabe der Gegenwartsschriftsteller fremder Sprachherkunft, diesen Riss zum Gegenstand ihres kreativen Schaffens zu machen.

Oldenburg, am 6. Februar 1985

DIE FREMDE UND DIE ANDEREN
(Überlegungen für ein Essay)

I.

Die Verarbeitung der Fremde bei Schriftstellern fremdsprachlicher Herkunft ist nicht grundsätzlich anders verlaufen als bei inzwischen als klassisch geltenden Dichtern und Schriftstellern. Bei verschiedenen Schriftstellern, ob ich an Albert Camus denke oder an Cesare Pavese, würde ich die Erfahrung der Fremde als einen emotionalen Prozess begreifen, der von Grunderlebnissen aus der Kindheit ausging. Bei diesem Prozess wurde versucht, die Fremde intellektuell und durch Schreiben zu verarbeiten. Bei Schriftstellern fremder Sprachherkunft, bei denen das Schreiben erst in der Fremde begann, dürfte es sich um den gleichen Prozess handeln, wobei der Verlauf erst vom konkreten, unmittelbaren fremden Alltag ausging und auf den intellektuellen Prozess zurückwirkte, eine Wechselwirkung zwischen den beiden in Gang setzte und zum Schreiben führte. Sind Erstere mehr auf der intellektuellen Ebene betroffen, so sind die Zweiten erst mit den konkreten unmittelbarsten Erfahrungen in die Auseinandersetzung mit der Fremde gestoßen. Doch weder die deduktive noch die induktive Vorgehensweise hat die Fremde aufgelöst. Dies hat mit den inhärenten Eigenschaften der Fremde zu tun, sowie mit deren polarer Beziehung zum Gegenpol, dem Vertrauten, dem Bekannten.

II.

Die Auseinandersetzung mit der kulturellen Fremde hat zunächst einen realen Bezug, ist aber auch die Projektion oder die Introjektion einer ausgeklammerten Auseinandersetzung, z. B. damit, sich selbst fremd zu sein. Die Fremde meint anthropologisch den Menschen und erst immer den Anderen. Die Fremde ist dem Menschen jedoch inhärent, als *conditio humana*, welche die Frage nach der eigenen Verlorenheit in der Welt bzw. nach der Beheimatung in der Welt aufwirft. Diese Frage führt nach meinem Empfinden zur Frage nach Beheimatung im sozialen Umfeld, in der eigenen Herkunftsfamilie und letztlich nach der Beheimatung in sich selbst, eine Frage, die verdrängt und sublimiert und zur menschlichen Existenzfrage schlechthin erhoben werden kann. Dieser Gedanke basiert auf der Vermutung, dass die Fremde Grundmöglichkeiten des Erlebens der eigenen Person im dynamischen Prozess mit der Welt enthält, Möglichkeiten, die von Neugier auf sich selbst und auf die Welt bis zum

Verschließen des Wahrnehmungspotenzials reichen. Es geht dabei nicht nur um die Anerkennung des Todes als Begrenztheit des individuellen Daseins, es geht auch um die Hinnahme der existenziellen Einsamkeit, welche die Möglichkeit des autonomen Strebens und Handelns enthält. Die Wahrnehmung der Fremde nur als Bedrohung des eigenen Lebens ist demnach mit kindlicher Existenzangst eng gekoppelt und führt dazu, die eigene Person und die Welt als gespalten zu erleben. Diese Gespaltenheit kann auf verschiedene Weise verdrängt oder übergestülpt werden. Wer z. B. die eigene Begrenztheit und Gebrechlichkeit nicht annehmen kann, sie als undefinierbare Angst sublimiert, braucht nicht nur einen beliebigen Halt. Wer aus dem religiösen Glauben nichts schöpfen kann, sucht Beheimatung in Polstergruppen oder im Schutz des Konsums. Er braucht also Erklärungen, die mit dem Aufwerfen des Schuldseins und Schuldhabens gekoppelt sind. Reicht diese Beheimatung in Ersatznischen nicht aus, kann die erlebte Bedrohung zum einen mit Schuldzuweisung nach außen projiziert werden: Wenn man sich als Mensch als »gut« erlebt, wenn man sich als zivilisiert und kontrolliert begreift, dann sind es die anderen, die das Böse oder das Schlechte in sich tragen, es sind die anderen, die dem Trieb unterliegen. Die von sich selbst ausgehende Bedrohung, die nicht mehr deutlich ausgemacht werden kann, erzeugt somit eine Verschiebung und schließlich eine Festschreibung an konkrete Gestalten: beim Fremden. Und, was für mich am bedeutsamsten ist, eine Ausklammerung der eigenen Verantwortlichkeit. Erst wenn offensichtlich gemacht werden kann, dass die Bedrohung wirklich nichts mit dem fremden Menschen zu tun hat und sich als vage Angst vor dem, was man noch gar nicht kennt, offenbart, erst dann besteht die Möglichkeit, deutlich zu erleben, dass es sich in der Realität um die Fremde in sich selbst handelt. Was der Inländer beim Fremden sieht, ist dann das Versäumte, das Verleugnete, das Verdrängte in sich selber. Die erlebte Bedrohung kann aber auch introjiziert werden. Dann ist es die zu große Angst vor der eigenen Fremde, die den Menschen dazu treibt, sie nur bei sich auszumachen. In diesem Fall ist das Erleben von Fremde mit der Schuldzuweisung nach innen gekoppelt: Nicht mehr der andere ist an allem schuld, nicht die Welt ist schlecht und triebhaft, sondern man selber. Hier wird für alles Verantwortung übernommen, dieser Sachverhalt darf aber nicht zugestanden werden, weder sich selbst noch den anderen, was wiederum Kontrollmechanismen nach innen und nach außen in Gang setzt. Und es sind gerade diese Mechanismen, welche die Fremde letztendlich verleugnen, sie in Fluchtdrang verwandeln, zur Hinnahme des Leides als Lebensform führen und die Verantwortlichkeit für das eigene Tun ausblenden.

III.

Die Auseinandersetzung mit der fremden Umgebung wird zu einem Teufelskreis ohne Ausweg, wenn eigene Fremde und Fremde des neuen Lebenskontexts nicht aufeinander bezogen werden und daraus keine Lebenspraxis hervorgeht. Beim Emigranten findet nicht nur der oben skizzierte Abspaltungsprozess statt. Dieser vermischt sich mit der Fremde aus den Grunderfahrungen im Herkunftsland. Diese Fremde ist häufig auf einen inneren Bruch zurückzuführen, der von Kindheit an das Leben bestimmt und mit einem Auslöser – soziale, politische, ökonomische Faktoren – die Emigration in Gang gesetzt hat. So ist es nicht selten eine zu enge, als erstickend erlebte, unselbstständig verharrende Beziehung zur Herkunftsfamilie, die von dem Streben, sich davon loszureißen, begleitet ist, die zur Auswanderung führt. Zu dieser doppelten Fremde gesellt sich die Fremde des Ankunftslandes. Der Fremde fühlt sich in der fremden Umwelt stets unwohl, macht sein Erleben von Fremde an den äußeren Umständen dingfest, z. B. an der fremden Sprache und Kultur, richtet sich jedoch darin ein, wahrscheinlich deshalb, weil er durch sie seine eigene Fremde nicht mehr deutlich spürt und nicht infrage zu stellen braucht. In dieser Anpassung entkommt er der Fremde nicht. Wenn ich das Beispiel des lange in der Fremde lebenden Emigranten nehme, der dem hiesigen deutschen Alltag relativ offen gegenübersteht, so nehme ich wahr: Je mehr er sich an eine Gesellschaft anpasst, desto mehr wird in ihm auf der einen Seite das Gefühl der Fremde geringer, auf der anderen Seite größer, mit wachsendem Vertrautwerden mit der fremden Kultur wird die herkünftige Kultur fremder und er sich selbst als Träger dieser Herkunft. Das erlebe ich als einen Prozess, der die Fremde zum Vertrauten verwandelt und gleichzeitig eine neue Fremde erzeugt. Dies hat für mich nicht nur mit der Trivialität zu tun, dass es unmöglich ist, als Mensch Ganzheit zu erleben, da der Mensch immer nur ein Teil der Welt ist und bleiben wird. Auf der geografisch-zeitlichen Ebene ist es eben so gut wie unmöglich, gleichzeitig in zwei verschiedenen kulturellen Orten zu leben – entweder er lebt in dem einen oder in dem anderen Ort oder er versucht, Zwischenlösungen zu entwerfen und auszuleben. Viele Emigranten in der Bundesrepublik suchen das Entrinnen durch ein Leben in einer relativ homogenen Gemeinschaft, die sonst auch Getto genannt wird, ohne sich mit der in sie hineinschleichenden Fremde tiefer auseinander zu setzen. Andere finden ein Entrinnen in einem – auch wenn unterbewussten – bedingungslosen Anpassen an Werte und Normen der aufnehmenden Gesellschaft. Andere wiederum glauben, ihre Lösung in einer baldigen Rückkehr in ihren Herkunftsort zu finden, und halten daher eine Auseinandersetzung mit dieser Gesellschaft für überflüssig. Bei dieser Strategie übersehen sie, wie ihre eigene Fremde mit der der fremden Gesellschaft korrespondiert. Ich nenne das hier deshalb Entrinnungsstrategien mit blindem Ausgang. Dabei hat der Ausgewanderte erst durch die real erfahrene Fremde in einem anderen Land eine echte Chance, die Fremde deutlich zu erleben, diese mit der herkünftigen Fremde und dem Selbstfremdsein in Relation zu sehen und sich davon zu befreien.

IV.

Der Riss im Erleben des Emigranten und des Einheimischen und entlang der gesamten Kultur ist ein einziges Kontinuum. Dieser Riss verläuft in der gegenseitigen Wahrnehmung sowie in der fremden Kultur und ist häufig von Schlagwörtern überstülpt: Kopf und Bauch, Kultur und Barbarei, Orient und Okzident etc. Dieser Riss ist aber letztendlich durch die Abspaltung des Eigenen, der eigenen Person vom dynamischen Prozess der Menschen untereinander und vom kulturellen Kontext oder umgekehrt sowie vom geschichtlichen Hintergrund vollzogen worden. Oft wird in der Öffentlichkeit mit dem Zeigefinger auf das türkische Ehepaar in einer beliebigen Straße einer bundesdeutschen Stadt gezeigt: Der türkische Mann läuft vorneweg und die Frau hinterher, in zwanzig Meter Abstand. Dies wird als entwürdigende Benachteiligung der Frau durch die patriarchalische Struktur der türkischen Gesellschaft interpretiert; bei der Betrachtung wird dabei ausgeklammert, dass es in der deutschen Gesellschaft eine Parallele gibt, die allerdings nicht sichtbar ist, sondern im Kopf verankert ist, sowohl bei Männern als auch bei den Frauen, die sich nach den Männern richten. Oder, um ein weiteres Beispiel zu nennen, es wird moniert, wie sich die Muslime mit dem Teppich betend nach Mekka wenden. Dabei wird übersehen, dass die römisch-katholischen Christen zwar keinen Teppich ausrichten, sich mit ihrem Bild im Kopf aber nach Rom, dem Heiligen Stuhl, orientieren.

V.

»Fremder« und aufnehmende Gesellschaft bestätigen sich gegenseitig, ohne sich die Frage zu stellen, wie sie sich in ihrem Verhalten zueinander bedingen und verstärken. Dies ist schon von der gespaltenen Wahrnehmung her bestimmt, dass der Fremde die Fremde in der aufnehmenden Gesellschaft, die aufnehmende Gesellschaft aber das Fremde im Fremden sieht. Aus der Wahrnehmung entsteht eine

Handlungspraxis, die einander bestätigt und welche die Handlungen in immer gleichen Bahnen zirkulieren lässt. Die Projektion des Eigenen in den Fremden weist nicht nur auf die unerledigte Komponente hin, die in einem Menschen fremdgeworden ist, sie enthält auch eine nicht offene, nicht zugestandene Konkurrenz, die real ist, aber nicht ausgesprochen werden darf. Sowohl im offenen Beschimpfen als auch im Beschützen des Fremden bestimmt diese unausgesprochene Konkurrenz die Beziehungskonstellation, und im letzten Fall wird sie in eine Kontrolle des Konkurrenten umfunktioniert. Dabei bemühen sich die konkurrierenden Gesprächspartner, sich in dieser Beziehung nicht zu definieren: Es wird in Allgemeinplätzen miteinander gesprochen: Der/die Deutsche, der/die Ausländer oder Ausländerin. Diese Dynamik ist im Extremfall der Beziehung zwischen einem Psychiater und einem Psychiatrisierten ähnlich. Sie ist nämlich auf gegenseitige Kontrolle gerichtet. Beide involvierten Personen eifern danach, die eigene Person aus der gerade ablaufenden Beziehung auszuklammern. Der Psychiater zieht in seinen Fragen sich selbst aus der Beziehung, der Psychiatrisierte definiert sich in der Beziehung nicht. Ich will hier ein praktisches Beispiel anführen: Der Psychiater fragt: »Hören Sie Stimmen?« Der Psychiatrisierte antwortet: »Ja, ja! (Tatsächlich hört er ja die Stimme des Psychiaters.) Es sind die Großmächte, die sich meines Willens bemächtigen wollen!« Wie in den experimentellen und pseudoexperimentellen Wissenschaften geschult, sich in einer »wissenschaftlichen« Situation nicht zu definieren, verwendet der Psychiater sein Instrumentarium – Fragekatalog, Beruhigungszelle, Psychopharmaka, Beschäftigungstherapie – um sich aus dem Beziehungsprozess auszublenden und seine reale Macht in der Beziehung an die Denkkategorien der Medizin zu delegieren. Aber der Psychiater, vom anderen Standpunkt her gesehen, kann wirklich als diejenige Großmacht aufgefasst werden, vor der sich der Patient fürchtet, die durch Fragen und Psychopharmaka seinen Willen zu beeinflussen sucht und dies verleugnet, denn es geht um die »Krankheit«. Der Psychiatrisierte weicht ebenso in der Definition seiner Beziehungskomponente aus: a) indem er, sowie er in seinem bisherigen Leben noch nicht Verantwortung übernommen hatte, diese Unfähigkeit durch die Einbildung von fremden Mächten verschleiert, b) indem er die Verantwortung für die eigene Person delegiert und die Macht des Psychiaters, ihn mit fremden Mitteln (sprich: Psychopharmaka) zu beeinflussen und somit den eigenen Willen außer Kraft zu setzten, akzeptiert. In gewisser Hinsicht wird die gegenseitige Wahrnehmung von Fremde dazu benutzt, sich nicht zu bewegen. Diese eingeschränkte Wahrnehmung durch die Ausklammerung der eigenen Anteile möchte ich nun in der

Beziehung der Aus- und Inländer, die in einem sich ergänzenden Spiel stecken, illustrieren. Ich möchte annehmen, dass der sich diskriminiert fühlende Ausländer zum Inländer sagt: »Diese Gesellschaft diskriminiert die Ausländer.« Hier klammert er sich und den Gesprächspartner aus. Denn: Wer ist die Gesellschaft, wer sind die Ausländer, wenn nicht sie selbst? Aber er kann auch direkter sein und sagen: »Du diskriminierst mich.« Damit entzieht sich der Ausländer dem Diskriminierungsprozess und bietet dem inländischen Gesprächspartner eine gute Möglichkeit, plausibel auszuweichen. So kann der Inländer antworten: »Ich nicht, es ist das Ausländergesetz.« Oder er kann sich und die gesellschaftliche Zusammenhänge ausklammern: »Ich bin auch ein Ausländer! Ich bin Ausländer im eigenen Land.« Damit ist die Ausblendung des eigenen Dazutuns perfekt: »Es gibt Diskriminierung, aber ich habe damit nichts zu tun.« Gewiss, es existiert so etwas wie Diskriminierung, aber über die realen Bedingungen hinaus, in denen diese erlebbar wird, gibt es unter den Gesprächspartnern ein Annehmen von Rollenmustern in dynamischen Beziehungen, welches die eigene Verantwortung ausblendet und somit den Status quo bestätigt und perpetuiert. Hiermit komme ich auf meine Ausgangslage zurück: Zwischen Aus- und Inländern wird die »Schuldfrage« verhandelt. In dieser Beziehung wird fortwährend projiziert und introjiziert und in einer Neutralisierungstendenz die Frage ins Allgemeine erhoben, in der beide aufgehoben erscheinen: Die Fremde befindet sich dann im gesellschaftlichen Rahmen, im Ausländergesetz etc. Gewiss, der gesamtgesellschaftliche Kontext ist für die Beziehung zwischen In- und Ausländern bedeutsam, diese füllen ihn jedoch immer von Neuem auf. Und erst dann, wenn die Dynamik aufgedeckt wird, in der beide stecken, wenn die Herkunft des Erlebens der Fremde erkannt wird, kann die erstarrte Beziehung aufgehoben und somit Fremde als Vertrautes erlebt werden. Und dies auf den gesellschaftlichen Kontext zurückwirken.

VI.

Ein Weg zur Begegnung der Fremde und deren Überführung ins Vertraute ist, Verantwortung für den eigenen Anteil in den Beziehungsprozessen zu übernehmen. Was Fremde ist, will nicht überwunden sein, das ist kriegerisch. Fremde will begegnet sein. Erzeugt die Wahrnehmung von Fremde im schlimmsten Fall Angst, so wird sie im besten Fall von Neugier geleitet. Die Begegnung mit dem Fremden ist dann Teilnahme auf Gegenseitigkeit. Gegenseitige Beziehungen zum Fremden beginnen erst dann, wenn das Individuum sich beim Fremden selbst erkennt. So ist die Fremde Begegnung mit dem anderen und mit sich selbst zugleich.

Lörzweiler und Hanau, März und Juli 1988

DIE BLINDE SEHNSUCHT IM BLINDEN LAND

(Nachdenklichkeiten nach sieben Jahren PoLiKunst-Erfahrung)

»Die PoLiKunst ist tot, es lebe die Hoffnung!«, hörte ich neulich von einem ehemaligen PoLiKunst-Mitglied. Es war ein Jahr nach Paderborn. Auch Paderborn wurde nicht zu einem Ort der Hoffnung für die zerrüttete PoLiKunst, wie manche PoLiKunst-Mitglieder gehofft hatten, Paderborn wurde eher ein fremder, anonymer Ort, in dem die PoLiKunst als Bewegung ihren letzten Atemzug tat und beerdigt wurde. So wie sie einsam in der Fremde Fuß zu fassen hoffte, so starb sie: einsam, mit insgesamt fünf anwesenden Mitgliedern als Bestattern. Waren es die aus Italien stammenden Schreibenden, welche die größte Minderheitsgruppe der Gründungsmitglieder ausmachten, so blieben sie als Einzige, die den Mut vollbrachten, sie unter den Papierberg der modernen Gesellschaft zu bringen.

Ich war an diesem Beerdigungstag allerdings nicht anwesend (ich war aus der PoLiKunst ein Jahr davor ausgetreten: Vielleicht geschah es aus fehlendem Mut, jedenfalls war ich damals noch von den tatsächlichen Erwartungen der PoLiKunst-Mitglieder an die Bewegung ernüchtert; ja, genaugenommen, ich war geschockt, dass einige nahe Weggefährten die Bewegung in eine exotische Richtung gebracht hatten und sie für sich persönlich ausnutzten). Anscheinend brauche ich noch Distanz, denn ich habe mich jetzt nur widerwillig an der Schreibmaschine gesetzt und versuche das niederzuschreiben, was aus dieser wichtigen Erfahrung in mir noch lebt. Dieser Widerwille fußt auf meinen Anteilen an dem Exitus der PoLiKunst. Es wäre verlogen von mir, würde ich nun sieben Jahre PoLiKunst wieder dazu benutzen, um die Enge der Gesellschaft und der PoLiKunst-Kollegen aufzuzeigen, ohne mich einzubeziehen.

Als Suleman Taufiq und ich im Februar 1980 die Möglichkeit der Gründung eines multikulturellen Vereins diskutierten und wir uns im Mai 1980 mit Rafik Schami und Jusuf Naoum an die vorbereitende Arbeit heranwagten, hatte ich fünf Jahre Auseinandersetzung mit Antonio Pesciaioli, Vito d'Adamo und Gino Chiellino hinter mir. In meinem geistigen Koffer hatte ich den *dibattito* um die »Emigrantenliteratur« im *Corriere d'Italia* und sechs Jahre *Werkkreis Literatur der Arbeitswelt*. Erfahrungen, die mir den Antrieb gegeben hatten, die Idee einer multinationalen Bewegung vorzuschlagen. Ich war auf die Enge der eigenbrötlerischen italienischen Emigrantenliteratur gestoßen, ich hatte die Klischees des Werkkreises in Sachen Emigrantenschriftsteller am eigenen Leib gespürt und vergeblich gegen sie gekämpft. Erfahrungen also, die nach dem Überschreiten der von allen Seiten gezogenen Grenzen schrien.

Berauscht vom Aktionismus, mit der Triebfeder der multikulturellen Idee in mir, beteiligte ich mich also an der Organisierung der Gründungsversammlung, und als sich Literaten und Künstler fremder Sprachherkunft 1980 in Frankfurt im Club Voltaire zum ersten Mal trafen, schien meine Sehnsucht viele unbekannte Geschwister aus aller Welt zu haben. Es war die Sehnsucht nach einem Ort, von dem die erlebte Fremde und die gesellschaftlich-kulturelle Marginalisierung gemeinsam angegangen werden konnte. Und vor allem neue ästhetische Entwürfe ihren Anfang hätten nehmen können, ja, die PoLiKunst als Schmiede einer neuen Ästhetik. Ich kam mit dem Willen, mich kritisch mit dem Leben in der Bundesrepublik Deutschland auseinanderzusetzen – ein Land, das für mich als Repräsentant und Spiegel der modernen, hoch technologisierten Gesellschaften galt, die davon leben, eine demokratische Struktur zu haben, hinter der sich ein archaisches Kastensystem verbirgt, wie es sich unter anderem an der sozialrechtlichen Stellung der Inländer und der Fremden festmachen lässt.

Unser gemeinsames Hauptanliegen war ursprünglich, ein Podium zu schaffen, auf dem die Fremden ihre Fremde artikulieren konnten, also einen Ort herzustellen, der die Fremde aufheben sollte und die Vielfalt der literarischen und künstlerischen Entwürfe aus unterschiedlichen kulturellen Hintergründen zu etwas Neuem führt.

Diese Sehnsucht verknüpften wir verhängnisvoll mit der Frage, inwieweit die deutsche Öffentlichkeit bereit war, unsere Fremdheit, unsere Fremde in der Sprache und unsere Schriften anzunehmen, ohne dass wir gleichzeitig diese Bereitschaft hinterfragten bzw. mit historischen Erfahrungen im Umgang mit Minderheiten kritisch verbanden. So erwartete der durchschnittliche deutsche Leser von PoLiKunst-Autoren ein bestimmtes Thema, was sich mit unseren Anliegen deckte, *erst* Erfahrungen in der Bundesrepublik literarisch mitzuteilen. Und er begriff unsere Schriften entweder als *Sachliteratur* oder als ein *Exotikum*, mit der Erwartung, die eigenen Vorstellungen und Klischees zu bestätigen – was uns am Anfang auch recht war: Hauptsache, unser Anliegen wurde wahrgenommen und gewürdigt. Es wird mir jetzt deutlich: Wir sind mit einem Abhängigkeitsgefühl gestartet. Wir waren innerlich nicht autonom genug gewesen.

Es bedurfte später des erschlagenden Erfolgs Wallraffs, der uns im Übrigen überraschte, um die unterschiedlichen Ebenen zu erkennen: Es war eher Wallraff, der dem »deutschen« Leser gerade das bot, was dieser von uns erwartete: das Ausländer-Stereotyp, das So-ist-Deutschland-Klischee. Ähnlich wie er hatten wir zwar Kritisches dargestellt, er war aber beim »deutschen Leser« *glaubwürdiger*: Wir hatten nämlich übersehen, dass Anklagen vor einem Gericht von einem Rechtsanwalt glaubwürdiger erscheinen als von Betroffenen.

Und gerade hier lag der springende Punkt: Die *Betroffenheit* erfährt ihre Grenze gerade in deren Mitteilbarkeit. Wir waren also mit unserer Sehnsucht blind, so wie das Land blind war. Wir hatten nicht wahrhaben wollen, dass die meisten Leser nicht beunruhigt und/oder aufgeklärt, sondern letztlich bestätigt werden wollen, was Wallraff gelang, und uns auch – als dessen Ergänzung.

Ja, bereits die Ausgangslage, von der wir hoffnungsbeladen gestartet waren, hing schief: Wir vermengten viele Fragen mit dem Ausländerstatus und dem Anspruch auf Literatur in undifferenzierter Weise und rannten gegen kanonisierte Positionen in der deutschen Literatur an. Gleichzeitig gebärdeten wir uns wie die Vertreter der kanonisierten Literatur: Mit einer gehörigen Portion Hochmut, anmaßend und selbstgerecht, in einer Weise, die andere Nuancen ausschloss. Wir ergänzten den vermeintlichen Widerpart spiegelverkehrt.

Blind war auch die Politik der Einmischung gerade dort, wo wir gegen Phantome den Kampf aufnahmen; so war die Definitionsauseinandersetzung um den Begriff »Gastarbeiterliteratur« oder »Ausländerliteratur« ein vergeblicher Versuch, so gesehen werden zu wollen, wie wir uns sahen. Vergeblich deshalb, weil es einen fundamentalen Unterschied zwischen Wahrnehmung und Sein gibt; wir können nur so sein, wie wir sind – gegen das Bild ankämpfen, das man aufgedrückt bekommen hat, bleibt stets erfolglos, Die Wahrnehmung der anderen – hier bezogen auf uns – ist ohne deren grundlegenden Willen zur Selbstveränderung nicht veränderbar. Aber gerade hier wird mir ersichtlich, wie ich mich leichtfertig in die Abhängigkeit begeben hatte – eine Abhängigkeit, die zwar, in Anbetracht des Risses durch die eigene Fremde, verständlich ist, doch letztlich jede autonome Bestrebung meiner Bewegung einschränkt.

Ebenso blind war ich in der Erwartung, dass von der sogenannten »zweiten Generation« eine Unterstützung hätte kommen können. Ein Riss durch die eigene Fremde erschwert nicht nur, in Einklang mit sich selbst und mit den Vertretern der Mehrheit zu leben, sondern er geht quer durch die Generationen innerhalb der Minderheiten hindurch. So war für mich zu beobachten, dass es unter den Autoren fremder Sprachherkunft, die in diesem Land geboren sind, einige gibt, die versuchen, die eigene Herkunft zu verleugnen. Orientierungsbedürftig, sich erst an deutsche Denkmuster klammernd, übernahmen sie die eingeengte Wahrnehmung der deutschen Öffentlichkeit und nutzten diese, um einen sonst gegen die eigenen Väter gerichteten (und ausgebliebenen) Kampf gegen die Älteren in der PoLiKunst zu führen. Junge Autoren wie Zafer Senocak und Kostas Gianakacos suchten bewusst den Bruch in der PoLiKunst (vielleicht, um den erlebten Bruch in ihnen selber – nach außen projizierend – auszuleben). Genauso wie sie die eigenen Väter nicht verstanden hatten, hatten sie die »Erstgenerationler« der PoLiKunst nicht verstanden, noch wollten sie den Riss durch deren Fremde erkennen und annehmen, jenen Riss, der uns alle in die PoLiKunst hineingeführt hatte.

Der Exitus der PoLiKunst zeigt uns auch den Anteil unseres Versagens auf. Obwohl wir einen Ort in der Fremde erzwangen, an dem wir unseren Artikulationsradius stetig ausbauen konnten, wurde der Ort zur Aufhebung der Fremde zu einem weiteren Ort der Fremde. Auch wenn der von der Organisationsform der PoLiKunst vorgegebene Informationsaustausch eingeschränkt war und den Möglichkeiten der Zusammenarbeit aufgrund der Verstreuung der PoLiKunst-Mitglieder in der ganzen Bundesrepublik enge Grenzen setzte, waren dies nicht die wesentlichen Gründe unseres Scheiterns.

Einen wesentlichen Grund sehe ich eher darin, dass wir von innerer biografischer Verblendung geleitet waren; wir waren aus unseren jeweiligen kulturellen und biografischen Hintergründen unfähig, eine gemeinsame Plattform herzustellen, die den multikulturellen Vorstellungen eine dauerhafte Wirkungskraft hätte geben können. Unsere Sehnsucht war blind geboren und korrespondierte in seltsamer Weise mit der Blindheit des Landes.

Eine weitere Verblendung war die, biografische Verhaltensmuster mit der Vorstellung einer basisdemokratischen Organisationsform zu verbinden, ohne gründlich über sie nachzudenken. Wir hatten uns eine basisdemokratische Struktur gegeben und handelten danach, indem die, die sich als »Köpfe der Bewegung« begriffen, nach der Aufbauphase die wichtigsten Positionen aufgaben und die weniger erfahrenen Kollegen an diese Positionen heranließen. Trotz dieses Wechsels wurden die sogenannten »Köpfe der Bewegung« weiterhin als orientierungsgebend begriffen. Aber auch sie selbst waren kaum in der Lage, ihren Einfluss einzuschränken, sodass von da an zwei Führungen gleichzeitig den Ton angaben.

Was nicht zu einer basisdemokratischen Struktur passte, war schließlich auch, dass ich mich selbst als eine Art »Vordenker« der Bewegung begriff. Als solcher wurde ich von vielen Teilnehmern angenommen, als ein Sprachrohr der Bewegung gesehen. Das war gewiss eine Anmaßung von mir, denn ich kann höchstens Sprachrohr von mir selbst sein. Und anstatt den gemeinsamen, dennoch konfrontierenden Dialog zu fördern, redeten wir aneinander vorbei. Und hasteten konsequent in die biografische Sackgasse weiter hinein, aus der wir glaubten, uns besser im Einklang mit dem Literaturbetrieb befreien zu können.

Eine weitere Sackgasse der Bewegung sah ich im Sachverhalt, dass eine ästhetische Auseinandersetzung nicht stattfand – die Blindheit unserer Sehnsucht hinderte uns daran. Mein Vortrag bei der PoLiKunst-Tagung in München in April 1985 mit dem Titel *Verliert sich die PoLiKunst im Labyrinth der Fremde?* war damals als Warnung gedacht. Eine Warnung gegen ein drohendes Auseinanderklaffen und Zusammenbrechen einer Bewegung, die begonnen hatte, sich zu etablieren. Meine Befürchtungen rührten nicht nur aus der Wahrnehmung einiger PoLiKunst-Autoren, die eine an das deutsche Publikum adaptierte Folklore darboten, sondern vielmehr auch aus unmittelbaren Erlebnissen. Ich hatte mich mehrmals in der Rolle des Verführten ertappt. Die Verführung ging nicht nur vom Literaturbetrieb aus, der von der *Ware Literatur* lebt und sie geplättet, abgehobelt und unterhaltend braucht, damit sie schnell und breit zirkulieren kann; die Verführung entsprang auch aus meiner Bedürftigkeit: aus einem kindlichen Grundbedürfnis heraus, gesehen, anerkannt und wertgeschätzt zu werden. Wie meine Kollegen war auch ich anfällig. Aber es gab in mir auch eine zweite Seite: die zornige. Eine kompromisslose Seite, die übersensibilisiert war auf die schreienden Ungerechtigkeiten. Sie bekämpfte die Versuche, mich in Klischees einzurahmen, sie wehrte sich dagegen, die literarischen Texte, die aus meinem Erleben hervorgingen, als Konsumstoff zu begreifen. Es war diese Seite von mir, die mich verbissen steuerte, mich mit den abstrakten und konkreten Kontrahenten verstrickt hielt (anstatt sie als Grenze *anzunehmen*, ohne sie keineswegs *hinzunehmen*).

Da die deutsche Öffentlichkeit vermutlich nicht an einer echten Begegnung interessiert war, in der sie in kritischer Form miteinbezogen wurde, sondern vielmehr um die Entlastung des eigenen schlechten Gewissens, an die Projektion der »guten« und der »schlechten« Deutschen und am Verkonsumieren eines fremden Genres, fügten wir uns mit unserer blinden Sehnsucht nahtlos darin ein.

Anstatt eine inhaltliche und ästhetische Diskussion zu führen, blickten wir auf die Reflektoren. Ja, wir erkannten das Missverständnis unter uns nicht, dass die PoLiKunst ein plurikulturelles Projekt sein wollte und nicht eine Startbahn für angehende Autoren und Künstler, und waren anfällig für die Verführung der Reflektoren, der Blitzlichter aus den Fotoapparaten und das Glitzern der Mikrofone, unsere verkümmerte Bedürftigkeit, gesehen und wertgeschätzt zu werden, schien unersättlich. Im Zeitalter der beliebigen Reduktionen der Welt in vereinfachten Bildern (Kapitalismus/Sozialismus, Feminismus/Patriarchat, Rassismus etc.), durch die das Schlechte im anderen projiziert wird und man sich selbst als Teil des Ganzen ausklammert, waren wir, genauso wie das Publikum, nur auf der anderen Seite.

Eine publikumsheischende Öffnung zur Öffentlichkeit, wie sie z. B. 1985 in München gelang, verstärkte diese Tendenz. Die Frage der Pluri-Kulturalität, was sie enthielt, wohin sie führen möge, trat deutlich in den Hintergrund. Anstatt ästhetische Fragen anzugehen, wurden diese auf eine publikumswirksame Ebene projiziert. Mehr und mehr ging es den meisten Autoren und Künstlern nicht so sehr um die Frage, mit was und wie möchte ich mich und die Öffentlichkeit konfrontieren, sondern eher um eine solche: Was braucht das deutsche Publikum, was will es hören, damit wir wahrgenommen werden? Bald erlangte ein kleiner Kreis eine starke Anhängerschaft, der sich daranmachte, die bestehenden Klischees zu fördern: das Exotikum der Fremden, die Selbstklage, die erstarrte Metapher der Diskriminierung.

Aus meiner bisherigen Erfahrung bin ich zu einer solchen Einschätzung gekommen: Jede oppositionelle Bewegung neigt früher oder später dazu, auseinanderzudriften. Die eine Gruppe wird moralischer und beharrt, darin schwelgend, in der Unversöhnlichkeit, eine andere Gruppe lässt sich mit dem Surrogat des Erfolges bestechen und versucht sich den Marktmechanismen anzupassen – wahrscheinlich liegt dies in der Natur jeglichen oppositionellen Denkens. Alles, was sich in Verbindung mit einem tatsächlichen oder erdachten Gegner definiert, ist von diesem abhängig und demzufolge nicht innerlich autonom. Und letztendlich nicht ganz bei sich.

So betrachtet, zielten wir alle durch viele Aktionen darauf ab, die Diskriminierung zu bekämpfen und machten uns davon abhängig, wobei völlig verdrängt wurde, dass erst eigenständiges Handeln und eigenständiges Polykünsten eine Freisetzung der schöpferischen Kräfte ermöglicht.

Dass der Druck des Literaturbetriebes seine Opfer verlangt, zeigt sich u. a. auch bei durchaus kritischen Autoren wie Fruttuoso Piccolo, Josè Oliver und Suleman Taufiq, die neulich mit Liebesgedichten – erst einmal unabhängig von der Qualität und der wirklichen Notwendigkeit der Gedichte für den Verfasser – herausgekommen sind, in einer Zeit, in der der Literaturbetrieb den Literaturmarkt mit Liebesgedichten sättigte, als hätten sich diese drei Autoren veranlasst gesehen, ihre Liebeserklärung zu diesem Land künstlerisch zu veröffentlichen. Dieser Druck hat auch bei Autoren wie Rafik Schami und Jusuf Naoum seine Spuren hinterlassen: Der Erste konstruiert seine Figuren nach den gedachten Erwartungen des Publikums, beide spülen ihre Märchengeschichten in klischeehaften Autorenlesungs-Atmosphären mit Tausend-und-eine-Nacht-Stimmung ab. Oder Safer Senocak, der gegenwärtig den Weg des geringsten Widerstands im Kokettieren mit der Fremde sieht. Oder in mir, der zuerst über die Haltung und die Rolle der Münchener Gruppe um das Institut Deutsch als Fremdsprache schwieg, dann und wann in Folkloreveranstaltungen auftrat, die Unversöhnlichkeit der deutschen Gesellschaft mir gegenüber auslebte, um mich dann enttäuscht und ohnmächtig zurückzuziehen.

Auch im Umgang miteinander waren wir blind. Wir trafen uns auf Tagungen, bei Veranstaltungen, diskutierten bis tief in die Nächte hinein, sahen uns aber nicht. Gefangen von der Vorstellung, wir würden genug und ungerechtfertigt von außen kritisiert, wagten wir uns nicht, kritisch und konstruktiv miteinander umzugehen. Und wenn gelegentlich Kritik geäußert wurde, dann wurde sie im Keim erstickt. Ich erinnere mich, dass ich in einer Sitzung der Südwind-Herausgebergruppe von Rafik Schami, Habib Bektas und Jusuf Naoum als Rassist tituliert wurde, als ich darauf bestand, ästhetische Qualitätsmaßstäbe für eine Veröffentlichung unserer Werke in Anspruch zu nehmen. Ich wollte ihrer eingebrachten Logik nicht folgen, dass jeder Mitherausgeber der Reihe unüberprüft sein Werk in der Südwind-Reihe unterbringt. Doch insgesamt schonten wir uns gegenseitig und verhinderten, dass die Solidarität der Minderheiten, die offene Kritik und schonungslosen Umgang mit den eigenen Werken umfasst, als blinder Zwang begriffen und nicht umformuliert wurde. Und gerade dieses Umformulieren wäre die Voraussetzung der Entfaltung der PoLiKunst gewesen.

Blind waren wir ebenso bei der Aufnahme neuer Mitglieder. Wir wollten keine Elite sein und nahmen deshalb in der PoLiKunst alle Minderheitsangehörigen auf, die dabei sein wollten, unabhängig davon, ob sie sich ernsthaft literarisch und künstlerisch betätigten. Diese Öffnung für die in irgendeiner, verschwommen gehaltenen Art in Literatur und Kunst Tätigen stand im Widerspruch zu den ästhetischen Ansprüchen der PoLiKunst.

Zuallerletzt: Die Anmaßungen und die selbstgerechte Haltung, die wir nach außen praktizierten, bestimmten auch den persönlichen Umgang untereinander. Persönliche Zwistigkeiten führten schnurstracks zu Fraktionsbildungen. Das ist nicht ungewöhnlich: Fraktionsbildungen mit unterschiedlichen Erwartungen und Zielsetzungen gehören zum Alltag von Gruppenprozessen. Zwar machte sich das Auseinanderklaffen der PoLiKunst dadurch deutlich, dass es bei den einen um den literarischen Erfolg ginge, bei den anderen bloß um die Durchsetzung eigener Interessen durch die PoLiKunst, und wiederum andere an romantisierten

Idealen der Plurikulturalität klebten, die mit missionarischem Eifer verkündet wurden und keinen Platz für andere Anliegen zuließen. Doch es gab meines Erachtens ein grundlegendes Missverständnis zwischen uns Akteuren jener Zeit: Wir versteckten hinter einem plurikulturellen Anliegen unsere persönlichen Ambitionen, in Deutschland anzukommen, ja, dabei eventuell »berühmt« zu werden. Und dies als sublime Art und Weise, sich in einer fremden Gesellschaft zugehörig zu fühlen.

Diese Reflexion wurde 1989 in Hanau für einen Abschlussband der PoLiKunst geschrieben, den die letzten Mitglieder der Bewegung als Abschied herausgeben wollten, der aber nie erschienen ist.

VORLÄUFIGE THESEN ZUR
LITERATUR IN DER FREMDE

(Entwurf) 1991

Erstens. Die erstarrten Grenzen national-begriffener Literaturen sind in der Neuzeit durch die Moderne durchlässiger geworden. Dennoch ernähren sich die meisten nationalen Literaturen der Welt von Klischees des Fremden. Streng genommen leben sie seit der Neuzeit davon. Seit der Aufklärung ist die Moderne die Begegnung mit der Fremde weitgehend schuldig geblieben. Statt der Begegnung zweier gleichberechtigter, gleichrangiger Individuen, die sich kulturell voneinander unterscheiden, wurden meist Klischees des Fremden entworfen, die durch das Gefühl von Exotik und das Unheimliche geprägt sind. Die nationalen Literaturen bewegen sich seitdem größtenteils auf erstarrter, entleerter Sprache, die die Oberflächlichkeit der konventionellen Worte nicht verlässt, die tradierten Klischees der Fremde bestätigt und perpetuiert. Dies gilt sowohl für die den Ansprüchen der Ästhetik verpflichtete Werke als auch für die mit dem Alltag verzahnten Werke.

Zweitens. Einige Autorinnen in der Fremde neigen dazu, sich als Vertreterinnen der Herkunftskultur zu sehen und rezipiert werden zu wollen. Als seien sie, z. B. neben der italienischen oder türkischen Botschaft, Repräsentanten einer Kultur, die es in einem anderen Land zu vertreten gilt. Und wenn nicht einer Herkunftskultur, dann einer ethnischen Minderheit oder eines Geschlechts. Oder sie begreifen Literatur als schlichte Landeskunde. Diese Haltungen sind problematisch, da zum einen sich Parallelen zu Handlungsreisenden von Multinationalen wie Sony oder Olivetti aufbäumen und zum anderen die Literatur einer einengenden Funktionalität unterstellt wird. Diese Konzepte der nationalen bzw. soziologischen Funktionalität und der Vertretung von Individuen stehen also in diametralen Spannungsverhältnis zur Einmaligkeit des Lebens und zur Einmaligkeit der Werke. Dies steht letztlich auch im Kontrast zur Eigentlichkeit der Literatur und Kunst überhaupt, da diese stets von individuellen Erfahrungen und Erlebnisweisen ausgehen. Aus diesem Blickwinkel gesehen waren nationale Literaturbetrachtungen schon in ihren Anfängen überholt.

Drittens. Kulturaustausch geht vom Warencharakter der menschlichen Güter aus und ist völlig ungeeignet, in der Kultur und Literatur Begegnungen zu initiieren.

Viertens. Die Synthese der Kulturen ist unmöglich. Zum einen wird sie durch die der Kultur innewohnenden Herrschaftsstrukturen verunmöglicht. Zum anderen durch das natürliche Spannungsverhältnis zwischen den Gegensätzen wie Vertrautheit und Fremde.

Fünftens. Die Literatur der Minderheitsangehörigen in Deutschland mit italienischem Pass geht zunächst wie die konventionelle, moderne Literatur auch von existenziellen Erfahrungen aus. Das Substrat der existenziellen Erfahrung entspringt der Begegnung in und mit der Fremde, unabhängig davon, ob sie namentlich genannt wird.

Sechstens. Die Autoreninnen und Autoren italienischer Sprachherkunft lassen sich zunächst in zwei Grundströmungen aufteilen: Die einen schreiben mit einer Sehnsucht, die nach hinten gerichtet ist, die anderen nach vorne. Bei den Ersten sind die Inhalte ausschlaggebend, ihre Auseinandersetzung mit der Welt und ihrer Fremde findet vorwiegend in konventionellem Italienisch statt. Bei ihnen ist die Fremde bedrohlich, die Feindlichkeit tritt in den Vordergrund, in der Literatur wird eine Nische gesucht. Bei den anderen ist die Sprache im Inhalt ausschlaggebend, bei ihnen wird ein Ort für die eigene Fremde gesucht und damit eine dafür geeignete Sprache.

Siebtens. Die Fremde ist nicht nur eine philosophische Auseinandersetzung mit der Welt, sie ist nicht nur existenzielle Erlebnisverarbeitung, sie ist ebenso eine ästhetische Kategorie. Zum einen wird sie dadurch zu einer Linse, durch die alle existenziellen Erfahrungen erlebt und künstlerisch verarbeitet werden können, zum anderen ermöglicht sie eine offene und authentische Begegnung mit dem anderen.

Achtens. Die literarisch-künstlerische Auseinandersetzung mit der Fremde durch Autorinnen ethnischer Minoritäten war zunächst der Gegenpol des eurozentristischen Fremderlebens und dessen Niederschlag in Literatur und Kunst. Insofern hat sie unmittelbare Berührungspunkte mit dem Erleben von Fremde bei Mehrheitsangehörigen. Zunehmende Mobilität der modernen Gesellschaften und sich verschärfende Entfremdung lassen nun neue Chancen zu, Berührungspunkte zwischen Einheimischen und Außenheimischen. Bei diesen Berührungspunkten, in der Begegnung, in der Eröffnung sind die Keime einer neuen Weltliteratur und -kunst.

Neuntens. Die Sprache, unabhängig davon, ob sie unmittelbar den Erfahrungen entspringt oder an das künstlerische Schaffen gebunden wird, ganz gleich ob Deutsch oder Italienisch, stößt grundsätzlich an ihre Grenzen. Durch die sich verschärfende Moderne unserer Gegenwart und Zukunft wird dies umso mehr der Fall sein und die eigentliche Herausforderung künftiger Literatur und Kunst werden.

Zehntens. Die Fremde der Moderne bedarf einer neuen Sprache. In dieser Sprache werden Klischees gesprengt, der Fremde und die Fremde sind vorgesehen und haben darin einen natürlichen Platz. In dieser neuen Sprache sind Offenheit und Begegnung zentrale Merkmale im Gegenüber zwischen dem anderen und dem Ich.

Hanau, Februar 1991

WAS FREMD BLEIBT
Die deutschen Intellektuellen und die Anwesenheit
von Inländern ohne Niederlassungsrecht

I.

Die Anwesenheit fremd herkünftiger Menschen, die in erster Linie für Arbeitseinsätze vorgesehen wurden, ist beinah so alt wie die Bundesrepublik. Genau genommen, noch älter: Sie reicht zum Kaiserreich zurück. Dass die fremd herkünftigen Menschen Fremdarbeiter, Gastarbeiter oder ausländische Arbeitskräfte genannt werden, offenbart, dass ihnen nur eine gewisse Funktion zugewiesen wurde. Dass hier solche Banalitäten erwähnt werden, hat damit zu tun, dass Banalitäten hierzulande immerzu offenkundig gemacht werden müssen, damit sie überhaupt bewusst werden. Denn nur unter diesem Blickwinkel kann der zunächst peinlich wirkende Auftritt des deutschen Bundespräsidenten von Weizsäcker vor einem Ausländerwohnheim begriffen werden (bei der Gelegenheit bekundete er wörtlich: »Wir sind hier, um zu bezeugen, dass Ausländer auch Menschen sind.«). Diese Aussage kann so aufgefasst werden, dass der Bundespräsident bemüht ist, seine Landsleute zu überzeugen, dass die Ausländer keine Affen sind. Sie kann aber auch so verstanden werden, dass er die Zeit als gekommen sieht, fremd herkünftige Menschen nicht mehr als Funktion, sondern als Wesen zu begreifen. Aber, wenn es so wäre, hätte es einiger Zusätze bedürft, wie z. B.: »Ich setze mich hier dafür ein, dass diese Auch-Menschen die Bürgerrechte erhalten.«

Der Bundespräsident ist Stellvertreter aller Deutschen und könnte für alle herhalten, dennoch kennt die deutsche Gegenwart ein weiteres Beispiel: Auch der Kultursenator Berlins erklärte in einem Fernseherinterview anlässlich des Musikfestivals unter dem Motto »Ich bin ein Ausländer«: »Wir haben diese Veranstaltung organisiert, um zu zeigen, dass Ausländer auch eine Kultur haben.«

Solche Auftritte und Sätze sprechen für sich, dennoch möchte ich sie kommentieren: Sie zeugen von einer intellektuellen Armut in diesem Land. Eine intellektuelle Armut, die auch den deutschen Intellektuellen erfasst.

II.

Die Auseinandersetzung über die Anwesenheit fremd herkünftiger Menschen in Deutschland bleibt nach so vielen Jahren unverändert verworren. Alle scheinen dazuzugehören: die Gastarbeiter und die

Asylanten, die Minderheitsangehörigen fremder Sprachherkunft und ohne Bürgerrechte und die finanzträchtigen Investoren mit fremdem Pass. Aber dann scheint in Deutschland, folgt man Medien und Gesprächen, nur die türkische Minderheit zu existieren. Es mag sein, dass für die Inländer mit deutschem Pass die Unterschiede unwesentlich sind (entweder alle Asylanten oder alle Türken etc.). Unbestritten scheint auch, zu welcher Gruppe die Ausländer mit deutschem Pass (ob aus Rumänien oder aus dem Wolgagebiet) sortiert werden sollen, nämlich zu den deutschen Inländern. Zu fragen wäre hier, warum es den Intellektuellen entgangen ist, dass diese mit der Einreise den Automatismus der Bürgerrechte bekommen, während einem Inländer ohne Niederlassungsrecht, der womöglich seit fünfunddreißig Jahren innerhalb der deutschen Grenzen lebt, die Bürgerrechte nicht zustehen.

Zu fragen wäre auch, wie, angesichts der Nähe (oder beinah Äquivalenz) von Ökonomie und Politik, der Unterschied zwischen politischer und wirtschaftlicher Verfolgung erklärt werden kann. Meiner Einschätzung nach, beim Zusammenwirken von Politik und Ökonomie, ist eine Unterscheidung zwischen politischem und Wirtschaftsflüchtling künstlich und letztendlich lächerlich, weil die weltweite Verflechtung von Politik und Ökonomie keine Abgrenzung zulässt. Um dies zu verdeutlichen und zu simplifizieren: Ist jemand, der den Machenschaften der Mafia entgehen will und Zuflucht in Deutschland sucht, ein Wirtschafts- oder ein Politflüchtling? Und der Bauer aus Bolivien? Es liegt deshalb nahe, die These aufzustellen, dass alles Unterscheiden lediglich der Legitimation der Auswahl dient, welche Fremden den Zuspruch erhalten, in Deutschland anwesend zu sein.

III.

Es erscheint auf den ersten Blick höchst seltsam, dass die Ausländerfeindlichkeit der randalierenden Gruppen oder bestimmter Bevölkerungsschichten angeprangert wird. Denn eine solche pauschale Verteuflung ist, mag dies mit dem momentanen Entsetzen in Übereinstimmung stehen, abstoßend und beleidigt den Intellekt. Seltsam ist auch, dass die Ausländerfeindlichkeit des Staates (das versteht sich: auf rationalen, funktionalen Gründen) übersehen, ja, gar tabuisiert wird. Kaum ein Intellektueller nimmt davon Notiz, dass ein Ausländergesetz existiert, das per se Ausländerfeindlichkeit ist. Dass fünf Millionen Inländer ohne Bleiberecht von den Bürgerrechten ausgeschlossen werden.

Wenig Aufmerksamkeit wird auch dem Sachverhalt geschenkt, dass das Ausländergesetz von 1965 oder das von 1990 eine gemeinsame Quelle haben: das Fremdengesetz oder die Fremdenverordnungen aus dem Dritten Reich (1939). Heute wie damals wird darin der in Deutschland lebende Fremde arbeitsfunktional gesehen.

IV.

Die funktionale Betrachtungsweise steht nicht nur im Gesetz; sie ist auch in den Köpfen und wird sogar hervorgeholt, um Ausländerfreundlichkeit zu bezeugen. Bereits die alten Slogans der Ausländerfreunde aus den siebziger und achtziger Jahren zeigen dies. Unter anderem hieß es, wie nützlich Gastarbeiter für die deutsche Wirtschaft und für den eigenen Wohlstand seien. Solche Ausländerfreundlichkeit gipfelte in einer schiefgeratenen Satire – auch von der Bundesregierung veröffentlicht und vertrieben –, die Furore machte und zur Aussage hatte: »Wenn es im Jahre X keine Ausländer mehr gäbe, was wäre dann mit dem Müll und den Kneipen etc.?« Eine ähnliche Freundlichkeit war der Slogan: »Hände weg von meinem Kumpel«, der im Mund der Politaristokraten und/oder Grünanbeter den Misston bekam: »Hände weg von meiner türkischen oder jugoslawischen Putzfrau!« Funktional sind z. B. jene Inserate und öffentliche Bekundungen, wonach man sich um den guten, deutschen Ruf sorgt, wie man sich um den guten Ruf gesorgt hat, als das Heidelberger Rassenmanifest erschien. Sie besagen nämlich: »Ich will nicht haben, dass ich mich als Deutscher schämen muss.« Es wird also eine erträgliche Handhabung der eigenen Gefühle gefordert. Oder die Aufrechterhaltung eines vertretbaren Eigenbildes im Ausland. Ist dies gewährleistet, könnte dann piepegal sein, was mit den Fremden geschähe. Auch all die Veranstaltungen, die ein »Anti-« zur Ausländerfeindlichkeit vorschieben, haben dumpfe Funktionalität auf ihren Fahnen, weil sie in Bezug zu dem, was als »Gegen« (den deutschen Ausländerhasser) gilt, gerichtet sind. Im Prinzip folgen alle Veranstaltungen oder Aktionen mit einem »gegen« oder »anti« oder »für« funktional der Logik der Sonntagsreden und erzeugen eine momentane Ausnahme, welche die Regel bestätigt.

Ausländerfreundlichkeit bleibt unverändert die nahtlose Seite der Ausländerfeindlichkeit, ist in der Regel sentimental und hat mit dem eigentlichen Fremden, ob Inländer ohne Niederlassungsrecht oder Asylbeantragende, als gleichberechtigte Gegenüber nichts zu tun.

Man kann sich in der Lächerlichkeit des eigenen Tuns gar überbieten, wenn man als Deutscher in allen großen Zeitungen inseriert und/ oder auf Litfaßsäulen steht, mit der Gleichmacherei: »Alle Menschen sind Ausländer. Überall.« Wahrlich können die dort aufgeführten Namen nicht anführen, nicht über ein Niederlassungsrecht zu verfügen. Höchstens von der Finanzbehörde können sie verfolgt werden, aber nicht von der Politik oder von der Ökonomie. Natürlich, könnte man sagen, es ist gut gemeint.

Genauso gut gemeint sind die Argumente, wie: »Man hat sich daran gewöhnt, dass es den Italiener oder den Griechen gibt, und man möchte das südländische Essen, den Wein, Kebab nicht mehr missen, so wie man den Folkloreabend und die Ausländerfeste nicht mehr missen möchte.« Als ginge es also um die ungehinderte Indienstnahme der Inländer ohne Bürgerrechte aus dem deutschen Basar.

Ganz schief geraten weiterhin die Werbespots pro Ausländer im Fernseher oder Rundfunk: Da werden die gleichen Mittel für die Waschmittelwerbung verwendet, und die Republikaner könnten genauso einen Werbespot mit umgekehrtem Inhalt machen. Die seit geraumer Zeit gestartete Werbekampagne klingt nach verordneter Freundlichkeit, die unglaubwürdig erscheint, weil sie eben verordnet wird. Die Großplakate an den Litfaßsäulen der deutschen Städte gleichen eher denen von Misereor, wonach – wenn nicht der übliche Selbstbezug gepflegt wird – um die Aufrechterhaltung der vertikalen Beziehung geworben wird (mit Gnade, Mitleid, Toleranz, etc.). Auch die Darstellung der edlen Fremdlinge ist, wie die Bemühungen des linken Szenarios, sich als ausländerfreundlich zu erweisen, nichts anderes als Ausdruck der Unfähigkeit, mit dem Fremden adäquat in Beziehung zu treten. Je häufiger solche Bemühungen produziert werden, ob in den Massenmedien oder im persönlichen Miteinander, desto heftiger konnte ich mich des Eindrucks nicht erwehren, dass sie nicht dazu dienen, andere zu überzeugen, sondern vielmehr sich selbst.

Das ganze funktionale Getue mutet wie überspitzte Vergleiche an:

1) Ausländer haben einen impliziten Warencharakter, sie werden mit südländischen Waren gleichgesetzt, sorgen für leibliche Genüsse, für Konsum von Kultursurrogaten, für Exotik.
2) So wie die europäischen Länder bereit sind, politische Diktaturen in fernen Ländern, mit denen sie in irgendeiner Weise ökonomisch verflochten sind, hinzunehmen, so sind Inländer mit deutschem Pass genauso bereit, eine eingeschränkte Diktatur im eigenen Land hinzunehmen (nämlich für die Inländer ohne einen solchen Pass).

Dass die politische Diktatur in jenen Ländern für die europäische Intelligenz unangenehm ist und von ihr mehr oder weniger bekämpft wurde, ist bekannt. Dass dies aber, wie im eigenen Land in einem möglichen Zusammenhang mit der Aufrechterhaltung der eigenen Privilegien stehen könnte, wurde bisher wenig bedacht. Dann wäre verständlich, weshalb sie so gute Augen und Brillen für die Ferne, aber so schlechte für die Nähe hat. Dabei scheint der seit Herbst inszenierte Rummel (gewollt oder ungewollt) unisono zu erzielen:

a) die Verteuflung bestimmter Teile der Inländer mit deutschem Pass,
b) die Verneblung, dass Inländer ohne Niederlassungsrecht grundgesetzlich entrechtet sind,
c) die Aufsplitterung an den Rändern der Gesellschaft
d) die Bildung eines oberflächlichen Image des guten und des bösen Deutschen (der dumpfe Deutsche oder der dumme Ausländerfeind existiert nur als Klischee).

V.

Vor der jüngst angebrochenen Diskussion der deutschen Intelligenz im deutschen Blätterwald war mir bekannt, dass die deutschen Intellektuellen bei der Begegnung mit dem Fremden versagt haben, wahrscheinlich mit Ausnahme von Werner Fassbinder und Heiner Müller. Bekannt war mir ebenso, dass Literaten sie in ihren Werken entweder als Transportmittel ihrer Sehnsüchte benutzt haben oder als Randfiguren, welche die gängigen Klischees bestätigten. Was durchaus legitim ist; wenn man jedoch vorgibt, wie viele Intellektuelle es taten und/oder tun, politisch engagiert zu sein oder für die Bürgerrechte in der Welt einzutreten, dann wird es schwieriger, weil der Anspruch mit dem faktischen Auftreten verglichen werden muss. Allerdings geht es mir primär nicht um das Eintreten für Bürgerrechte, wie es sich angeblich für Intellektuelle geziemt; es geht mir um das intellektuelle Unvermögen, sich in Beziehung zu sich selbst und zum Fremden zu sehen. Und es geht mir hauptsächlich um den Intellektuellen an sich, der in diesen Lebenszusammenhängen denkt und fühlt.

Dass die Intellektuellen mit deutschem Pass sich endlich in eine öffentliche Diskussion über die Anwesenheit von Fremden in Deutschland begeben, ist ein absolutes Novum. Ich bin überrascht, dass sie die Grenzen ihrer Wahrnehmung und ihres Intellektes geöffnet und dem Thema die intellektuelle Aufenthaltserlaubnis gegeben haben. Mehr als Freude, nach Jahren des deutschintellektuellen Ausschweigens besetzte mich der Argwohn; ich bekam das Gefühl, dass nicht ihre Fähigkeit,

Gesellschaft und Leben zu erkennen, sondern vielmehr der Zusammenbruch der Feindbilder, der Träume, der Sehnsüchte sie dazu verleitet hat, sich auf verzweifelte Suche nach gesellschaftlich relevanten Themen zu begeben, die ihnen eine Existenzberechtigung als Intellektuelle gaben.

Gut gemeint sind jedenfalls ihre bisher erschienenen Beiträge in den repräsentativsten Blättern des Landes. Dass sie es gut meinen, aber der Fragestellung nicht adäquat gerecht werden, sieht man bei den äußerst gequälten Bemühungen, ob es sich um Christoph Hein oder Sten Nadolny oder Peter Schneider handelt oder auch um Wolf Biermann, der gar Zeit fand, sich bei einer pro-ausländischen Demonstration filmen zu lassen. Bei der Lektüre ihrer Gedanken komme ich vom Eindruck nicht los, dass sie allesamt eine Pflichterfüllung absolvieren.

Die These der Pflichterfüllung erhält Verstärkung, wenn man berücksichtigt, dass das, was sie zu sagen beabsichtigen, hinter allen Erwartungen zurückbleibt, die man an einen Intellektuellen knüpft. Man könnte natürlich ihnen zugestehen, dass sie nie die Gelegenheit gehabt haben, Inländer ohne Niederlassungsrecht kennenzulernen. Dass sie bisher versäumt haben, gemeinsam mit Schriftstellerkollegen aufzutreten, die sich seit Jahren in der deutschen Öffentlichkeit manifestieren. Man könnte ihnen natürlich auch zugestehen, dass sie von diesen Kollegen nie eine Zeile gelesen haben, aber das alles entschuldigt ihr vierzigjähriges Schweigen nicht, so wie das nicht entschuldigt, dass sie orientierungslos daherreden. Denn, was sie aufführen, lässt diejenige relative Schärfe missen, die sie sonst bei der Beurteilung des Kapitalismus oder der Stasigesellschaften oder der deutschen Bäuche hervorzubringen wissen.

Immerhin ist Christoph Hein konsequent authentisch in seinem Beitrag im SPIEGEL 50/91, *Wir haben Angst zu verarmen*, da unter Akademikern und Intellektuellen der Sachverhalt der offenen Konkurrenz zwischen Inländern mit deutschem und ohne deutschen Pass verleugnet bzw. stark tabuisiert ist. Dieser Ansatz setzt allerdings voraus, dass die Gesellschaften ausschließlich materialistisch dächten; er blendet nicht nur den Rassismus per se aus, sondern auch das Gegenteilige, was die Französische Revolution zustande zu bringen fähig war: bürgerliche Rechte nicht an Blut und Boden zu binden, sondern auch an die Anwesenheit. Die von Hein dargestellte Angst macht wahrlich nur einen Bruchteil der Beziehungsschwierigkeiten aus, die zwischen der Mehrheit und den sprachlichen Minderheiten Deutschlands bestehen. Eine Hauptschwierigkeit besteht meines Erachtens darin, dass die Mehrheitsangehörigen nicht die Notwendigkeit verspüren, überhaupt ins Gespräch mit Minderheitsangehörigen zu kommen, solange noch es möglich ist.

Anders z. B. Peter Schneider, der sich in der ZEIT 1/92 in einem so betitelten Beitrag *Wer hier die Fremden sind*, auf das übliche Terrain begibt. Er argumentiert darin wie ein Politiker oder der wohlgesonnene Mann von der Straße sich zeigen würde: Was wäre mit der Gewalt und dem Hass, wenn keine Ausländer im Lande wären. Um dann rituell auf das Problem der rechten Kräfte und deren mögliche Entstehungszusammenhänge hinzuweisen. In seinen Ausführungen füllt er die allbekannten Denkblasen; hinter die Worte Ausländer und Asylant schiebt er das Wortproblem. Auch er betreibt Haarspalterei mit dem echten und falschen Asylanten, als ob es ein Verfahren gäbe, sie säuberlich voneinander zu trennen. Die interessanten Überlegungen, ob ein Einwanderungsgesetz geschaffen werden soll, bewässert er mit ziemlich fragwürdigen Worten, wie: Überflutung von Asylanten, die an der Tür der Deutschen klopfen werden.

Schließlich Sten Nadolny, der hierzulande von der Presse und den Ausländerfreunden gerühmt wird, mit dem *Selim oder die Gabe der Rede* ein Werk für die Deutschen und Fremden gleichermaßen geschaffen zu haben. Vom SPIEGEL 1/92 wird sein Beitrag als Replik zu Christoph Hein angekündigt, die provokativ sein sollte. Ich habe in *Zu Fuß in die Zukunft* das Provokante gesucht, vergeblich. Nadolny selbst produziert sich in seinem Beitrag als erprobter Heraushalter. Der Prophet, den er beschreibt, schaut in eine nebulöse Zukunft und vermeidet strikt, durch die Gegenwart zu gehen. Rigoros übergeht er die Konfrontation mit dem, was er aus der Zukunft bereits in der Gegenwart hat: Menschen aus fremden Ländern, die im schlaraffenländischen Deutschland nicht nur den Reichtum suchen, sondern auch den menschlichen Kontakt, und – mit zunehmender Verbleibe-Dauer – die bürgerlichen Rechte. Der beschriebene, zukunftskundige Prophet sieht aber auch nicht, dass in jener Zukunft – durch diese prekäre Gegenwart – die Möglichkeiten des Gesprächs und des Miteinanders drastisch abnehmen könnten, dass die Nachfolger der Inländer ohne Niederlassungsrecht keiner Geduld und also keiner Sprache und keines Miteinander mehr bedürfen werden.

Mein Resümee also: Gut gemeint bleibt also alles, solange

a) die Funktionalität tragend bleibt (also auch die vermeintliche Auseinandersetzung mit den anderen Deutschen)
b) der eigene Standort unerwähnt bleibt

c) es nicht zum Diskurs mit den Inländern ohne Niederlassungsrecht kommt.

VI.

Zu a) Eine aufmerksame Teilnahme an der Bewegtheit deutscher Seele über die Jahrzehnte hinweg lässt deutlich erkennen, dass diese von Identitätskonflikten geplagt, von einer fast unstillbaren Geltungssucht verfolgt, von einem tiefen Wunsch geleitet wird, von vielen, wenn nicht von allen in der Welt, geliebt zu werden. Notfalls wird die eigene nationale Identität verleugnet, um in der Welt angenommen zu werden. Selbst die größten wirtschaftlichen Erfolge, der unübersehbare Wohlstand im Vergleich zu dem, was in anderen Ländern vorliegt, mag diese seelischen Plagen nicht stillen; und auch wenn das Gegenüber aus der übrigen Welt sich bemüht, die Deutschen in ihrer wirklichen Dimension zu schätzen, hegen sie Zweifel, ob dies wirklich so gemeint ist, wie es gesagt wird. Zuweilen scheint es so, dass die Deutschen mehr schockiert hat und mehr lähmt, was in der ersten Hälfte dieses Jahrhunderts durch ihre Hand geschehen ist, als andere Völker. Der Schrecken der Gräueltaten wurde erst im Nachhinein so groß, drang erst im Nachhinein so in die Seelentiefe, dass es wahrlicher Größe bedarf, um dazu zu stehen. Und wo sie nicht vorhanden ist, wird das Verhalten mit Gehabe zugekleistert, mit urdeutscher Großmäuligkeit und Großprotzerei ausgeblendet, mit Schuldgefühlen und der Bereitschaft, wiederum Opfer zu werden, überklebt. Gleichzeitig sind die alten, unversöhnlichen Konflikte, die einst die deutsche Gesellschaft so unheilbar zerrissen, nicht überwunden und schlummern im Alltag.

Kein Wunder also, wenn die Unfähigkeit, offen zum eigenen Tun zu stehen, die Beziehung zum Fremden weitgehend bestimmt. So lässt die punktuelle Fokussierung der Ausländerfrage, die gar keine Ausländerfrage ist, sondern eher eine Frage der Deutschen, wie sie mit Minderheiten in Beziehung treten und wie sie diese Beziehung aufrechterhalten, die starke Vermutung zu, dass es gar nicht um Ausländerfeindlichkeit oder Ausländerdiskriminierung oder Ausländerrechte geht. Vielmehr scheint es um uralte Fehden und unbeglichene (unbegleichbare?) Rechnungen der Deutschen untereinander zu gehen. Also, um solche zwischen Linken und Rechten, zwischen sogenannten Fortschrittlichen und Konservativen, zwischen Müttern und Töchtern, zwischen Vätern und Söhnen, nur um einige hauptsächliche zu nennen. Dass also das Ausländerthema erst dann aktuell und virulent wird, wenn die konflikthaften Differenzen zwischen den Deutschen untereinander sich aufblähen, wenn etwas auf dem innerdeutschen Spiel steht. Dass dies sehr wahrscheinlich ist, zeigt, wie groß die Palette der Fragen ist, bei denen sich die Deutschen heftig bis unversöhnlich streiten können. So gesehen wäre der Ausländerhass, wäre die Ausländerdiskriminierung ein austauschbares Thema.

Nachvollziehbar wird also, dass die Diskussionen zumeist ohne diejenigen stattfinden, um die es eigentlich geht. Und wenn sie doch anwesend sind, dann nur unter der Erfüllung bestimmter Voraussetzungen. Bisher entweder als Statist. Oder ihre Präsenz dient lediglich dazu, die jeweilige Position der deutschen Inländer zu untermauern. Mit dieser Unterstützung dem feindlich gesinnten Gegner eins auszuwischen. Keinesfalls darf der *nicht*deutsche Inländer es wagen, das verstrickte Spiel zu stören, und dieser wäre schlecht beraten, dies zu tun.

Besonders unangenehm wirkt daher der funktionale Zuruf jener deutsche(r)passbesitzenden Inländer, wenn sie an die Inländer ohne Niederlassungsrecht appellieren: »Lass uns bitte mit den schlechten Deutschen nicht allein!« Unangenehm, nicht durch die Offenlegung der Ohnmacht und der Urängste dieser Inländer. In diesem Satz steckt eine subtile Aufforderung, sich als Schutzschild gebrauchen zu lassen, aber auch eine versteckte Bedrohung, wenn dem nicht rein verbal entsprochen wird. Zudem legt die Geschichte nahe, dass, falls die verteufelten Deutschen das Sagen haben werden, die recht ungeschützten Inländer die Ersten sind, die etwas zu befürchten haben. Zu Ende gedacht, ist diese Aufforderung blanker Hohn: Als ob es in der Hand der Fremden läge, bleiben zu können, und nicht in der der Ausländergesetzverwalter.

VII.

Zu b) Durch den Einzug und Aufenthalt fremd herkünftiger Menschen ins deutsche und auf deutschem Gebiet wurde eine historische Chance geschaffen, sich mit dem Fremden zu versöhnen. Aber vor allem mit sich selbst. Auch wenn viele Verkrampfungen sich aufgelöst haben, ist diese Chance noch nicht eingelöst worden.

Dass der Standort der Inländer mit deutschem Pass zu ihren Landsleuten ohne Niederlassungsrecht zumeist unbestimmt bleibt, mag durch die deutsche Vergangenheit enorm erschwert sein, denn man möchte zurecht nicht in die Ecke der Rassisten und in die Tradition von Auschwitz geschoben werden. Dieser berechtigte Anspruch befreit aber nicht, für das Eigene Verantwortung zu tragen. Gerade dieser Anspruch erfordert Transparenz der eigenen Position. Je unbestimmter die Inländer mit deutschem Pass ihren Standort belassen, desto deutlicher werden auf der anderen Seite Urängste wach, die Deutschen könnten das fühlen, das denken, was seit jenen unseligen Generationen unverarbeitet durch die Geschichte geschleppt wird. Und es ist durchaus verständlich, dass eine Nation, im Drang der Erneuerung, die eigene Vergangenheit am liebsten abschütteln will. Problematisch bleibt jedenfalls, dass sie nicht merkt, dass sie ihr mit der Haut verwachsen ist, dass sie nicht wahrhaben will, dass der einzige authentische Weg ist, zur eigenen Geschichte zu stehen.

Dieses versteckte Spiel mit dem eigenen Standort ist das, was die Gesellschaft letztendlich in Ausländerfreunde und Ausländerfeinde spaltet. Dass dies nicht der Realität entspricht, nicht entsprechen kann, ist banal, denn keine Gesellschaft kann nur in weiß oder schwarz aufgeteilt werden. Es ist also dieses Versteckspiel, das Annäherung verhindert. Bei diesem Versteckspiel entpuppt sich allzu häufig die an den Tag gelegte Ausländerfreundlichkeit als latente, unbestimmbare Feindlichkeit. Das heißt konkret, dass die Inländer mit deutschem Pass endlich gefordert sind, ihre Sonntagsreden und -floskeln mit sichtbaren, tiefgreifenden Standortbestimmungen zu überwinden, wollen sie in ihren Bemühungen um eine sogenannte *multikulturelle Gesellschaft* ernst genommen werden.

VIII.

Zu c: Solange die Diskussion um die *multikulturelle Gesellschaft* unter Inländern mit deutschem Pass stattfindet, harren wir in einem facettenreichen Paradox, je nach Interpretationsneigung; dabei ist der modische Rummel um diesen Begriff zu einer leeren Hülse geworden. Nicht nur durch das Schickimicki-Getue, sondern auch den Alleinvertretungsanspruch der Deutschen. Es lässt sich nämlich mühelos behaupten: Die Deutschen gestalten die multikulturelle Gesellschaft. Unverändert nach dem Motto: Das multikulturelle Deutschland den multikulturellen Deutschen. Gelegentlich dürfen sich die Inländer ohne Niederlassungsrecht daran beteiligen: vielleicht in einer Talkshow eine Demirkan oder ein Fremder, der sich große Sorgen um die leicht verletzbare deutsche Seele macht und deswegen nach ihrem Mund redet, vielleicht beim Amt für multikulturelle Angelegenheiten in Frankfurt als honorierte Kraft für Cohn-Bendit oder Wolf-Almanasreh (es kann also möglich werden, dass manche Inländer ohne Bleiberecht einige bedeutsame Argumente soufflieren, wenn die multikulturellen Amtsinhaber in die Öffentlichkeit treten), vielleicht als Ausländerbeirat unter Anleitung eines Deutschen.

Gewiss, es wäre den Inländern mit deutschem Pass zu viel zugemutet, sich selbst einzuschränken und aus freien Stücken den Inländern ohne Niederlassungsrecht freie Räume zuzugestehen; es wäre ihnen wirklich zu viel zugemutet, für verbriefte Bürgerrechte für alle Inländer einzutreten. Von daher tragen die Inländer ohne Niederlassungsrecht ihren Anteil bei, dass es so ist, dass die Inländer mit deutschem Pass pausenlos und unter sich reden, dass sie sie nicht reden lassen, dass sie nicht zuzuhören brauchen.

IX.

Ich war gespannt auf die weitere intellektuelle Auseinandersetzung. Auf den Widerspruch zu meinem Essay. Und weshalb nicht, auf das Zugeständnis, einige Denkanstöße zu geben. So entsandte ich dieses Typoskript an die Redaktionen jener Medien, die bisher die Beiträge der deutschstämmigen Intellektuellen veröffentlicht hatten.

Stattdessen erhielt ich die für dieses Land bittere Bestätigung, dass ein ethnisches Getto den deutschstämmigen Intellekt unverändert verwaltet. DER SPIEGEL ließ zum Beispiel in seinem Antwortschreiben verlauten, dass er Beiträge externer Autoren nur in Ausnahmefällen drucke, so beachtlich der Redakteur meinen Text auch finde. Also sind demnach die Interventionen deutschstämmiger Autoren zum »Ausländerthema« Regelfälle, die der nichtdeutschen Passbesitzenden sind Ausnahmen. Um dann, nachdem das Thema abgehakt ist, in einer der neueren Nummern den türkischen Autor aufzubauen, der von Minderheiten nichts hält, der bemüht ist, deutscher als die Deutschen zu sein.

Weiterhin DIE ZEIT. Sie teilte mir ohne Gründe, aber dezidiert mit, dass sie für einen Abdruck meines Essays nicht infrage kommt, weil es nicht in ihr Intellektuellenklischee passt. Die *Süddeutsche Zeitung* und die *Frankfurter Rundschau* waren bei ihrer Ablehnung weitaus unbestimmter, aber nicht weniger heuchlerisch: Ihnen fehle schlicht die Möglichkeit der Veröffentlichung. Von *lettre international* erhielt schließlich mein Wunsch nach intellektueller Auseinandersetzung die Krönung des Gettodenkens in diesem Land entgegengeschleudert. Der Verantwortliche für dieses intellektuelle Blatt argumentierte in einem halbstündigen Telefongespräch damit, dass die Sachverhalte in meinem Essay nicht überzeugend genug seien; man könnte es auch anders (sic!) sehen. Dadurch, dass mein Essay Behauptungen enthielte und kaum Argumente, könne es auch bei ihm nicht veröffentlicht werden, es sei denn, es würden gleichzeitig Gegenargumente mit veröffentlicht. Zudem gäbe es genug ausländische Intellektuelle, die in Deutschland das Wort ergriffen; er nannte in einem Atemzug Lea Rosch, Heryk M. Broder (dass die deutschstämmige Intellektuellen ihre Beziehungen zu der jüdischen und/oder israelischen Minderheit klären müssen, ist banal unerlässlich; dass dies aber über die Maulkörbe an die anderen

Minderheiten geschehen muss, bleibt unerklärlich) und Achmad Taheri. Intellektuelle also, die sich über die Intellektuellen und die Fremden bisher beharrlich ausgeschwiegen haben.

X.

Was bleibt aus der bürgerlichen Pressenfreiheit, sind also die Blätter der Minderheiten ohne Bürgerrechte, der kleine eingekreiste Kreis, der nicht hinnimmt, assimiliert zu werden. Und die dicke, von akademisierten Grenzpolizisten bewachte Mauer, die nach der Vereinheitlichung des Landes, an den Grenzen zum Osten abgetragen, um diese Minderheiten dicker geworden sind.

Hanau, im Januar 1992

DIE SPRACHE BRAUCHT DIE FREMDE – DIE FREMDE BRAUCHT DIE SPRACHE

Dieser Titel meint an sich etwas Banales, wenn es um Erschließung von neuen Wirklichkeiten geht. Dennoch ist diese Banalität nicht selbstverständlich. Ich erlebe in der Gegenwart ein Getümmel der Metapher, ein Getümmel, das zur Umschreibung oder Verschleierung des Lebens und dessen Zusammenhängen zu Diensten steht. Gleichzeitig erlebe ich jene Unfähigkeit, sich der Fremde als autonome Kraft zu stellen und ihr zu begegnen, die in einer schwammigen, unklaren Sprache Ausdruck findet.

Vor Kurzem hörte ich zum Beispiel eine Nachricht über den Tod eines Mannes: »Der Verstorbene hat Frau und zwei Kinder hinterlassen.« Angenommen, die betroffene Frau hätte dies genauso gesehen und dies wäre in der Information sichtbar gemacht worden, dann hätten wir die Klarheit, die notwendig ist, um eine definierte Beziehung transparent zu machen. Teilt jene Frau diese Sichtweise nicht, wird ihr ihre Anwesenheit als autonomer Mensch verweigert; sie darf in der Nachricht nur als Ding vorkommen. Wenn wir also diesen Satz näher betrachten, erkennen wir die Sprache derjenigen, die einen Besitzanspruch auf die Sprache erheben und denjenigen ein Anwesenheitsrecht verweigern, die in ihrem Machtbereich nicht vorgesehen sind.

Wir wissen, dass Sprache nicht nur eine Sachinformation enthält, sondern auch immer eine Selbstoffenbarung, wobei dies zumeist mit einer impliziten Beziehungsdefinition und einem Appell verknüpft wird. Wenn es in öffentlichen Aufrufen, in Demonstrationen und Tagesstatements »Gegen Ausländerhass« heißt, dann treten hier eine Selbstoffenbarung und eine Beziehungsdefinition zutage, die die Position des Sprechers in einem Versteckspiel entschlüsseln. Zum einen offenbart dieser Appell, dass es hier zunächst um eine Beruhigung von Gefühlen, die für eine Gemeinschaft bedrohlich werden können, gehen soll und nicht darum, Begegnungsmöglichkeiten zwischen Mehrheitsangehörigen und Minderheiten auszuloten, denn die Adressaten sind Landsleute, die Hassgefühle pflegen könnten. Ferner bleibt hier unklar, welches Gefühl anstelle des Hasses treten sollte.

Des Weiteren artikuliert sich hier eine Aussage, die zwar Bezüge zu öffentlich ausgetragenen Gefühlen herstellen will, gleichzeitig aber nicht nur die eigenen Gefühle verbirgt, sondern auch Sachargumente ausklammert. Dadurch wird deutlich, dass die Fremden Objekt in einer internen Auseinandersetzung verschiedener gesellschaftlicher Strömungen sind und als teilhabende Personen nicht vorgesehen werden. Die Minderheiten bleiben ein Objekt der Verhandlung zwischen Deutschpassbesitzern.

Dies gilt auch, sobald öffentliche Sätze Fremde explizit vorsehen. Als Selbstoffenbarung tritt die Vorstellung von schutzbedürftigen Fremden zutage, die es mütterlich oder väterlich zu beschützen gilt, wobei damit die Beziehung zum Fremden implizit mitdefiniert wird als eine von oben nach unten. Auch wenn Mehrheitsangehörige dann eindeutiger für den Erhalt des Artikels 16 oder 1 des GGs auftreten, bleibt dabei deren Beziehung zum Artikel 3 des GGs und zum Ausländergesetz undefiniert. Es bleibt offen, ob bürgerliche Rechte uneingeschränkt für die in Deutschland lebenden Minderheiten gelten sollen.

Dass ich mich mit alltäglichen Schlagwörtern aufhalte, anstatt literarisch zu argumentieren, warum Literatur von der Fremde lebt, hängt mit einer weiteren Banalität zusammen: dass Literatur und Gesellschaft eins sind, und ich als Minderheitsangehöriger dieses Landes parteiisch sein will, sowohl für die Fremde, als auch für die Sprache, obwohl der Begriff »parteiisch« hierzulande mit »voreingenommen« gleichgesetzt wird. Als sei der Prozess des klaren Standorteinnehmens problematisch. Ich gehe dagegen davon aus, dass dies nicht der Fall ist. Denn die Sprache braucht nicht nur die Fremde, sie braucht auch Klarheit.

Es geht mir dabei um eine Erschließung von fremden Erfahrungen, darum Anwesenheit auszuweisen, aber auch um ein Ausloten von Standortbestimmungen, und somit um eine Herstellung von Beziehungsklarheit, damit die Initiierung eines Dialogs bzw. Multilogs möglich wird.

Ich habe vorhin darauf hingewiesen, dass Sprache immer eine Selbst–offenbarung und eine Definition des Selbst zum anderen beinhaltet. Nehmen dabei die Sprechenden keine autonomen Positionen ein, so entsteht dadurch eine Disparität in der Beziehung, die eine Begegnung verunmöglicht. Beispiele für Disparität, an der beide Seiten, Autor und Publikum, gleichermaßen beteiligt sind, liegen dort vor, wenn Exotik als besondere Facette der Fremde in der Literatur einen Platz findet, so wie die Publikationen von Salim Alafenisch, Rafik Schami oder Saliha Scheinhardt einen Platz auf den Verkaufsbüchertischen finden können. Man kann dann diesen Prozess als Bereicherung der Sprache und Literatur betrachten, als Aneignung fremder Bilder und Realitäten. Also als kolonialistischen Akt, der die fremde Realität als konsumierbare Ware betrachtet und nicht als eine autonome vorsieht, der es zu begegnen gilt. Aber eine Begegnung kann hiermit nicht stattfinden. Die Haltung von Autor und Publikum sind hier dennoch nicht unter unserem Motto »Die Sprache braucht die Fremde« unterzubringen, denn Autor und Leserschaft begnügen sich in stiller Übereinkunft mit altbewährten Klischees, die ihnen im höchsten Maße vertraut sind.

Beim Satz »Die Sprache braucht die Fremde« geht man im Allgemeinen eher von der geläufigen Vorstellung aus, dass bisher unbekannte Sprachfelder erschlossen werden könnten. Diesen Satz würde jeder Literat unterschreiben, unabhängig vom kulturellen Hintergrund oder von der majoritären oder minoritären Herkunft, und ich würde ihn zunächst unreflektiert auch für mich unterschreiben. Rein analytisch betrachtet, hat dieser Satz jedoch die Sprache als Subjekt und die Fremde als Objekt und weist eine übereinstimmende Parallele zum folgenden Satz auf: Die Ökonomie braucht fremde Arbeitskräfte. Betrachten wir dazu die Ebene der unausgesprochenen Beziehungsdefinition, die in jeder Sprache mitschwingt, enthält dieser Satz einen Grundkonflikt, der deutlich zutage tritt, wenn wir den Satz umdrehen: Die Fremde braucht die Sprache. Durch diesen Satz wird Anwesenheit beansprucht und ein Standort ausgemacht. Anwesenheit und Standort schaffen wiederum die Möglichkeit der Auseinandersetzung mit der Gegenposition und somit die Möglichkeit des Dialogs bzw. Multilogs. Voraussetzung ist allerdings, dass alle Beteiligten – und die Mehrheitsangehörigen in erhöhtem Maß – diese Herausforderung annehmen.

Und mit der Frage, ob und wie die hier anwesenden Vertreter der Mehrheit in der Lage und bereit sind, diese Herausforderung anzugehen, möchte ich ins Podiumsgespräch überleiten.

Geschrieben in Hanau, November 1992 für die Tagung »Sich die Fremde nehmen. Deutschsprachige Literatur von Ausländern«, in der Katholischen Akademie der Erzdiözese Freiburg am 21./22. November 1992

SPRACHFREMDE UND OBRIGKEITSDEUTSCH

I.

Franco Biondi lebt seit über dreißig Jahren in der deutschen Sprache. Als Autor bewegt er sich darin und daraus seit über zwanzig. Dass er dort fremd und wie zu Hause zugleich ist, steht im Bezug zur Zweigleisigkeit, die zwangsläufig mit dem fremden Leben verbunden ist. Obwohl für viele Menschen die Sprache sich wie eine zur Raserei einladende Autobahn darstellt, ist sie für Franco Biondi eher ein Pflasterweg. Für ihn zeigt sich der Weg zur Sprache von Anbeginn an unvollständig und brüchig, so dass ein Sich-darin-Bewegen immer wieder eine Erfahrung von Grenze und Bodenlosigkeit hervorruft. Es ist ihm so, als ob darin die Sprache wörtlich genommen wird, als existiere dort eine Fremde, die unzugänglich bleibt.

Im allgemeinen Sprachgebrauch ist oft davon die Rede, man sei der Sprache mächtig. Oder man beherrsche die eine oder die andere Sprache. Diese Redewendungen mögen für die Einzelnen subjektiv stimmen, wenn man dabei die Oberfläche einer Sprache meint. Oder wenn man davon ausgeht, die Sprache sei statisch oder sie stehe nicht in unmittelbarer Beziehung zu anderen. Wenn man aber einer Sprache eine Dimension zugesteht, die historische Ausgangspunkte hat und einem gesellschaftlichen Wandel unterworfen ist, wenn man davon ausgeht, dass sie eine individuelle Tiefe hat, wenn man anerkennt, dass sie einen Beziehungscharakter hat, dann wird deutlich, wie begrenzt die Macht über sie ist, wie gering sich der Beherrschungsgrad erweist. Bereits in einer Zweierkonstellation entstehen sogenannte »Missverständnisse«, weil einem gesprochenen Wort, einem ausgesprochenen Satz eine unterschiedliche Bedeutung zugeschrieben wird.

Sprachfremde weist auf etwas Existenzielles hin, anders als Fremdsprache. Bei Fremdsprache handelt es sich um eine Sprache, die als unterscheidbar von der eigenen erlebt wird, gegenüber der eigenen fremd. Sprachfremde weist eher daraufhin, dass in der täglich gesprochenen und erlebten Sprache Fremde erlebt wird. Wiederum etwas völlig anderes will Sprachentfremdung meinen. Sie liegt vor allem dort vor, wo in der Sprache Gewalt und Macht eingepackt wird. Gerade der alltägliche Umgang ist vollgespickt mit Ent*fremdungen*. Diese Ent*fremdungen* entspringen unter anderem aus der Ausgestaltung der menschlichen Beziehungen, wobei Macht und Beeinflussungsabsichten eine wesentliche Rolle spielen.

Die Sprache ist insofern ein Mittel, durch das nicht nur Beziehungen ausgedrückt werden; sie offenbart auch deren Ausgestaltungen. Gerade dieser Aspekt erweist sich als besonders hilfreich, wenn es darum geht, Ent*fremdungen* in der Sprache aufzuspüren, oder wenn es gelingt, die darin zum Ausdruck kommende Qualität der zwischenmenschlichen Beziehungen genau ausmachen. Bei dieser Fragestellung geht es darum, einen Zugang zu dem zu erlangen, was mit einer Mitteilung mitgeliefert wird. Es handelt sich also um die Ebenen der Mitteilung, die nicht direkt und offen transportiert werden. Daher entstehen interessante Zugänge gerade dort, wo aus einer sprachlichen Mitteilung neben der *Sachinformation* auch eine *Beziehungsdefinition*, die *Selbstoffenbarung* und ein *Appell* erschlossen werden können, Aspekte also, die in einer Sachinformation mitschwingen. Um dies zu illustrieren, kann hier ein Beispiel angeführt werden, wo eine Frau zu ihrem zu Alkohol neigenden Ehemann sagt: »Du, der Bierkasten ist leer.«

Der Satz will zunächst auf den *Sachverhalt* aufmerksam machen, dass im Kasten keine vollen Bierflaschen mehr vorhanden sind. Eine *Selbstoffenbarung* kann darin erkannt werden, dass die Frau darauf hinweist, dass sie sehr achtsam ist. Die *Aussage über die Beziehung* bringt hier zum Ausdruck, dass der Frau nicht unwichtig ist, wie viel der Mann trinkt, dass sie *sein* Trinkverhalten genau kontrolliert. Als *Appell* könnte hier mitklingen: »Trink nicht so viel!« Es ist hierbei davon auszugehen, dass beim Mann bei der Bemerkung der Frau, der Bierkasten sei leer, ebenso die vier Ebenen der Mitteilung ablaufen. Das könnte für den Mann auf der Beziehungsebene assoziieren, dass seine Frau ihm nicht zutraut, sein Trinkverhalten in den Griff zu bekommen. Oder er fühlt sich in seiner Trinksucht ertappt. Als Appell könnte er die Aufforderung an ihn heraushören: »Kontrolliere dich!« Als Selbstoffenbarung seiner Frau könnte er z. B. entnehmen, dass sie nicht nur sehr genau kontrolliert, sondern auch, dass sie es inzwischen satt hat, dies zu tun. Oder er könnte heraushören, dass sie wütend ist, Geld für Alkohol verschwinden zu sehen. Aus diesem Satz kann auch erschlossen werden, dass das Paar in ein Spiel verstrickt ist, bei dem Eigenverantwortung verschoben wird. Dies kann zum Beispiel in der Weise einer Vermeidung von Verantwortung durch den Mann oder durch Übernahme von Verantwortung für das Verhalten des Mannes durch die Frau stattgefunden haben, da sie die Aufgabe übernommen haben könnte, die Alkoholmenge in Grenzen zu halten. Es ist auch denkbar, dass diese dyadische Beziehung sich durch beiderseitiges Kontrollverhalten charakterisiert, sich auf ein kindliches Dieb- und Gendarmenspiel mit Erwischen und Entkommen gründet, was in den zwischenmenschlichen Beziehungen häufig zu einer Regulierung von Nähe und Distanz und von Angstzuständen dient. Was genau die Frau an Beziehungsdefinition, Selbstoffenbarung und Appell in einem solchen Satz artikuliert und der Mann darin assoziiert, lässt sich allerdings erst bei genauerer Analyse ihrer Beziehung herausarbeiten.

Dieser Zugang ist in einem systemischen Beratungssetting und im psychotherapeutischen Zusammenhang interessant, weil er hilft, Verstrickungen zwischen Beteiligten und scheinbar Unbeteiligten zu entschlüsseln und dementsprechend ein Verhaltenssymptom von einer Individualisierung zu befreien. Er ist insofern besonders hilfreich, da er wirksam Interdependenzen erkennbar werden lässt und beitragen kann, sie im Sinne aller Beteiligten zu entstricken, falls sie es sich wünschen und dies nicht alleine können.

II.

Die Übertragung dieses Ansatzes auf Äußerungen im öffentlichen Bereich über die Beziehungen von Mehrheitsangehörigen zu kulturellen Minderheiten kann Aufschluss darüber geben, wie sie sich ausgestalten. Bereits bei öffentlichen Aufrufen und bei Demonstrationen und Tagesstatements, wo repetitiv der Slogan »Gegen Fremdenhass« skandiert wird, lässt sich einiges ablesen.

Auch hier wird eine Sachinformation geliefert: Es gibt Fremde und es gibt einen Hass auf diese Fremden. Gleichzeitig treten eine Selbstoffenbarung und eine Beziehungsdefinition zutage, welche die Position des Sprechers in einem Versteckspiel entschlüsselt. Zum einen offenbart dieser Satz einen Appell und einen gedachten Adressaten. Bei dem Adressaten handelt es sich hauptsächlich um den eigenen Kreis und der Appell ist offensichtlich ebenso an Angehörige der Mehrheitsgesellschaft gerichtet worden. Wären die Fremden direkt angesprochen worden, hätte der Satz heißen müssen: »Wir hassen euch nicht.« Oder: »Lasst euch nicht hassen.« Oder bei deutlicher Einbeziehung der eigenen Person: »Wir lassen nicht zu, dass ihr gehasst werdet.« Dass als Adressaten hauptsächlich Landsleute gemeint sind, heißt zunächst, dass sowohl die, die den Fremdenhass pflegen, angesprochen werden sollen, als auch die, die grundsätzlich nicht vorhaben, Fremde zu hassen, und auf diesen Aufruf erleichtert reagieren würden. Im Sinne von »Landsleute, hasst nicht!« und auch »Landsleute, ihr seid nicht allein bei der Ablehnung dieses Hasses!« Damit wird ein Appell an ein Wir vermittelt, ein Appell an ein Gefühl, das für eine Gemeinschaft bedrohlich werden kann. Intendiert werden hier auch, in sehr indirekter Weise, die anderen, die Nichtlandsleute. Als Signal an Positionen außerhalb der Mehrheitsgesellschaft, wie an das aufhorchende Ausland, könnte die Botschaft mitgeliefert werden:

a) Seht ihr, wir sind Deutsche, die nicht hassen,
b) wegen solcher Umtriebe machen wir uns Sorgen,
c) wir passen auf, wie weit der Hass geht, und
d) wir handeln. Aber auf der Beziehungsebene könnte da mitschwingen: »Wir wollen als Deutsche geliebt und geschätzt werden« und auf der Ebene der Selbstoffenbarung: »Wir wollen einen guten Ruf erwerben oder behalten.«

Im Satz »Gegen Fremdenhass« werden also Beziehungen implizit definiert, da ja darin eine Haltung aufgezeigt wird, die sich komplementär zu »Für Fremdenhass« begreift. Unabhängig davon, ob diese Haltung zu Intentionen und Verhalten kongruent ist, steht das Für-und-Wider auf dem Podest der Gleichpositionierten, wodurch die Fremden zu passiven Empfängern eines Gefühls und Gegengefühls gemacht werden. Hierzu kann man sich fragen, was steckt in jenem Gegengefühl, das Platz im Satz »Gegen Fremdenhass« findet? Es kann gemutmaßt werden, dass es hier zunächst um eine Beruhigung von Gefühlen gehen soll (»Bitte, Landsfrau, Landsmann, hasset nicht! Denn sonst, wo kommen wir hin! Und ich will nicht, dass man denkt, wir Deutsche würden wieder Fremde hassen!«). Auch hier geht es nicht darum, Möglichkeiten der Begegnung zwischen Mehrheits- und Minderheitsangehörigen auszuloten. Ferner bleibt hier unklar, welches Gefühl anstelle des Hasses treten sollte (Toleranz ist ja kein Gefühl, und Nichthass ist nicht Liebe, aber auch nicht zwangsläufig Respekt). Des Weiteren artikuliert sich hier eine Aussage, die zwar Bezüge zu öffentlich ausgetragenen Gefühlen herstellen will, gleichzeitig aber nicht nur die eigenen Gefühle verbirgt, sondern auch sich von jeder Verantwortung freispricht. Ferner werden hiermit Sachargumente ausgeklammert. Denn im obigen Satz wird nicht aufgefordert: »Weg von Hassgefühlen und hin zu rationalen Lösungen.«

Eine rationale Lösung wäre z. B., den Fremden aus der ihm zugeschriebenen passiven Rolle, zumindest im eigenen Bewusstsein, zu befreien, den Fremden als Subjekt in einem erweiterten Ganzen vorzusehen.

Durch diese kurzen Ausführungen wird deutlich, dass die Fremden passive Objekte in einer internen Auseinandersetzung verschiedener gesellschaftlicher Strömungen bleiben und als teilhabende Personen nicht vorgesehen werden. Gerade in Situationen des gesellschaftlichen Notstands bleiben die (national geprägten) kulturellen Minderheiten ein Objekt der Verhandlung zwischen den eingeborenen Deutschen. Dies gilt insbesondere, sobald öffentliche Sätze ein explizites Vorsehen der Fremden vornehmen: Auch in der Selbstoffenbarung tritt die Vorstellung von schutzbedürftigen Fremden zutage, die es mütterlich oder väterlich zu beschützen gilt, wobei damit die Beziehung zum Fremden implizit mit definiert wird: als eine von oben nach unten. Selbst wenn Angehörige der Mehrheit eindeutiger für Asyl für politisch Verfolgte oder für die Gleichheit aller Menschen vor dem Gesetz auftreten würden, bleibt dabei deren Beziehung zum Sachverhalt undefiniert, dass (national geprägte) kulturelle Minderheiten einem Ausländergesetz unterworfen bleiben. Es bleibt auch offen, ob bürgerliche Rechte uneingeschränkt für alle in Deutschland lebenden (national geprägten) kulturellen Minderheiten Geltung zu finden haben oder nicht.

III.

Womöglich erscheint die Feststellung banal, dass in jeder sprachlichen Äußerung eine Perspektive vorliegt, die im alltäglichen Umgang andere überlagert und verdrängt, je nach Position und Machtausstattung des Sprechenden. Es ist vielleicht durchgängig so, dass Macht und Obrigkeit Möglichkeiten haben, sich Gehör so zu verschaffen, dass andere Perspektiven entweder Randpositionen einnehmen oder gar nicht mehr vorkommen, dass also Sprache besetzt wird. Beispielhaft ist, wie die offizielle Sprachregelung den öffentlichen Diskurs bestimmt hat und bestimmt, wie die nahtlosen Übergänge vom Begriff »Gastarbeiter« über »ausländische Arbeitnehmer« zu »ausländische Mitbürger« gezeigt haben, ohne dass die Bezeichnungen »Einwanderer« und (national geprägte) kulturelle Minderheiten als anerkannte Markierung eines historischen Prozesses einen allgemein anerkannten Platz eingenommen haben. Auch der Satz »in die Fremde gehen« enthält eine Sichtweise, die im Satz »in die Fremde kommen« deutlich kontrastiert wird. Dennoch kann hier der Sprechende derselbe sein, ohne es zu müssen, nur der Ort der Betrachtung gibt Aufschluss über die Bedeutung, die man darin verleihen will. Deutlicher ist die Behauptung »Wir sind alle Ausländer, fast überall«, ein Motto, das in Deutschland für viele Jahre en vogue war und als Aufschrift an Häuserwänden und als Aufkleber auf Autoscheiben aufs Auge flatterte.

Durch diesen Satz, der eine Inschutznahme der Minderheitsangehörigen in Deutschland durch engagierte Mehrheitsangehörige intendieren will, wird eine Egalisierung der rechtlichen, politischen und kulturellen Situationen vorgenommen und der Ort der Betrachtung so abstrahiert, als existiere dieser nicht. Von Mehrheitsangehörigen ausgesprochen, verleugnet und verschleiert das nicht nur, dass in dem Land, in dem man selbst lebt, eine faktische Einwanderungslandsituation entstanden ist, sondern man verharmlost damit, wenn man selbst auf Tour in der Welt ist, auch die eigene Position als devisenbewaffneter Fremder in den devisenabhängigen Ländern. Wird dieser Satz dagegen von Minderheitsangehörigen ausgesprochen, so verweist dies darauf, dass diese, zumindest verbal, auf Anwesenheit freiwillig verzichten. Aber bereits der Verzicht auf verbale Anwesenheit ist faktisch eine persönliche Abwesenheit.

IV.

Der Alltag bietet ein beinah unerschöpfliches Potenzial an Verschleierung des faktischen Lebens durch die Sprache. Da werden ominöse Worte erfunden, wie »finaler Rettungsschuss«, wenn es darum geht, die gezielte Tötung (sprich: Ermordung) eines bedrohlich wirkenden Kriminellen zu beschreiben; oder es werden Gebiete, in denen Gift gelagert wird, »Entsorgungsanlagen« genannt. Ob von »Rückkehrhilfe« wie Mitte der Achtziger oder von »Integrationshilfe« dann die Rede ist, wenn es um den Umgang mit Angehörigen der (national geprägten) kulturellen Minderheiten geht, um eine Politik der gezielten Beeinflussung zu begründen, tut der Tatsache kaum Abbruch, dass die Inhaber von Macht Sprache zur gezielten Verschleierung einsetzen. Umschreibungen, die dann verschwinden, sobald sie ihre Funktion erfüllt haben. Im Grunde genommen sind sie im alltäglichen Getümmel der verschleiernden Metaphern nur grobe Verballhornungen, die gar den selbsternannten Wächtern der deutschen Sprache auffallen, die sie jahrjährlich zum »Unwort des Jahres« küren.

Interessanter sind auch die subtilen, kaum erkennbaren Metaphern, die funktional eine Sicht vertreten und eine andere, die darin ebenso enthalten sein muss, automatisch tilgen. Eine der bedeutsamsten Verschleierungen ist aus diesem Blickwinkel die der Verleugnung von Anwesenheit. Zur Verdeutlichung, wovon die Rede ist, ein kleines Beispiel: Vor längerer Zeit war im Fernseher eine Nachricht über den Tod eines Mannes zu hören. Es hieß in etwa: »Der Verstorbene hat Frau und zwei Kinder hinterlassen.« Unabhängig davon, ob die betroffene Frau und die zwei Kinder diesen Satz teilen oder nicht, diese Formulierung macht eine Beziehung transparent. Dieser Frau und den Kindern wird ihre Anwesenheit als autonomer Mensch verweigert; sie dürfen in der Nachricht nur als Besitz bzw. als Ding vorkommen. Denn es hätte auch heißen können: Frau und Kind beklagen den Verlust des Verstorbenen oder Ähnliches. Hauptsache Frau und Kind werden hier als aktiv Anwesende vorgesehen. Besonders befremdlich klingt es, wenn direkt Betroffene in einer Handlung, in einem Zustand, sich überhaupt nicht vorsehen, es sei denn als passiv Tragende. Dies ist konkret der Fall, wenn eine schwangere Frau sagt: »Ich erwarte ein Kind von ihm«, da ein Kind niemals nur von einer Person alleine entspringen kann. Oder wenn ein Minderheitsangehöriger betont: »Deutschland hat gegenwärtig sechsundsiebzig Millionen Einwohner«, ohne die sechs Millionen Einwanderer hinzuzuzählen.

V.

Bei einer der vielen Schreibpausen, während er dieses Essay schrieb, blätterte Franco Biondi eine Wochenzeitung durch und stieß auf ein Inserat, das die erschienenen Taschenbücher des Monats präsentierte; in der Aufmachung trat ein Buch hervor, das mit dem zu tun hatte, worüber Franco Biondi gerade schrieb: »Paul Lützeler, Schreiben zwischen Kulturen.« Paul Lützeler lernte Franco Biondi bei seiner USA/Kanada-Lesereise 1994 in der Washington University in St. Louis, kennen, wo er Inhaber eines Lehrstuhls für Germanistik ist. Im kurzen Gespräch spürte Franco Biondi, dass Herr Lützeler in Fragen der Zwei- bzw. Mehrsprachigkeit und Multikulturalität sich interessiert gab. Dass Franco Biondi einen Tag später in Kansas City ein Faltblatt entdeckte, aus dem hervorging, dass der Professor einen Vortrag über Multikulturalität halten würde, überraschte ihn. Denn seine Interessiertheit zeugte noch nicht von vertiefter Auseinandersetzung. Franco Biondi hielt nun den Blick auf den Titel fixiert und spürte eine Irritation, die im Satz enthalten war: »Schreiben zwischen den Kulturen.« Es folgte eine spontane Sprachanalyse. Entweder hatte Paul Lützeler die innenbewegenden Fragen des Schreibens und der Multikulturalität nicht verstanden oder vertritt in diesem Titel die Gettoposition der Majorität. »Zwischen« hat die Dimension »weder hier noch dort«, sie belegt keine Räume, sondern nur Zwischenräume. Im »Zwischen« ist der Betreffende weder in einem noch im anderen Getto, er darf also weder hier noch dort teilhaben, in voller Affektivität anwesend sein. Dies ist äquivalent mit der rechtlichen Auffassung, wonach der Fremde an einem Ort anwesend ist, ihm aber dort nur eine Aufenthaltserlaubnis gewährt wird. Im Gegensatz dazu würde ein »Schreiben mit den Kulturen« Anwesenheiten markieren; es würde ein Sowohl-als-Auch der Orte enthalten, wo man gleichermaßen Subjekt ist. Und wo eine Möglichkeit der Integration besteht, also der Öffnung der Gettotore.

Im »Schreiben zwischen den Kulturen« sieht Franco Biondi eine Selbstbekundung der darin vorgestellten Wissenschaftler und/oder Autoren: dass sie es sind, die sich in keinem kulturellen Ort fühlen.

Dabei erschien es Franco Biondi als unwahrscheinlich, dass im Büchlein eine Population von entwurzelten Wissenschaftlern und/oder Autoren über Zwischenkulturen referieren würde. Und wenn sie vielleicht doch davon ausgingen, dass die moderne Welt den Menschen immer weniger die Möglichkeit bot, eine klare Identität zu bilden, wollten sie dies in Rechnung tragen? Es erschien Franco Biondi unwahrscheinlich, da Mehrheitsgesellschaften seit geraumer Zeit – aufgrund weltweiter Umwälzungen, die das Thema Fremde erfahrbar werden lassen konnten – dazu tendierten, schwindende Identität durch einen verstärkten Regionalismus wettzumachen. Darauf sagte sich Franco Biondi, dass dort zunehmende Schwierigkeiten immer nur durch irgendwelche Krücken bewältigt wurden, während der Weg zum Ort »Dazwischen« ausschließlich den Minderheiten überlassen wurde.

VI.

Dass Franco Biondi in diesem Essay sich mit alltäglichen Schlagwörtern aufhält, anstatt literarisch zu argumentieren, wie Literatur und Fremde miteinander leben, hängt mit einer Banalität zusammen: dass er Literatur und Gesellschaft als eins erlebt, dass er parteiisch sein will. Sowohl sich gegenüber als auch für die Fremde als gesellschaftliches Phänomen als auch für die Sprache. Und dies, obwohl hierzulande der Begriff »parteiisch« mit »voreingenommen« gleichgesetzt wird, als sei das Bekenntnis zu sich selbst und/oder der Prozess des klaren Standorteinnehmens problematisch. Parteilichkeit steht hier für die Vorstellung, dass jeder Mensch in der Verantwortung für sein Handeln ist, also auch für seine Sprache.

Wenn, wie oben gezeigt, eine Person in einer sprachlichen Äußerung auf den Ebenen der Selbstoffenbarung, der Beziehungsdefinition und des Appells nur in einer subalternen Position vorkommt, dann etabliert sich Beziehungsdisparität, die eine Begegnung verunmöglicht.

Beispiele für Disparität, an der beide Seiten, Autor und Publikum, in stiller Übereinkunft beteiligt sind, liegen dort vor, wenn Exotismus als besondere Facette der Fremde in der Literatur einen Platz findet, so wie die Publikationen von Salim Alafenisch, Rafik Schami oder Saliha Scheinhardt einen Platz auf den Verkaufstischen finden können. Exotismus feiert exotische Unterschiede, ernährt sich bekanntermaßen von der Faszination für das Fremde und ist eher auf Konsumieren des Fremden ausgerichtet. Man kann ja sogar so weit gehen und behaupten, dass mit Exotismus eine Begegnung nicht stattfinden kann, da er eher von der Vermeidung einer partnerschaftlichen Beziehung lebt. Er ist rigid vertikal aufgebaut und trennungsaufrechterhaltend organisiert.

Beim Exotismus sind beide Positionen auf den Prozess der Verbreitung/Rezeption fremder Bilder und Realitäten fokussiert. Sobald im Alltag oder in verschiedenen Vorträgen von der »Bereicherung« der deutschen Sprache und Literatur die Rede ist, kann man sich fragen, ob die Exotismusebene mitschwingt. Beide Vorgehensweisen, die sich in der Konvergenz der Bereicherungen treffen – die des Vermittlers und des Rezipienten –, sind lediglich als kolonialistischer Akt zu begreifen, der darauf abgestellt wird, Fremde als Austauschware zu verhandeln. Da Autoren und ihre Leserschaft die Vorstellung »Die Sprache braucht die Fremde« ausleben, da sie sich in stiller Übereinkunft mit altbewährten Klischees begnügen, die ihnen im höchsten Maße vertraut sind, sind sie nicht unter dem Motto »Die Sprache lebt fremd« unterzubringen.

Wie es nun so ist, ein Motto ruft in der Fantasie eines Essayschreibers Varianten hervor. Bei dem Satz »Die Sprache lebt fremd« geht Franco Biondi von der Vorstellung aus, dass sie lebt, fremd ist und, aufgrund ihrer Eigenart, fremd zu bleiben gedenkt (und er lässt sich dahin bringen, zu sagen: »Die Sprache geht fremd«). Ferner stellt er sich vor, dass diejenigen, die sich darin (oder: darauf?) bewegen, nicht a priori wissen können, wo das hingeht. Aber auch dieser Satz erweist sich als unzureichend in der Verbindung Fremder als aktiv Handelnder und Sprache. Von der Metaphorik her mag der Satz subtil an die Varianten »geht fremd«, »lebt vertraut« etc. erinnern und dementsprechend als sprachlich elegant gelten; er mag auch der Sprache eine starke Kraft geben, die Gestaltungsmöglichkeiten gebiert. Von der Aussage her fehlt allerdings der Teil, der die Substanz des sprechenden, schreibenden Subjekts ausmacht.

Jedenfalls geht der Satz der Exotismuskäufer und -verkäufer »Die Sprache braucht die Fremde« von einer geläufigen Vorstellung aus, dass die Sprache durch die Fremde auflebt. Dass Felder existieren, die sprachlich erschlossen werden können. Diesen Satz würde wahrscheinlich auch jeder Literat unterschreiben, unabhängig vom kulturellen Hintergrund und von der majoritären oder minoritären Herkunft, und auch Franco Biondi würde ihn zunächst unreflektiert für sich annehmen.

Rein analytisch betrachtet, hat dieser Satz jedoch die Sprache als Subjekt und die Fremde als Objekt und weist eine übereinstimmende Parallele zum folgenden Satz auf: Die Ökonomie braucht fremde Arbeitskräfte. Oder: Die Medien brauchen Sensationstorys. Oder: Die Literatur der Mehrheit braucht fremde Sprachbilder. Betrachtet man die Ebene der unausgesprochenen Beziehungsdefinition, die hier mitschwingt, enthält dieser Satz einen Grundkonflikt, der deutlich zutage tritt, wenn der Satz umgedreht wird: »Die Fremde braucht die Sprache.« Durch »Die Fremde braucht die Sprache« wird darin Anwesenheit beansprucht und ein Standort gesucht. Anwesenheit und Standort schaffen wiederum die Möglichkeit der Auseinandersetzung mit Gegenpositionen und somit die Möglichkeit des Dialogs bzw. Multilogs. Voraussetzung ist allerdings, dass alle Beteiligten diese Herausforderung annehmen.

VII.

Eine Variante jener Versuche, Anwesenheit im sprachlichen Bereich zu tilgen, ist in der Lektorierung von Typoskripten zu finden. Zunächst ist davon auszugehen, dass die Lektorierung von schriftstellerischen Arbeiten Autor und Lektor in eine kooperative Konstellation versetzen. Der Autor hat ein Sprachwerk hergestellt, das von einem weiteren Handwerker der Sprache im Sinne einer Kooperation zur Verbesserung des Werkes überprüft wird. Einmal kann es darum gehen, die von der Mehrheitsgesellschaft festgelegte Schrift an die grammatikalischen und an die Rechtschreibregeln anzupassen. Zum anderen werden durch die Lektorierung inhaltliche und sprachliche Aspekte des Sprachwerkes mit den Intentionen des Autors verglichen und gegebenenfalls mit konkreten Vorschlägen versehen. Unter Umständen regt der Lektor inhaltliche Korrekturen an, immer nur, um der Aussage des Autors zu mehr Kraft und Prägnanz zu verhelfen.

Diese Ausgangsposition tritt allerdings außer Kraft, sobald zwei Spracharbeiter Positionen innerhalb der Sprache haben, die sich aufgrund kultureller oder sprachlicher Herkunft kontrastieren. Dies will der Essayschreiber Franco Biondi anhand persönlicher Erfahrungen näher erläutern. Bereits bei seiner ersten Erfahrung mit einem Lektorat, nämlich mit dem des Deutschen Taschenbuchverlags, erfuhr er, wie die Lektorin aus dem *wie das Fernsehen den Leuten **einmassiert*** ein *wie das Fernsehen die Leute **versorgt*** machen wollte. Und wie ein roter Faden zog sich diese Erfahrung bis zum Heliopolis-Verlag, bei der Lektorierung des Romans *In deutschen Küchen*. Da zundete sich eine der ersten Auseinandersetzungen zwischen Herrn Katzmann als lektorierendem Verleger, seinem Lektor und Franco Biondi als Romancier unter anderem bei folgenden Sätzen: *Nach **dreimonatigem** Deutschland* und *Seit dem **Zug** nach Deutschland war Zeit dahin*. Der Verleger und der Lektor fanden diese Sätze seien unkorrektes Deutsch und wollten sie unbedingt so verbessert haben: *Nach drei Monaten **in** Deutschland* und *Seit dem **Umzug** nach Deutschland ging die Zeit dahin*. Im Laufe der Lektorierung desselben Romans folgten die Auseinandersetzungen als Fortsetzungsserie wie bei einer Telenovela. Zu guter Letzt, als die Lektorierungsarbeit beendet schien, stolperte Franco Biondi in der Druckfahne über einen Satz, der ihm fremd vorkam: *Und er kam ... auf die jüngst **aufgetretene** Feindlichkeit gegenüber Fremden ... zu sprechen.* Der Autor wusste, dass er in diesem Kontext das Wort *aufgetretene* nie hätte schreiben können. In der Tat fand sich in seinem Typoskript: *Und er kam ... auf die jüngst **auffallende** Ausländerfeindlichkeit ... zu sprechen.* Das Wort *auffallend* war stillschweigend mit *aufgetretene* ersetzt worden. Diese vom Verleger vorgenommene und eigenmächtige Veränderung zerriss endgültig den Geduldsfaden Franco Biondis – er zog sein Werk zurück und sah von der Veröffentlichung bei Heliopolis endgültig ab.

Vergleichbares widerfuhr ihm zwei Jahre später mit Karl Corino. Der anerkannte Literaturkritiker machte ungefragt aus einer *Mästung des Willens* eine *Kräftigung des Willens*. Und er nahm viele andere Veränderungen vor. Ungefragt, weil er zwei Auszüge des Romans zur Einsicht bekommen hatte, nicht um sich als Lektor zu betätigen, sondern vielmehr – nach einer telefonischen Vorklärung – als Vermittler zwischen einem willigen Verlag und einem sich auf Suche befindlichen Autor.

Dieser Veränderungseifer lässt die Vermutung aufkommen, der Verleger, der Literaturkritiker und der Lektor gehen von der Hypothese aus, dass der Autor anderer Sprachherkunft wie Franco Biondi Fehler in die deutsche Sprache streut, also *falsch* mit ihr umgeht. Das hieße: Wenn ein fremd herkünftiger Autor die Konventionen der deutschen Sprache verlässt und/oder die kanonisierte Sprachregel verletzt, dies nicht als bewussten oder zumindest als erfahrungsbezogenen Akt tut, der künstlerische Qualitäten haben könnte, sondern vielmehr aus Sprachschwäche.

Mögen diese Haltungen als gut gemeinte Positionen ausgelegt werden, die nichts anderes im Sinne hätten, als dem sprachinsuffizienten Autor zu einem ansehnlichen Werk zu verhelfen, so ist bei den obigen Beispielen jedoch nicht zu übersehen, dass die Vorschläge zu inhaltlichen, wenn nicht zu ideologischen Korrekturen führten, ohne das starke Wort der Zensur als leitendes Motiv in den Vordergrund rücken zu wollen. Es ist offensichtlich, dass die Ersetzung von *Mästung* mit *Kräftigung* und die der *auffallenden* mit der *aufgetretenen* Ausländerfeindlichkeit grundverschiedene Erfahrungshorizonte vermitteln, welche die Perspektive deutlich verschieben: Ein *Auftreten* will hier heißen, dass Ausländerfeindlichkeit als nicht immer vorhanden erlebt wird, was eher als Wahrnehmung aus der Mehrheit betrachtet werden kann, während die *jüngst **auffallende** Ausländerfeindlichkeit* deutlich markieren will, dass aus dem Betrachtungswinkel des Minderheitsangehörigen sie immer präsent ist und nur vom Beobachter abhängt, ob sie tatsächlich registriert wird. Ganz zu schweigen davon, dass im Satz *Nach dreimonatigem Deutschland* eine Verschmelzung von Zeit und Raum vermittelt wird, die im Ersatzsatz *Nach drei Monaten in Deutschland* verschwindet, diejenige philosophische Ebene, die in der Literatur der Fremde eine existenzielle Rolle spielt.

Nun, bevor der Autor ausführlicher auf diese lektorierende Haltungen analysierend eingehen wird, will er seine Einschätzung betonen, dass die Professionellen, die hier aufgeführt wurden, den Fremden per Einstellung nahe stehen, also per Weltanschauung wohlgesonnen sind und dementsprechend in der Arbeitsbeziehung eine gewisse Bereitschaft und Sensibilität für deren kulturellen Hintergrund mitbringen.

Dadurch, dass diese kurzen Beispiele auf eine zunächst als verblüffend erscheinende Kontinuität in der Haltung der Lektoren gegenüber dem Schreibunternehmen Franco Biondis zeigen, muss hier die Frage aufgeworfen werden, was sie dazu veranlasst, die Fremde in der ihnen vertrauten Sprache zu tilgen. Denn es erscheint als unbegreiflich, warum Lektoren und Verleger, die anscheinend eine gewisse Sensibilität für den anderen, für den Fremden mitbringen, die Möglichkeit nicht erkennen und nutzen, die Erfahrungshorizonte des fremd herkünftigen Autors in der deutschen Sprache zuzulassen.

VIII.

Es liegen viele interpretatorische Wege vor, denen zu folgen sich lohnen würde, um auszuloten, was die obengenannten Professionellen dazu bewogen hat, die Texte von Franco Biondi sprachlich so zu *bearbeiten*. Zuerst könnte man jedenfalls der Hypothese nachgehen, wonach jene aufgezeigte, lektorierende Haltung nicht nur für Werke der Autoren aus den Minderheiten gilt. Schließlich müssen sich alle Autoren dem kritischen Auge der Lektoren als sogenanntem ersten Leser unterwerfen. Mag auch eine solche Unterwerfungspraxis für alle Autoren zutreffen, was tragend wird, ist, mit welchen argumentativen Positionen Veränderungsvorschläge vorgestellt oder sogar durchgesetzt werden.

In der Praxis der Lektorierungsarbeit kann ein unspezifischer Autor den Satz hören: »Das versteht der Leser nicht.« Dann würde es sich wahrscheinlich um einen Satz handeln, den der Lektor benutzt, um einen fiktiven Leser in den Kampf mit den sprachlichen Intentionen der Autoren vorzuschicken, vielleicht weil der Lektor sich nicht traut zuzugeben, dass er derjenige ist, der es nicht versteht. Aber vielleicht geht es schlicht um Macht in der Beziehung zwischen Autor und Lektor, und der Lektor erhebt sich deshalb zum Gesandten der Leserschaft, damit seine Autorität gegenüber dem »omnipotenten« Autor erhöht wird. Den Satz »Das versteht der Leser nicht« konnte auch der Autor Franco Biondi von unterschiedlichen Lektoren hören. Und er hörte noch einen Satz, nämlich den, den ein Autor aus der Mehrheitsgesellschaft grundsätzlich nicht hören kann: »Das sagt man nicht auf Deutsch.« Eher würde der Lektor den Autor fragen, ob dieses oder jenes Wort in jenem Landfleck, von wo er herstammt, gebräuchlich ist. Die Argumentationsschiene verläuft grundsätzlich anders als mit eingeborenen Autoren. Während es bei dem Autor aus den (national geprägten) kulturellen Minderheiten a priori die Vorstellung gibt, er sei der deutschen Sprache *nicht mächtig* und mache demzufolge Fehler, die es zu korrigieren gilt. Der Satz »Das sagt man nicht auf Deutsch« gegenüber Autoren aus den (national geprägten) kulturellen Minderheiten souffliert zunächst, dass ein zugelassenes und nicht zugelassenes Deutsch existiert. Er souffliert auch, dass es eine Sprachautorität jenseits Autor/Lektor gibt, und diese Autorität lässt bestimmte Veränderungen in der Sprache nicht zu. Dabei handelt es sich hier möglicherweise um Veränderungen in der Sprache, die eine Anwesenheit in ihr markieren.

Wohlgemerkt, es wird nicht gesagt: »Das ist in der deutschen Sprache noch nicht vorgekommen.« Der Satz: »Noch nicht vorgekommen« würde nämlich den Schluss zulassen: »Es kann vorkommen.« Alles in allem: Der Grad der Bestimmtheit sowie der Hinweis auf Sprachzugehörigkeit machen deutlich, dass der Lektor oder der Verleger oder der Literaturkritiker vom Sprachthron aus Sprachkorrekturen vorzunehmen beabsichtigen.

Muttersprachlichkeit als Sprachüberlegenheit führt sie im Zweifel dazu,

a) dass sie sich für die Enge ihrer persönlichen Sprache entscheiden und
b) dass sie gegen die in der deutschen Sprache auftauchenden neuen Erfahrungen vorgehen. Diese Grundhaltung ist aber auch von folgender Vorstellung geprägt: Was in die deutsche Sprache nicht hineinpasst, kommt nicht vor.

Anzumerken ist an dieser Stelle, dass von den oben erwähnten Professionellen der Literatur nicht nur mündliche, sondern auch schriftliche Begründungen vorliegen. Das Unverständnis des Literaturkritikers Karl Corino und die Irritation des Autors hatten nämlich einen regen Briefwechsel angebahnt, der eine Verdeutlichung der Positionen herbeiführte. Im Wesentlichen vertrat dabei der Literaturkritiker das Primat des Muttersprachlichen und die Auffassung, dass die Fremden in der deutschen Sprache a priori insuffizient seien. Auch der Verleger Katzmann und sein Lektor zogen sich – bei der Auseinandersetzung, mit welchen Kriterien, sie jene Veränderungen vornahmen und mit Vehemenz vertraten – auf den Hinweis zurück, sie gründen sich auf das Sprachgefühl eines Muttersprachlichen.

IX.

Indem der Literaturkritiker und der Verleger sich auf der einen Seite auf ein insuffizientes Deutsch des deutschsprachigen Autors anderer Sprachherkunft beziehen und auf der anderen Seite auf die eigene Muttersprachlichkeit verweisen, begeben sie sich auf einen Weg, der nach weiteren Argumenten verlangt. Würde man nämlich weiterhin zustimmen, der fremd herkünftige Autor schreibe falsches Deutsch, so wäre dann zu begründen, was so falsch an diesem Deutsch sei und warum. An dieser Stelle wäre dann auch zu fragen, wer bestimmt, was an Richtigem im Deutschen zu sein hat. Ob man den *Duden* oder das *Etymologische Wörterbuch Kluges* zur Begründung heranholt, besagt lediglich, dass man sich in einer Auseinandersetzung mit dem fremd herkünftigen Autor hinter Sprachautoritäten versteckt, um die eigene Aussage zu legitimieren. Genaugenommen sind die Hinweise auf die Stilistik auf der gleichen Ebene zu betrachten.

Aufschlussreich sind deshalb die expliziten Verweise der Literaturprofessionellen auf das eigene Sprachgefühl, das sich seit Lebtag herausgebildet habe, wobei damit die Geburt in eine Sprache gemeint ist. Aufschlussreich, weil diese Verweise von der Annahme einer größeren Sprachkompetenz der sogenannten Muttersprachler gegenüber dem später in die deutsche Sprache Dazugekommenen ausgehen. Wobei mit Muttersprache ein Hineingeborenwerden und ein Hineinwachsen in eine Sprache als Sozialisationsprozess von den Kinderschuhen an verstanden wird.

Das sprachliche Bild *Muttersprache* lässt ohnehin die Vorstellung aufkommen, dass eine Sprache wie die Milch der Mutter von einem Menschen gesogen erlernt wird. Aber was ist das genau, was unter Muttersprache verstanden wird? Ist es die Sprache, die eine in bikultureller Partnerschaft lebende deutsche Mutter und ein aus einem anderen kulturellen Kreis stammender Vater mit dem Kind sprechen? Oder umgekehrt die Sprache des darin lebenden deutschen Vaters und der aus einem anderen kulturellen Kreis stammenden Mutter?

Ist es mehr Muttersprache, wenn die Mutter die deutsche Sprache als die eigene bezeichnet oder wenn der Vater es tut? Ist die Sprache der Adoptivmutter für das Kind, dessen leibliche Eltern aus einem anderen Kulturkreis stammen, immer noch eine Muttersprache? Und die einer Pflegemutter? Und die der Erzieherinnen im Kinderheim, wo ein Kind bis zur Volljährigkeit großgezogen wird? Wie ist es mit der fremd herkünftigen Kindergärtnerin oder Kinderfrau, die des fremd herkünftigen Lehrers? Und wenn beide Eltern fremd herkünftig sind, aber das Kind von den Kindesschuhen an Deutsch lernt, bleibt es für es immer noch eine Nichtmuttersprache?

Diese kritischen Anmerkungen über diese rigiden Vertreter der Muttersprachlichkeit als Messlatte sollen nicht den Eindruck erwecken, dass der Autor fremder Sprachherkunft auf der Sprachebene nicht korrigiert werden darf – das wäre eine unendliche Anmaßung des Autors. Franco Biondi kann auch etliche Beispiele aufführen, bei denen der Lektor mit seiner Sprachsensibilität sein Werk zu mehr Aussagekraft und sprachlicher Eleganz geführt hat – Franco Biondi war dann nicht nur dankbar, sondern auch erfreut, eine solche Spracherweiterung erfahren zu haben. Das ist auch, worauf er hinaus will: Als Gesprächspartner begegnen sich zwei unterschiedlichen Sprachhorizonte und in der Begegnung entsteht stets etwas Neues.

X.

Der Gedanke, Geburt und darauffolgende Sprachsozialisation schaffe Präzedenz über Sprachkompetenz und begründe damit eine größere Richtigkeit als andere anders erworbene Sprachkompetenzen, lässt die Vorstellung zu, dass Kinder der Fremdherkünftigen, die im deutschsprachigen Territorium geboren und/oder aufgewachsen sind, in der Richtigkeit ihres Deutsch den Landesherkünftigen ebenbürtig werden könnten. Im Werden-Können steckt der Unterschied; es *besteht* nur die Möglichkeit und damit eine mögliche Realisierbarkeit der sprachlichen Ebenbürtigkeit. Tatsächlich wird sie vom oben erwähnten Literaturkritiker und vom Verleger erst dann zugestanden, nachdem man die Regeln bedingungslos anerkannt, sich ihnen unterworfen hat. Das Ziel ist hierbei: das Standarddeutsch. Das ist die eigentliche Messlatte, die man als fremder Eingeborener erreichen kann oder nicht. Diese Erwartungshaltung führt zur sprachlichen Assimilation. Solange aber fremde Eingeborene sich zweisprachig im deutschen Alltag bewegen, solange findet eine solche Sprachassimilation nicht statt.

XI.

So oder so: Das Konzept Muttersprachlichkeitsdeutsch ist als zentralistisch zu begreifen und kann als *Rezept des Obrigkeitsdeutsch* definiert werden. In diesem Rezept liegt Aggressivität gegenüber allen, die fremd sind und im Garten der deutschen Sprache – in ihren Augen – verunstaltend wirken. Mit diesem Rezept wird auch systematisch Ausgrenzung getrieben und kritiklose Assimilation erwartet. Es knüpft auch nahtlos an jene sprachlichen Auslassungen von Personen an wie bereits in der im Abschnitt 3 angeführten Nachricht, »Der Mann hat Frau und zwei Kinder (und vielleicht auch ein Haus) hinterlassen.«

Das Obrigkeitsdeutsch kann anhand einer Überprüfung des zunächst harmlos wirkenden Satzes aufgezeigt werden: »Das Kind kam unter die Räder.« Dieser Satz ist bei Georg Steiner in seinem Buch *Nach Babylon, Aspekte der Sprache und der Übersetzung* im Vergleich zum Englischen und Französischen in Bezug auf seine Übersetzbarkeit analysiert worden. Dort wird gezeigt, wie Sprachen ihrer Sprachlogik folgen. Auch wenn oder gerade weil dieser Satz nur als Sprachhülse Verwendung findet, ist er paradigmatisch für eine Grundhaltung in der deutschen Sprache; denn diese Sprachhülse und das, was damit intendiert wird, nimmt nicht weg, was in der Logik des Satzes steckt. In diesem Satz im Deutschen wird eine Bewegung des Kindes verdeutlicht, nicht die der Räder. Dass ein Irgendetwas mit Rädern herkam, bleibt unausgesprochen. Nur im Kopf, den Satz reflektierend, kann diese Bewegung erschlossen werden. Stünden nämlich die Räder still, dann wäre nur denkbar, dass das Kind höchstens gegen die Räder stoßen, aber niemals unter die Räder kommen würde. Es wird also in der Aussage vorausgesetzt, dass die Räder sich automatisch bewegen, sonst wäre nicht nachzuvollziehen, wie ein Kind unter die Räder kommen könnte. Umgekehrt darf nicht vorausgesetzt werden, dass ein Kind sich bewegen muss, um unter die Räder zu kommen. Die Automatik im Satz verleiht den Rädern eine Autorität und Legitimität, die sie a priori nicht haben können, denn bis zum Beweis des Gegenteils sind Kind und Räder bzw. Führer auf der Straße zumindest als gleichrangig zu betrachten. Der Satz hatte ebenso gut heißen können: »Die Räder fuhren über das Kind.« Oder: »Die Kutsche bzw. der Wagen zog das Kind unter die Räder.« Oder auch: »Die Räder erfassten das Kind.«

Hier wird deutlich, dass beim Satz »Das Kind kam unter die Räder« Verantwortung und Schuld beim Kind festgemacht werden; gleichzeitig wird den Rädern zugestanden, sprich: dem Kutscher bzw. dem Führer, sich schuld- und verantwortungsfrei zu bewegen, sozusagen in einer *zona franca*, als sei dies gottesgegeben. Die Sicht in diesem Satz ist eindeutig die des Führers und spiegelt eine Obrigkeitshaltung in der Sprache wider. Abstrahiert betrachtet, könnten die Räder für Macht und Autorität stehen, eine solche, die unbeweglich, immer da ist, während das Kind für Menschen aus dem Volk steht, die sich bewegen wollen und deswegen riskieren, unter die Räder der Autoritäten zu kommen.

Obrigkeitsdeutsch zeigt sich aber auch in der unterwürfigen Orientierung an denjenigen fremden Sprachen, die aufgrund der kulturellen und wirtschaftlichen Dominanz als höher als die eigene Sprache angenommen werden.

Auf der anderen Seite wäre es zu vereinfacht zu behaupten, dass dieses Konzept den sprachlichen Wandel oder die Sprachevolution nicht vorsähe. Sprachevolutionen gingen aber immer von innen aus, und wenn sie von außen kämen, dann durch höhere Kräfte oder durch bereits erfolgte Anpassung der im Inneren aufgewachsenen, fremden Individuen. Insgesamt ist dieses Konzept jedoch rückwärts orientiert, weil es an Sprachregelungen festhält, die konzipiert wurden, als die deutsche Gesellschaft und Sprache als homogen bzw. als Archipel um ein Zentrum begriffen wurden, an dem man sich zu orientieren hatte. Es ist insofern überkommen, weil es nicht berücksichtigt, dass Sprachen sich auch aus Sprachwelten speisen können und tatsächlich speisen. Dass sie sich auch aus Sprachwelten speisen, die aus der Migration hervorgegangen sind und hervorgehen. Deshalb ist dieses Konzept von einem fossilen Deutsch gekennzeichnet.

XII.

Diesem Konzept kann die Vorstellung entgegengehalten werden, dass Pluralität in der Sprache notwendig und entwicklungsfördernd ist. Die Vorstellung der Pluralität der Zu- und Ausgänge in und von der deutschen Sprache kann nach Franco Biondi im Zusammenhang mit der Offenheit bzw. Geschlossenheit einer Gesellschaft gesehen werden. Es will heißen, inwieweit eine sprachliche Gemeinschaft die Unterschiedlichkeit und die Fremde in ihrer Sprache und Kultur zulassen kann und will. Dass die alltagsbestimmenden kulturellen Aspekte wie Essgewohnheiten, Kleidung etc. nur den Rand einer Sprache und Kultur beeinflussen, braucht hier nur erwähnt zu werden. Entscheidender erscheint eher die Kernstruktur einer Sprache und Kultur, da sie es sind, die den homogenen Rahmen setzen, in dem Unterschiedlichkeit und Fremde als gesellschaftliche Normalität existieren.

Nun, es ist wahrscheinlich, dass Gesellschaften nie ganz offen und nie ganz geschlossen sind. Zu klären wäre dann, bei welchen kulturellen und sprachlichen Strömungen sind sie offen, bei welchen eher geschlossen. Fast banal ist hier der Hinweis, dass sprachliche und kulturelle Transplantationen aus dem Angelsächsischen, aber auch aus Kulturen, die in der Wertskala ganz oben stehen, an der Tagesordnung sind. Über die Provokateure eines solchen Prozesses mag man sich streiten: ob das aufgrund der intensiven ökonomischen Transaktionen oder der fast fünfzigjährigen Anwesenheit der amerikanischen Streitkräfte auf deutschem Territorium oder aufgrund der beherrschenden Stellung der amerikanischen Kulturindustrie in der Welt geschieht. Die Ökonomie erfordert eine Offenheit der Gesellschaft, und wer Schlüsselpositionen und Ansehen hat, der importiert – sei es nur partiell – Sprachtransplantationen, die häufig nur als Sprachhülsen ihr Dasein fristen oder nur in einem sehr engen Bereich tätig sind.

Dem Obrigkeitsdeutsch kann also die Vorstellung der Pluralität der Zu- und Ausgänge in die und von der deutschen Sprache gegenübergestellt werden. Demnach ist der Zu- und Ausgang der Eingeborenen – trotz oder gerade wegen ihrer »Tradiertheit« und »Verwurzelung« – nur ein möglicher, der so relativ und subjektiv ist, wie die anderen Zu- und Ausgänge. Die Vorstellung der Pluralität geht von einer offenen Sprache in einer offenen Gesellschaft aus. Offenheit der Sprache bedeutet zuallererst eine prinzipielle Gleichpositionierung der GesprächspartnerInnen, unabhängig vom Beherrschungsgrad der normierten Regeln und der kodifizierten Verständigungsmuster. Gleichzeitig braucht sie die Zulassung der kulturellen Unterschiede, und zwar deutlich über dem Niveau des Kulturaustausches, aber auch die Entfaltung der Fremderfahrung als selbstverständliche Komponente der deutschen Sprache.

Alles in allem, die Zulassung der Pluralität in der Sprache lässt sie aufleben und gedeihen.

XIII.

Die Aktivitäten des Obrigkeitsdeutsch und die aktivierten Entfremdungen in der Sprache eröffnen für Autoren fremder Sprachherkunft wie Franco Biondi die Möglichkeit, sich hinter Kampfgebärden zu verstecken, was wiederum dazu führen kann, eine wirkliche Auseinandersetzung über den eigenen Standort in der Sprache zu vermeiden. Es liegt natürlich am Autor, ob er es sich leicht machen will und den Weg des verbissenen Streits mit Vertretern des Obrigkeitsdeutsch missbrauchen, um sich der Begegnung mit der Sprachfremde nicht auszusetzen. Denn in der Begegnung mit der Sprache treten nicht nur die Begrenztheiten der Sprache zutage, sondern auch deren Brüchigkeit, die eigenen Unsicherheiten, die eigenen Unzulänglichkeiten. Das Versteck würde nämlich in folgender Argumentation eingepackt werden: Fände eine Auseinandersetzung offen statt, könnte dies als unumstößlicher Beleg der Sprachinsuffizienz aufgrund seiner bzw. ihrer nicht vorhandenen Nichtmuttersprachlichkeit ausgelegt werden.

Aber es führt kein Weg an der sprachlichen Standortbestimmung vorbei, will man sich als Autor in der Sprache wiedererkennen. Nur, bereits der gängige Versuch, den Standort genau zu bestimmen, zeigt allerdings, wie schwierig es ist, sich jenseits der Bestimmungsversuche durch Angehörige der Mehrheitsgesellschaft zu bewegen, die durchgängig vom »Leben zwischen zwei Kulturen« oder »zwischen Sprachen« sprechen, wie Franco Biondi weiter oben anhand eines Beispiels angemerkt hat.

Eine weitere Analyse des Satzes ergibt, dass »Zwischen zwei Kulturen«, von der Logik her zwei kulturelle Pole zulässt, den Pol der kulturellen Herkunft und den Pol der kulturellen Ankunft. Er enthält die Vorstellung von homogenen Einheiten und ein Dazwischen, insofern sieht er also keine Vielfalt vor. Das heißt, die sprachliche Redewendung »Zwischen den Kulturen oder Sprachen« entpuppt sich als monokulturelle Ideologie. Es ist außerdem ganz offensichtlich, dass ein »Zwischen« den geografischen und zeitlichen Ort ausklammert, als lebten kulturelle Minderheitsangehörige weder »hier und jetzt« noch »dort«.

Insofern können diese Fremddefinitionen eine Hilfe sein, um die eigene Position zu klären, um für sich festzustellen, dass ein »Zwischen« ein Niemandsort ist, der keine Einbettung in Kultur und Sprache zulässt, dass eher ein »mit« zutreffender sein kann als ein »Leben mit zwei Kulturen«, »mit zwei Sprachen.« Oder ein »in«, wobei dann die Überlegung und das Nachdenken darüber aufkommen, ob doch eher ein »auf« passender ist, weil dadurch die Assoziation auf das Vorhandensein einer Tiefe hervorgerufen wird.

XIV.

Zunächst kann von einer gegenseitigen Erweiterung ausgegangen werden. Franco Biondi als Autor erweitert sich durch die deutsche Sprache in ihr. Dann wird sie erweitert durch seine Anwesenheit in ihr.

Hanau, im Januar 1995 und Juli 1996

ÜBER LITERARISCHE SPRACHWEGE

I.

Anfangs war Franco Biondi voller Bewunderung für die Menschen, die auf der Sprache spazierten, als sei sie eine Promenade, auf der man sich mit den besten Kleidern und Schmuckstücken zeigen könnte. Sie bewegten sich darin mit einer Selbstverständlichkeit, die beeindruckte. Bei manchen anderen hatte er das Gefühl, dass sie auf der Sprache rasten, als sei sie eine Rennbahn, als ginge es ihnen einzig darum, einen Wettbewerb zu gewinnen. Was ihn erstaunte, war, dass diese Raser sich offenbar nie wehtaten und Leichtigkeit zur Schau zu tragen schienen. Später ging allerdings die Bewunderung in Verwundung über; die Leichtigkeit zeigte sich eher als Leichtfertigkeit. Im Vergleich zu ihnen erlebte er seine sprachliche Brücke zum nahen Umfeld als brüchig – damals beschämte ihn das. Seine Bewegungen über die Sprache empfand er als ein ständiges Humpeln und Stolpern, als sei sie ein holpriger Bergweg. Hinterher mutmaßte er, dass für diese Leute die Raserei einen Sinn haben musste, und erlebte jenen Schwall als hohen Wall zwischen dem Sprechenden und dem Hörenden. Es war anzunehmen, dass das reibungslose und unbekümmerte Über-die-Sprache-Huschen Ausdruck einer Welt aus Selbstgewissheiten war. Daraufhin fragte er sich, ob sich unter der Panzerhaut der Selbstgewissheiten Angst und Unsicherheit vor der Welt und den Menschen verbarg, ob diese Angst durch eine Flut an Wörtern kleingehalten werden konnte. Und wenn es so war, dann war sie als Mauer vor den Menschen wie Franco Biondi und vor jener Welt, die in Zweifeln schwamm, zu verstehen. Nur die Brüchigkeit zu seinem Sprachempfinden beschäftigte ihn damals mehr als das; deswegen setzte er sich lieber mit dem Gefühl der Nähe und der Ferne zu den Menschen und ihrem Land auseinander, ein Gefühl, das in unmittelbarer Verbindung zur Brüchigkeit des Sprachempfindens stand.

II.

Der Zweifel war für sein Leben bedeutsam und vor allem fester Bestandteil des Schreibprozesses. Im Vordergrund stand nicht der typische, existenzielle Zweifel, der, wenn er auftrat, Antrieb für die meisten Menschen ist; es war vielmehr von jenem Zweifel die Rede, der das eigene Tun begleitet: Habe ich richtig gehört, habe ich richtig gesehen, bin ich sicher, dass es sich so darstellt? Es ging also um die Bezüge zum nahen Umfeld, die Rückschlüsse zur Sprache hatten. Aus der Position einer permanenten Verunsicherung: dass u. a. seine Anwesenheit mit einer behördlichen Aufenthaltserlaubnis belegt und dementsprechend ein Recht auf Anwesenheit verweigert wurde.

Oft behauptete Franco Biondi, es sei konsequent, wenn er sich nur mit Konjunktiven artikulieren würde, weil diese Perspektive die eigentlich sichere sei. Er fügte hinzu, dass sie wiederum umständlich sei und den Kontakt zur Außenwelt erschweren würde. Das sei auch das korrespondierende Spiegelbild vom Zugang durch Selbstgewissheiten. Während also Humpeln Sprache und Umwelt als ein Feld voller Stolpersteine erleben lassen würde, sei Raserei ein Schweben über Sprache und Welt, ohne sie wirklich zu berühren.

III.

Mit Zweifeln und Verunsicherungen als produktive Kraft ermöglichte sich für Franco Biondi die Begegnung mit der deutschen Sprache. Zu allererst erschreckten ihn die harten Konsonanten, das Z und das ß, die sich weigerten, sich in seinem Mund zu bilden, und das H, das gehaucht werden musste. Dann die Dative und Akkusative, die schwachen und die starken Deklinationen und die zahlreichen Ausnahmen, schließlich die Umlaute, die ihn durcheinander machten. Vor allem beschäftigte ihn die semantische Organisierung der Erinnerung, die sehr eigen kodifiziert und stilisiert wurde, aber auch, wie Denkstrukturen sich in der deutschen Sprache artikulieren und entfalten können, wie Gefühle oft übersteigerte Sprachformen annahmen und ins Emphatische – scheinbar bis ins Endlose – gesteigert werden konnten. Je mehr er sich darauf und darin bewegte, desto schärfer wuchs seine Begeisterung. Darin wurde die Leidenschaft körperlicher und ermöglichte ihm Zugänge.

IV.

Franco Biondi erinnert sich, dass die Passierwege von einer Sprache zur anderen zunächst aus wörtlichen Übertragungen bestanden; alsbald erwiesen sich die äquivalenten Begriffe als wacklige Stege, die schnell ins Leere führten. Wie wäre zum Beispiel *menefregismo* zu übertragen? Verkürzt als *Gleichgültigkeit* oder als *Wurstigkeit*? Und wie wäre es im Gegenzug mit *Betroffenheit* und mit *Fremde*? Immerzu taten sich Unterschiede auf; das Vorgehen mit Äquivalenten wurde hinderlich und zum Ballast. Es war also vermessen zu glauben, dass Signale in einer Sprache in die andere übersetzt werden könnten. Annähernde Entsprechungen zwischen zwei Sprachen könnten nur dann ermöglicht werden, wenn die eigentümlichen Aspekte der jeweiligen Sprachen ausgeblendet wurden, weil die Wortresonanz und die Sätze nicht nur zu unterschiedlichen Vorstellungen führten, sondern auch zu unterschiedlichen Gefühlen. Nachdem es für ihn klar war, dass der Zugang zur deutschen Sprache und die Beweglichkeit in ihr nicht mit den von der italienischen Sprache geprägten Gefühlslagen und Denkvorstellungen ermöglicht werden konnten, suchte er Erklärungen, um seine Unsicherheiten zu beruhigen: Im Deutschen wohnt eine andere Art zu denken. Man bewegt sich schwer in den adjektivischen Ausdrucksmöglichkeiten und im verspielten Betrachten; sie ist allerdings verzweigt und variantenreich in den Substantiven und ihren Verbindungsmöglichkeiten, aber auch im Entwickeln von Denkmodellen im Grundmodell. In ihm haust auch eine andere Art, wahrzunehmen, und dementsprechend eine andere Art, mit Gefühlen umzugehen. Das Fühlen in der deutschen Sprache war für Franco Biondi gewaltig, und da spürte er allmählich, dass Zugang zu und Beweglichkeit in ihr nicht ohne seine Gefühlsbeteiligung erfolgen konnten. Dies fasste er damals zu einem Glaubenssatz zusammen: »Um die deutsche Sprache zu verstehen, muss sie zuallererst gefühlt werden.«

V.

Es heißt als Allgemeinplatz, dass der »Erwerb« einer fremden Sprache zunächst als mechanische Fügung in einem Denkmodell (und Franco Biondi zufolge in einer Gefühlswelt) vonstattengehen muss. Ohne Widerspruch, vielleicht als bedingungsloser Unterwerfungsakt. Lehrbücher zum Vermitteln und Erlernen einer fremden Sprache betonen das »Pauken«, nicht nur weil dort direkte Erlebnismomente fehlen, sondern auch weil die bedingungslose Hinnahme jener Sprachelemente als Zugangsvoraussetzung verstanden wird, was für das repetitive Erlernen einer fremden Sprache folgerichtig sein kann. Dies gehört ohnehin zum Repertoire des Einübens des Regelinventars und der Wortbedeutungen, die sowohl im Kindes- als auch im Erwachsenenalter einem äußerst repetitiven Entwicklungsmodell unterworfen sind, bis sie mit Denken und Fühlen integriert werden. Nach Tolstoi ist »die Beziehung des Wortes zum Gedanken und die Bildung neuer Begriffe ein komplizierter, geheimnisvoller und zarter seelischer Prozess.« Bei diesem Prozess folgen fremdes Leben und fremde Sprache *un***heim**lichen Wegen.

Franco Biondi hat Freunde, die sich seit Jahrzehnten in der deutschen Sprache bewegen und nach seinem Ohr eine fast unauffällige Aussprache zustande gebracht haben. Rein äußerlich gehen sie leichtzüngig an einem umfangreichen *Wortschatz* entlang und *beherrschen* offensichtlich *fehlerfrei* die grammatikalischen Regeln. Bei genauem Hinhören wirkt die Sprache dieser Freunde jedoch mechanisch, etwas oberflächlich und eher distanziert, als hätten die Schwingungen, die von der Sprache ausgingen, nicht direkt mit ihnen zu tun. Ja, als seien sie dazu gezwungen worden, sie zu sprechen, also ohne innerliche Beteiligung, und würden immer noch eine vertragliche Pflicht erfüllen. Oder vielleicht als diene sie inzwischen – in ihrer Breite und in ihrer Höhe – als Schutzwall.

Er dagegen spürte an seinem Gaumen die deutschen Konsonanten, die sich widersprachen und sich an seine Aussprache nicht adaptieren lassen wollten. Er spürte die Sprachschwingungen, die von ihrem Inneren ausgingen, und fühlte, als vibriere er mit. Er spürte auch, dass Grammatik und Rechtschreibung keinen authentischen Zugang zum Wesen dieser Sprache verschaffen würden. Grammatik und Rechtschreibung schienen eher nur als Leitplanken zu dienen, die – mal höher, mal niedriger – von irgendwelchen Traditionalisten aufgesteckt worden waren. Und wenn Franco Biondi sich nicht davon beeindrucken ließ, bekam er das Gefühl, dass an Sprachwegen entlang überhaupt keine Einfriedungen existierten, und uferte ins Gelände der deutschen Sprache aus. Da konnte er die Gefahr, die an den Rändern der Sprache lauerte, vage ausmachen und begriff, dass es zweckmäßig und leichter sein würde, sich auf Sprachkonventionen und auf Sprachoberflächen zu verlassen, so wie ihm weit und breit vorexerziert wurde.

Hätte er das getan, bemerkt er heute in selbstsicheren Tönen, würde er in der deutschen Sprache nicht vorkommen. Damals ahnte er also, dass jedes fremde Ich sich irgendwann in der fremden Sprache verankern musste, wollte es dort vorkommen und sich entfalten. Spürte er auf der einen Seite das Uferlose der deutschen Sprache, so fühlte er auf der anderen Seite die unveränderte Brüchigkeit seiner Beziehung zu ihr, die Wackligkeit jeglicher Sprachwege, insbesondere wenn er Texte laut las bzw. vor einem Publikum zu lesen begann.

VI.

Autor in einer Sprache zu werden, die ab dem achtzehnten Lebensjahr erlernt wurde, berichtet Franco Biondi, war ein willentlicher, bewusster Akt. Seinen ersten Text auf Deutsch schrieb er als Neunundzwanzigjähriger. Es gibt mehrere Aspekte dieser Entscheidung. Ein erster war, dass der Alltag die unmittelbare Verbindung mit der Sprache erzwang; um dies mit konkreten Begriffen zu erläutern: Es machte für ihn keinen Sinn, Übersetzungsarbeit vom Deutschen ins Italienische zu leisten, um seine Werke zu schreiben; sein Leben und seine unmittelbare Welt lagen auf Deutsch vor, warum also sich auf Umwege begeben? Ein zweiter Aspekt entwarf sich aus der subjektiven Tatsache, dass das Schreiben in der Sprache der Nichtherkunft eine linguistische Distanz gegenüber der eigenen Frühbiografie erzeugte, diese Distanz wiederum erlaubte eine unglaubliche Nähe zu Erinnerungen, Erfahrungen, Denkstrukturen und Gefühlen, die in der ersterlernten Sprache emotional (negativ) besetzt und/oder schwer zugänglich waren. Ein drittes Moment entstand in der erlebten Notwendigkeit, einen direkten Bezug zwischen Gesprächspartnern herzustellen. Ein weiterer Punkt, der für ihn von zentraler Bedeutung war, fand sich in der Überzeugung, dass dieser Zugang zur deutschen Sprache sie offen für Erfahrungen machte, die in ihr nicht vorgesehen waren und sind.

VII.

Die Ablösung von der italienischen und der Übergang zur deutschen Sprache waren zunächst von einem Auf und Ab gekennzeichnet. Von einem Hin und Zurück. Und von einem Zurück und wieder Hin. Zeitweilig beschleunigte sich dieser Vorgang; es klang in ihm so, als mache das mehrsprachige Gedächtnis keine Trennung mehr zwischen Sprachen, als verbinde es sie zu einer neuen symbiotischen Ganzheit. Eine Ganzheit, die in ihrem Inneren die jeweiligen Sprachschubläden behielt und die von ihrem Inneren aus keine Verbindungen zuzulassen schien.

Eine Vollständigkeit ist in der Sprache nie zu erreichen, behauptet hier der Autor und spürt innerlich Anzweiflungen hochschnellen. Aber er bleibt dabei. Die Tatsache, dass Menschen in der Lage sind, sich über sprachliche Barrieren zu verständigen, ist eine Grundsäule der universalistischen Idee. Diese geht von der Vorstellung einer *grammatica universalis* aus, die aus sprachlichen Universalien besteht. Dieser Tatsache steht allerdings die Erfahrung gegenüber, dass sogar zwischen zwei Individuen, die aus völlig ähnlichen Sozialisationsfeldern stammen, zwar eine verbindliche Sprache existiert, aber ihre Verständigung dort aufhört, wo die tiefe Hemisphäre des Einzelnen beginnt. Demnach offenbart sich jede zuvor erzielte Verständigung als »Missverstandnis«. Dass man geglaubt hat, sich gegenseitig verstanden zu haben, entpuppt sich also als stillschweigende Vereinbarung; genauer genommen als Signal, das Gespräch nicht weiter zu vertiefen und den Klärungsbedarf vorläufig einzustellen. Hierdurch wird verwischt, dass unter den banalen Sprachübereinkünften oft tiefere Bedeutungen wohnen, die vom Gegenüber nicht ohne Weiteres oder gar nicht nachvollzogen werden können. Dieser Erfahrung zufolge liegt die schmerzhafte Erkenntnis der Grenze der Verständigung auch dort vor, wo auf tieferer Ebene keine gemeinsame Sprache, wie zwischen Frau und Mann, möglich ist. In ähnlicher oder gar in gesteigerter Form ist dies zwischen kulturell Fremden vorzufinden.

Über die Fragen der Identität behauptet der Autor Franco Biondi weiter, es gebe keine Spaltung. Die Spaltung, die sonst sowohl in der volkstümlichen Denkweise als auch in der Wissenschaft dem bi-, tri- oder polikulturellen Fremden unterstellt wird, ist eher im psychopathologischen Bereich vorzufinden und immer eng mit der Frage der Macht verknüpft. Wer Macht hat, der spaltet, sprich: grenzt aus.

In der Wirklichkeit Franco Biondis kann sich die Integration zweier oder mehrerer Kulturen in eine Identität mehr oder weniger problemlos vollziehen. In den meisten Fällen integriert ein Bi-, Tri- oder Polikultureller seine herkünftige kulturelle Identität mit den anderen dazu aufgenommenen kulturellen Identitäten, sodass sie in der Regel auch miteinander interagieren oder zumindest problemlos koexistieren. Die Art der Integration der unterschiedlichen kulturellen Elemente macht letztendlich die persönliche Note jedes einzelnen Menschen aus.

Im Unterschied zu den kulturellen Identitäten integrieren sich sprachliche Identitäten nicht. Zumindest weitgehend nicht. Sie koexistieren als Sprachwelten und die Zwei- oder Mehrsprachigen bewegen sich an diesen Sprachwelten entlang, entweder an der einen oder an der anderen, aber nicht an beiden gleichzeitig. Demzufolge ist man gezwungen, jeweils in die eine oder in die andere hinein- bzw. aus ihr hinauszuspringen. Diese relative Ausschließlichkeit der Sprachebenen und -strukturen ist eine zwischen Denk- und Fühlstrukturen, die jeder Sprache eigen sind und Beweglichkeit und Durchlässigkeit bestimmen. Wenn herkünftige Sprachstrukturen in der deutschen Sprache bzw. deutsche Sprachstrukturen in der herkünftigen Sprache hin und wieder auftreten, dann zeigt dies, dass die dort spezifisch vorkommende Denk- und Gefühlswelt sich ausschließen will, dass man sich als Betroffener dagegen sperrt, sich in jener sprachlichen Denk- und Gefühlswelt zu bewegen. Dass dieser oder jener Begriff, der einem im Augenblick des Sprechens oder Schreibens nicht einfällt, sich also weigert, im Sprachfluss aufzutreten, ein gedanklicher Stolperstein ist.

Auf der anderen Seite pendeln Simultanübersetzer, so ist zu vermuten, ständig von einer Sprachwelt zur anderen, so fließend, dass sie vielleicht sogar keinen Fuß fassen können. Zumindest während dieser Übersetzungsarbeit. Um Fuß fassen zu können, müsste der Betreffende die eigenen Schritte auf dem Boden der Sprache spüren, fühlen, dass er es ist, der sich über sie bewegt. Um das Bild zu vervollständigen: Nicht nur der Mensch bewegt sich auf der Sprache – die Sprache bewegt sich auch, und der Mensch müsste einiges dafür tun, um kontinuierlich auf dem Boden der Sprache zu bleiben. In diesem dynamischen Prozess hätte sich der Betreffende dafür zu entscheiden; er hätte sich zu entscheiden, erkennbare Positionen innerhalb dieser Sprachen einzunehmen und sich darauf zu bewegen. Die Deutlichkeit der Position und der Bewegungen und dementsprechend die Bestimmung des Standortes würden jedenfalls in einem engen Verhältnis zur Balance Vertrauen-Misstrauen stehen, zu sich selbst und zur Sprache als Weg.

Nach Lew S. Wygotski ist das Zu-sich-selbst-Sprechen eine primäre Funktion, während zu anderen zu sprechen als sekundäre gilt. Auf der tiefsten Ebene jedes Menschen findet ein Kontakt zwischen dem Selbst und der Welt statt; dies läuft vermutlich ohne Sprache ab, und vielleicht ist das ähnlich wie bei der Wahrnehmung von Musik. Lew S. Wygotski zufolge wird dieser Kontakt im Tiefsten des Menschen zu einem Monolog, wird Sprache. Auf eben dieser Grundlage ist konstruktives Vertrauen zu sich und zur Sprache, die aus dem Selbst entspringt, von entscheidender Bedeutung.

VIII.

Franco Biondi behauptet also, dass die Denk- und Gefühlsbewegungen immer nur in der einen oder in der anderen Sprache erfolgen. Er spricht auch nur über seine eigenen Erfahrungen mit der Sprache. Von einem bestimmten Zeitpunkt an übersetzte er sich nicht mehr; auch seine Texte nicht. Dies ist bei einer Erzählung nachzuprüfen, die in zwei Fassungen existiert und die letzte war, die er zu übersetzen versucht hatte, bei *Passavantis Rückkehr*; alle späteren Texte sind direkt in der jeweiligen Sprache geschrieben worden. Zwar gab es Zeiten, in denen es ihm so ging, als hallten in ihm die zwei Sprachen auf zwei unterschiedlichen Kanälen nach; dabei hatte er das Empfinden, eine Art Stereomensch zu sein, bei dem die Kanäle alternierend oder gleichzeitig auf verschiedenen Ebenen abliefen. Nicht nur in dieser Phase trat die Verwirrung der Sprachen deutlich auf. Dies war gelegentlich der Fall, wenn Gespräche mit Gesprächspartnern aus beiden Sprachen geführt wurden, wenn Franco Biondi als bilingualer Gesprächspartner das Gegenüber jeweils mit der »falschen« Sprache ansprach. Ein anderer Aspekt machte sich als Interferenz bemerkbar. Wie allgemein angenommen, entstehen Interferenzen, wenn keine unmittelbaren oder sofort abrufbaren Kopplungen von Sprache und Erfahrung vorliegen, was den Sprechenden dazu zwingt, Ausschnitte eines Sprechaktes in einer Sprache mit Segmenten aus der anderen Sprache zu besprenkeln. Aber nicht nur. Es kam vor, dass oft überhaupt keine Kopplungen von Erfahrung und Sprache vorlagen. Dies war der Fall, wenn das fremde Leben keine adäquate Begrifflichkeit vorgefunden hatte. Hier lernte Franco Biondi allmählich, dass er sich irgendwann von den vorgegebenen Denkmodellen und vorgelebten Gefühlswelten entfernen musste, um die Sprache seines Unterschieds formulieren zu können. Genauer gesagt, um sich in ihr zu übertragen. Ein Über-den-Raum-Tragen und Über-die-Zeit-Tragen.

IX.

Die Sprachen unterscheiden sich nicht, heißt es in etwa beim Linguisten C. Hagége, für das, was sie ausdrücken können, sondern für das, was sie zwingen zu sagen oder nicht zu sagen. Darin lernt ein Lernender wie Franco Biondi sich zu bewegen, zu stolpern, zu fallen, sich an den Wänden der Worte zu stoßen.

»Jede Sprache ist ein Versuch«, schreibt Wilhelm von Humboldt. Tatsächlich konstituiert sie sich immer als unvollständig. Aber nicht nur die Sprache bleibt ein Rätsel für die, die sie befragen, auch die Facetten des Lebens brauchen eine Sprache, und das ist das Rätsel. In ihrer Unvollständigkeit haben Sprachen wahrscheinlich etwas Gemeinsames: Sie schweigen über die Fremde, als hätte sie nie existiert und würde nie existieren. Beziehungsweise, wenn die deutsche und die italienische Sprache näher überprüft werden, würde deutlich, dass sie nicht imstande sind, die Fremde zu verbalisieren.

X.

»Wer zwei Sprachen besitzt«, soll der bekannte Oberst Lawrence anfangs des 20. Jahrhunderts gesagt haben, »verliert seine Seele.« Abgesehen davon, dass es kaum geht, Sprachen zu besitzen – eher ist man von ihnen besetzt –, geht diese Vorstellung davon aus, dass Bilingualität und demnach Bikulturalität einen Mangel darstelle. Die heutige Sichtweise hat sich dahingehend verschoben, dass Zweisprachigkeit weitgehend als positiv bewertet wird. Dass es als Notwendigkeit gesehen wird, zumindest zweisprachig zu sein, um den Anforderungen der modernen Gesellschaften gerecht zu werden, tut dieser Annahme keinen Abbruch. Zum einen geht man nämlich von der Vorstellung aus, dass man mehrere Sprachen instrumentell und funktional zum eigenen Bedarf handhaben kann, dass man aber wohl letztendlich einer Sprache angehört, der »Muttersprache« (wie Sprachen entblößen können: der Muttersprache *angehören).* Zum anderen wird implizit unterstellt, dass die Zweisprachigen zwar zwei Sprachen haben (und nicht in zwei Sprachen leben!), aber dafür weniger von beiden.

Woher dieser Glaube kommt, ist nicht klar auszumachen. Man könnte hier von der Neid-Hypothese ausgehen, wonach die Einsprachigen die Zwei- und Mehrsprachigen kleiner sehen möchten, um bei sich keine Inferioritätsgefühle aufkommen zu lassen. Nach Franco Biondis Einschätzung ist dieses Postulat leitmotivisch im Leben des Menschen. Dieses Postulat geht vom Glauben aus, dass alle Dinge der Welt nur in der Einzahl existieren: *ein* Gott, *eine* Welt, *eine* Menschheit, *eine* Sprache. In diesem Sinne geht man von *einer* Muttersprache aus, als gäbe es so etwas wie *die Muttersprache* als absoluten Maßstab.

Franco Biondi glaubt nicht, dass so was existiert wie *die Muttersprache* als absolute Größe. In seinem anderen Essay *Sprachfremde und Obrigkeitsdeutsch* problematisiert er diesen Begriff und fragt, ob z. B. die Sprache einer nur russischsprechenden und alleinerziehenden Mutter für ein Kind, das sich in der deutschen Umwelt bewegt, die Muttersprache ist oder nicht. Falls man Franco Biondi fragen würde, ob er sich doch nicht mit der *Muttersprache* am tiefsten verbunden fühle oder gar in ihr am tiefsten sei, dann würde er wahrscheinlich so antworten: »Für die Beschreibung der Entwicklung der Verbindungen Gedanke-Gefühl-Wort ist der Begriff ›Muttersprache‹ vollkommen ungeeignet, da dieser Mutter-Kinderkonstellationen auf die kulturelle, nationale Schiene überträgt und damit eine Gleichsetzung vollzieht, die so nie gegeben ist.« Zudem würde er die Ausarbeitung Lew S. Wygotskis heranziehen, wonach die Beziehung des Gedankens zum Wort ein reziproker Prozess ist, der nicht entscheidend durch die Zeit getragen wird, sondern vielmehr durch die Funktionalität. Franco Biondi würde hierzu zu bedenken geben, dass demgegenüber das Konzept der Muttersprachlichkeit statisch ist; es berücksichtigt nicht, dass die Beziehungen zwischen Gedanke (und Gefühl) auf der einen Seite und Wort auf der anderen Seite einer fortlaufenden Entwicklung unterworfen sind, also sich im Lebensprozess verändern, so dass im Extremfall eine »Muttersprache« sich zu einer Fremdsprache entwickeln kann und umgekehrt.

Um persönliche Antworten auf diese Frage zu geben, würde er dann von sich behaupten: »Ich bin in jener Sprache am tiefsten, wo ich die tiefsten Erfahrungen gemacht habe und/oder mache. Ob das nur in einer ›Muttersprache‹ geschieht, wenn man in zwei oder mehreren lebt, mag ich bezweifeln. Letztendlich würde ich diese Annahme so einschränken: In jeder Sprache können tiefste Erfahrungen gemacht werden, sie unterscheiden sich nur in der Verknüpfung. Wenn ich gelegentlich ein italienisches Wörterbuch entdecke und darin ziellos zu blättern beginne, muss ich plötzlich an das Wort *tergiversare* denken und entdecke Begriffe, die an Demütigungen und Entwürdigungen erinnern; und plötzlich spritzt mir aus dem italienischen Wörterbuch die verspielte Sprache der Unterwerfung und des Hinhaltens ins Gesicht.«

XI.

Vielleicht ist die Vorstellung vom Besitz der Sprache, wie sie exemplarisch der Oberst Lawrence formuliert haben soll, eben doch eine entscheidende, wenn man dabei vermutet, dass sie dazu verhilft, das Misstrauen gegenüber Sprache und Welt, dem sie begegnet, auszublenden. Aber dann ist diese Vorstellung lediglich eine Krücke, um hinzunehmen, wie unzulänglich die Beziehung zu Sprache und Welt ist.

Wenn man jedoch von einer unwiderruflichen Verheiratung mit einer Sprache ausgeht (also mit der »Muttersprache«) entdeckt man, dass diese Sichtweise eine Umkehrung der Besitzannahme in sich birgt: Man ist doch von einer Sprache in Besitz genommen worden, und wenn man ihr mit einer anderen Sprache untreu wird, wird man – klammert man dabei die religiöse Hypothese aus – des Grundgefühls einer Zugehörigkeit beraubt. Unabhängig davon, ob diese Vorstellung vom Puritanismus geprägt ist – sie offenbart jedenfalls den Glauben, dass das Leben in zwei Sprachen, wenn nicht die Seele, dann doch die Gefühle und das Gemüt durcheinanderwirbelt und Bezugspunkte ins Wanken bringt. Das heißt zum einen, dass die Zweifel die Verbindungen von sich und Welt und Sprache brüchiger machen. Das heißt auch, dass die vernünftige Spirale von Vertrauen und Misstrauen auf keiner tragbaren Basis mehr ruht. Im »öffentlichen Diskurs« wird postuliert, dass eine dauerhafte Entfernung vom »Vaterland« und von der »Muttersprache« stets zu einem Identitätsverlust führt. Damit dies tatsächlich geschieht, muss ein Verlust an Klarheit, welche Tragweite für einen die jeweiligen Sprachen haben und in welchem Verhältnis das Selbst zu ihnen steht, vorausgegangen sein.

Zugleich impliziert diese Ausschließlichkeit die Hypothese, dass das »Verlassen« der Muttersprache ein Verrat ist. In dieser Vorstellung steckt der Anspruch auf Absolutheit, der auch in der Redewendung formuliert ist, man beherrsche eine Sprache oder man beherrsche sie nicht. Das setzt wiederum voraus, das Individuum stehe über der Sprache und habe sie parat, immer und überall, in allen denkbaren Situationen. Dieser Anspruch zeugt nicht nur von Selbstüberschätzung, er ist auch tyrannisch und basiert auf einer nicht genau definierbaren

Sehnsucht nach Harmonie und Einheit, welche die Welt nicht hergibt und nicht hergeben kann, wie auch eine Beherrschung der Sprache nicht erzielt werden kann. Hinter diesem Anspruch wird eine andauernde Bemühung um Kontrolle – der Welt und der Sprache – beherbergt. Die Voreingenommenheit, sie zu beherrschen, täuscht darüber hinweg, dass damit höchstens die Beherrschung des Regelwerkes (Rechtschreibung, Grammatik und Ausnahmekörper) gemeint ist. Ähnlich ist es in der Hypothese über das Eigene und das Fremde vorzufinden. Man suche, so glaubt der zivilisierte Mensch, das Eigene im Fremden. Und nicht das Fremde im Eigenen, wie es direkter zu leisten wäre, würde ein Wille dazu vorhanden sein. Diese Bemühungen nach Kontrolle führen dazu – zu Ende gedacht –, dass im Fremden das Eigene gesucht und (notfalls mit Gewalt) herbeigefunden wird, bis das Fremde eigen ist, also bis Einheit und Harmonie augenscheinlich obsiegt haben.

Entgegen der Vorstellung, man würde einer Sprache in ausschließlicher Weise angehören, wird hier die Position postuliert, dass Zwei- bzw. Mehrsprachigkeit in sich zwei bzw. mehrere Denk- und Fühlstrukturen wohnen hat und dementsprechend mehrere Sprachorte und -wege. Dies entsteht nicht im Sinne irgendeiner banalen Arithmetik, eins plus eins macht zwei. Es entwickelt sich vielmehr als verzweigte Struktur einer Person, in der Identitäten und Sprachen voneinander isoliert und miteinander verbunden wirken, je nach Situationen und Erfahrungshintergründen. Deswegen erlebt der Zwei-, Mehrsprachige umso deutlicher die Begrenztheit seiner Sprachwege – angesichts der Sprachenvielfalt der Welt und der versperrten Wege zur Existenz der Fremde hin.

XII.

Durch die Fakten seines Lebens dazu gezwungen, wie bereits oben beschrieben, begann Franco Biondi in der ihm damals fremden Sprache zu schreiben. Betrachtet man die einzelnen Stationen näher, so fällt auf: In der allerersten Phase übersetzte er von einer Sprache in die andere und spürte in diesem Prozess, wie viele Begriffe wie Hülsen waren, in deren Innerem kein Kern lebte. Dabei war er vom folgenden Gedanken begleitet: Erinnern ist der Verzweiflung vertrauen. Erinnern war demnach ein Sprachakt zurück und nach vorne. Er empfand, sein Gedächtnis sei in einer Sprache wohnhaft und der Ausdruck dieses Gedächtnisses in der anderen. In der darauf folgenden Zeit erlebte er beim Schreiben eine Spaltung von Gedächtnis und Erfahrung und eine allmähliche Integration der beiden Ebenen.

Eine vollkommene Zwei- oder Vielsprachigkeit könnte nur im Idealzustand existieren. In der Realität jedes Menschen, der zwei- oder vielsprachig aufwächst oder wird, entstehen zwangsläufig unterschiedliche Gewichtungen und Differenzen; sie korrespondieren zu Erfahrungen und Erlebnissen, die in der jeweiligen Sprache gemacht werden. Das will heißen, dass jeder Zwei- oder Mehrsprachige sprachliche Schwerpunkte hat, die mit entsprechenden Erfahrungen verknüpft sind. Deshalb wirkt es als unmöglich, dass ein Zeichen, das in einer Sprache mit Erfahrungen und Erlebnissen verknüpft wird, den gleichen Ort in der anderen Sprache einnehmen kann. Wenn z. B. ein Kind eine Mutter aus einem sprachlichen Kreis hat und einen Vater aus einem anderen, dann hat es die Muttererfahrung in einer und die Vatererfahrung in einer anderen Sprache; ihm wird dann das jeweilige andere Erfahrungsfeld fehlen. Wenn ein Zweisprachiger Elternerfahrungen in einer (Minderheits-) Sprache und die übrigen sprachlichen Sozialisationserfahrungen in der herrschenden Sprache macht (z. B. Kindergarten, Schule, Peergruppe etc.), dann wird er dies in seinen Sprachkompetenzen in den jeweiligen Sprachen auch so vorfinden. Das gilt erst recht für einen Zweisprachigen, der seine Kindheitserfahrungen in einer Sprache gemacht hat und seine Erwachsenenerfahrungen in einer anderen macht. Andererseits können die fehlenden Erfahrungen in einer Sprache kognitiv herangeholt werden, so dass in diesem Bereich sprachliche Erfahrungen mit emotionaler Distanz entstehen. Eine emotionale Distanz gibt wiederum die Möglichkeit, sich kreativ in solchen Bereichen zu entfalten.

Ein Beleg, dass sich zwei Sprachen tief in ihm eingefleischt hatten, sah Franco Biondi in dem Vorkommnis, dass er sich im Nachhinein nicht mehr erinnern konnte, hatte er eine Notiz soeben auf Deutsch oder auf Italienisch niedergeschrieben? Er musste die Notiz nachprüfen. Diese augenscheinliche Gleichwertigkeit mag für die Pflege des auf Erhöhung bedachten Egos willkommen sein, sie mag jedoch nicht darüber hinwegtäuschen, dass Grunderfahrungen das eigene Sprachvermögen besetzen, in negativer wie in positiver Weise.

Es geht nicht nur darum, dass der spezifische Umgang mit grammatikalischen Strukturen, die eigentümliche Auswahl der Termini, der ausgefallene Tonfall an und für sich für soziale und kulturelle Gruppen identitätsstiftend sind, sondern auch darum, dass Sprache adäquat zur eigenen Realität wird. So gesehen, kann dies folgendermaßen auf den Punkt gebracht werden: Sprachen können vermittelt und erlernt werden, die Kultur des Fremdseins nicht. Sie wird erlebt und wird zu Sprache.

XIII.

Für einen Autor ist von grundsätzlicher Tragweite, dass er sich im kreativen Prozess entscheiden muss, ob er sich der standardisierten Sprache blind anvertrauen kann und will, oder sich eher auf seine Erfahrungen verlässt, jene Erfahrungen, die substanziell keine aktiven Verknüpfungen mit der Sprache des Standards haben. Um im Rahmen dieses Essays der Problematik deutlicher auf den Grund zu gehen: Wenn ein Autor sich entscheidet zu schreiben, muss er das Verhältnis zu dieser klären, vor allem auf dem Kontinuum von Vertrauen-Misstrauen. Der Bedarf einer Klärung gilt umso mehr, wenn man in einer Sprache schreibt, der man nicht seit frühster Kindheit nah ist. Es ist dann notwendig, das Vertrauen zu sich und zu den eigenen Erfahrungen kritisch und konstruktiv zu betrachten und zu der Sprache und deren Grenzen in Beziehung zu setzen. Tut ein Autor das nicht, kommen er und seine Sprache so zum Ausdruck, als sei er mit einem naiven Vertrauen ausgestattet.

Ein naives Vertrauensverhältnis ist dort zu finden, wo ein Autor ein unkritisches und sogar unschuldiges Ich vorschlägt, das mit einer ebenso unkritischen und unschuldigen Sprache dargestellt ist und das keinen Raum für Doppelbödigkeit zulässt. Damit gibt der Autor dem Ich und der Sprache die Absolution und entzieht dem schreibenden Ich die persönliche und der Sprache die historische Verantwortung. Aber man kann auch ein gegenseitiges Verhältnis, das von Misstrauen geprägt ist, entwickeln. Dann werden das Selbst und die Sprache eine Schlucht, in die sie hineinstürzen und dort verstummen.

XIV.

Ein deutliches Zeichen an Vertrauensmangel gegenüber der Sprache ist, wenn ein Autor viele Redewendungen, Bedeutungsäquivalente, Sprichwörter etc. aus der Herkunftssprache in die Ankunftssprache einführt. Um konkret erfahren zu lassen, wovon die Rede ist, werden hier ein italienischer oder türkischer Autor oder eine Autorin angenommen. Es ist möglich, dass die Einfuhr von Türkologismen oder Italianismen in die deutsche Sprache ein Versuch ist, die eigene sprachliche Identität in die fremde Sprache zu transplantieren bzw. sie in die deutsche Literatur einzubürgern – als Ersatzhandlung wegen der auf der gesellschaftlichen Ebene noch nicht zustande gebrachten bürgerrechtlichen Einbürgerung ihrer/seiner Person.

Es ist ebenso möglich, dass diese Transplantation nur eine implizite Akzeptanz der Standardsprache ist. Oder dass eine solche Einfuhr dazu dient, exotische Elemente in einen Verkaufs(kon)text einzuführen und damit den deutschen Rezipienten zu beeindrucken und ihm den Hauch an Exotik zu geben, den er braucht, um den Fremden überhaupt zur Kenntnis zu nehmen. Und um letztendlich das Lesepublikum zum Kauf zu bewegen, da es erst Kaufbereitschaft zu zeigen scheint, wenn es aus der Lektüre eine Selbstbestätigung und die Bestätigung seiner Fremdbilder findet. Durchaus denkbar ist auch, dass die deutsche Sprache auf die Bewährungsprobe gestellt wird, inwieweit sie in der Lage ist, das Herkünftige aufzunehmen und zu tragen. Profaner formuliert: ob sie fähig und bereit ist, Elemente zu assimilieren und zu transportieren, die sich (nur) auf ihrer Oberfläche als fremdkulturell erweisen.

Auch wenn dies alles zuträfe und legitim ist, zu bedenken ist hier, dass kulturelle und sprachliche »Wurzeln« so auf die individuelle Ebene gebracht werden, dass der Einzelne als deutlich ausmachbare Person in ihrer spezifischen Eigentümlichkeit überhaupt nicht in Erscheinung tritt. Zudem werden hierdurch stereotypisierte Signale in eine fremde Sprache übertragen, ohne dass die historischen und kulturellen Ebenen sich mit der fremden Sprache verbinden und jemals verbinden können. Ferner drücken sie im Denkmodell der Herkunftssprache nur historisch Gewordenes aus, das dort nur noch als formelhafte Sprachhülse weiterlebt und für die Gegenwart keine substanzielle Bedeutung mehr hat. Gegebenenfalls tragen sie höchstens nur für Philologen zu einer kulturhistorischen Auseinandersetzung bei. Auch die unterschiedlichen Denkmodelle, die der jeweiligen Sprache innewohnen, treten in ein mechanisches Miteinander: Sie mögen für den unbedarften Leser ungewohnt, vielleicht metaphorisch kühn oder vielleicht exotisch wirken, mit Leben gefüllt können sie nicht werden. Und erst recht nicht mit dem unmittelbaren Leben des betreffenden Autors in seiner Wirklichkeit, die nach einer adäquaten Sprache schreit.

Würde z. B. ein italo-herkünftiger Autor die wörtliche Übersetzung von *In bocca al lupo* übernehmen, die wörtlich im Deutschen heißt: *In den Rachen des Wolfes*, was in etwa »Auf gut Glück« bedeutet, so würde er nur das Formelhafte widerspiegeln, ohne nicht wenigstens eine metaphorische Eleganz zu erreichen. Zunächst unverfänglicher und eleganter könnte dagegen erscheinen: *La nebbia si mangia la neve*, »der Nebel frisst den Schnee«, ohne dass ein deutscher Leser auf den Hintergedanken käme, dass dies im Romagnolischen (das ist die ersterlernte Sprache Franco Biondis) darauf hinweist, dass ein Übel das andere vertreibt. Eine überlieferte Metapher aus einer überwiegend agrarisch bestimmten Gesellschaft, die einen deutlichen Hinweis enthält, aber für die Romagna kaum noch Relevanz hat, es sei denn, diese oder ähnliche wörtliche Übertragungen dienen dem Autor oder der Autorin dazu, sich in der deutschen Sprache Distanz zu verschaffen. Anders stellt es sich dar, wenn in der deutschen Sprache Sprachbilder entwickelt und Sprachexkursionen geleistet werden, um die Gegenwart und den eigenen Ort in dieser Gegenwart auszukundschaften.

XV.

Eine weitere Frage ist, ob der Autor sich auf die mehr oder weniger standardisierte Sprache einlassen kann oder muss – eine Standardsprache, die im Spannungsverhältnis ist und als Gleichgewicht der Mehrheit mit sich selbst dient. Für jeden Autor wäre es leichtsinnig, in der Standardsprache unbedacht zu schreiben. Dies geschieht, wenn der Autor weder die eigene Position im Kontext der Sprache noch die Stelle dieser Sprache im geschichtlichen Zusammenhang reflektiert. In diesem Fall ist man in der Sprache, ohne in ihr anwesend zu sein; man ist in ihr nicht anwesend, weder als Individuum im Alltag und im historischen Fluss, noch als jemand, der einer kulturellen Minderheit entsprungen ist.

In diesem Kontext sieht Franco Biondi eine Reihe von Zusammenhängen. Er vermutet, dass die Anhaftung an die Oberfläche einer Standardsprache den Gang in die Tiefe einer Sprache erschwert. Ihm fallen dabei eine Anzahl von Menschen ein, die hartnäckig sich mit Sprachhülsen verständigten (z. B. Redewendungen, Modewörter, geliehene Sprüche etc.). Je mehr jemand Sprachhülsen benutzt, desto weniger ist dieser mit der Tiefe seines Selbst und seiner Sprache verbunden, meint hierzu Franco Biondi. Er meint auch, dass es einen Zusammenhang zwischen Sprachoberflächlichkeit und Selbstwert bzw. Identität eines Menschen gibt. Er behauptet: Je oberflächlicher und verschwommener sich jemand ausdrückt, desto niedriger ist dessen Selbstwert, desto negativer die Polung der eigenen Identität. Außerdem war es für Franco Biondi leicht festzustellen, dass der Austausch mit diesen Menschen schwierig, dass eine Begegnung erschwert war.

Die Verwendung einer in höchstem Maße standardisierten Sprache offenbart auch einige Beziehungsaspekte. Viele Leser kennen den Sachverhalt, dass Gruppen dazu neigen, eine Insider-Sprache oder Jargon zu praktizieren, man braucht nur an Gruppen wie die der Wissenschaftler, der Politiker, der Jugendlichen etc. zu denken. Die Verwendung einer Insider-Sprache dient nicht nur dazu, eine »Herde« zu bilden, in der man sich geschützter fühlen kann als außerhalb, sie schließt auch die aus, die nicht genauso sprechen wie sie. Sie schränkt auch die Beziehungen zu anderen Gruppen erheblich ein. Je mehr eine Sprache sich standardisiert, desto restringierter werden die Wörter und die Sätze gebraucht. Die so entstandene Standardsprache schränkt aber auch die Individualität der Sprechenden sehr stark ein.

Auf den Punkt gebracht, Franco Biondi geht von der Hypothese aus, dass ein mangelndes Vertrauen ein Festkleben an einer Standardsprache begünstigt. Wenn der Autor seinen Erfahrungen vertraut – unabhängig von welchem substanziellen Gehalt und von welchen Grunderfahrungen ausgegangen wird – und wenn er ein konstruktives Vertrauensverhältnis zur Sprache hat, dann wird er in die Standardsprache all jene Momente einschleusen, die Risse in ihr Fundament einritzen; er wird vor allem Zugänge in die Sprache für Wahrnehmungen, Ideen, Gefühle finden, die bisher nicht vorgesehen waren und Ausdruck des Fremden bzw. von Fremderfahrungen sind.

Offensichtlich wird dies dort, wo Erfahrung und Sprache zueinander in Spannung geraten und sich füreinander öffnen können. Dies offenbart sich zum Beispiel im Gedicht Franco Biondis: *Entstummung*. Bereits der Titel will etwas anderes verbalisieren, als der gängige Sprachkodex es erlaubt. Da dieses Wort in keinem Wörterbuch zu finden ist, kann der Leser nur auf sein Sprachverständnis zurückgreifen. Assoziativ kann man hierbei an *Verstummung* anknüpfen, und damit an den Vorgang der *Entstummung*, der den gegenläufigen Prozess von Stummwerden charakterisiert.

Häufig sind Neuschöpfungen nicht notwendig, um festverstandenen Sprachstrukturen neue Aspekte abzugewinnen. Das heißt, die Spannung zwischen Erfahrung und Sprache bedarf keiner Neuschöpfungen. In Anlehnung an *Sich das Leben nehmen* finden wir sogar einen Gedichtband Gino Chiellinos mit dem Titel *Sich die Fremde nehmen*. In der Standardsprache wird das Sich-das-Leben-Nehmen zumeist in reduktionistischer Weise angewendet und wird daher kaum in positivem Sinn konnotiert: nach dem Leben greifen. In Gino Chiellinos Variante, *sich die Fremde nehmen*, wird gerade diese positive Konnotation aufgegriffen.

Nicht immer gelingt es, Erfahrung und Sprache zugänglich für die kulturelle Mehrheit zu gestalten. Zumeist bleibt eine eigentümliche Spannung bestehen und der Grundkonflikt zwischen Sprache und Leben lässt sich nicht auflösen.

XVI.

Wie bereits angedeutet, sind Mehrheitssprachen nicht nur nicht neutral, sie haben auch ausschließenden Charakter, insbesondere gegenüber Anderssprachigen. Sie drücken nämlich nur das aus, was eine Sprachgemeinschaft duldet. Dabei sind in der Regel Fremderfahrungen nicht vorgesehen, schlimmstenfalls nicht erlaubt. Eine andere Vorgehensweise, Fremderfahrungen nicht vorzusehen, ist es, Begriffe mit eigenen Inhalten zu besetzen. Finden dennoch Innervationen der Sprache durch Fremderfahrung statt, dann können Neutralisierungstendenzen an den Tag gelegt werden, indem Konnotationen verschoben oder die subversiv erlebten Sprachsubstrate fremder Erfahrungen assimiliert werden.

Nicht nur deswegen dürfte es schwerfallen, der Mehrheitssprache Vertrauen entgegenzubringen. Es könnte eher als angebracht gelten, misstrauisch gegenüber einer Sprache zu sein, die zudem in der Beziehung zu Minderheiten historisch bereits mehrmals gescheitert ist. Dennoch, ein generalisiertes Misstrauen gegenüber einer Sprache als Ganzes an den Tag zu legen, würde bedeuten, dieser Sprache und den eigenen Erfahrungen Unrecht zu tun.

Allein durch den Entschluss, einzuwandern, die Sprache zu sprechen und zu schreiben, spricht sich Franco Biondi implizit für die deutsche Sprache aus. Dieser Akt ist als konstruktives Vertrauen zu verstehen, geleitet von einem Wissen, dass nicht das, was erscheint, auch das ist, was den Fluss des Lebens ausmacht. Mit diesem Grundvertrauen wird es möglich, die eigene Lebensgeschichte und für Franco Biondi damit die Verbindung zwischen Erfahrung und Sprache in sie einzubringen. Konstruktives Vertrauen zu einer Sprache führt ebenso dazu, das ganze Ich, Kindheit und Früherfahrungen eingeschlossen, in den Fluss dieser Sprache einzulassen. Zuzulassen, dass die gesamte Person sich mit der später erworbenen Sprache verbindet, ohne mit ihr eins zu werden. Das ermöglicht nämlich, einen Ort der Geschichte dieser Sprache als fruchtbares Feld zu nehmen, auf dem inhaltlich eine Fremderfahrung erwächst und sprachlich fremdvertraute Sprachbauten entstehen und gedeihen können.

Deshalb ist eine Verbindung zwischen Vertrauen und Radikalität beim Schreiben notwendig; Schreiben erfordert per se Radikalität, und Radikalität erfordert Vertrauen. Radikalität heißt – wiederum in einer Idealvorstellung formuliert –, der Autor und die Sprache müssen alles von sich hergeben.

Wer sich als gesamter Mensch einer fremden, aber nun bewohnbaren Sprache anvertraut, setzt sich aus. Eine Kritik am Text ist auch eine Kritik am Menschen, an seiner persönlichen Lösung, Schreiben und fremdes Leben zu verbinden. Angesichts des Strebens, wie weiter oben dargestellt worden ist, »Harmonie und Einheit« über das Fremde, das sich in der Sprache des Andersseins artikuliert, zu stülpen, würde dies für den alles von sich hergebenden Autor nur eine ideelle Forderung bleiben oder nur ein Sprachweg, der früher oder später in die Eingeweide der Mehrheitssprache einmünden würde. Diesem Dilemma kann auch der Autor Franco Biondi nicht entrinnen.

Aber er hat einen Trost: in einen Prozess eingebunden, nicht am Anfang, am Ende ist das Wort.

Hanau, im Mai 1996

SPRACHE ALS HERAUSFORDERUNG
Vortrag in Sankt Vith, 14. November 1998

Begegnungen können als Überforderungen erlebt werden; daraus kann oft ein Verhalten hervorgehen, das den Einzelnen zu Versteckspielen herausfordert. Oder sie können Unterforderungsempfindungen auslösen, die zu Desinteresse führen oder innere Abtauchreaktionen in Gang bringen können. Anders stellt es sich dar, wenn Begegnungen als Herausforderungen erlebt werden. Begegnungen als Herausforderungen lassen uns das Eigene und das Andere spüren, sie lassen das Miteinander lebendig werden.

Auch wenn ich dies so hervorhebe, liegt es mir gegenwärtig fern, eine »Ästhetik der Begegnung« zu formulieren. Hierzu ist mein Gedankengerüst noch zu dürftig. Fakt ist dennoch, dass die Fragen der Begegnung sich wie ein roter Faden durch mein Werk ziehen und inzwischen eine Vielfalt von Facetten vorweisen.

Mit Begegnung meine ich hier und jetzt die Möglichkeit, Literatur als Ort oder Platz zu gestalten, wo die individuellen, kulturellen und ethnischen Anwesenheiten in Erscheinung treten und sich behaupten, und hierdurch letztendlich die verschiedenen Zugänge zu »Erfahrungen der Differenz« ermöglichen.

Eng damit verknüpft sind für mich die »Fragen der Anwesenheit«. Anwesenheit ist die wesentliche Voraussetzung der Begegnung. Nur Anwesende und die, die sich sicher sind, dass sie anwesend sind, können sich begegnen.

Vor längerer Zeit hörte ich im Rundfunk eine Nachricht über den Tod eines Mannes. Es hieß in etwa: »Der Verstorbene hat Frau und Kind hinterlassen.« Unabhängig davon, ob die betroffene Frau diesen Satz teilt oder nicht, diese Formulierung macht die Sichtweise über eine Beziehung transparent. Dieser Frau wird nämlich ihre Anwesenheit als autonomer Mensch verweigert. Sie darf in der Nachricht nur als Ding vorkommen. Denn es hätte auch heißen können: »Frau und Kind beklagen den Verlust des Verstorbenen« oder Ähnliches. Hauptsache, Frau und Kind werden als aktiv Anwesende vorgesehen. Wenn ich den Satz näher betrachte, erkenne ich die Sprachhaltung derjenigen, die einen Besitzanspruch auf Sprache und Menschen erheben und denjenigen ein Anwesenheitsrecht verweigern, die in ihrem Machtbereich nicht vorgesehen sind.

Sie merken gerade, es geht mir auch darum, Anwesenheit in der Sprache zu überprüfen, eine Frage, die mit der Frage der Begegnung eng verknüpft ist. Wenn ich mich nun der Frage zuwende, wie es um

Anwesenheit und Begegnung in Bezug auf Literaturwerke der Autoren aus den kulturellen Minderheiten bestellt ist, dann fällt es mir leicht, in Klagepositionen zu geraten. Denn in der deutschen »Literaturszene« bewegen sich seit über zwanzig Jahren Autoren, deren Herkunftssprache nicht Deutsch ist. Sie sind zwar da, werden aber vom Literaturbetrieb nicht als anwesend betrachtet: Keine Anthologie der deutschen Gegenwartsliteratur nimmt sie auf, keine Geschichte der deutschen Gegenwartsliteratur erwähnt sie, kaum Preise werden an sie vergeben, kaum ein Verlag stellt für diese Autoren eine Kontinuität dar. Auch die Literaturseiten der Tageszeitungen und Zeitschriften stellen diese Autoren so gut wie gar nicht vor. Ausnahmen bestätigen die Regel.

Aber das ist nur eine Seite des Literaturbetriebes, und die Zeit wird hoffentlich diesen Missstand beseitigen. Die andere Seite ist mit der Frage verknüpft, wie Autoren fremder Sprachherkunft sich ihrer Anwesenheit stellen. Ich stelle eher fest, dass in einer Zeit der medialen Gesellschaft, in der nur derjenige existiert, der in den Medien erscheint, eine beträchtliche Zahl dieser Autoren sehr stark damit beschäftigt sind, ihre Anwesenheit selbstgefällig darzubieten. In ihren Bemühungen, der belletristischen Öffentlichkeit zu gefallen, versäumen sie allesamt, an einer Ästhetik der Anwesenheit aktiv mitzuwirken. Dabei bedarf die individuelle Anwesenheit als schreibender Aktivist, die eigene Beziehung zur Sprache zu analysieren. Ich will dies etwas näher betrachten.

Meines Erachtens ist für einen Autor von grundsätzlicher Tragweite, ob er sich im kreativen Prozess dafür entscheidet, sich der standardisierten Sprache blind anzuvertrauen bzw. wenn ja, in welchem Umfang. In bin davon überzeugt, dass ein Schriftsteller sein Verhältnis zu der Sprache, die er für sein Werk in Anspruch nimmt, zu klären hat. Diese Klärung sollte vor allem auf der Linie von Vertrauen-Misstrauen erfolgen. Der Bedarf einer Klärung besteht umso mehr, wenn man in einer Sprache schreibt, der man nicht seit frühster Kindheit nah ist. Es ist dann notwendig, das Vertrauen zu sich und zu den eigenen Erfahrungen kritisch und konstruktiv zu betrachten und zu der Sprache und deren Grenzen in Beziehung zu setzen. Tut ein Autor das nicht, kommen er und seine Sprache so zum Ausdruck, als seien sie mit einem naiven Vertrauen ausgestattet. Und abwesend.

Ich bin ebenso davon überzeugt, dass der Schriftsteller, der das nicht tut, sich und sein Schreibprojekt der Gefahr ausliefert, die von einer Standardsprache ausgeht. Der Gefahr nämlich, die eigene Individualität und Einzigartigkeit in der Welt aufzugeben zugunsten eines vermeintlichen wohligen Ortes in einer standardisierten Sprachwelt. Ich denke, dass es für einen Autor wichtig ist, sich auf eigene Erfahrungen zu verlassen, jene Erfahrungen, die substanziell keine aktiven Verknüpfungen mit der Sprache des Standards haben. Ich gehe davon aus, dass sein Erleben wichtiger ist als der Anspruch auf Standard und diese Wichtigkeit einen Niederschlag auf seine Sprachlichkeit zu finden hat.

Und nun einige Anmerkungen zu meinen Behauptungen. Ein naives Vertrauensverhältnis zur Standardsprache ist dort zu finden, wo ein Autor ein unkritisches und sogar unschuldiges Ich vorschlägt, das mit einer ebenso unkritischen und unschuldigen Sprache dargestellt ist und das keinen Raum für Doppelbödigkeit zulässt. Damit gibt der Autor dem Ich und der Sprache die Absolution und entzieht dem schreibenden Ich die persönliche und der Sprache die historische Verantwortung.

Aber man kann auch ein gegenseitiges Verhältnis, das von Misstrauen geprägt ist, entwickeln. Dann werden das Selbst und die Sprache eine Schlucht, in die sie hineinstürzen und wo sie verstummen.

Ein deutliches Zeichen an Vertrauensmangel gegenüber der Sprache ist, wenn ein Autor viele Redewendungen, Bedeutungsäquivalente, Sprichwörter etc. aus der Herkunftssprache in die Ankunftssprache einführt. Es ist ebenso möglich, dass diese Transplantation nur eine implizite Akzeptanz der Standardsprache ist. Oder dass eine solche Einfuhr dazu dient, exotische Elemente in einen Verkaufs(kon)text einzuführen und damit den deutschen Rezipienten zu beeindrucken und ihm den Hauch an Exotismus zu geben, den er braucht, um den Fremden überhaupt zur Kenntnis zu nehmen. Und um letztendlich das Lesepublikum zum Einkauf zu bewegen, da es erst Kaufbereitschaft zu zeigen scheint, wenn es aus der Lektüre eine Selbstbestätigung und die Bestätigung seiner Fremdbilder findet.

Durchaus denkbar ist auch, dass die deutsche Sprache auf die Bewährungsprobe gestellt wird, inwieweit sie in der Lage ist, das Herkünftige aufzunehmen und zu tragen. Profaner formuliert: Ob sie fähig und bereit ist, Elemente zu assimilieren und zu transportieren, die sich (nur) auf ihrer Oberfläche als fremdkulturell erweisen.

Hierzu werden stereotypisierte Signale in eine fremde Sprache übertragen, ohne dass die historischen und kulturellen Ebenen sich mit der fremden Sprache verbinden und jemals verbinden können. Ferner drücken sie im Denkmodell der Herkunftssprache nur historisch Gewordenes aus, das dort nur noch als formelhafte Sprachhülse weiterlebt und für die Gegenwart keine substanzielle Bedeutung mehr hat.

Auch die unterschiedlichen Denkmodelle, die der jeweiligen Sprache innewohnen, treten in ein mechanisches Miteinander: Sie mögen für den unbedarften Leser ungewohnt, vielleicht metaphorisch kühn oder vielleicht exotisch wirken, mit Leben gefüllt können sie nicht werden.

Und erst recht mit dem unmittelbaren Leben des betreffenden Autors in seiner Wirklichkeit, die nach einer adäquaten Sprache schreit.

Eine weitere Frage ist, ob der Autor sich auf die mehr oder weniger standardisierte Sprache einlassen kann oder muss – eine Standardsprache, die im Spannungsverhältnis ist und als Gleichgewicht der Mehrheit mit sich selbst dient. Für jeden Autor wäre es leichtsinnig, in der Standardsprache unbedacht zu schreiben. Dies geschieht, wenn der Autor weder die eigene Position im Kontext der Sprache noch die Stelle dieser Sprache im geschichtlichen Zusammenhang reflektiert. In diesem Fall ist man in der Sprache, ohne in ihr anwesend zu sein; man ist in ihr nicht anwesend, weder als Individuum im Alltag und im historischen Fluss, noch als jemand, der einer kulturellen Minderheit entsprungen ist.

Wenn der Autor seinen Erfahrungen vertraut – unabhängig von welchem substanziellen Gehalt und von welchen Grunderfahrungen ausgegangen wird – und wenn er ein konstruktives Vertrauensverhältnis zur Sprache hat, dann wird er in die Standardsprache all jene Momente einschleusen, die Risse in ihr Fundament einritzen. Er wird vor allem Zugänge in die Sprache für Wahrnehmungen, Ideen, Gefühle finden, die bisher nicht vorgesehen waren und Ausdruck des Fremden bzw. von Fremderfahrungen sind.

Wie bereits angedeutet, sind Mehrheitssprachen nicht nur nicht neutral, sie haben auch ausschließenden Charakter, insbesondere gegenüber Anderssprachigen. Sie drücken nämlich nur das aus, was eine Sprachgemeinschaft duldet. Dabei sind in der Regel Fremderfahrungen nicht vorgesehen, schlimmstenfalls nicht erlaubt. Eine andere Vorgehensweise, Fremderfahrungen nicht vorzusehen, ist es, Begriffe mit eigenen Inhalten zu besetzen und zu assimilieren.

Nicht nur aus diesen Gründen dürfte es schwerfallen, der Mehrheitssprache Vertrauen entgegenzubringen. Es könnte eher als angebracht gelten, misstrauisch zu einer Sprache zu sein, die zudem in der Beziehung zu Minderheiten historisch bereits mehrmals gescheitert ist. Dennoch ein generalisiertes Misstrauen zu einer Sprache als Ganzes an den Tag zu legen, würde bedeuten, dieser Sprache und den eigenen Erfahrungen Unrecht zu tun.

Allein durch den Entschluss, einzuwandern, die Sprache zu sprechen und zu schreiben, spreche ich mich an dieser Stelle implizit für die deutsche Sprache aus. Dieser Akt ist als konstruktives Vertrauen zu verstehen, geleitet von einem Wissen, dass nicht das, was erscheint, auch das ist, was den Fluss des Lebens ausmacht.

Mit diesem Grundvertrauen wird es möglich, die eigene Lebensgeschichte und damit die Verbindung zwischen Erfahrung und Sprache in sie einzubringen. Konstruktives Vertrauen zu einer Sprache führt ebenso eher dazu, das ganze Ich in den Fluss dieser Sprache einzulassen, als Ort der Geschichte dieser Sprache zu werden.

Deshalb ist eine Verbindung zwischen Vertrauen und Radikalität beim Schreiben notwendig; Schreiben erfordert per se Radikalität und Radikalität erfordert Vertrauen.

Wer sich als gesamter Mensch einer fremden, aber nun bewohnbaren Sprache anvertraut, setzt sich aus. Eine Kritik am Text ist auch eine Kritik am Menschen, an seiner persönlichen Lösung, Schreiben und fremdes Leben zu verbinden. Angesichts des Strebens einer Sprachgemeinschaft, »Harmonie und Einheit« über sich selbst und demzufolge über alle Sprachindividuen zu stülpen, münden Begegnungen stets in Überforderungssituationen für alle Beteiligten ein.

Für einen Schriftsteller, der sich der Verknüpfung seiner Erlebnisse und der Sprache und demzufolge seinem Werk verpflichtet fühlt, ist ein solches Unternehmen eine regelrechte Herausforderung. Ich habe meinen Vortrag mit dem Hinweis eingeleitet, dass Begegnungen als Herausforderungen erlebt werden sollten, damit das Eigene und das Andere gespürt werden können und das Miteinander lebendig wird.

Ich bedanke mich für ihre Aufmerksamkeit.

MEINE HEIMAT?

Wenn die Identität eines Menschen mit seiner direkten Umgebung eng verbunden ist, ist diese Verknüpfung dann auch Heimat? Spontan würde ich für mich sagen: eher ein Zuhause, aber eine Heimat? Nein. Heimat – seit etlichen Jahren verwundert mich dieser Begriff, der ein historisches Zuhause für eine Gemeinschaft und für die Einzelnen meinen soll. Ich erinnere mich, dass ich bei meinen ersten Erfahrungen in der deutschen Sprache durcheinander kam, wenn ich das Wort **Heim** als Teil eines zusammengesetzten Wortes vorfand, das zu anderen Erfahrungen führte. Diese Erfahrungen habe ich zum Teil in meinem zuletzt erschienen Roman *In deutschen Küchen* dargelegt und dabei beschrieben, wie der Protagonist verwirrt wurde durch Wörter wie ***Heim**zahlen* und ***Heim**lichtuereien*. Im Laufe des Romans stellte sich der Protagonist auch die Frage, ob einige Leute, die direkt mit ihm zu tun hatten, wie Hanne, Gustav und Helmut, und in ihrem deutschen Umfeld nicht zurechtkamen, ent***heima***tet gewesen seien. Erst hierdurch wurde mir bewusst, dass meine innere, im Verborgenen ablaufende Auseinandersetzung mit dem Thema eine sprachliche Neuschöpfung verursacht hatte. Zunächst hatte ich nur das Wort *entwurzelt* nicht einsetzen wollen, weil dieses Sprachbild aus der Botanik einen Gärtner, einen Sturm etc. voraussetzt und den Baum zum passiven Gegenstand gemacht hätte, was beim Menschen bei dem Verlust der Heimat so einseitig nur in den seltensten Fällen geschieht. Ich fand wiederum das Wort *heimatlos* zu weich für den Vorgang und suchte nach einem geeigneteren Begriff. Bei der Vorstellung, ent***heima***tet zu werden, ging ich davon aus, dass diese Menschen eine Heimat bekommen hatten, die aufgrund bestimmter Lebensumstände verlustig gehen kann.

Bereits diese Ausführungen scheinen nahezulegen, dass jeder Mensch eine Heimat hat. Obwohl ich alltäglich erlebe, dass es für Völker und ethnische oder kulturelle Minderheiten, aber auch für Individuen eine Tragödie ist, eine Heimat zu haben, die ihnen streitig gemacht und auch geraubt wird, steht für mich die Frage noch offen: Gibt es Menschen ohne Heimat? Habe ich selbst eine Heimat? Und was ist Heimat? Wirklich die Zugehörigkeit zu einem historischen Ort? Ein Anspruch auf geschichtliche Kontinuität (eines Volkes, einer Gemeinschaft)? Oder eher eine Sehnsucht nach diesem Ort? Oder ist Heimat vielleicht nur ein Gefühl? Hierzu finde ich hauptsächlich persönliche Antworten.

Wahrscheinlich hindert mich meine Biografie, umfassend zu begreifen, dass für viele Menschen es wichtig und lebenserfüllend ist und sein kann, eine Heimat unter den Füßen zu spüren oder eine zu bekommen.

Es berührt mich, wenn ich die heftige Auseinandersetzung sehe, die sich Israelis und Palästinenser liefern im Streit um eine Heimat. Es lässt Ohnmacht spüren, wenn diese Auseinandersetzung erkennen lässt, dass Heimat nur für eine Seite gelten soll. Die Massenzeremonien beeindrucken mich, die die amerikanischen Behörden häufig in großen Hallen organisieren, um die Einwanderer zu amerikanischen Staatsbürgern zu machen. Nicht so sehr das Ritual an sich berührt mich, sondern vielmehr die Ernsthaftigkeit und die Bewegtheit der Einwanderer. Durch die Art, wie sie den Ritus durchführen und zum Abschluss bringen – zunächst angespannt, dann bis zu Tränen gerührt – zeigen sie, wie bedeutend es für sie ist, eine neue Heimat zu bekommen.

Ich dagegen kann nicht sagen: Forlì ist meine Heimat. Auch wenn Forlì und die Romagna als Ort meiner Geburt und meiner frühen Kindheit mir bekannt und vertraut sind, sind sie mir fremd geblieben. Dennoch konnte es in den ersten Jahren meines Deutschlands geschehen, dass ich oft an die Romagna dachte, an die Stadt und an die Hügel, die diese Stadt umgeben.

Ich dachte an sie so, als seien sie meine Heimat. Es handelte sich zumeist um Momente in meinem Leben, in denen sich die Melancholie in mir breitmachte. Aber je mehr die Gefühle deutlich wurden und einen Namen bekamen, desto offensichtlicher wurde es, dass die Romagna, dass Forlì wie eine Fata Morgana waren. Genau genommen dachte und fühlte ich vermittelt. Denn was hatten sie mir tatsächlich gegeben, um in schwierigen Zeiten nach ihnen zu schmachten? Meine Lebensjahre in Forlì waren nicht mit Freude erfüllt, nicht durch Erfüllung geprägt; sie waren ein Warten, das letztendlich zum unwiderruflichen Weggang führte. Deshalb waren die Gedanken an die Romagna eine Fata Morgana ,wie sie für den Herumirrenden in der Wüste die Oase ist. Diese Gedanken und Gefühle sind nicht Heimweh; sie richteten sich nicht wirklich an einen Ort, obwohl es rein äußerlich so aussehen mag, sondern vielmehr an Menschen in diesem Ort. Bei einer genauen Überprüfung schälen sich jene Menschen heraus, die wichtig in der eigenen Kindheit gewesen waren, die so gut, wie sie konnten, Schutz und Geborgenheit vermittelt hatten, wie Mutter, Vater oder Großeltern etc. Diese Gedanken dienten also eher dazu, die Gegenwart in der neuen Fremde besser zu ertragen. Sie halfen, die neue Fremde besser durchzustehen. Bis diese Fremde ein Ort geworden war, in dem ich mich wiederfand und in dem ich mich bewegen konnte.

Auch die Orte, wo ich meine spätere Kindheit verbracht habe, nämlich auf Wochen- und später auf Jahrmärkten, sind mir fremd. Wenn ich die Plätze wiedersehe, in Vicenza, in Ferrara oder in Verona oder dort, wo ich als Kind stand oder lief oder spielte, dann kann ich sie mit Erinnerungen an die Kindheit verknüpfen, an bestimmte Gesichter, an kleine Szenen. Dabei tut sich überhaupt kein Heimatgefühl auf. Das gilt eigenartigerweise auch für die Plätze, wo ich bisher am längsten gelebt habe, nämlich für die Mainzer Umgebung. Sie ist mir so bekannt, ja, vertraut, dass ich – wenn ich gerade dort bin – oft sagen kann, was sich hier und dort im Einzelnen verändert hat seit meiner letzten Anwesenheit vor zig Jahren. Die Unterhaltungen der Leute in ihrem Dialekt auf der Straße oder in geschlossenen Räumen sind mir ebenso vertraut, dass ich fast geneigt bin, mich einzumischen. Gelegentlich neige ich noch heute dazu, in vollkommen anderen Situationen diese oder jene Sätze in meinem Kopf zu formen, die den Hauch des Mainzer Dialekts haben. Auch wenn ich der Mainzer Umgebung immer noch sehr zugeneigt bin, wäre es sehr kühn von mir, zu behaupten, sie ist meine Heimat. Das gilt auch für Hanau, wo ich seit mehreren Jahren faktisch ein Zuhause habe. Zwar mag ich Hanau, wenn auch nicht so wie Mainz, doch sehe ich es ebenso wenig als meine Heimat.

Aufgrund meiner Unfähigkeit, einen bestimmten Ort als meine Heimat zu bezeichnen, wäre es für mich verführerisch, in abstraktere Ideen von Heimat zu flüchten. Zu sagen: Italien ist dann meine Heimat. Oder Deutschland ist meine Heimat. Oder Europa ist meine Heimat. Jede Benennung eines Landes ruft in mir eher ein Verlegenheitslächeln hervor. Und einen deutlichen inneren Widerspruch. Ich erkenne sie zwar als Räume, wo ich mich bewegen kann, jedoch nicht als Orte, an die ich mich so gebunden fühle, um sie als Heimat zu bezeichnen.

Da ich unfähig bin, Lebensgeschichte mit genau lokalisierbaren Orten im Sinne einer Heimat zu verknüpfen, könnte ich es mir einfach machen und mich von der Ideologisierung der Materie beschränken lassen. Demnach bräuchte ich mir nur einzureden, dass mein Körper eben meine Heimat ist. Zugegeben, dieser Gedanke ist verführerisch, weil ich mich in mir tatsächlich wohl fühle und weil ich immerzu meinen Körper als meine Grenze erfahre. Folglich müsste er meine Heimat sein. Aber gleich merke ich, dass dieser Gedanke tautologisch ist, dass Heimat vor allem eine Verbindung zwischen dem Selbst und dem Außer-einem-Stehenden und Sich-Bewegenden ist.

Die Flucht in eine noch abstraktere Heimat hätte ich vornehmen können, wenn es mir gelungen wäre, mich zu überzeugen, dass die Welt meine Heimat sei. Die Ideologie des Universalismus bietet ja die Gewähr dazu und damit den Glauben, man sei überall in der Welt zu Hause, ohne zwangsläufig etwas dafür zu tun. Eben auf der Grundlage, dass der Mensch ein Mensch ist. Ebenso unbelebt ist die Vorstellung, durch

Werte und Ideale eine Heimat zu schaffen; daraus sind nur Ideologien entstanden, die den Einzelnen in die Gleichgesinnung zwängen. Weder im Universalismus noch in Idealen sehe ich eine Heimat. Aufgrund meiner Erfahrung, dass sie so gut wie nichts mit dem Alltag zu tun haben, dass also ein deutlicher Unterschied zwischen Mensch und dem Menschlichen besteht, konnte ich auch hier keine Heimat finden. Da meine Verbindung zu einer Heimat weder universalistisch noch materiell individualistisch ist, wäre dann zu schließen, dass ich eine Heimat im Jenseits denken und suchen könnte. Also in Verbindung mit dem Glauben an Gott. Dem ist nicht so. Und das auch nicht in Verbindung mit dem Glauben an irgendeinen Gesandten Gottes. Vorstellbar ist für mich eher die Erde als Ort, in der meine menschlichen Überreste aufgehen werden, aber eine Heimat? Nein, das wäre zu viel. Heimat hat für mich mit dem Leben zu tun, nicht mit dem Tod. Auf der anderen Seite kann ich auch nicht von mir behaupten, ich sei heimatlos. Ich bin nicht ohne Heimat. Ja, ich habe gewiss eine. Sie zu finden, ist allerdings ein schwieriges Unternehmen.

Zu Beginn dieser Überlegungen stand die Beschreibung meiner Verwunderung, wenn es um den Begriff Heimat ging. Meine Versuche, eine Antwort zu finden, was das ist, haben dann eine Liste hervorgebracht, die nur das enthält, was sie für viele Menschen ist oder sein kann und für mich nicht in Frage kommt. Nun wird mir deutlicher, was für mich Heimat sein könnte. Heimat wäre für mich gegeben, wenn in dem Ort, in dem ich lebe, eine historische Anwesenheit für Fremde vorgesehen ist. Ich meine damit, dass eine Gesellschaft dafür die rechtliche und subjektive Grundlage liefern muss.

Zum Zweiten: Der Lebensweg ist für mich Heimat. Ähnlich wie bei Edgar Reitz, wie er dies bei seinen beiden Filmzyklen *Heimat* und *Die Zweite Heimat* dargestellt hat. Beide Filmzyklen sind in einem hohen Maß subjektiv, und bis dahin erkenne ich Ähnlichkeiten mit meiner Thematisierung von Heimat wieder. Aber da tun sich gleich deutliche Unterschiede auf. Beim Zyklus *Die Zweite Heimat*, der sich in den 6oer-Jahren in Süddeutschland abspielt, kommen die »Gastarbeiter« gar nicht vor, obschon sie zu der Zeit nicht nur in jener Gegend in beträchtlicher Zahl anwesend waren. Das heißt, seine Heimat bewegt sich innerhalb der eigenen Subjektivität, und findet ihre Grenze, wo das Gesellschaftliche beginnt. Bekanntlich sind gerade in den 5oer und 6oer Jahren die Grundlagen für die heutige multikulturelle (-ethnische?) Gesellschaft Deutschlands gelegt worden, aber Edgar Reitz' *Die Zweite Heimat* hat dies nicht zur Kenntnis genommen. Ich erwähne das, nicht um den Filmemacher kritisieren zu wollen, sondern vielmehr, um die eigene

Heimatlichkeit auszuloten. Ich will nun den obigen Satz ergänzen: Heimat ist also für mich der Lebensweg im gesellschaftlichen Zusammenhang.

Dieser gesellschaftliche Zusammenhang enthält den Unterschied, er lebt davon und entfaltet sich dadurch und umgekehrt. Aber der Unterschied besteht nicht allein durch seine Existenz; er muss im gesellschaftlichen Alltag zugelassen werden. Zugelassen werden heißt konkret, dass der Unterschied nicht durch die Ideologie der Homogenisierung zugekittet wird, weder durch Glattbügelung noch durch die Vertuschung der Konflikte, die aus dem Unterschied hervorgehen. Wird der Unterschied wirklich zugelassen, dann ist Begegnung zwischen Menschen möglich, die schöne wie die unschöne, die destruktive wie die aufbauende. Zugelassen werden heißt auch, dass er vorgesehen werden darf, und die Anwesenheit tatsächlich auch in einer Struktur, in der nicht die Zerstörung des anderen, sondern vielmehr eine gegenseitige Erweiterung ausgelebt werden kann.

Und zum Dritten: Erst die Begegnung mit dem Fremden macht für mich Heimat erfahrbar. Ist Begegnung nicht möglich, dann ist die Voraussetzung für Heimat nicht gegeben. Durch die Tendenzen, wonach bei der Begegnung des Fremden häufig weniger die Neugier als vielmehr die Angst die innere Steuerung eines Menschen übernimmt (die Neugier nimmt in dem Maße zu wie Angst abnimmt), werden Gedanken und Gefühle gesucht, auf denen das Urvertraute einen Halt gibt. Verknüpfen sich diese Gedanken und Gefühle mit all dem, was mit Heimat gefüllt wird, wird dies zuletzt zu einer Regressionsfläche. Dadurch wird allem, was fremd wirkt, nicht begegnet. Begegnung will heißen, dass Heimat niemals ein geschlossenes System sein kann. Wenn ein Ort sich tatsächlich durch Offenheit und Prozesshaftigkeit auszeichnet, dann fühle ich mich dort beheimatet.

Hanau, im Mai 1997

ÖDIPALE SCHEIDEWEGE

I.

Als ich während der Römerberggespräche in Frankfurt 1994 mit dem Titel *Anderssein, ein Menschenrecht. Über die Vereinbarkeit universaler Normen mit kultureller und ethnischer Vielfalt* als Gesprächspartner zur Verfügung stand und dienstbeflissen einem Vortrag nach dem anderen zuhörte, resümierte ich: »Alles, was mir zu Ohren kommt, hat einzig mit dem Universalitätskonzept der Fremde zu tun; es geht also gar nicht um die individuelle, lebensnahe Wirklichkeit eines Fremden.« Denn alle Konzepte hoben nicht die Eigentümlichkeit eines Fremden hervor, vielmehr pressten diese sie in die Schablone des Universellen hinein und nivellierten ihn. Um die Differenz ging es hingegen in einem Aufsatz, dem ich zwei Jahre zuvor zuhörte, als ich am gleichen Ort, aber bei dem Thema: *Das verunsicherte Europa*, ebenfalls als Gesprächspartner zur Verfügung stand. Es handelte sich um einen Beitrag mit dem Titel *Die zweite Wunde*, der mich hellhörig gemacht hatte. Es ging um Ödipus' Wundmale an seinen Füßen. Aus der Sicht des vortragenden New Yorker Soziologen Richard Sennett symbolisierten die von Sophokles beschriebene Wundmale Ödipus' die Entwurzelung. Laut Richard Sennett pflanzte sich die Symbolik der Wundmale bis in die Moderne unverändert fort. So sah der New Yorker Soziologe, wie Alexander Herzen die »Wunde der eigenen Herkunft« überwand und in die persönliche, innere Freiheit mündete. Dem Aufsatz Sennetts hörte ich nicht nur aufmerksam zu, ich las ihn auch und empfing dessen Brillanz. Doch empfand ich mich auch dort wie gerufen, aber nicht abgeholt.

Und wie so oft in meinem Leben hole ich mich selbst ab. Auf dieser Weise beschäftigte ich mich erneut mit der Tragödie Sophokles', und ich fand dieses Mal Unerwartetes. Dabei rückte ins Zentrum meiner Wahrnehmung die Frage der Scheidewege. Ödipus ist ein Ausgesetzter. Hintergrund dieser Aussetzung ist ein Delphisches Orakel über Ödipus' Vater, das besagte, dass der Sohn seinen Vater töten werde. Dieses Orakel entspringt einem Fluch über Ödipus' Vater, Laios, König von Theben, weil dieser als Asylant bei Königs Pelops das Gastrecht missbrauchte und seinen Sohn ent- und verführte (in heutigem Deutsch: sexuell missbrauchte). Bedacht, keine Nachkommen zu bekommen, zeugte Laios in trunkenem Zustand dennoch einen Sohn, der auf einem Berg ausgesetzt wurde. Um den Tod zu beschleunigen, wurden seine Füße mit einem Stift durchbohrt. Von Hirten noch lebend aufgelesen, kam das Kind nach Korinth. In Korinth ist Ödipus ein Adoptivkind des Königspaars Polybos und Merope. Da er das nicht weiß, sind für ihn bis dato Herkunft und Zugehörigkeit eins. Aber, ab dem Augenblick, in dem Ödipus' Zweifel, was seine Herkunft und Zugehörigkeit angeht, überhand nehmen, nimmt seine Tragödie den eigentlichen Lauf. Ein Betrunkener bei einer Feier eröffnet ihm, sein Vater sei ihm untergeschoben, und auch die Beteuerungen der Eltern können diesen Zweifel nicht ausräumen. Wie die meisten Adoptiv- und Pflegekinder, die plötzlich ihre Herkunft erfahren, gerät auch Ödipus ins Schwanken und kann das Dilemma zwischen Herkunft und Zugehörigkeit nicht lösen, was oft als Entweder-oder empfunden wird. Dieses Dilemma führt die meisten dieser Kinder zur Suche und Erforschung ihrer Herkunft, und, einmal gefunden, sogar bis zu einer Entweder-oder-Entscheidung. Der Zweifel führt Ödipus zu Apollon nach Delphi. Dort verkündet Apollon das Orakel, Ödipus werde seinen Vater umbringen und mit der Mutter Kinder bekommen. Da er seine Eltern seit frühester Kindheit kennt, weiß er, dass er sich zu ihnen zugehörig fühlt, und denkt, dass er sich von Vater Polybos und Mutter Merope fernhalten muss, um sie vor sich zu retten.

Aus der Mythologie ist zu entnehmen, dass Ödipus' Vater auf dem Weg nach Delphi war, um Apollon zu befragen. Ödipus kam gerade aus Delphi und war dabei, sich ins selbstgewählte Exil zu begeben, um das Orakel zu verhindern. Direkt an der Scheide dreier Wege kreuzen sich die Wege Laios' und Ödipus'. Es kommt zu einem Streit zwischen den beiden. Ödipus erschlägt auf der Stelle Laios. Dass Laios sein leiblicher Vater ist und somit eine hälftige Herkunft repräsentiert, weiß er nicht. Nach der Tat stehen ihm im Prinzip unverändert drei Wege offen.

Die drei Wege haben einen symbolischen Hintergrund: Der eine Weg ist der nach Delphi, wo Ödipus gewesen war und Laios hinfahren wollte, um das Orakel zu empfangen. Das Wort *delphis* bedeutet »Schoß«, und die Priesterschaft bestand darauf, dass Delphi der Schoß, die Mitte der Erde sei. Es war das bedeutendste Orakel der griechischen Welt und wurde von vielen Fremden aufgesucht. Apollon war vor allem der Hauptgott der prophetischen Weissagung. Der zweite Weg führte vermutlich nach Korinth, für Ödipus zum Ort seiner faktischen Zugehörigkeit und angezweifelten Herkunft. Der dritte Weg ist der, von wo Laios herkam, und führt also nach Theben, zur leiblichen Herkunft Ödipus und zu seiner faktischen Nichtzugehörigkeit.

Mit der Aufnahme des Weges nach Theben nimmt er unterbewusst den Weg zu seiner Herkunft, nachdem er den einen hälftigen Teil gelöscht hat. Dass er dort nicht zugehörig sein wird, nimmt er im Kauf, wie jeder Asylant oder Emigrant. Dass er dort König wird und sich gleichzeitig mit seiner Mutter vermählen muss, verdankt er seiner Fähigkeit, das Rätsel der Sphinx zu lösen und damit Theben von dessen Fluch zu befreien. Die Einnahme einer solchen Position als Eingewanderter ebnet den Weg zur Vollendung des Orakels. Nämlich seine Mutter heiraten und mit ihr Kinder bekommen. Als er es dann erfährt, kann er ausrufen: »O ihr drei Straßen und du abgelegene Schlucht ...«

Die Orte, von denen die Emigrationswege ausgingen, werden evoziert – der Ort ist also nicht der Platz, wo Beständigkeit entsteht, sondern Ausgangspunkt von Wanderungsgeschichten. Stehen die Wundmale an den Knöchelchen als Zeugnis der »unheimlichen« Herkunft von Ödipus, als Verweigerung von Zugehörigkeit und als Löschungsversuch der thebischen Herkunft, so deuten die Narben an den Augenhöhlen, nachdem Ödipus die Augäpfel sich selbst herausgerissen hatte, auf eine unwiderrufliche Verneinung der Anwesenheit und der Zugehörigkeit in Theben. Der Bote fragt: »Und dies befürchtend, bliebst du fern und heimatlos?« Nach der Offenbarung bemerkte dieser dann: »... als wollt er aus dem Land sich selbst verstoßen, nicht im Haus mehr bleiben, weil verflucht durch eigenen Fluch.« Im Zeichen der Schuld bittet Ödipus Kreon darum »mich schnellstens aus diesem Land zu werfen, wo ich von keinem Menschen angesprochen werden kann.«

In der Tragödie *König Ödipus* von Sophokles wird deutlich, dass die Frage des Vatermordes in die Fragen der vergeblichen Anpassung und der Heimatlosigkeit eingebettet ist. Dass es bei der Thematisierung der Schicksalsfügung sich im Grunde genommen um eine Adoptions- und Migrationstragödie handelt. Die tragende Säule der Geschichte Ödipus' ist also nicht der Inzest, wie viele Leser und naive psychoanalytische Adepten glauben. Ödipus heißt auf Altgriechisch »Schwellfuß«. Zentral sind dagegen drei Grundaspekte: die Zugehörigkeit, die Herkunft und die Weissagung als Schicksalsfügung.

Dem Aspekt der Zugehörigkeit liegt die Erfahrung und das Erleben zugrunde, einem Etwas zuzugehören, das von grundsätzlicher Natur, ja, für den Einzelnen von existentieller Tragweite ist, sei es einer Familie, einer Gruppe und/oder einer Gemeinschaft. Zu dem Aspekt der Herkunft gehören die Bewusstheit und das Bekenntnis zu einer persönlichen Abstammung, der man sich nicht entziehen kann. Der Aspekt der Weissagung hat die Vorstellung und das Empfinden zur Grundlage, dass das eigene Schicksal (und dasjenige der eigenen Sippe) einen unausweichlichen Weg hat. Da die Weissagungen von Apollon eine strafende und gerechtigkeitsbringende Ebene haben und Delphi als der Schoß der Erde betrachtet wurde, liegt in diesem Aspekt das Wesen der Menschen zugrunde.

Die symbolische Kraft der Scheidewege beeindruckte mich. Ausgerechnet an der Scheide dreier Wege trifft Ödipus seinen Erzeuger und damit seine hälftige Herkunft. Gerade an dieser Stelle erschlägt er ihn und damit zerbricht er eine seiner Verbindungen zu seiner leiblichen Herkunft. Damit ist ein Weg für immer gesperrt. Den Weg nach Korinth, zu seiner Zugehörigkeit, schließt er aufgrund seiner Ängste aus, das Orakel zu erfüllen. Dafür nimmt er den zweiten Weg nach Theben, wo er sich mit seiner zweiten Herkunft verbindet und wo sich sein Schicksal unaufhaltsam erfüllt.

II.

Ohne jetzt auf die filigranen Verzweigungen der Ödipus-Tragödie näher einzugehen, will ich im Folgenden die Aktualität des von Ödipus ausgerufenen Satzes herausarbeiten: »O ihr drei Wege und du abgelegene Schlucht!« Angesichts der Ereignisse ist es naheliegend, dass die abgelegene Schlucht die Stelle ist, wo Ödipus als Säugling abgelegt wurde, und in diesem Sinn der Ort der Todesnähe ist oder etwas weniger existenziell: der Ort der verweigerten Herkunft. Die drei Wege versinnbildlichen, wie bereits oben ausgeführt, den Weg zur Herkunft, den der Zugehörigkeit und den zum Wesen der Menschen. Dort, wo die drei Wege zusammenkommen, befindet sich die Scheidestelle, der Platz des Scheidens und Entscheidens.

Jede Asyl- und Emigrations- oder Einwanderungserfahrung steht im Prinzip vor drei Wegen. Wahrnehmung, Gedanken, Gefühle werden dann von diesem Weg bestimmt.

Der eine Weg behält die eigene Herkunft als Fixpunkt aufrecht und alle Wege führen zur eigenen Herkunft oder zum Ursprung zurück. Dieser eine Weg bezieht sich auf eine enge familiäre Verbindung, auf eine kulturell geprägte Gruppe in engem Bezug zu einem Ort. Er lebt sich mehr im nationalen als im kulturellen Gedanken aus und ernährt Bewusstsein und Gefühl hauptsächlich in Verbindung mit Vergangenem. Dieser Weg ist rückgewandt und bleibt durch Erinnerung lebendig. Gegenwart und Zukunft werden bedeutsam als Wiederbelebung des Vergangenen konzipiert. Dies mündet in Verklärungsposen, Nostalgiepflege und Heiligsprechung ein. Dieser Weg geht über das Aufbewahren des kulturellen Gruppentypus und über das Festhalten an kulturellen und moralischen Rahmenbedingungen. Er ist zielgerichtet in die Absonderung, je nachdem in ein persönliches, familiäres, kulturelles Ghetto hinein. Die Gründung und die Pflege von Vereinen nach regionaler, nationaler oder ethnischer Zugehörigkeit gehören hierhin. Grob formuliert besteht dieser Weg zunächst in der weitgehenden Anpassung ihrer Angehörigen an die Sicht-, Denk-, Erlebens- und Lebensweisen eines generalisierten Ursprungs, dem man sich unverändert zugehörig fühlt. Später registriert man wohl den eigenen Unterschied zu dieser Mehrheit, die sich ja mit der Zeit wandelt, und man baut sich darin ein. Bei diesem Weg ist man darum bemüht, die wesentlichen Säulen der eigenen Monokultur gegen die Monokulturalität der Mehrheitskultur zu bewahren und zu schützen.

Dieser Fixierung an Vergangenem und an die eigene Monokultur unterliegen sowohl kulturelle Minderheiten als auch kulturelle Mehrheiten. Ein Charakteristikum des ersten Weges ist der Druck auf Homogenität. Wenn sich Individuen als eine Gruppe konstituieren, ist das, was hervorgeht, noch keine Gemeinschaft. Erst auf der Latte der Zeit wird sie eine. Deshalb sind Gemeinschaften per se nicht zwangsläufig national und nicht ethnisch, sie sind weder religiös noch politisch; das alles entsteht aufgrund eines Konformitätsdrucks einer Gemeinschaft, die den Anspruch erhebt, weitgehend homogen zu sein. Gemeinschaften sind in erster Linie historisch und tragen in sich die Vielfalt ihrer Individuen und ihrer Geschichte ein. Ethnie und Nationalität sind dann Folgemerkmale, die von den Mitgliedern einer Gemeinschaft herangezogen werden, um reale Macht zu verteilen bzw. um Besitz von realer Macht zu legitimieren.

Wenn Gemeinschaften ihre Vielfalt oder ihre Subsysteme, die als Minderheiten auftreten können, verleugnen, dann tun sie dies im Namen einer höheren und absoluten Berufung: ein Gott, der nur Gläubige und Nichtgläubige kennt, eine Nation, die als Leitlinie die Nationalgeschichte kennt, die nur Patrioten und Verräter kennt, ein Universalismus, der nur den Mensch kennt und keine konkreten Individuen aus historischen Gemeinschaften. Es gibt Parallelen zwischen der Bildung von Clans und der des Gettos, und vielleicht haben sie eine gemeinsame historische Wurzel. Clans wie Gettos trennen scharf das Eigene vom Fremden und dienen dem Schutz der in ihr lebenden Gemeinschaft. Während es aber Mitglieder gibt, welche die Beziehungen nach außen pflegen und sie zum Zwecke der Versorgung nutzen, ist das Getto eine weitgehend sich selbst versorgende Einheit. Es dient für historisch gewordene Minderheiten als Ausgleich zum Verlust des Clans und bildet im Grunde genommen eine Solidargemeinschaft unter gleichen Fremden, eine Solidargemeinschaft, die den relativen Ausschluss aus der Mehrheitsgesellschaft ausgleicht; sie bietet ihren Angehörigen Schutz, Beziehungen und »Ersatzchancen« in der ökonomischen und sozialen Skala.

Alle entstandenen Minderheiten sind zuallererst historisch gewordene Gemeinschaften, die inmitten eines historisch gewordenen Mehrheitskontextes leben. Im historischen Prozess dieser Gemeinschaften können hauptsächlich religiöse Beweggründe zur Identitätsstiftung eine Rolle spielen, wie dies zum Beispiel für die jüdische in Deutschland angenommen wird. Oder es kann die Hautfarbe der Afroamerikaner in den Vereinigten Staaten dazu dienen, oder die kulturelle Eigenartigkeit für die Sinti und Roma im europäischen Raum, oder wie die kulturellen Minderheiten im mittel- und südeuropäischen Raum, die ihre Andersartigkeit durch eine andere Sprache als die offizielle artikulieren. Alle diese Merkmale sind für die Minderheiten als charakterisierende und äußere Beschreibungen zu betrachten, die zunächst zur deutlichen Unterscheidung einer Gemeinschaft von der anderen dienen können; diese Merkmale machen allerdings nicht die wesentliche Substanz einer Minderheit aus, da in einer Minderheit auch nichtreligiöse Juden existieren können, wie hellhäutige Afroamerikaner oder sich nicht an die Sippentradition haltende Sinti und Roma. Substanziell ist allerdings die Vorstellung, das Wissen und das Gefühl der Einzelnen, dass man zugehörig ist.

Gegenüber der gängigen Vorstellung, ein Getto beziehe sich nur auf die Bildung und Aufrechterhaltung geschlossener Räume für Minderheiten, wird hier die Auffassung vertreten, dass auch Mehrheiten ein Getto und ein Gettoverhalten besitzen. Aus diesem Blickwinkel betrachtet ist die deutsche Gesellschaft, die sich von einem tiefsitzenden Glauben, man sei eine Volksgemeinschaft, speist, also ein großes Getto. Im Vergleich zu einigen anderen europäischen Ländern, die sich als Nation aus vielen Gemeinschaften begreifen, begründet sich Deutschland mit einem deutschen Selbstverständnis als Kulturnation mit einem Volkscharakter und vielen Subcharakteren wie die Sachsen, die Bayern etc.; somit bezieht sie sich auf eine Ethnie, auf eine Kultur, auf eine Sprache, die das andere als nichtzugehörig ausschließt. Gettomauern stellen sich hierbei als formelle, geistige und tatsächliche Barrieren bzw. als Ausschlussverfahren der Mehrheitsgesellschaften gegenüber Fremden dar.

Der Vorstellung liegt die Erfahrung zugrunde, dass Personen und Gruppen in Interpendenz zueinander zu betrachten sind, dass im Prozess des Werdens nie nur eine Seite die ganze Verantwortung für das Gewordene trägt. So ist plausibel anzunehmen, dass die Entstehung der Judengettos nicht den Juden allein zuzuschreiben ist, sondern vielmehr im gegenseitigem »Einverständnis« einer Mehrheitsgesellschaft mit Minderheitsgesellschaften, in Macht- und Gegenmachtinteraktionen entstanden sind. In diesem Sinne haben sich sowohl Juden und Christen in Europa interaktionell, räumlich und geistig voneinander abgewandt. Diese Vorstellung geht also davon aus, dass Gesellschaften sich aus mindestens zwei Gettos bilden, die im extremen Fall von Mauern umgeben und durch Tore geschlossen werden können. In der schwächeren Form haben diese Gettos keine Mauern und keine Stacheldrahtzäune. Sie gehen, wie Gino Chiellino es in einem Gedicht präzisiert, durch den Kopf. Und im Kopf ist man bemüht, monokulturell zu bleiben und all das, was von außen kommt, zu dem Eigenen zu assimilieren. In der Sprache des Körpers: zu phagozytieren.

Eine dieser Formen zeigt sich im kulturellen Bereich. Das deutsche Literaturgetto lässt für seine anders herkünftigen Minderheiten bisher nur Nischen oder Reservate am Rande des Literaturgeschehens zu. Das deutsche Literaturumfeld ist mit Mauern umgeben. Die deutsche Literatur sieht Schriftsteller aus den anders herkünftigen Minderheiten höchstens als Exoten vor, die gelegentlich eine Nummer im Literaturzirkus aufführen dürfen, allerdings mit der Erwartung, dass diese im allgemeinen Ganzen früher oder später aufgehen. In der Regel werden deutsche Kulturschaffende zum Sprachrohr der anders herkünftigen Minderheiten oder zum Vermittler ernannt und mit ihnen wird das Gespräch geführt. Dabei wird ständig die Dimension des »Dazwischen« verwendet.

Stellvertretend kann ich hier den Titel einer vor einigen Jahren erschienenen Anthologie nehmen: *Schreiben zwischen den Kulturen*. »Zwischen« hat die Dimension »weder hier noch dort«. Sie belegt keine Räume, sondern nur Zwischenräume. Im »Zwischen« ist der Betreffende weder in einem noch im anderen Getto. Er darf also weder hier noch dort teilhaben, in voller Affektivität anwesend sein. Dies ist äquivalent mit der rechtlichen Auffassung, wonach der Fremde an einem Ort anwesend ist, ihm aber dort nur eine Aufenthaltserlaubnis gewährt wird. Zwischen den Kulturen als Markierungsmöglichkeit vertritt das Markierungswort »Zwischen« nur die Gettoposition der Majorität. Im Gegensatz dazu würde ein »Schreiben mit den Kulturen« Anwesenheit markieren. Es würde ein Sowohl-als-auch der Orte enthalten, wo man gleichermaßen Subjekt ist. Und wo eine Möglichkeit der Pluralität besteht, also der Öffnung der Gettotore.

Im praktischen Leben eines Migranten bzw. Eingewanderten stellt man sich in der Regel die Frage der Integration und der Assimilation nicht. Dieser lebt fortwährend in einer Balance zwischen Althergebrachten und Neuem. Unbeabsichtigt wird diese Frage an die Kinder delegiert. Bzw. die Kinder müssen sich aufgrund ihrer Sozialisation diese Frage stellen. Und zwar nicht explizit verbal, sondern vielmehr durch das, was sie tagtäglich tun oder unterlassen. Der Prozess des Tuns und Unterlassens ist individuell geprägt und berücksichtigt die Belange der Familie und die Erfordernisse des nahen Umfeldes.

Über die Emigranten- bzw. Einwandererkinder, für welche die deutsche Gesellschaft die ethnozentrischen Bezeichnungen »zweite« oder »dritte Generation« durchgesetzt hat, liegen spärliche Untersuchungen und Studien vor, meist mit engem Blick der Mehrheitsangehörigen, die kaum Erkenntnisse abzugewinnen erlauben. Zumeist sind diese Untersuchungen symptomorientiert und wollen Thesen überprüfen, die Voreingenommenheit belegen.

Zum Thema Integration (in der Ghettosprache: erwartete und verfehlte Angleichung an die Mehrheitskultur) werden oft »Verhaltensauffälligkeiten« oder »affektive Störungen« registriert und »gestörte Identitätsentwicklungen« festgestellt. Häufig ist von »psychischen Auffälligkeiten« die Rede, von »psychosomatischen Symptomen«. Übersehen wird hierbei, dass bereits der Terminus »Auffälligkeit« ein Abweichen von der Norm signalisiert und das Vorhaben verdächtigt macht. Dasselbe gilt für den Begriff »Störungen«: von welchem Maßstab?

Auch wird als Problem erlebt, dass die Familie mit ihrem kulturellen Hintergrund einerseits, deutsche Institutionen und Peergroups andererseits auf die Kinder einwirken, was zu innerpsychischen Spannungsfeldern führen würde. Eingebürgert hat sich dabei, von zerrissenen Kindern und Jugendlichen zu sprechen. Diese Diskussion in der Fachwelt und in der Öffentlichkeit ist einseitig. Zum einen wird so getan, als sei der Untersuchende aus der Mehrheitsgesellschaft völlig getrennt vom Untersuchten aus den anders herkünftigen Minderheiten. Kurz: Es wird ausgeklammert, dass alles in der Welt, wie Vadela und Maturana mit ihrem holistischen Konzept eindrücklich belegt haben, in enger Interpendenz stehen. Damit bestimmt die Wahrnehmung des Untersuchers die Breite des Feldes des Untersuchten mit, aber der Untersucher pflanzt auch seine Beziehung in das Untersuchte hinein, ohne dies zu erkennen oder dafür geradezustehen. Dadurch werden die erzielten Ergebnisse unbrauchbar gemacht.

Die Diskussion der Fachwelt verhindert also, zu erkennen, dass viele Kinder trotz ethnozentrischem Druck der Mehrheitsgesellschaft und der in der Tradition harrenden Eltern innerlich relativ integer und integriert wachsen konnten und können. Das will heißen, dass es ihnen gelingt, beide Einflüsse zueinander zu führen und sie in sich miteinander zu integrieren. Gleichzeitig sind manifeste »Verhaltensschwierigkeiten« und »Symptome« bei den heranwachsenden Generationen eher in Verbindung mit dem kulturellen Druck beider Seiten zu sehen, von der nach Homogenität strebenden Mehrheitsgesellschaft und vom familiären Umfeld.

Störungen sind immer Störungen der homostatischen Beziehungen und entstehen im interdependenten Zueinander der Minderheits-Mehrheit sowie der Minderheiten untereinander. Die Rede von zerrissenen oder gespaltenen Persönlichkeiten ist deshalb irreführend, weil zum einen dieser Begriff zur Definition von Psychopathologien herangezogen wird und damit Kinder und Jugendliche aus den Minderheiten pathologisiert. Zum anderen, weil die Symptomatik als individuumzentriert betrachtet wird, d. h. die Verantwortung allein auf das Individuum überträgt und den Beitrag der Interpendenz (sprich: die aktive Beteiligung des Gettos der Mehrheit an tatsächlich vorhandener Zerrissenheit und Spaltung) nicht berücksichtigt. Wäre eine Person tatsächlich innerlich zerrissen oder gespalten, dann wäre in ihr das alles konzentriert, was im größeren Kontext vorzufinden ist. Nämlich, dass Zerrissenheit und Spaltung nur da entstehen können, wo Systeme und Gettos sich unversöhnlich gegenüberstehen und das Individuum mit beiden unbedingt leben will und es ihm nicht gelingt bzw. nicht gelingen kann. Also, wenn dies in den Beziehungen Mehrheit-Minderheiten vorzufinden ist. Und zum Dritten ist diese Vorstellung irreführend, weil sie von der Unwahrscheinlichkeit der Koexistenz mehrerer Kulturen in einer Gesellschaft und daher in einem Menschen ausgeht bzw. diese ablehnt, bestenfalls sie negativ konnotiert. Ebenso gut könnte man von Menschen ausgehen, die in ihrem individuellen Sosein zwei oder mehrere Kulturen in sich integriert haben. Dieses Thema ist insbesondere dort relevant, wo viele Kinder aus verschiedenen Kulturen sozialisiert werden (z. B. durch die bikulturellen Eltern) und/oder die Peergroup-Sozialisation eine bedeutende Rolle hat. Interessant ist dabei, dass die moderne Gesellschaft mit Migrationsgeschichte viele solcher mehrkulturelle Individuen, also mit mehreren kulturellen Identitäten, in sich hat – sie werden dann eher ignoriert oder, wenn man sie nicht ignorieren kann, begegnet man ihnen mit einer gehörigen Portion Misstrauen.

III.

Gettomauer und -tore sind also nicht nur konkrete und sichtbare, sondern auch unmittelbar oder unsichtbar wirkende Größen, die sowohl von weiten Teilen der Minderheiten als auch von Mehrheiten ausgelebt werden. Gettos ermöglichen Berechenbarkeit, Zusammenhalt, Schutz und Struktur. Nicht nur aus diesem Grund erweist sich der Weg der Überanpassung an kulturell fremde Lebenskonzepte und -entwürfe als attraktive Möglichkeit, ausgegrenztes Leben zu gestalten. Dadurch zeichnet sich der zweite Weg an der Scheide dreier Wege aus. Der Weg nämlich, verlorengehende bzw. verlorene Zugehörigkeit durch eine neue Zugehörigkeit zu ersetzen. Bei Sophokles ist dieser Weg von Ödipus beschritten worden. Ödipus wurde als Fremder König von Theben und damit einer von ihnen. Nur die Vollendung des Orakels ließ seine Fremdheit erneut aufkommen. Der Hirte rief in diesem Zusammenhang aus: »Und dies befürchtend, bliebst du fern und heimatlos?«

Der zweite Weg verknüpft den Wunsch nach Vergessen mit dem Wunsch, dies durch das Aneignen der Wahrnehmungen, der Konzepte und der Lebensweisen der Ankunftsgesellschaft zu leisten, was oft zur bedingungslosen Assimilation der fremden kulturellen Werte und Normen führt. Dieser Weg ist ein Weg der Überanpassung. Dieser ist häufig mit der Aufgabe und der Negierung von tiefgreifenden kulturellen Elementen verknüpft, an denen man sich bisher in selbstverständlicher Weise bedient hat, um u. a. das eigene Leben und dessen Kontext wahrzunehmen und zu bewerten. In gewisser Hinsicht ist dies eine innere Verbannung des Eigenen. Je stärker der Löschungswunsch der eigenen Vergangenheit, desto kritikloser wird die Annahme der fremdkulturellen Positionen. Es handelt sich also um das Aufgeben einer monokulturellen Position zugunsten einer anderen, die der Mehrheitsgesellschaft.

Innere Verbannung des ursprünglich Eigenen, Verleugnung und Negierung treten vermehrt dort auf, wo Individuen die allmähliche Entstehung und deutliche Konturierung ihrer Andersartigkeit nicht ertragen können; eine solche, die genaugenommen weder in der Herkunfts- noch in der Ankunftskultur unterzuordnen ist. Das heißt: Individuen erkennen, dass wichtige Elemente der Ursprungskultur für sie keine tragenden Säulen des Alltags mehr sind; sie erkennen weiter, dass viele Elemente der Ankunftskultur vertrauter werden und dennoch in ihrer Grundsubstanz fremd bleiben. Gleichzeitig werden sie vom Drang geleitet, sich entscheiden zu müssen, entweder hier oder dort anzugehören, ohne zuzulassen, dass derweil ein Sowohl-als-auch in eigentümlicher Form entstanden ist. An diesem Scheideweg, beim Verfolgen dieses Weges, sind Entscheidungen gefallen: Die Entscheidung lautet: zu glauben, dass eine bedingungslose oder nur bedingte Annahme und Anpassung mehr Vorteile als die Begehung der beiden anderen Wege bringe.

Jean-Paul Sartre beschreibt in seinem Essay *Der Antisemitismus. Überlegungen über die jüdische Frage*, dass viele Juden ihren Minderwertigkeitskomplex erwähnen. Sartre sieht darin einen Vorgang, der nicht von außen entsteht, sondern vielmehr im Individuum, das in die Lage versetzt wird, Minderwertigkeitsgefühle und -vorstellungen zu bekommen. Dadurch entscheidet es selbst, nicht authentisch zu leben. Dieses Individuum hat sich von den Antisemiten überzeugen lassen und ist ihr erstes Opfer. In diesem Sinne strengt sich dieses Individuum an, mit seiner Person zu beweisen, dass der »Jude« nicht existiert. In einer ähnlichen Position steckt auch die Person aus den kulturellen, ethnischen Minderheiten, die sich überangepasst (sprich: integriert) zeigt. Sie will sich selbst und anderen beweisen, dass die Natur des kulturellen, ethnischen Minderheitsangehörigen nicht existiert. Dass nur die Natur der kulturellen, ethnischen Mehrheit tragend ist. Diese extreme Art, die Natur der Minderheit zu verleugnen, lässt diese Personen zu hundertfünfzigprozentigen Vertretern der Werte und Normen der Mehrheitsgesellschaft werden. Diese Menschen werden sogar zu den entschiedensten Verfechtern. Nur Krisensituationen lassen diese Personen in die Natur stürzen, die sie schon immer mit sich getragen haben und nicht wahrhaben wollten. Ähnliches widerfährt Ödipus, als er sich als Mörder seines Vaters offenbart. Teiresias spricht es aus: » ... der Mann ist hier, nach dem Gerücht ein Fremder, zugewandert...« Ödipus selbst hat seine Narben als Hinweis seiner Fremde ausgeblendet: »Ach, geh! Was sprichst du von dem alten Übel mir?«, rief er aus, als der Bote ihn an die Fußgelenke erinnerte.

Der Weg der Anpassung und der Assimilation wird umso mehr von einer Mehrheitsgesellschaft angestrebt, je mehr sie sich in ihrer Identität bedroht fühlt. Neben dem Weg der sogenannten Integration geht sie den Weg der Simplifizierung, was letztendlich auch zu einer Assimilierung führt. Diese Vereinfachung reduziert ein strukturelles komplexes Thema in ein durchschaubares Problem; aus der Frage, ob Deutschland faktisch ein Einwanderungsland ist oder nicht, wird plötzlich ein »Türkenproblem«. Die Betonung eines »Türkenproblems« zeigt auf der Oberfläche, dass es gar nicht um Zusammenleben von Mehrheit und Minderheiten geht, sondern vielmehr darum, dass die Mehrheit die türkisch herkünftige Minderheit als Bedrohung erlebt, die zu neutralisieren es gilt, dass sie Angst um ihre Homogenität (sprich: Gettobestand) hat. Aber dadurch wird Verschiedenes zum Ausdruck gebracht. Zum einen wird dadurch signalisiert, dass es zwischen deutscher Mehrheit und türkisch herkünftiger Minderheit um die Ausgestaltung einer exklusiven Beziehung geht, wo es für andere keinen Platz gibt. In der Ausgestaltung dieser exklusiven Beziehung geht es um die praktische Verteilung von Mitteln und Positionen innerhalb des gesamtgesellschaftlichen Gefüges, aber auch um Abarbeitung von geschichtlichem Erbe, sowohl was den Umgang mit binnennationalen Minderheiten anbelangt, als auch in Bezug auf die Geschichte der binationalen Beziehungen. Hierdurch wird eine

Politik der Separierung betrieben, denn die gesellschaftlichen Fragen der Koexistenz mehrerer Kulturen können nicht anhand der Extrapolation zweier Kulturen vorgenommen werden, die der deutschen Mehrheit und der türkisch herkünftigen Minderheit. Diese Exklusivitätspolitik erleichtert letztendlich die Segregation der anderen anders herkünftigen Minderheiten oder deren Assimilierung. Auch die Heranziehung verteidigender Argumente für die Exklusivität der Zwei zementiert diese ebenso. Zudem entspringt die Ideologie der Zahl, wonach die türkisch herkünftige Minderheit die größte Personenanzahl aller Minderheiten hat, eben aus der Vorherrschaft der Mehrheit über die Minderheit, und eben aus der Vorherrschaft der größeren Minderheit über die kleinere und so weiter. Die Annahme solcher Setzungen durch die türkisch herkünftige Minderheit will nur bedeuten, dass auch sie sich dem Mehrheitsdenken angepasst hat, wonach Minderheiten Entscheidungen und damit die Möglichkeit der Selbstbestimmung an die kulturelle Mehrheit delegieren. Noch bedeutsamer ist, dass Mehrheiten bestrebt sind, das kulturelle Umfeld zu homogenisieren, und es wäre zu prüfen, inwieweit diese Bestrebung auf weitere Minderheiten übertragen wird.

Diese ödipale Beziehung begann früh zu gedeihen. Solche Anbahnungen kamen ab etwa 1975 und verstärkt ab 1981 vermehrt zum Ausdruck. Da wurde der türkische Friedhof aus dem 17. Jahrhundert in Berlin besonders erwähnt, die eiserne Waffenbruderschaft, bis deutlicher und deutlicher Bezug auf Gegenwartsbeziehungen genommen wurde. 1981, genauer am 25. 11. 81, wurde dies der erste Höhepunkt bei einer Pressekonferenz in Westberlin, wo mehrere Männer und eine Frau aus der türkisch herkünftigen Minderheit mit dem Judenstern auf dem Pullover angenäht erschienen. Darauf stand geschrieben »Ausländer«. Sie wollten gegen den »Ausländererlass« des West-Berliners Innensenators Heinrich Lummer protestieren. Dieser Schritt war wohlüberlegt und von symbolträchtiger Bedeutung.

Zunächst sollte er Signalcharakter für die deutsche Gesellschaft haben, einmal als Hinweis, dass man inzwischen bereit war, den Minderheitsstatus in Anspruch zu nehmen. Aber vor allem, dass die deutschen Institutionen, als Vertreter der Mehrheitsgesellschaft, die Rolle des Aggressors gegenüber Minderheiten aus anderen Nationen eingenommen hatten und dementsprechend Diskriminierung institutionalisierten. Abgesehen davon, dass die Herstellung solcher Bezüge zur deutschen Geschichte völlig unangebracht ist, ist die Gleichsetzung des Leids der türkisch herkünftigen Minderheit mit dem Leid der jüdischen Minderheit in Europa absolut vermessen. Es steht keiner Minderheit zu, mit den historischen Beziehungen der jüdischen Minderheit zu den Deutschen und mit der Erfahrung des Holocaust hausieren zu gehen. Ja, sie zu besetzen, um den eigenen Standort in der deutschen Gesellschaft und Gegenwart zu definieren und damit – gewollt oder nicht – Kapital zu schlagen aus einer historischen Schuld der deutschen Mehrheitsgesellschaft.

Aber diese Vereinnahmung des Judensterns als Symbol signalisierte auch den Anspruch von Teilen der türkisch herkünftigen Minderheit auf eine besondere Beziehung zur deutschen Mehrheit. Dieser Anspruch beruhte offenbar auf Gegenseitigkeit. Die Massenmedien und die Öffentlichkeit bemühten sich, die »Ausländerfrage« zunehmend auf die »Türkenfrage« zu reduzieren; sowohl Vertreter der deutschen als auch die der türkischen Gemeinde sprachen zunehmend von der Lösung der Ausländerprobleme und meinten damit die der türkisch Herkünftigen. Erkennbar wurde dies auch bei Ereignissen, die mit der Phase der Feuerlegungen ab 1992 begannen. Während Magdeburg schnell in Vergessenheit geriet, wurden Mölln und Solingen dagegen symbolträchtige Zeichen, die eng mit »Vernichtung« und »türkischer Minderheit« verknüpft wurden. Wiederum im Gegenzug, als Ende 1995 in Lübeck ein Asylantenhaus in Brand gesetzt wurde und dabei 12 Menschen ums Leben kamen, konnte man drei Tage nach der Brandstiftung immer noch nicht genau erfahren, aus welchen Ländern die Asylanten herkamen. Die Frankfurter Allgemeine Zeitung, die Frankfurter Rundschau und andere Tageszeitungen machten sich für mehrere Tage nicht die Mühe, mitzuteilen, woher die Umgebrachten stammten, obwohl dies offiziell bekannt war und zu der Zeit die Spur zum tatverdächtigten Libanesen noch nicht verfolgt wurde. Die fremden Toten blieben anonym, weil sie zu keiner symbolträchtigen Minderheit zu subsumieren waren. Ähnlich erging es den Opfern von Gewalttaten aus den unterschiedlichsten Minderheiten. Sie wurden sowohl von der deutschen Mehrheit als auch von der türkisch herkünftigen Minderheit stillschweigend übergangen. Zu Mölln und Solingen wurden dagegen die erneuten Zurufe aus der türkischen Minderheit (hauptsächlich wieder aus Westberlin) laut: »Wir sind die neuen Juden in Deutschland«, hieß es da. Nur, gerade diese Bemühungen, Symbole und Plätze der deutsch-jüdischen Geschichte zu usurpieren bzw. zu okkupieren, zeigen, wie die Betreffenden unverändert bestrebt sind, keine deutlichen Standpunkte bzw. Orte innerhalb einer Gesellschaft einzunehmen und damit keine Begegnungen zu ermöglichen und dadurch keine Geschichte aufzubauen, in der sie und die anderen vorkommen.

Sieht die Exklusivität dieser Beziehungskonstellation für die türkisch herkünftige Minderheit stabil aus, so erweist sie sich seitens der Mehrheitsgesellschaft als relativ. So hatten die besagten Vertreter der türkisch herkünftigen Minderheit den Judenstern für sich beansprucht, aber diese Übertragung wurde von deutscher Seite etwas früher geleistet. Klaus Staeck benutzte bereits 1977 ein bedeutungsträchtiges Symbol in einer seiner vielen politischen Fotomontagen der Zeit nach dem Modell von Heartfield. In der betreffenden Fotomontage wird ein Müllmann dargestellt, der vom Äußeren südländisch aussieht und einen Judenstern trägt, der aus der italienischen Fahne herausgeschnitten ist und als Plakette auf dem Jackenrevers wirkt. Diese Darstellung ist sehr aufschlussreich. Bezeichnend ist, dass der Judenstern – durch die Valenz als Plakette auf dem Jackenrevers – das Symbol des politischen Bekenntnisses in Zeichen des politischen oder des Klassenkampfes einnehmen kann. Sie zeigt aber auch, wie ein deutscher Intellektueller die Geschichte einer emblematisch gewordenen Schuld breiter Teile eines Volkes gegenüber den jüdischen Minderheiten verarbeitet. Nämlich als Signal im Diskurs unter Deutschen, wobei die Minderheit nur als Diskussionsgrundlage dient. Ebenso hätte er als Zeichen der Zeit einen Spanier oder Portugiesen oder Türken nehmen können. Wäre das Signal auch an die Minderheiten gerichtet, hätte es einen komischen Beigeschmack gehabt. Wäre dies dann eine Warnung oder eine Ankündigung? Sollten dann die Minderheiten das Weite suchen, bevor das Verhängnisvolle über sie fiele? Oder sollten die nationalen, konsularischen Vertreter der Minderheiten gewarnt werden, damit sie ihre in Deutschland lebenden Landsleute rechtzeitig retten könnten? Dass in der politischen Mitteilung des Klaus Staeck eine Austauschbarkeit der Minderheiten vorprogrammiert ist, zeigt sich stichfest: Die gleiche Fotomontage mit dem Müllmann taucht ab 1980 auf. Auf dem Judenstern hebt sich nicht mehr die italienische, sondern die türkische Fahne hervor. Dadurch zeigt sich eindeutig, dass Klaus Staeck die kulturellen, ethnischen Minderheiten in der Projektion auf Gegenwart und Zukunft als beliebig austauschbar betrachtet und behandelt.

Dies liegt in der Natur der Sache. Während der erklärte Fremdenfeind keine Unstetigkeit kennt, seine Ziele zu verfolgen, ist der liberale Demokrat oft überfordert mit der Verteilung seines verteidigenden Engagements. Nicht nur Jean Paul Sartre in seinem oben zitierten Essay über die Judenfrage, sondern auch die alltägliche Realität schildert nach wie vor eindrücklich, wie der liberale Demokrat so fest an seinen universalistischen Werten hängt und damit ein gefährlicher Freund der Fremden wird. Es zeigt sich nämlich, dass sein Engagement mit etlichen moralischen Vorbehalten und mit Unstetigkeit gepaart ist. Rein äußerlich hängt es damit zusammen, dass er mal für die bedrohten Völker auf irgend einem Fleck der Welt engagiert ist, mal für die Intellektuellen aus Osteuropa, das bisher kommunistisch unterdrückt wurde, mal für Menschen aus Tibet. Ja, er kann sich nicht gleichzeitig für alle engagieren. Diese Situation kommt dadurch zustande, dass der liberale Demokrat Entscheidungen für sein Engagement treffen, also Prioritäten setzen muss. Die Entscheidung für die eine Seite ist gleichzeitig eine Entscheidung gegen die anderen, was zur Folge hat, dass das Engagement des liberalen Demokraten für Tibet gleichzeitig eine Entscheidung gegen die Regelung der Konflikte zwischen Minderheiten und Mehrheit in dem Land ist, wo der liberale Demokrat lebt.

An dieser Stelle liegt ein Knotenpunkt einer halbwegs geschlossenen Gettogesellschaft, unabhängig davon, ob sie eine Mehrheits- oder Minderheitsstruktur hat: Sozioökonomische ungelöste Fragen werden umfunktionalisiert. Eine »Itakerfrage« wird irgendwann zu einer »Türkenfrage« und irgendwann zu einer »Religionsfrage« und irgendwann zu einer »Hautfarbefrage«, irgendwann zu einer »Andersfühlendefrage«.

Scheidewege entsprechen Entscheidungen. Entscheidungen sind (Aus-)Scheidungen von Möglichkeiten und Festlegungen zu einem Weg gegen die anderen Wege. Im klassischen Märchen lässt man den Prinzen entscheiden. Überhaupt ist die passive Rolle so verklärt, dass aus ihr positive Ergebnisse für das eigene Leben abgewonnen werden können. Auch wenn jederfrau oder jedermann bekannt sein mag, dass das Leben aus Entscheidungen besteht, gibt es Personen, die zaudern und gelernt haben, abzuwarten, bis ihnen die Entscheidung, die sie treffen wollen, aber strikt meiden, von anderen abgenommen wird. Auch wenn es so aussieht, als ob es sich »von selbst« entscheidet, Fakt ist, dass die Hinauszögerung einer Entscheidung einzig dazu dient, dass andere entscheiden sollten, um keine Verantwortung zu übernehmen. Eine Vermeidung einer Entscheidung ist immer eine Entscheidung. Man kann nicht sich nicht entscheiden. Wartet man also so lange, bis andere eine Entscheidung herbeiführen, dann kann man sich der Position des Nichtdafür-verantwortlich-Seins stellen, also der Position der »Unschuld«, und die dann getroffene Entscheidung bekämpfen. Entscheidungen sind etwas Offenes, denn man kennt höchstens einige Folgen davon. Werden Entscheidungen aktiv getroffen, ohne die Folgen zu kennen, dann geht es oft darum, mit dieser Entscheidung einem akuten Schmerz zu entgehen bzw. aus schmerzvollen Situationen herauszukommen.

Anderseits findet die von offizieller Seite erwünschte Assimilierung (oder implizit anders gemeint: Integration in ein ethnozentrisches Konzept) nicht statt. Eine nicht genau ausmachbare Anzahl Eingewanderter und deren Kinder bleibt trotz aktiver Durchmischungspolitik in vielfacher Weise getrennt von der deutschen Mehrheit. Auch die »zweite Generation« – inzwischen die »dritte« – behält – mehr oder minder loyal – kulturelle Bezüge zur Minderheitskultur und integriert sie mit der erworbenen Mehrheitskultur. Jenseits des Blickwinkels, der diese Entwicklung bewerten mag, hat dies bestimmte Implikationen. Die Forschungen aus Nordamerika und Australien über die »Integrierbarkeit« der Einwanderer in die als multikulturell verschleierte, aber in Wirklichkeit ethnozentrisch durchorganisierte Gesellschaft haben ergeben, dass die in diesem Sinne verstandene »Integration« nicht stattfindet. Zwar entsteht irgendwann, insbesondere bei Kindern der Eingewanderten und bei den Kindeskindern, dass man sich als Amerikaner oder Kanadier oder Australier definiert, aber der Grundstock der Minderheitskulturen bleibt erhalten. Einschlägige Forschungen beschreiben, dass bei der »zweiten Generation« generell eher starke Anpassungstendenzen und die Versuche, »das Stigma des Fremden« zu vertuschen, vorzufinden sind, während bei der »dritten und vierten Generation« eher eine Rückbesinnung stattfindet. Deutlich scheint zu sein, dass viele Kinder der »zweiten Generation« bei ihren Eltern erkennen, dass alle Anpassung und Stigmavertuschung die erwünschten Aufstiegserwartungen nicht erfüllt haben. Dass dies eine Verleugnungshaltung gewesen sei, die für sich selbst abgelegt werden müsse. Die häufig dort anzutreffende Rückbesinnung zu den »Wurzeln« wird als Folge davon interpretiert.

Der ethnozentrische Druck einer Mehrheitsgesellschaft korrespondiert mit der Entstehung von ethnischen, kulturellen und religiösen Nischen (wie Islam-Integralismus, Zeugen Jehovas). Als Fakt erscheint, dass es für die Entwicklungsmöglichkeiten der »dritten« und nachfolgenden Generationen von zentraler Bedeutung ist, wie offen sich eine Gesellschaft gegenüber Fremden verhält. Vor allem, wie die Andersartigkeit durch die herrschenden Betrachtungsweisen bewertet wird. Wird das Vorhandensein verschiedener Kulturen in einer Person positiv bewertet, als etwas, was »Eingeborene« aufgrund ihrer Unikulturalität (noch) nicht besitzen, ohne Neid und nur in Form von erfahrbarer Unterschiedlichkeit, dann sind die Chancen groß, dass koexistierende, sprich Pluri-Kulturalität entsteht. Pluri-Kulturalität bedeutet auch, dass Konflikte nicht nur zugelassen, sondern auch a priori interaktiv bewertet werden.

Wenn die tragenden Schichten einer Gesellschaft in Bezug auf kulturelle Unterschiede nicht konfliktfähig sind, dann überlassen sie das Austragen kultureller Konflikte den radikalen Kräften. Das Kleid dieser radikalen Kräfte ist im Prinzip austauschbar – historisch ist in den USA gut belegt, dass der Ku-Klux-Klan ursprünglich gegen italienische Einwanderer wegen ihres Katholizismus gerichtet war, erst mit der Zeit richtete er sich gegen die Afroamerikaner; in Gegenzug kann das dortige Aufkommen der Mafia Anfang des 20. Jahrhunderts als interaktives Moment aufgefasst werden. In diesem Sinne bergen ungelöste, sich im Inneren der Individuen der Gettobewohner potenzierende Konflikte große Gefahren. Gettoimplosionen sind genauso unberechenbar wie Gettoexplosionen.

Dennoch ist der manifeste Rassismus, der auch der medialen Welt sein Wachstum verdankt, an für sich nicht entscheidend für die psychische Entwicklung der Kinder der Fremden. Entscheidender ist vielmehr die ethno- und kulturzentrische Voreingenommenheit und die daraus abgeleiteten Vorherrschaftsansprüche, die abgestuft in allen gesellschaftlichen Bereichen vorzufinden sind und die Isolierungstendenzen der Minderheiten fördern, weil diese es sind, die Begegnungsmöglichkeiten verhindern und plurikulturelle Beziehungen tabuisieren oder verklären, was im Endergebnis dasselbe ist. In diesem Sinne können Sozialisationsinstanzen wie die Schule wirklich ihre Möglichkeiten nutzen, wenn sie nicht an den vermeintlichen Mängeln der Nachfolgegenerationen arbeiten, sondern vielmehr an den Ressourcen. Diese lassen sich leicht in einer plurikulturellen Arbeit verankern, in der die Kulturen (hier Mehr- und Minderheitskulturen) als ebenbürtige Partner erlebt und begleitet werden.

IV.

Neben diesen zwei Wegen enthält die Scheidestelle der Fremde den dritten Weg. Er besteht keinesfalls darin, die Umkehrung der beiden Wege auszukehren, wie es Richard Sennett beim russischen Emigranten Alexander Herzen, der im 19. Jahrhundert in Paris und in London lebte, vorzufinden meint. Demnach könnte man ebenso gut, je nach Bedarf, Italiener oder Russe oder Franzose oder Engländer werden, im Sinne der Heimat als bewegliches Bedürfnis, als austauschbares Objekt. Diese Position ist selbsttrügerisch und eine Variante der beiden oben kurz skizzierten Wege: Man kann sich vormachen, in die eigene Herkunft gehen zu können (wie Minderheitsangehörige heutzutage es alljährlich in der Tat tun, ohne wirklich dort anzugehören), um dann in die andere Position zurückzukehren. Also Ein- und Auswanderung nach Belieben. Herkunft und Zugehörigkeit werden hierdurch flüchtig, unverbindlich und beliebig austauschbar, im Sinne der Postmoderne, alles und nichts zu sein. Herkunft und Zugehörigkeit, so verstanden, gipfeln letztendlich in der Vorstellung, ein Weltbürger geworden zu sein, was eine reine Kopfgeburt ist, die am Alltag zu scheitern gezwungen ist. In der Realität jedes Einzelnen, der in einem Land entweder zum kulturellen Minderheitsangehörigen oder zum Assimilierten geworden ist, kann man nicht aus sich heraus die Haut nach Bedarf umtauschen oder den Kopf an der Garderobe einer Mehrheitsgesellschaft abgeben. Ja, auf der Bühne der Welt kann man Herkunft an der Garderobe nicht abgeben, sie gehört einem Individuum wie die eigene Haut. Nur die Zugehörigkeit kann ausgetauscht werden. Hierzu ist ein beiderseitiger Willensakt notwendig: der Majorität und der Minorität.

Demzufolge ist Emigration bzw. Asyl und Aus- oder Einwanderung nichts anderes als ein Bruch mit der Zugehörigkeit und ein Distanzierungsversuch zur eigenen Herkunft. Als die Nachricht Ödipus erreicht, sein (Adoptiv-)Vater sei plötzlich gestorben, und die Korinther bitten ihn, zurückzukehren und die Krone anzunehmen, kann und will er nicht mehr nach Korinth zurück. Das Angebot zur Wiedererlangung von Zugehörigkeit in Korinth kann nicht mehr vollzogen werden, nachdem sich für Ödipus der Weg zurück zur Herkunft in tragischer Weise versperrt hat. Der dritte Weg bei Ödipus war der nach Delphi zu Apollo, zum Orakel, der Weg der Weissagung über die Bestimmung und das Wesen des Menschen. Und nach der tragischen Gewissheit, den eigenen Vater ermordet zu haben, führt dieser Weg erneut ins Exil.

War dieser Aspekt in der Antike prägend für das Verständnis des Menschen, so sind in der Moderne die Begriffe der Offenheit, der menschlichen Autonomie und der Begegnung für das Wesen des Menschen von großer Bedeutung. In diesem Sinne kann also der erste Weg als der zum Getto, der zweite als der zur Assimilation und der dritte Weg als der zur Offenheit, zur Autonomie, zur Begegnung und zur integrierten Persönlichkeit verstanden werden.

Offenheit setzt Gewollt-, Vorgesehensein in einer Gesellschaft voraus sowie Anwesenheit jenseits eines gettomäßigen Kontextes. Dieser dritte Weg hat als Hauptsteuerungsinstrument die Begegnungsbereitschaft. Sie bringt die Befreiung von der ausschließlichen Hinwendung zum geografischen Bezugspunkt. Die Bindung an den Ursprung braucht nicht mehr als Determinante zu gelten. Dieser Weg geht von einer Offenheit zu dieser Gemeinschaft, einem Darin-beteiligt-Sein und gleichzeitig einer kritischen Überprüfung der hierin vorherrschenden Werte, Normen, der Denk- und Erlebnisformen. Gleichzeitig erfordert dies eine geistige und emotionale Offenheit zum Ort der Herkunft. Diese innere Autonomie sowohl zur Herkunft als auch zur Ankunftsgesellschaft enthält, dass man sich in jeder Begegnung als begrenzt erlebt, ganz gleich, ob man sich mono-, bi-, trikulturell erlebt, und dass man die Andersartigkeit in jeder Begegnung als Notwendigkeit erfährt. Das will heißen, dass dieser

Weg der Begegnung und Autonomie immerwährende Überprüfung von sich und dem anderen verlangt. Auf diesem Weg wird die eigene Person als vollständige Einheit erlebt.

Bei näherer Betrachtung der gängigen Vorstellungen über Identität als ich-stiftende Entität kann festgestellt werden, dass dieser Begriff zumeist als statische und unveränderliche Größe behandelt wird. Ich gehe hingegen von einer dynamischen Identität aus, wonach sich Identität einerseits aus unterschiedlichen inneren, beispielsweise kulturellen, Positionen zusammensetzt und andererseits sie einer ständigen Veränderung unterworfen ist und in den Beziehungen zu anderen Individuen immer neu ausgehandelt werden muss.

Auf die einzelnen Individuen übertragen, die in ihrem Sosein und ihrem So-Werden Identitätsunikate sind, sind diese Positionen als extreme individuelle Lösungswege denkbar. Vorstellbar ist, dass eine kulturelle Identität eine Vielzahl möglicher Mischformen enthält. Dies gilt für die Annahme, dass es in einer Identität Kernbereiche gibt, die relativ stabil bleiben, und Bereiche, die sich ständig verändern (wie bei Bräuchen). Folgt man dieser Auffassung, dann können sich verschiedene individuelle Lösungen abzeichnen. Unter anderem ist ein Nebeneinander der Identitäten möglich. Im Kernbereich zeichnen sich aber vor allem Wege ab, durch welche die Identitäten mehr oder weniger befriedigend integriert werden. In der Regel kann erwartet werden, dass jedes Ich als steuernde Entität einer Person äußere und innere Einflüsse in die eigene Persönlichkeit einfügt und sie in vernünftiger Form verbindet. In diesem Sinne wird hier Identität als dialektischer Umgang mit der Innen- und Außenwelt verstanden, als dialektischer Prozess. Insofern kann hier behauptet werden, dass die Mehrzahl der Minderheitsangehörigen, die seit größeren Zeitspannen im Lande leben bzw. geboren sind, zumindest eine mehrkulturelle, integrierte Persönlichkeit besitzen und keine nennenswerten inneren und äußeren Schwierigkeiten haben, dies in ihrem Alltag auszuleben.

Dieser dritte Weg umfasst also die Überwindung des »Dazwischen« als örtliches und gesellschaftliches »Niemandsland«, aber auch die Überwindung der Entweder oder Konstellationen. Er geht eher von einer Grunderfahrung des »Sowohl-als-auch« aus. Dieser Weg ist jedoch nicht frei von Hürden.

Als Ödipus am Ende seiner Irrfahrten vor den Göttern steht, fragt er: »Warum musste ich so leiden?« Und die Götter als Antwort: »Weil wir dich so geliebt haben.« In diesem Sinne gestaltet sich auch dieser dritte Weg.

Hanau, den 11. April 1999 (erste Fassung: Juni 1996)

HERKUNFT UND ZUGEHÖRIGKEIT
IN DER LITERATUR

Von der Schwierigkeit, der interkulturellen
Literatur einen Rahmen zu geben

Die Zeit der Etikettierung von literarischen Werken, deren Autoren in die deutsche Sprache eingewandert sind, dauert an. Es zeigt sich jedoch, dass jede Etikettierung mit einem (unsichtbaren) Verfallsdatum versehen ist, siehe beispielweise die »Gastarbeiterliteratur«, »Literatur der Betroffenheit«, »Gastliteratur«, und »Nicht nur deutsche Literatur«. Ein Verzicht auf eine Definition lässt wiederum offen, welche kulturellen und sprachlichen Eigentümlichkeiten in einer Sprache und Kultur Zugang finden. Bereits solche Aspekte wie Vielfalt, Varationsbreite und die Eingrenzungsproblematik stellen die Fachleute vor unbewältigbare Erfassungsprobleme. Schließlich lässt sich auch die Weltliteratur kaum klassifizieren, wenn man von den notdürftigen Versuchen, sie in Nationalliteraturen zu unterteilen, absieht. Hilfreicher wäre es, hierzu grundsätzlich von Sprachraumliteraturen zu sprechen, unabhängig von der jeweiligen nationalen und kulturellen Stellung der Autoren.

Definitionen sind stets vom Blickwinkel des Betrachters gefärbt und offenbaren seine innere Bewertungsneigung. Dies kann auch an den Bemühungen jener Forscher erkannt werden, die die literarischen Werke von in die deutsche Sprache eingewanderten Autoren als eine Art »Literatur zwischen den Kulturen« etikettieren und sie dadurch – ungewollt oder nicht – in einen Niemandsraum bzw. in den Bereich der Psychopathologie stecken. Denn ein intersprachlicher und interkultureller Autor lebt und schreibt stets *mit* (und nicht *zwischen*) den Sprachen und Kulturen. Auch die heutige Tendenz zu Überschriften wie »Interkulturelle Literatur«, »Migrationsliteratur«, »Chamisso-Literatur«, »Hybride Literatur« und »Multikulturalität« sind nicht von solchen Schwierigkeiten frei. Während der Etikettierungsversuch »Chamisso-Literatur« eine Bemühung ist, das, was von Stiftungen u. ä. gefördert wird, zweckmäßig und definitorisch zu erfassen, entspringen die Ansätze um die »Multikulturalität« und »hybride Identität« aus den philosophischen Theoremen und Debatten eines postmodernen Diskurses, der zwar Pluralität postuliert, jedoch zumeist Versatzstücke beliebig in der Weltbühne hin- und hersetzt. Diese – bezogen auf Autoren mit mehreren kulturellen und sprachlichen Identitäten – sind jedoch fast eine Neuauflage der Schmelztigeltheorie aus den USA, die – wie die Realität es offenlegt – längst gescheitert ist. Denn trotz Barak Obama als allererstem schwarzen *Mister President* der

Vereinigten Staaten (der aber durch seine weißhäutige Mutter auch eine weiße Herkunft hat, was unerklärlicherweise selten erwähnt wird), Tiger Woods als siebenmaligem Champion des Golfs und Toni Morrison als Nobelpreisträgerin für Literatur zeigt die reale USA-Gesellschaft, dass sie als Gemeinschaft sich unverändert über Herkunft und Zugehörigkeit gleichzeitig verbindet und trennt. Die Verbindung vollzieht sich über die amerikanische Staatsbürgerschaft, die Trennung geht über die Rassenzugehörigkeit und/oder den kulturellen Hintergrund. Auch hier bleiben alle Definitionsversuche wie »afroamerikanische Literatur« schwammig, wenn sie nicht konkrete tragende Elemente dieser Literatur einbeziehen. Insofern erweisen sich die Bezeichnungen »Hybride Identitäten« und »Multikulturalität« im kulturellen Diskurs – ähnlich wie die inzwischen nicht mehr gebräuchliche Bezeichnung der »Multiplen Persönlichkeit« in der Psychopathologie – als globale Begrifflichkeiten, die nichtssagend bleiben und auch nicht hilfreich sind, da durch sie die konkreten Topoi (in der Psychopathologie die strukturellen Aspekte der Dissoziation) nicht ausgemacht werden.

Von der Grenze des Sprachhybridisierungskonzeptes

Interessanter als das Problem einer geeigneten Definition ist die Frage, ob es geeignete Kriterien gibt, die helfen könnten, das künstlerische Wort und die interkulturellen Inhalte auszumachen und zu dekodieren. Ausarbeitungen, wie sie Michail Bachtin in seinen grundlegenden theoretischen Beiträgen in *Die Ästhetik des Wortes* leistet, sind hierzu unscharf und in bestimmter Hinsicht irreführend. Wenn Hybridisierung »die Vermischung zweier sozialer Sprachen innerhalb einer einzigen Äußerung« ist, und diese wiederum in eine »organische Hybride« und eine »beabsichtigte Sinnhybride« unterteilbar ist, dann gehört auch geklärt, ob und wie diese Unterteilung hilfreich für die Analyse interkultureller Texte ist. Michail Bachtin schreibt der »organischen Hybride« auch keine künstlerischen Qualitäten zu, da sie ein »unbewusster« und ein »zentraler Modus des historischen Lebens und Werdens von Sprachen« sei, wohl aber der »beabsichtigten Hybridisierung«. Das Letztere ist in der Lage und willens, dialogisch zu sein und durch Verschmelzung »zweier Äußerungen zu einer einzigen Äußerung« künstlerisch zu konstruieren. Demzufolge wären solche Wortbildungen wie »Migrationshintergrund« (:lat.; deutsch) organischer Natur und dementsprechend monologisch, obwohl sie im dynamischen Prozess des multikulturellen Werdens einer Nation wie Deutschland entstehen. Doch kann sich auch die Dialogizität der »beabsichtigten Hybridisierung« dezidiert monologisch zeigen, nämlich, sofern sie nur einen Teil der künstlerischen Prozesse meint. Und dies ist ja der Fall: Zum einen beherbergt dieses Konzept das Element der »beabsichtigten« Sprachhandlung; im Wort »beabsichtigten« steckt also Zweck- und Zielgebundenheit, Planung und als Grundlage von all dem ein hoher Grad an Bewusstheit. Dadurch zeichnet Bachtin eine dichotomische Organisation der Hybride vor: bewusst das eine, unbewusst das andere. Da er das andere in der Ecke des Unbewussten, sprich: Unbestimmbaren, ansiedelt, die zudem »nur« monologisch sein kann, klammert er all die Momente spontaner und intuitiver Natur im schöpferischen Schaffen aus.

Dass vordergründig der »beabsichtigten Hybridisierung« die kreative Komponente zugeschrieben wird, deckt daher, nach Auffassung des Verfassers dieses Essays, nur einen Teil des Phänomens und berücksichtigt die anderen gar nicht. Insofern ist diese Unterscheidung Bachtins zu schematisch und kann im Alltag in die deutsche Sprache eingewanderten Poeten und Schriftstellern nicht standhalten. Es ist schließlich unstrittig, dass in der Werbeindustrie, in den Kultur- und Literaturfabriken der Welt keine neuen Wortschöpfungen und »beabsichtigten Sinnhybride« gescheut werden, mit der Intention, in den multikulturellen Weltmarkt mit nivellierten Produkten kapillarisch durchzudringen und deren Absatz sowie die Profitabilität zu steigern, was – je nach Sparte – mit mehr oder weniger Erfolg geschieht. Die Ethno-Folk-Industrie (:griech.; eng.; franz. bzw. lat.) floriert im Zeichen der »Hybridisierung«, in der kommerziellen Belletristik wimmelt es von »hybridisierten« Stilisierungen, um die Aufmerksamkeit des reizüberfluteten Konsumenten zu erreichen. Und wenn man es genauer nimmt: Sowohl »organische Hybride« als auch »beabsichtigte Hybride« gehen weitgehend von moden- und machtevozierten Vermischungen aus, sie fabrizieren sie in einer Vielfalt an Variationen und reproduzieren eine Beliebigkeit funktionalistisch – dies im Zeitalter und im inneren Widerspruch zu den Postulaten der Postmoderne. Die andere Seite des Phänomens ist die, dass der kreative Schöpfungsprozess, sowohl beim künstlerischen Wort als auch bei der Malerei und beim Komponieren, gleichzeitig die »organischen« und die »beabsichtigten« Hybridisierungen brauchen. Die Frage, die sich hier aufwirft, ist die, ob es sich beim Modell der Hybridität, auf das sich viele Forscher aktuell beziehen, um ein reduktionistisches Modell handelt – trotz Einbeziehung interaktioneller Postulate und des Bekenntnisses zur »Verschiedensprachigkeit der kulturellen Welt« und zu allen »mit ihr verknüpften Folgen«. Unberücksichtigte Aspekte sind hierbei die Begrenztheit der Sprache hinsichtlich menschlicher Erfahrungen sowie die Kommunizierbarkeit von Emotionen, die eigentlich der Brunnen künstlerischer und literarischer Kreativität sind.

Von der Widersprüchlichkeit der Realität und der Sprache

Der Verfasser dieses Essays will hier auf Aspekte eingehen, die die Palo-Alto-Schule um Paul Watzlawick und Gregor Bateson zum Teil mit ihrem radikalen Konstruktivismus im Rahmen der systemischen Konzepte aufgreift. Dieses Konzept zeigt, dass die Kybernetik der menschlichen Kommunikation und die Zirkularität der Interaktionspartner mehr von der analogen (sprich: emotionalen, beziehungsgeleiteten) als von der digitalen (inhaltlich orientierten) Seite gesteuert wird. Ein zentrales Anliegen dieser Schule ist, paradoxe Handlungsaufforderungen und paradoxe Voraussagen (wie: »sei spontan«, »werde unabhängig« etc.) zu dekodieren und für psychotherapeutische Interventionen aufzubereiten. Unter anderem anknüpfend an die Theorie der Sprachstufen (genauer an die Überlegungen zur Verbindung zwischen Sprache und Objekt, Objektsprache, Metasprache und Metametasprache, siehe Carnap und Tarski), weist das kybernetische Modell der Palo-Alto-Schule auch auf die Grenzen der Sprache hin, setzt sich mit klassischen semantischen Antinomien aus der Antike auseinander und sucht Parallelen in der Sprache der Gegenwart. Gerne führt sie das Beispiel des Kreters Epimenides auf, der behauptete: »Alle Kreter sind Lügner«. Er stellte also eine Behauptung auf, die in ihrem Wesen sich widerspricht: Der kretische Mann lügt nur dann, wenn er die Wahrheit sagt, und ist wahrheitsgetreu, wenn er lügt. Darin sehen die Verfechter dieser Schule, »dass in diesen Fällen Widersprüchlichkeiten der Sprache und nicht der Logik die Wurzel des Übels sind.« Hier ist zu fragen, ob diese Kommunikationsforscher der Sprache etwas zuschreiben, was im Menschen selbst innewohnend ist: das Vorhandensein innerer Widersprüchlichkeiten wie sich widersprechender Gefühle und Gedanken, Körperempfindungen und Handlungsimpulse, oder auch, im bestimmten kontextuellen Umfeld, Widersprüche zwischen den unterschiedlichen Handlungssystemen (z. B. das Handlungssystem der Verteidigung strebt in eine Richtung, das der Energieregulierung in eine andere). Hingegen weist der französische Philosoph Jean Baudrillard, 2007, darauf hin: »Indem der Mensch sich Dinge vorstellt, sie benennt und in Begriffe fasst, sorgt er dafür, dass sie existieren, jagt sie jedoch ihrem Verlust entgegen, löst sie auf subtile Art und Weise von ihrer rohen Realität.« In diesem Sinne liegt das Paradoxe im Spannungsverhältnis zwischen Realität und Begriffsbildung. So oder so: Wir stoßen auf etwas Elementares. Dass alle lebenden und sozialen

Systeme, und damit die Sprache, mehrdimensional zu begreifen sind, von der Wahrnehmung her oft gegensätzlich organisiert und in sich widersprüchlich erscheinen.

Wenn man von der Prämisse des systemischen Denkens ausgeht, dass eine Botschaft ein Unterschied ist, der einen Unterschied macht (Gregor Bateson), kann man sich von diesem Modell nur eine kleine Hilfe für die Dekodierung intra- und interkultureller Texte versprechen. Dabei kann es auch um Folgendes gehen: Die »kanonisierte« Sprache der Mehrheitsgesellschaften ist inzwischen per se Vielfaltsprache mit innewohnenden Partikularismen geworden, die verwischte Grenzen untereinander haben. So können Akademiker oder Banker Jugendlichen-Sprachhülsen in ihrem Umfeld verwenden, ohne dass jemand daran Anstoß nimmt, und Subgruppen Star- oder auch Politikerkodierungen und -allüren unreflektiert übernehmen. Bemerkenswert ist hierzu, dass die Sprache des wirklich Fremden, also des tatsächlich Ausgegrenzten, des Andersherkünftigen, darin zunächst nicht vorgesehen ist. Dementsprechend geht es nicht nur darum, dass der Andersherkünftige unterschiedliche Operationen starten muss, um die Anwesenheit seiner Sprache in der partikularisierten Vielfalt einer Mehrheitsgesellschaft zu behaupten. Es geht vielmehr darum, dass bestimmte Erfahrungen, Erlebnisse und Gefühle und Handlungsimpulse, sowohl in der vielfältigen, aber dennoch »kanonisierten« Sprache als auch in der Sprache des Fremden und der Sprache der Vielfalt noch keine Entsprechung gefunden haben. Und hierzu die Sprachen eine Grenze markieren. Suchend muss sich der Andersherkünftige seine sprachliche Anwesenheit erschaffen und einen Unterschied im Unterschied machen.

Zwei Beispiele lassen sich aus zwei Werken des Verfassers dieses Essays entnehmen. Aus dem Roman *In deutschen Küchen*: »Zuweilen versuchte ich, jenes namenlose Gefühl, mit dem Wort **Fremdung** zu umschreiben, und merkte, wie daneben so ein Wort liegen könnte, so dass ich mir eingestehen musste, dass ich dafür weiterhin kein Wort kannte. Nur Umschreibungen halfen mir. Es ging um die Sehnsucht, dazuzugehören, und auch die Gewissheit und die Freude, es nicht zu können, nicht zu dürfen, nicht zu mögen.« Und aus dem Gedichtband *Ode an die Fremde, Entstummung 3*: »Die Farben des Herbstes / die Geometrie des Tages / die Stimmen im Viertel // entstummen meine Ich / drängen sie nach vorne // in die Sprache zu uns hin«.

Hilfreicher erscheinen dem Verfasser dieses Essays zurzeit auch die Bemühungen um das Etikett »interkulturelle Literatur«. Rein formal bezieht sich diese Bewegung weitgehend auf das Kriterium »Beziehungen zwischen den Kulturen« und berücksichtigt die individuellen inhaltlichen und ästhetischen Vorschläge der Autoren sowie deren außerkulturelle Hintergründe nur vereinzelt und in eingegrenztem Maß, wenn man von den Forschungsarbeiten um die Gruppe Carmine Chiellinos absieht. Diese Gruppe arbeitet akribisch an der Untersuchung kultureller und sprachlicher Differenz bei interkulturellen Texten. Dabei wären hierzu auch eine griffige Topologie und ein sprachästhetischer Bezugsrahmen vonnöten, die das Gemeinsame und das Trennende ausarbeiten würden.

Von Dimensionen, die potenziell eine interkulturelle Literatur ausmachen

Wenn man als neugieriger Leser die Literatur der Welt mit »interkultureller« Brille bereist, macht man erstaunliche Entdeckungen. Man könnte meinen, dass eine Reihe Autoren aus unterschiedlichen Epochen und Landstrichen aus ihren »interkulturellen« Hintergründen heraus Weltliteratur geschrieben hätten, ja, als gäbe es schon seit Jahrtausenden eine »interkulturelle« Tradition. Und diese Tradition kann anhand markanter Achsen ausgemacht werden, um die sich literarische Sujets drehen. Bei diesen Achsen sind mehrere Dimensionen zu erkennen, die sich im Zusammenspiel verschränken, in einem Spannungsbogen stehen oder auch in einen Widerspruch zueinander geraten bzw. sich rigide gegenüberstehen können.

Solche Dimensionen, die sich um eine Achse drehen, könnten strukturell folgende Teilaspekte beinhalten:

1. real (soziokulturell, gesellschaftlich, rechtlich)
2. inter- und intrapsychisch (gefühltes Verhältnis zum anderen und zu sich selbst)
3. Verpflichtung/Bruch zur Tradition, z. B. in Kunst, Literatur und Philosophie
4. transzendental (z. B. Schicksal, universelle Werte, Religion).

Dabei sind die Achsen die tragenden Säulen jedes Sujets. Aus der Perspektive des Erzählers und Lyrikers, wie der des Verfassers, lassen sich wenigstens drei Polaritäten ausmachen, innerhalb derer sich diese Werke entfalten. Diese Pole stehen in einem eigentümlichen Verhältnis zueinander, je nach den individuellen Besonderheiten des Autors und dessen Bezugsrahmen. Konkret sind gemeint:

1. Offenheit-Geschlossenheit
2. Vertrauen-Misstrauen

3. Herkunft-Zugehörigkeit

Eine zentrale Säule sollte berücksichtigen, dass die meisten Menschen mindestens mit zwei oder mehreren strukturellen Persönlichkeitsanteilen ausgestattet sind, die mehr oder weniger voneinander getrennt oder auch verbunden sind (auch Goethe ließ uns mitteilen: »... zwei Seelen wohnen in meiner Brust ...«). Diese strukturellen Persönlichkeitsanteile haben die Gabe, Vergangenheit, Gegenwart und Zukunft in eigentümlicher und individueller Weise miteinander zu verbinden und sie damit zur Sprache zu bringen, was ja im Prozess der schöpferischen Arbeit geschieht. Diese tragende Achse bezieht sich auch auf die Pole Offenheit-Geschlossenheit gegenüber der Welt und demensprechend gegenüber sich selbst. Sie beinhaltet im Prinzip den Grad und die Qualität der Begegnung, ob und wie sich Menschen mit der Welt verbinden oder ausschließen bzw. nicht verbunden oder ausgeschlossen werden. Eine beispiellose Ausgestaltung dieser Ebene kommt bei dem in Lissabon geborenen, in Südafrika aufgewachsenen und wiederum in Lissabon lebenden Fernando Pessoa mit seinen vielen Heteronymen zum Ausdruck. Ferner spielen in der Beziehung zwischen Offenheit-Geschlossenheit auch solche Dimensionen eine Rolle, welche das Individuum in seiner Beziehung zur gegenständlichen Welt kontextualisieren. Wo z. B. in einem Werk dargestellt wird, wie die äußere Welt, Gegenstände, Räume und Technik ihr eigenes Leben bekommen, in eine Handlung treten und Einfluss und Dominanz über das Individuum erlangen (beispielsweise im Werk Kafkas). Zu diesem Thema wird der Verfasser in einem anderen Essay ausführlich Stellung nehmen wollen.

Eine weitere zentrale Säule stellt die Achse Vertrauen-Misstrauen gegenüber der jeweiligen Sprache dar, gegenüber der »Muttersprache« und der Sprache des Einwanderungslandes. Allein durch den Entschluss, Texte in der neu hinzugewonnenen Sprache zu verfassen, spricht sich jeder Autor anderer Sprachherkunft implizit für diese Sprache aus. Doch ist für den Autor notwendig, den Grad des Selbst- und Fremdvertrauens selbstkritisch und konstruktiv zu betrachten und zur Sprache und deren Grenzen in Beziehung zu setzen. Denn dieses Bekenntnis zur Sprache wird zumeist durch alltägliche Spracherlebnisse in Frage gestellt, da sie Widersprüche und Ungereimtheiten in sich tragen. Von diesem Aspekt ausgehend, lassen sowohl die bedenkenlose Verwendung der Standardsprache als auch die unkritische Verpflanzung sprachlicher »Wurzeln« die Vermutung aufkommen, dass der Autor ein mangelndes Vertrauen in den eigenen literarischen Ausdruck hat. So dient die Verwendung einer in höchstem Masse standardisierten Sprache dazu, in einer »Herde«

unterzuschlüpfen, in der man sich geschützter fühlt als außerhalb, und sich vom anderen jenseits vom Standard abzusetzen. Je mehr eine Sprache sich standardisiert, desto restringierter und oberflächlicher wird sie auch und desto stärker schränkt sie die Individualität der Sprechenden ein. Das ist *summa summarum* eine Autorensprache, die nach Assimilation strebt. Vertraut er aber den eigenen Erfahrungen – unabhängig von welchem substanziellen Gehalt und welchen Grunderfahrungen ausgegangen wird – und hat ein konstruktives Vertrauensverhältnis zur Sprache, wird er jene Momente in die Standardsprache einschleusen, die ihn als gesamtes Individuum ausmachen. Er wird Zugänge in die Sprache für Wahrnehmungen, Ideen, Gefühle finden, die bisher nicht vorgesehen waren und Ausdruck der individuellen Erfahrungen sind. Dadurch wird er die Gegenwart und den eigenen Ort in dieser Gegenwart auskundschaften.

Schließlich die dritte Achse: Herkunft-Zugehörigkeit. Sie ist häufig als Spannungsbogen des menschlichen Seins in der Weltliteratur vorzufinden. Auch im konkreten Alltag, auf individueller Ebene, wie beispielsweise in der persönlichen Erfahrung eines adoptierten Kindes, kann man Komplexität und Reichtum der Facetten dieser Achse erkennen. Ein Adoptivkind hat sowohl leibliche als auch Ersatzeltern, denen gegenüber es sich stets loyal fühlt. Oft kommt es in seiner Identität zu Verwirrungen und Verirrungen. Oft fühlt er sich hin- und hergerissen. Dies gilt umso mehr, wenn es nicht von Anfang an aufgeklärt, psychosozial begleitet wird und letztendlich nicht klare Vorstellungen über die persönlichen Dimensionen von Herkunft und Zugehörigkeit bekommt.

Es scheint, dass der Mensch, seit Menschengedenken, sich in Stämmen, Sippen, Völkern und Horden organisiert hat, dass Clans, Cliquen und diverse Gruppenbildungen unterkonjugierte Ausprägungen dieser Phänomene sind. All diese Organisationsformen haben die Achse Herkunft-Zugehörigkeit gemeinsam. Sie ist anthropologisch, philogenetisch und philosophisch eine tragende Säule. Herkunft und Zugehörigkeit können als Einheit erlebt werden, z. B. beim monokulturellen Erleben, weit verbreitet ist allerdings eine abgestufte Differenz, die bis zur antagonistischen Polung reichen kann. Bedeutet Herkunft das ausdrückliche und mehr oder weniger bewusste Bekenntnis zu einer ethnischen, kulturellen, sozialen und familiären Abstammung, so organisiert sich eine Zugehörigkeit auf eine erlebte Erfahrung, dazuzugehören, sei es zu einer Gemeinschaft oder zu einem einzelnen Menschen. Während die Herkunft sich aus Fakten (z. B. eine dokumentierte familiäre Abstammung aus bisherigen Generationen) und aus subjektiven Setzungen (z. B. die Ernennung von bestimmten standesniedrigeren

Personen zum Adligen durch Könige) definieren lassen kann, braucht die Zugehörigkeit hingegen eine erfahrbare und sich stetig erneuende Bestätigung. Beide Dimensionen bestimmen die Identität, sowohl die der Gruppen als auch die des Einzelnen. Beide Dimensionen bestimmen die Abgrenzung zum anderen, zum definierten Fremden. Herkunft bzw. Abstammung ist phänomenologisch betrachtet eine Wesenheit des Menschen, der keiner entrinnt. Jede Identität, verknüpft mit der Frage »Wer bin ich?«, formt sich daraus und nimmt im Lauf des Lebens immer dazu Bezug. Das geschieht auch in der Negierung der eigenen Abstammung. In dialektischer Verbindung zur Herkunftsdefinition steht das Suchen einer abgesicherten bzw. beschädigten bzw. noch nicht erlangten Zugehörigkeit, gegebenenfalls mit der Findung einer solchen. Da Zugehörigkeit nicht bedeutet, in Besitz von jemandem bzw. von etwas zu sein, sondern vielmehr, dass sie sich inter- und intraktionell abspielt, ist sie letztendlich ein nie endender Prozess, der gespürt, erlebt und intersubjektiv überprüft wird. Während rein phänomenologisch Herkunft bzw. Abstammung keine Negation, höchstens eine innere psychodynamische Negierung und/oder Verleugnung zulässt, sind bei der Dimension Zugehörigkeit die äußeren wie inneren Abgrenzungsmechanismen aktiv, die sowohl Negation, Negierung, aber auch Verleugnung als inter- und intraaktionelle Regulierungsmechanismen wirksam werden lassen.

Auf diesen Spannungsbogen möchte nun der Verfasser dieses Essays näher eingehen, im Versuch aufzuzeigen, wie individuelle Lösungen in unterschiedlichen Epochen und Gegenden die Kontinuität des Sujets bestätigen.

Ödipus im Verhängnis der Abstammung

In einem vom Verfasser 1999 geschriebenen und unveröffentlichten Essay *Ödipale Scheidewege* leistete er eine vertiefte Auseinandersetzung um die bereits bei Sophokles' *König Ödipus* präsentierte Thematik der drei Scheidewege, indem er sie in Bezug mit drei Grundwegen in der modernen Migration setzte: der Weg der Überanpassung bzw. Assimilation, der Weg der Gettobildung und der Weg der permanenten Neudefinition durch interkulturelle Begegnungen. Nur am Rande verwies er auf die zentrale Achse »Zugehörigkeit-Herkunft« in *König Ödipus* und *Ödipus auf Kolonos*, die beide Werke Sophokles' prägen. Die in der Psychoanalyse und in der Volksmeinung etablierte Vorstellung vom »Ödipus-Komplex« ist höchstens eine Folge der in der zentralen Achse sich entwickelnden Tragik und kein zentrales Anliegen Sophokles'. Bei dem, was Ödipus in *König Ödipus* widerfährt, »das Furchtbare und das Schlimme«, bei der Suche nach dem Mörder des Laios, spielt der Inzest nur eine marginale Rolle. Denn bereits aus dem Verlauf der Tragödie geht hervor, dass die Tötung am Scheideweg die Auflösung der Zugehörigkeit von Ödipus in Theben auslöste und nicht der Beischlaf mit seiner Mutter. Es ist die Mordtat, die nach Sühne schreit, weil sie der Grund für die Pest ist, die die Stadt peinigt.

Zur Erinnerung: Ödipus ist ein Ausgesetzter. Hintergrund dieser Aussetzung ist ein Delphisches Orakel über Ödipus' leiblichen Vater – Laios, König von Theben –, das besagte, dass sein Sohn ihn töten werde. Dieses Orakel entspringt einem Fluch über Ödipus' Vater, weil dieser als Asylant beim Königs Pelops das Gastrecht missbrauchte und seinen Sohn ent- und verführte (nach heutigem Sprachgebrauch: sexuell missbrauchte). Bedacht, keine Nachkommen zu bekommen, zeugte Laios in trunkenem Zustand dennoch einen Sohn, der auf einem Berg ausgesetzt wurde. Um den Tod zu beschleunigen, wurden seine Füße mit einem Stift durchbohrt. Von Hirten aufgelesen, kam das Kind nach Korinth. In Korinth wird Ödipus zum Adoptivkind des Königspaars Polybos und Merope. Da Ödipus von seinem Status als Adoptivkind nicht weiß, sind für ihn bis dato Herkunft und Zugehörigkeit eins. Ab dem Augenblick, in dem seine Zweifel aufkommen, nimmt die Tragödie den eigentlichen Lauf: Ein Betrunkener bei einer Feier eröffnet ihm, sein Vater sei ihm untergeschoben; auch die Beteuerungen der Eltern können dieses Gerücht nicht ausräumen. Denn dadurch wird seine Zugehörigkeit (er sagte von sich: »und ich galt als mächtigster Bürger dort ...«) infrage gestellt. Er stellt fest: »es nagte in mir weiter, sprach sich auch herum«. So wie die meisten Adoptivkinder unserer heutigen Gesellschaft, die unvermittelt ihre Herkunft über fremde Personen erfahren und dadurch ins Schwanken geraten, bleibt auch Ödipus im Bann seiner Zweifel; und es ist dieser Zweifel, der ihn zu Apollon nach Delphi führt. Statt einer Antwort auf sein Dilemma empfängt er von Apollon das Orakel, er werde den Vater umbringen und mit der Mutter Kinder zeugen. Um dieses Orakel zu verhindern, macht sich Ödipus auf den Weg ins selbstgewählte Exil. Aus der Mythologie ist zu entnehmen, dass Ödipus' leiblicher Vater auch auf dem Weg nach Delphi war, um Apollon erneut zu befragen. Direkt an der Scheide dreier Wege kreuzen sich die Wege des leiblichen Vaters und des Sohnes, die nichts voneinander wissen. Es kommt zu einem Streit zwischen den beiden. Ödipus erschlägt auf der Stelle Laios. Nach der Tat stehen Ödipus unverändert drei Wege offen. Alle drei Wege haben einen symbolischen Hintergrund: Der eine Weg ist der nach Delphi, wo Ödipus war und Laios hinfahren wollte. Der zweite Weg führt vermutlich nach Korinth, für Ödipus als Adoptivsohn zum Ort seiner bisherigen Zugehörigkeit und inzwischen angezweifelten Herkunft. Der dritte bringt ihn nach Theben, zu seiner leiblichen Herkunft und zu einer faktischen Nichtzugehörigkeit. Dass er dort König wird und sich gleichzeitig mit seiner Mutter vermählt, verdankt er seiner Fähigkeit, das Rätsel der Sphinx zu lösen und damit Theben von dessen Fluch zu befreien. Die Einnahme einer solchen Position als Eingewanderter ebnet den Weg zur Vollendung des Orakels, nämlich mit seiner leiblichen Mutter Kinder zu zeugen. Der ungeklärte Mord des einstigen Herrschers bestimmt jedoch das Schicksal von Theben: Die Stadt wird von einer Pest heimgesucht. Um die Stadt zu retten, schickt Ödipus seinen Schwager Kreon nach Delphi, um Apollon zu befragen. Und es ist die Botschaft aus Delphi, die zur Aufklärung der Begebenheit an der Scheide dreier Wege führt. Als der Bote Ödipus fragt: »Und dies befürchtend, bliebst du fern und heimatlos?«, antwortet er: »Ja, Alter, und um Vaters Mörder nicht zu sein.« Ruft er hier noch: »Ich aber will,/ und sei er so gering, nur meinen Ursprung sehn«, kommt Ödipus gegen Ende der *König Ödipus*-Tragödie zur Feststellung: »…und übler Abkunft finde ich mich./ O ihr drei Straßen und du abgelegene Schlucht …«

Am Anfang steht der Missbrauch des Gastrechts durch Laios. Der im Orakel ausgesprochenen Bestrafung war nur durch Beendigung der Abstammungsabfolge zu entgehen. Die Fortsetzung der Abstammungskette verlangte die persönliche Sühne, die dann auch kam, als das ungewollte und doch gezeugte Kind in den Erwachsenenstatus hineinwuchs. Nach erfolgter Sühne mit dem Tod des Königs von Theben kann Ödipus, als leiblicher Sohn, mit seiner Mutter für die Fortsetzung der Abstammungsabfolge sorgen. Die Abstammungskette erfährt hierdurch Kontinuität, wohl aber nicht die der Zugehörigkeit. Als Adoptivkind hat Ödipus eine unsichere Zugehörigkeit, weil sie mit der negierten Herkunft eng gekoppelt ist. Trotz Kindheit in Korinth und auch nach Jahren wird er dort von Freunden verspottet, dass er nicht der rechtmäßige Königssohn sei. In Theben erwirbt er sich den Bürgerstatus und damit die Zugehörigkeit durch seine Fähigkeit, das Rätsel der Sphinx zu lösen, aber er verliert sie dann ebenso schnell, sobald die näheren Umstände des Todes seines Vaters offenbart werden. Und es hilft auch nicht, dass seine Abstammung eindeutig ist, schon aufgrund der Narben an beiden Fußgelenken, und er per Erbgesetz legitimer Sohn des Königs und der Königin von Theben ist. Darin liegt die Tragik des Ödipus: Er kann für die Fortsetzung der Abstammungskette sorgen und bleibt trotz seiner Herkunft ausgeschlossen. Es ist gerade seine Suche nach der Herkunft, die ihn zum unbeabsichtigten Vatermörder macht und damit zum

Vertriebenen und Heimatlosen. Ab dem Augenblick, in dem er deutlich und unmissverständlich erkennt, der Mörder Laios' zu sein, erlebt er auch, dass seine erlangte Zugehörigkeit zu Theben endgültig verwirkt ist, sodass er sich als nicht mehr zugehörig sieht und ausrufen kann: »Wirf schnellstens mich aus diesem Land, dahin wo ich/ von keinem Menschen angesprochen werden kann!« Und: »Nein, lass mich wohnen im Gebirge, wo es mein/ Kithairon heisst, der, den die Mutter mir und auch/ der Vater lebend setzten fest gültig als Grab…«

Das ist gleichbedeutend mit der bedingungslosen Hinnahme des Willens seiner Eltern, die auch im 21. Jahrhundert bei Adoptiv-, Pflegekindern öfter anzutreffen ist: nämlich, im Zweifel, sich selbst zu vernichten, um der Vorbestimmung zu folgen und dem Gefühl, nicht gewollt gewesen zu sein, mit Taten zu folgen. Indem die Welt des alten Griechenlands einer kosmologischen Ordnung folgte, in der derjenige, der ihrer schuldig wird, Identität und Recht endgültig verliert, kann Ödipus bei der Auflösung seiner letzten Zweifel ausrufen: »O Schmach! O Schmach! So war es alles klar heraus./ O Licht! Zum letzten Male will ich jetzt dich schaun,/ der ich entspross, wem ich nicht durfte, lebte mit wem ich nicht durfte und, wen ich nicht sollte, erschlug!« Ödipus verliert also zweimal seine Zugehörigkeit. Einmal, als die Seinen in Korinth sie aufgrund seines Adoptivsohnstatus anzweifeln, und das zweite Mal, als er aus Theben verstoßen wird. Vorbestimmung durch Herkunft, zweifacher Verlust der Zugehörigkeit – auch im 21. Jahrhundert, z. B. Abstammung aus einem sozialen Brennpunkt in Westeuropa und permanenter Verlust des Zugehörigkeitsstatus bei Peergroups – reicht das, um zusätzliche Identitätserschütterungen auszulösen und den Weg zur Selbstaufgabe einzuleiten.

Ovid im Verhängnis der Zugehörigkeit

Die Fachwelt rätselt immer noch an der unfassbaren Konstellation, aus welcher einem Dichter wie Ovid, mitten im Leben und im Erfolg, angesehen und geschätzt, urplötzlich die Zugehörigkeit zur römischen Gesellschaft entzogen wurde. Auch wenn in der Begründung des Kaisers das »Vergehen« in den Versen der *Ars Amatoria*, der *Liebeskunst* – als unmoralisches Werk gebrandmarkt – angesiedelt wurde, blieb das Rätsel über ein zweites nicht genanntes Vergehen. In eine Familie hineingeboren, die dem römischen Ritterstand angehörte, schon als junger Mann aufgrund seiner Dichtung – mit der *Ars Amatoria* und dem *Metamorphoseon* als Hauptwerken – berühmt, fast dreißig Jahre lang als erfolgreicher und angesehener Schriftsteller in Rom lebend, verweist ihn ein Verdikt des Kaisers aus Rom und relegiert ihn in ein elendes Nest am Schwarzen Meer. Zwar durfte er die Bürgerrechte und sein Privatvermögen behalten, und auch seine Vorrechte als römischer Ritter wurden ihm nicht abgesprochen, doch sein Leben durfte er nur noch in Tomi fristen, wo er mit *Tristium* und seinen *Epistulae ex Ponto* das Zeugnis eines beklagenswerten Daseins ablegte.

Ovid besaß vor dem erzwungenen Exil eine hohe Übereinstimmung zwischen Herkunft und Zugehörigkeit, die ihm erlaubte, vor seinem Publikum seine Werke zu rezitieren, die ihm ermöglichte, sich in seiner Literatursprache zu artikulieren, die gestattete, Anregungen für seine Dichtung zu bekommen, während er in der Fremde keinen hat, »dem meine Gedichte ich lesen könnte, und keiner/ ach, dessen Ohr nur verstehen könnte ein lateinisches Wort!/ Nur für mich selbst – denn, was sollte ich beginnen? – lese und schreibe ich«. Und er ist sich selbst nicht genug. Er braucht das Gegenüber als zugehörig.

Von seiner Zugehörigkeit radikal abgeschnitten, nur mit brieflichem Anschluss an sie gebunden, beklagt er monoton das »Abnehmen der dichterischen Kraft«, den »Mangel an künstlerischer Formgebung«, verfangen im Mitleid mit sich selbst: »Oftmals habe ich auch beim Schreiben Tränen vergossen,/ und meine Schrift wurde feucht ...«. Daher: »Ich schreibe nur, um mich selbst zu trösten, mir die Zeit etwas zu vertreiben, die so unerträglich langsam dahinschleicht, so wie etwa ein Galeerensklave zum schweren Takt des Ruderschlags ein Lied singt.« Durch die Relegation, beim Verlust der Zugehörigkeit ist das Leben am Schwarzen Meer eine Qual und so schlimm wie der Tod: »Glaub mir: ich bin schon gestorben, indem ich verlor meine Heimat«.

Grundsätzlich birgt eine eng gefühlte Bindung an die eigene Herkunft für den Wandernden bzw. Exilierten jeder Epoche mindestens zwei Gefahren: die der Erinnerung und die des Vergessens. Und dies umso mehr, desto stärker diese Bindung mit der Zugehörigkeit verbunden erlebt wird. Wird durch einen intimen Wunsch nach Assimilation das Vergessen vorgezogen, so überlagern gegenwartsbezogene Persönlichkeitsanteile die Vergangenheit und lassen sie kaum noch in Erscheinung treten. Werden hingegen Erinnerungen zum inneren Selbstschutz ausgiebig ausgelebt, so entstehen mit der Zeit strukturelle Persönlichkeitsanteile, die sich mit der Nostalgie paaren und Vergangenheit und Gegenwart mit einer mehr oder weniger dünnen Trennungsfolie verkleiden. Davon ist auch Tarkowskijs Protagonist in *Nostalghia* betroffen, wovon später die Rede sein wird.

Gleich in der allerersten Zeile der *Tristium* vollzieht der Dichter eine Spaltung zwischen seinem Werk und sich: Das eine, das geht, der andere, der bleibt: »Ohne mich gehst du, mein Büchlein, zur Stadt, und ich will es dir gönnen./ Weh mir! Ist deinem Herren doch diese Reise versagt./ Geh denn, doch bar des Schmucks, wie es ziemt einem Buch des Verbannten:/ leidvoll trage das Kleid, das diesem Schicksal gemäß!/.../ Geh, Buch! Grüße mit Worten von mir die teuersten Plätze!/ So auf dem ›Fuß‹, dem es erlaubt blieb, komme ich wenigstens hin.« Wohlgemerkt, zur »Stadt«, der er sich zugehörig fühlt, und nicht zum Dorf Sulmo in den Abruzzen, von wo er stammt. Auch im dritten Buch der *Tristum* geht das Buch auf Reise, unternimmt als Fremdling in Rom eine Stadtbesichtigung und kommt an einigen Sehenswürdigkeiten vorbei, wobei er, ziemlich am Anfang, den Leser warnt: »... habe ich mich doch geschämt, schöner zu sein als mein Herr./ Wenn meine Schrift durch Flecken verunziert oder verwischt ist/ kommt's, weil der Dichter selbst Tränen vergoss auf sein Werk./ Sollte zuweilen ein Wort nicht gut lateinisch erscheinen/ wisse man: dort, wo er schrieb, ist ein barbarisches Land. Sagt mir, wenn's euch nicht lästig ist, ihr Leser, wohin ich denn gehen soll, welche Behausung suche ich, der Fremdling, das Buch?« Der Fremdling und das Buch. Für beide gibt es keinen anderen Ort als Rom, die Stadt der Zugehörigkeit für beide.

Die verlorene Zugehörigkeit macht gar das reisende Buch immer hilfloser, suchender, verlorener. Im fünften Buch resümiert der Dichter: »Viel Barbarisches auch ist ohne Zweifel in diesem / Buche; doch nicht der Mann, sondern der Ort hat die Schuld.« Der Ort also, von dem er sich gezwungen sieht, ihn in sich aufzunehmen, ohne sich ihm zugehörig zu fühlen. Immer wieder ruft er den Ort seiner verlorenen Zugehörigkeit mental hervor und stellt fest: »... dass ich nicht den Gebrauch der italischen Sprache verliere / und in dem heimischen Laut nicht mir verstumme der Mund, / spreche ich selbst mit mir: entwöhnte Worte gebrauche ich ...«

Schließlich findet Ovid, in die feindliche Umwelt der Barbaren verbannt, nur noch in der Dichtung seine Zugehörigkeit: »... sag ich, Muse, dir Dank: denn du hast Trost mir geboten,/ du mir Ruhe in der Qual, du, die mir Linderung bringt! Führerin bist du, Gefährtin und führst mich hinweg von der Donau/ ja, du gibst mir einen Platz mitten am Helikon mir ...« Also weg von der Nichtzugehörigkeit in Tomi, weg von der verweigerten Zugehörigkeit in Rom, dort findet er nur die Dialektik des Verlustes und der sich aufdrängenden Zugehörigkeit. Nur die Muse scheint ihm einen Platz, einen Ort, eine Zugehörigkeit zu geben. Aber auch sie zeigt sich nicht beständig: »Oft suche ich ein Wort, einen Namen ... oft versuche ich etwas zu sagen – mit Scham nur gestehe ich es –, aber es fehlt mir das Wort, weil ich es zu sagen verlernt./ Fast umtönen mich nur die Laute von Thrakern und Skythen;/ schon will es scheinen, dass ICH getisch zu schreiben vermag!/ Glaub mir, ich fürchte, es haben sich meinen lateinischen Versen,/ die du nun lesen wirst, pontische Worte gemischt...« Zwar schreibt der Dichter es dem Verlernen zu, doch seine Hinweise, dass ihm das Wort fehle, dass er eine Vermischung der Sprachen befürchte, deuten eher darauf hin, wie sich die Begrenztheit der Sprache durch die Fremderfahrungen in seine Dichtung einzuschleichen beginnt. Gleichzeitig sieht er sich tagtäglich in seinem Weder-noch-Dazugehörig bestätigt: »Hier bin ich ein Barbar und werde von keinem verstanden,/ und das Lateinische wird dumm von den Geten verlacht./ Böses reden sie dreist über mich, oft wenn ich dabei bin,/ meine Verbannung sogar werfen vielleicht sie mir vor./ Wenn sie, wie es geschieht, verrückt mich nennen, so zählen/ sie, wie oft ich genickt oder verneint mit dem Kopf ...« Es scheint also nicht die getische Sprache zu sein, die er nicht zu sprechen vermag und die er dennoch in seine Dichtung einzudringen meint, sondern vielmehr die Grenzerfahrung eines Menschen, der sich im Spannungsbogen der Nichtzugehörigkeiten bewegen muss und sich dadurch in einem Sprachkäfig eingesperrt fühlt. In einem Käfig also, in dem die »organische Hybridisierung« seine dichterische Kraft schwächt und zum Erliegen zu bringen droht.

Angesichts des bevorstehenden Todes im Exil, also in der verweigerten und sich weigernden Zugehörigkeit kann sich Ovid nur noch ein Grab wünschen, auf dem die Grabschrift auf seine endgültige Zugehörigkeit verweist: »... denn ein größeres Denkmal von längerer/ Dauer muss für mich all meine Bücher ja sein;/ diese, so glaub ich, werden, wieviel sie auch schadeten, ihrem Schöpfer künftigen Ruhm schenken und langen Bestand.«

Die Blockierung des Weges zur Herkunft und die Unmöglichkeit einer Zugehörigkeit, sowohl bei einem Volk und dem anderen – führen zur Tragik des Menschen – bei der Figur Ödipus und beim realen Menschen und Dichter Ovid, von dem *Tristium* und *Epistulae ex Pontos* seinen persönlichen Zerfall dokumentieren.

Adelbert von Chamisso: Die Schattenlosigkeit als Nicht-Zugehörigkeit

Über Schlemihls Schattenlosigkeit ist viel geforscht und viel geschrieben worden. In diesem Essay geht es nicht darum, in die Details dieser Auseinandersetzung zu gehen, sondern vielmehr einige Aspekte über die Achse Herkunft und Zugehörigkeit zu betrachten.

Der Beginn des Prosastücks, mit dem vagen Hinweis auf den Hafen, aus dem Schlemihl gerade kommt, deutet auf eine unklare Herkunft und Zugehörigkeit hin. Der Name Peter und der Zuname Schlemihl scheinen hingegen auf einen deutschen Kulturkreis hinzuweisen: Schlemihl nach *Kluges Etymologisches Wörterbuch* auf einen »Pechvogel«, entnommen wahrscheinlich aus der Gaunersprache. Das Empfehlungsschreiben, das der Protagonist zum reichen Handelsherren mitnimmt, kann als Hinweis gedeutet werden, dass er ankommen, ja, damit Zugehörigkeit erzeugen will. Auch die Dinge, die der grau gekleidete Herr aus seiner Tasche für den reichen Handelsherren hervorzaubert, bevor dieser Schlemihl den Kauf des Schattens anbietet, können in dieser Richtung im Sinne des Wohlstandes gesehen werden: englisches Wundpflaster, ein Fernrohr, ein türkischer Teppich, ein Prunkzelt ..., müssen aber nicht, denn Schlemihl könnte das alles zu einer Fortsetzung seiner Reise dienen.

Es erscheint an dieser Stelle sinnvoll, sich mit der Metapher »Schattenlosigkeit« näher zu befassen. Die Schattenlosigkeit braucht ihr Gegenstück, den Schatten. Auf der Umschreibungsebene ist ein Schatten eine Widerspiegelung von Gegenständen oder Körperhülle im direkten Umfeld durch Einwirkung von Lichtstrahlen bzw. der Sonne. Aus dieser Perspektive betrachtet, ist der Schatten ein abgeleiteter Ausdruck von Anwesenheit in der Welt. Eine Anwesenheit, die entweder statisch oder dynamisch und damit veränderlich erscheint, je nach Bewegungsmuster und Geschwindigkeit. Es ist naheliegend, dass der Schatten in Zusammenhang mit dieser Novelle die soziale Komponente meint. Der Schatten als Zugehörigkeitsmerkmal zur Gattung Mensch bzw. zu einer sozialen Gemeinschaft, die sich demzufolge durch Gemeinsamkeiten und Unterschiede definiert. Folgt man dieser Logik, bedeutet Schattenlosigkeit als Umkehrung von Schatten nichts anderes als Nichtzugehörigkeit. War am Eingang der Novelle der Schatten mit Rangordnung und dementsprechend mit Nichtbeachtung verbunden, wie dies bei Schlemihl auf dem Fest des Kaufmannes zu erkennen ist, so wird die Schattenlosigkeit das Merkmal einer Interaktionssequenz, in der eine Kontaktaufnahme nur indirekt erfolgt (»Jesus Maria! der arme Mensch hat keinen Schatten!«). Oder gar direkt ablehnend: »... Er verriet mich mit großem Geschrei der sämtlichen literarischen Straßenjugend der Vorstadt, welche sofort mich zu rezensieren und mit Kot zu bewerfen anfing: Ordentliche Leute pflegen ihren Schatten mit sich zu nehmen, wenn sie in die Sonne gingen.«

Als deutliche Signale für ein Bestreben nach Zugehörigkeit können wohl seine Reaktionen auf Menschen gelesen werden, die sich an seiner Schattenlosigkeit befremden und ihn belächeln bzw. verspotten. Dies gilt auch für seine vergeblichen Bemühungen, die Schattenlosigkeit zu vertuschen und ungeschehen zu machen, insbesondere dann bei seinem Streben, sich mit Mina – seiner neuen Liebe – zu vermählen. Aufgrund der Intrigen seines zweiten Dieners, der ihm diese Vermählung streitig macht und sein Übel der Schattenlosigkeit bei Minas Vater bekannt macht, zeigt es sich, dass der Besitz eines Schattens die Eintrittskarte in die Zugehörigkeit ist und nicht Reichtum: Minas Vater stellt eine Dreitagefrist, innerhalb derer er seinen Schatten zeigen muss.

Am Eingang der Erzählung bedeutet für Schlemihl der Tausch des Schattens mit dem Wunschsäckel nichts anders als die Realisierung der Möglichkeit, durch »Goldstücke« sich einen Zugang ins bürgerliche Leben zu verschaffen; auf diese Weise erübrigt es sich, auf die Reaktion des reichen Herren auf das Empfehlungsschreiben zu warten; Schlemihl geht in der Überzeugung, mit dem Wunschsäckel in der Hand, für sich ein bürgerliches Leben zu etablieren, und muss realisieren, dass seine Schattenlosigkeit ihn radikaler als bisher und unwiderruflich ausgrenzt. Denn sie ist gerade der Makel, der allen sein unheimliches Anderssein vorführt und damit die Unmöglichkeit, jemals dazugehören zu können.

Aus der Unmöglichkeit heraus, ohne Schatten, jemals dazugehören zu dürfen, sucht Schlemihl Zuflucht in der Heide. Zentral ist in diesem Kontext, dass der grau gekleidete Herr dort auftaucht und ihm einen weiteren Handel anbietet: die Wiedererlangung des Schattens durch den Verkauf der Seele. Dieser Tausch bedeutet, strenggenommen, Selbstaufgabe, der Verlust einer auch wenn nur unklaren, ungesicherten Herkunft und damit einer Identität zugunsten eines Schattens, der ihm die langersehnte Zugehörigkeit ermöglichen würde. Dass Schlemihl – Pechvogel hin, Pechvogel her – nicht darauf eingeht und alle erdenkliche Selbstschutzmechanismen aktiviert, von der eintretenden Ohnmacht vor der Unterschrift bis hin zum Wegwerfen des Geldsäckels, ist paradigmatisch und wegweisend zugleich: Er kann ohne Zugehörigkeit leben, nicht aber ohne Seele und damit ohne Herkunft. Ohne Schatten und ohne Geld, aber mit einer Seele kann er – sogar mit dem Wunder der Siebenmeilenstiefel – in die Welt gehen und damit seinem Selbst und seiner Eigentümlichkeit als Naturforscher nachgehen.

In der fiktiven Figur des Schlemihls entwirft der Autor ein Modell, aus dem es möglich wird – anders als in der Welt der Antike –, aus der Zange Herkunft und Nichtzugehörigkeit herauszukommen. Durch den Gang in die Welt als Naturforscher wird zum einen das Thema der Zugehörigkeit abgemildert und relativiert: In der Welt bzw. Fremde ist jedes Wesen von dem anderen fremd und zunächst einmal nicht dazugehörig. Zum anderen wird das Thema auf eine besondere Stufe gesetzt: Naturforscher müssen sich mit Herkunft und Zugehörigkeit der erforschten Gegenstände auseinandersetzen, sie müssen permanent unterscheiden zwischen Genotypen und Phänotypen. Schließlich kann er als Gelehrter sein Wissen vermitteln und damit Präsenz zeigen, ohne den Anspruch, dazugehören zu müssen. Insofern kann sich Schlemihl des Zugehörigkeitsinventars entledigen und dadurch mit einem klaren Selbst in die Welt ausbrechen.

Zusammenfassend: In der Novelle ist die Herkunftskomponente des Ich-Erzählers im Unklaren gelassen und im Erzählbogen hintergründig gehalten – der Verfasser will offenbar dieses Thema aus persönlichen Hintergründen ausgeklammert wissen –, während die Zugehörigkeitskomponente energetisch stark geladen erscheint. Schließlich kann der Autor Adelbert von Chamisso, im Gegensatz zum Ich-Erzähler, nur bedingt aus der Herkunfts- und Zugehörigkeitsklemme entweichen; rein biografisch ist zu vermerken, dass der Verfasser 1810 in einem Brief an Frau von Staël schreibt: »Ich bin Franzose in Deutschland und Deutscher in Frankreich, Katholik bei den Protestanten und Protestant bei den Katholiken, Philosoph unter den Frommen und Mucker unter den Freigeistern, Weltmann unter den Gelehrten und Pedant unter den Leuten von Welt, Jakobiner unter den Aristokraten und unter den Demokraten ein Edelmann, ein Mann des Ancien régime usw. Ich bin nirgends am Platze, ich bin überall fremd ...«.

Am Ende der Novelle erklärt Schlemihl den fiktiven Chamisso als Bewahrer seiner Geschichte; mit dem Autor Chamisso im Hintergrund treten hier die vertrauten Dopplungen und Brechungen der modernen Literatur deutlich zutage, die durch den Kanon der Romantik nicht hinreichend erklärt werden können, weil der Doppelboden von Herkunft und Zugehörigkeit sich miteinander verzahnt und sich gegeneinander abstößt und neue individuelle Komponenten dieser Achse erschließt. Anders als in der Literatur der Antike führt der Gegensatz nicht zum tragischen Ende des zugehörigkeitslosen Helden. Eher zum Ausbruch. Wie der Schatten sich durch Veränderungen der Lichtneigung bzw. des sich bewegenden Subjekts verändert, so verändert sich auch die Sichtweise von sich selbst. D. h. konkret, die Veränderung führt zur Selbstbehauptung in der Nicht-Zugehörigkeit.

Alexander Herzen im Spannungsverhältnis zwischen Herkunft und Zugehörigkeiten

Zu den bedeutsamen im Exil lebenden Männern des 19. Jahrhunderts, die politisch und literarisch im revolutionären und postrevolutionären

Europa in Erscheinung traten, gehört Alexander Herzen. Er stand in regelmäßiger Verbindung mit all den revolutionären Kräften des damaligen Europas, Revolutionäre wie Luis Blanc, Lajos Kossuth, Michail Bakunin, Giuseppe Mazzini, Giuseppe Garibaldi, Felice Orsini, Karl Vogt, Georg Herwegh, Robert Owen, Henryk Worcell, Iwan Turgenjew, Victor-Marie Hugo, um einige zu nennen. Dabei verfolgte er aus großer Nähe das Leben der Emigration und der Auswanderer, was er u. a. in seinem dreibändigen Hauptwerk *Erlebtes und Gedachtes, von 1812 bis 1868* festhielt. Indem er in Verbindung mit dieser Szenerie lebt und sie beobachtet, fängt er in einer kristallinen Prosa die Windungen und Wendungen sowohl seiner eigenen als auch die der politischen Emigration und Immigration ein und gibt einige Aufschlüsse, wie sich diese in der Achse Herkunft und Zugehörigkeit bewegt hat.

Alexander Herzen stammt aus einer unehelichen Beziehung zwischen einem älteren russischen Adligen und einer jungen deutschen Frau. Er verbringt Kindheit und Jugend im zaristischen Russland, wo er sich auf radikaler politischer Seite engagiert. Nach Gefängnisaufenthalt, Verbannung 1835 und Eintritt in den Staatsdienst 1840 geht er 1847 ins Exil in Richtung Europa, in dem er für den Rest seines Lebens bleibt. Nach den Stationen in Paris, wo er die revolutionären Umwälzungen 1848 unmittelbar erlebt, Nizza und Genf, und nach beiden Schicksalsschlägen, indem er Mutter und Sohn 1851 durch ein Schiffsunglück und 1852 infolge einer Lungenentzündung seine Frau verliert, richtet er sich in London für mehr als zehn Jahre ein.

Wie die meisten Emigranten klassischer Prägung geht er zuerst auch von einer zeitlichen Begrenzung des Exils aus. Als die Möglichkeit der Rückkehr nach Russland jedoch gegeben ist, tut er nichts dergleichen, obwohl er hochgradig an den Geschehnissen in Russland interessiert bleibt. Sein Interesse artikuliert er u. a. bis drei Jahre vor seinem Tod 1870 durch das Betreiben einer freien russischen Druckerei und die regelmäßige Herausgabe einer Zeitung über Russland.

Dabei bleibt er der Exilantenwelt verbunden und kommt seinen eigenen inneren »Umwälzungen« nach. Diese machen sich erst richtig nach seiner Ankunft in London 1852 bemerkbar. Davon zeugt insbesondere der dritte Band seines *Erlebtes und Gedachtes*, der mit einem selbstbezogenen Abschnitt beginnt: Noch »betäubt und aus dem Gleichgewicht geworfen«, »durch eine Reihe von Schicksalsschlägen, die rasch und so brutal einander gefolgt waren«, »wartete ich und wartete auf etwas«, was er gar nicht auszumachen vermag. Nach seiner Auskunft dauert es keine zwei Monate »mit zwecklosen Begegnungen«, bis er zu einer Entscheidung für sein Leben und sein Denken kommt: »Ich hatte nicht beabsichtigt, länger als einen Monat in London zu bleiben, aber allmählich begann ich einzusehen, dass es absolut zwecklos war, woanders hinzufahren – und wohin hätte ich reisen sollen? Ein solches Einsiedlerleben wie in London hätte ich nirgends sonst führen können. Nachdem ich einmal entschlossen war zu bleiben, fing ich damit an, mir ein Haus zu suchen ...«

Diese Auskunft vermittelt uns Herzens Erkenntnis,

1. dass sein Exil einen festen Ort braucht und
2. dass er diesen Ort nicht in der Dimension der Zugehörigkeit definiert, sondern vielmehr als einen Platz, wo es ihm am besten gelingen kann, sich als »Einsiedler« zu realisieren.

Gerade in das neue Haus eingezogen, kann er erleichtert feststellen, dass er sich »zum ersten Mal nach einer langen, langen Zeit irgendwie frei fühlt«.» ... Oft saß ich jetzt morgens mutterseelenallein da, häufig ohne etwas zu tun, ja selbst ohne etwas zu lesen ... In diesen Mußestunden analysierte ich Punkt für Punkt alles was gewesen war: Worte und Briefe, die Menschen und mich selbst ... Und im Laufe dieser Analyse vollzog sich allmählich im Inneren ein Umschwung ... ich fühlte meine Kraft, ich setzte keine Hoffnungen mehr auf andere Menschen, aber das Vertrauen in mich selbst wurde stärker, ich wurde unabhängiger von allen anderen. Die Leere um mich hier hat mich gestärkt, hat mir Zeit gegeben, mich zu sammeln ...« Das Gefühl, frei zu sein, die Leere um sich, kann hier gedeutet werden als Sich-nicht-mehr-zugehörig-Fühlen zu einer überwertigen Idee, zu einer Emigranten- und Immigrantengruppe, zu einer Nation. Und diese innere Sammlung und Stärkung dienen nicht dazu, nach den schweren Schicksalsschlägen und den Enttäuschungen über die gescheiterten Revolutionsversuche, sich neu in die Zugehörigkeitsschiene zu begeben. Sondern vielmehr: »Ich war ein Fremder unter Fremden, sympathisierte mehr mit den einen als mit den anderen, war aber mit niemanden eng verbunden.« Es ist der Entschluss, nur noch sich selbst anzugehören, er braucht die Zugehörigkeit zu einer Gruppe von Menschen nicht. »Für eine solche Wandlung war das Londoner Leben ungemein segensreich.«

In London fühlt sich Herzen sogar in der Lage, die Ebenen seines Fremdseins umzukehren; er könne ebenso leicht Italiener wie Russe sein. Dabei sieht er die Emigranten in der englischen Hauptstadt, wie sie sich wie im Kreise drehen, und erschrickt: »... noch immer die gleichen Streitgespräche, dieselben Persönlichkeiten und dieselben Vorwürfe, nur die Runzeln, die von Armut und Entbehrungen eingegraben wurden, haben sich vermehrt, die Röcke und die Mäntel sind abgeschabt, es gibt mehr graues Haar, und alle sind älter, knochiger, trübseliger ...« Denn: »Ein objektives Ziel haben sie nicht, alle Parteien bleiben eigensinnig konservativ, eine Vorwärtsbewegung erscheint ihnen als Schwäche, beinahe als Flucht; hast du dich unter ein Banner gestellt, dann bleibe darunter stehen, auch wenn du mit der Zeit erkannt hast, dass es ganz andere Farben sind, als du gedacht hast! So vergehen die Jahre – nach und nach verändert sich alles um sie hier.«

Zwar neigt Herzen immer wieder dazu – bei seinen ausgedehnten Betrachtungen –, Menschen und Länder mit nationalen (und daher starren) Kategorien und Eigenschaften zu charakterisieren, doch erlaubt ihm seine Position außerhalb der Zugehörigkeiten klar zu registrieren, wie die Exilantenwelt stehenbleibt, ja sich sogar einengt, während die politischen und gesellschaftlichen Veränderungen in Europa sich deutlich zeigen. Nach und nach muss er sich dennoch eingestehen, dass »... viele mir zürnen, weil ich diese Dinge ausspreche. ›Aus Ihren Worten hört man doch immer den unbeteiligten Zuschauer heraus‹, sagte ein sehr achtbarer Mann zu mir. Aber ich bin nicht als Unbeteiligter nach Europa gekommen. Dazu bin ich erst geworden. Ich kann viel ertragen, aber schließlich bin ich doch ermattet. Fünf Jahre lang habe ich kein freundliches Gesicht gesehen und keinen verständnisvollen Blick, habe ich kein natürliches Lachen gehört ... Ich habe deshalb gesprochen, weil mein Herz voll war, weil die allgemeine Verständnislosigkeit meine Geduld erschöpft hat. Dass ich früher nüchtern geworden bin – das hat mir nichts leichter gemacht.«

Diese Ausführungen zeigen, dass Herzen einerseits aus seiner unmittelbaren Zugehörigkeit der Exilierten und Ausgewanderten zwar innerlich ausgestiegen ist, ohne sich auf der anderen Seite von der englischen Mehrheitsgesellschaft assimilieren zu lassen, wie er dies von anderen Migranten beobachtet und auch verabscheuend beschreibt. Anderseits »ermattet« er dadurch, er leidet darunter. Dieses Leid löst wiederum Affekte aus, die ihn das innere Gleichgewicht verlieren lassen. Damit erweist sich sein Anspruch aus der Anfangszeit in London, keine Hoffnung auf andere Menschen zu setzen und von ihnen nichts mehr zu erwarten, als Wunsch (z. B. von ihnen Verständnis zu bekommen), den er nicht erfüllen kann. Herzens unkomplizierter Zugang zur Zugehörigkeit zeigt sich auch bei seinem Schreibprozess; seine Schilderungen und Reflexionen sind überall in seinem Lebenswerk mit Nominalismen, Sätzen und konkreten Aussagen in Französisch, Italienisch und Englisch gespickt, überall dort, wo es ihm um prägnante Präzisierungen geht. Also, wenn er in seiner Sprache eine Begrenzung erfährt.

Jahre zuvor, in der Zeit zwischen »beiden Donnerschlägen« (also zwischen dem plötzlichen Tod von Mutter und Sohn und seiner Frau ein Jahr später), als er sich in Genf aufhält, merkt er an: »Entfernung von den Menschen und eine schöne Natur üben eine erstaunliche heilkräftige Wirkung aus. Ich sprach aus Erfahrung, als ich im *Geisteskranken* schrieb: Wenn die Seele ein großes Leid in sich trägt, wenn ein Mensch nicht so weit mit sich zurechtgekommen ist, dass er sich mit dem Vergangenen auszusöhnen vermag, dass er sich beruhigt im Begreifen, dann braucht er die Ferne und die Berge, das Meer und eine warme milde Luft. Er braucht sie, damit die Trauer sich nicht in Erbitterung, in Verzweiflung verwandelt, damit er sich nicht verhärtet ...«

Nicht also das Herkünftige, sei es Land oder Menschen, nicht die Zugehörigkeit bringt Heilung, Versöhnung und Begreifen, sondern der Abstand. Die Ferne. An anderer Stelle geht Herzen davon aus, dass »das Zuhause, die Heimat keine Ortsangabe sind, sondern ein Bedürfnis: Wo immer man ist, die Heimat ist immer irgendwo anders.« Das will heißen, für Herzen ist Heimat etwas Bewegliches, etwas, was der Geist nach außen verlagert. Und dementsprechend ein Etwas, was nie erreicht werden kann, solange es außerhalb von sich verlagert bleibt. In diesem Sinne ist A. Herzen ein sehr moderner, wegweisender Autor, der für sich Zugehörigkeit dynamisch begreift und auszuleben vermochte.

Herkunft und Zugehörigkeit in der Moderne

Nach Herzens Weg in die Moderne, wonach Heimat keine Ortsangabe sei, sondern ein Bedürfnis im Sinne einer bleibenden Sehnsucht: (»Wo immer man ist, die Heimat ist immer irgendwo anders«), sind bei vielen Autoren der modernen Literatur ähnliche Motive und Bilder anzutreffen. Es ist auch nicht zu übersehen, dass viele Schriftsteller das Thema literarisch trivialisiert haben. Es gibt inzwischen beinah alles für alle Richtungen, wie in einem Supermarkt: Globetrotter-Literaten, ständig per pedes, Weltbürger-Schriftsteller, die sich problemlos in einem Hotel in New York oder Mombasa wie zu Hause fühlen, und Esstisch-Literaten mit standardisierter Büfettliteratur. Dennoch bleibt – wie einst – der Spannungsbogen zwischen den literarischen Polaritäten der Weltliteratur erhalten, so wie hier behandelt, Herkunft-Zugehörigkeit, aber auch, um einige zu nennen, Raum- und Körperwelten, Innen und Außen, heimlich und unheimlich, fremd und vertraut.

Vielleicht sind diese Achsen nicht viel brisanter geworden als in der

Antike, eher anders; sie müssen wahrscheinlich auch die »barbarischen« Auswüchse der technologischen Phänomene und die Versprechungen eines technisch-rationalen Fortschrittsoptimismus berücksichtigen, durch die die Gegenwart sich nicht nur zersplittert zeigt, sondern auch der Raum als sich verflüchtigend erlebt wird. Hierzu präsentiert sich eine Fragmentierung der individuellen Identitäten immer deutlicher. Eine solche, die sich völlig anders zeigt als die eingangs angesprochene Hybridisierung. Darin spiegelt sich die Herkunft-Zugehörigkeitsachse wider; dies erfordert auch eine besondere vertiefende Behandlung anderer Achsen, die der Verfasser dieses Essays an anderer Stelle angehen möchte.

Was die Herkunft-Zugehörigkeits-Achse anbelangt, ist bei Antonio Dal Masetto, einem aus Italien stammenden argentinischen Gegenwartsautor, folgender Eröffnungsdialog im Roman *Noch eine Nacht* vorzufinden:

»Darauf, dass wir bald wieder Zuhause sind«, ergänzte der Vierte.
»Deines und meines und das der anderen.«
»Zuhause ist da, wo der Regenbogen beginnt, heißt es.«
»Wird nicht leicht sein, diesen Ort zu finden.«
»Bestimmt nicht«
Sie zahlten, verließen die Kneipe und fuhren weiter.

Wie in der Literatur der Antike führt auch hier die Nicht-Zugehörigkeit zum Verderben, zum verfrühten Tod; die vier Ganoven werden der Reihe nach durch Einheimische eiskalt ermordet (und die Beute aus dem Raub verschwindet unter ihnen).

Schon an diesem kurzen Beispiel ist zu erkennen, dass die Moderne in der Lage ist, eine große Variationsbreite zur Herkunft-Zugehörigkeits-Achse zutage zu bringen. Hierzu wäre eine Durchsicht vieler Werke unter dieser Optik denkbar, welche die Literatur der Gegenwart wie Don DeLillo in den USA, V. S. Naipaul in Großbritannien und Adonis in Frankreich ausmacht. Auch bei einigen Autoren aus der älteren Moderne, würde man sie unter diesem Blickwinkel lesen, könnte man interessante Aspekte in Erscheinung bringen, wie z. B. bei den Alexandrinern Konstantinos Kavafis und Giuseppe Ungaretti, bei Albert Camus und Fernando Pessoa, bei Samuel Beckett und Eugène Ionesco, bei Paul Celan und Elias Canetti.

In Bezug auf die hier untersuchte Achse ist der Film von Andrej Tarkowskij *Nostalghia*, 1983, unter inhaltlichen und ästhetischen Aspekten unvergleichlich. Das Sujet hat das klassische Thema: Das Leben in der Fremde und die intrapsychischen Prozesse, die daraus hervorgehen. Dabei fließen wie so häufig in solchen Kompositionen Elemente der

Reiseliteratur in die Handlung ein. Musik, Geräusche, Standbilder und langsam verlaufende, fließende Bewegungen des Lichts strukturieren den Streifen gemäldehaft. Die filmischen Erneuerungen beim Regisseur Tarkowskij sind in die Filmgeschichte eingegangen und kommen, inhalts- und filmtechnisch bezogen, besonders deutlich im Filmstreifen *Nostalghia* zum Ausdruck. Gerade hier findet eine stark differenzierte Lichtdramaturgie statt. Auch die Choreografie von Farben, Geräuschen, vom wallenden Nebel und fließenden Wasser sowie das lyrische Fließen der Kamera auf Plätze und Landschaften eröffnen Perspektiven, die den Raum erweitern und neu erschließen. Ja, *Nostalghia* hat auf allen Ebenen mit seiner emotionalen und semantischen Polyvalenz eine interkulturelle Perspektive.

Zur Handlung: Andrej Gortschakow reist durch Italien auf der Suche nach den Spuren eines im neunzehnten Jahrhundert aus Russland stammenden Musikers. Der Dichter Gortschakow besucht mit der Dolmetscherin Eugenia die Orte, in denen sich der Komponist aufgehalten hatte, und sammelt Daten und Eindrücke, um ein Buch über dessen Leben zu schreiben. Je mehr er Landschaften und Orte besichtigt, desto mehr gerät er in die Identifikation zum Künstler und spürt immer stärker die Nostalgie, an der auch der Musiker gelitten hatte. In seinem Schmerz lehnt er die Liebe Eugenias ab und findet dagegen in dem als verrückter Dorftrottel geltenden Domenico einen Seelenverwandten. In diesem skurrilen Miteinander übernimmt Gortschakow die Durchführung von Domenicos Traum: Mit einer brennenden Kerze das Salz-Schwimmbecken in Bagno Vigoni durchwandern, das einst sogar auch die Heilige Katharina benutzt haben soll. Domenico verbrennt sich auf offenem Platz in Rom, der Dichter stirbt, während er den Kerzenritus zu Ende bringt.

Inhaltlich wird die Struktur des dialektischen Antagonismus Herkunft-Zugehörigkeit nicht verlassen und in die moderne Zeit implantiert. Von der Herkunft und Zugehörigkeit abgeschnitten, die für Ovid und auch für Gortschakow eins waren, gerät der Dichter aus dem Gleis und sieht sich den auf ihn prasselnden Reizen einer fremden Landschaft ausgeliefert: »… tragischerweise kann er sie (die Eindrücke) nicht mit den ihm nahestehenden Menschen teilen«, schreibt Tarkowskij in seinem Buch, *Die versiegelte Zeit,* über sein Handwerk als Filmregisseur. Er vermag auch nicht »verhängnisvollerweise die neuen Erfahrungen mit der Vergangenheit verknüpfen, an der er bis in die letzte Faser seiner Existenz hängt.« Der Regisseur schreibt weiter: »Ich selbst erlebte Vergleichbares: Als ich für lange Zeit von Zuhause Abschied nahm und mich einer anderen Welt und Kultur gegenübersah, die mich anzogen, da begannen diese mich in einen fast unbewussten, aber hoffnungslosen Reizzustand zu versetzen, so, wie es bei unerwiderter Liebe der Fall ist. Das war ein Zeichen der Unmöglichkeit, das Nichterfassbare zu erfassen, Unvereinbares zu vereinen ...«

In der Tat, wenn die Nostalgie den Protagonisten überfällt, eröffnet sich jedes Mal eine Bildsequenz in Braun-Grau, in der seine Zugehörigkeit aufgelebt wird, Frauen und Kinder, er selbst, in statischen Positionsüberlagerungen des spannungsvollen Wartens und Zugewandt-Seins auf ein Etwas, was nie zu kommen scheint. Und all die Bewegungen im Ankunftsland Italien führen zum Ausgangspunkt zurück. Gleichzeitig ist das Umfeld mit Licht, Geräuschen und archäologischen und landschaftlichen Reizen so ausgestattet, dass der Protagonist in den Selbstschutz seiner Seele und seiner Gefühle gerät, sich demzufolge abgrenzt und abkapselt, was zu einer immer gereizteren Verständnislosigkeit seiner Begleiterin Eugenia führt. Gerade bei diesem Miteinander zweier Fremder schaukelt sich der körperliche Schmerz hoch – nur der Abstand verschafft den beiden eine Erleichterung. In aller Deutlichkeit offenbart sich hier, wie radikal jeder Mensch in seiner eigenen Welt eingeschlossen ist. Das ist leitmotivisch; es zeigt sich in aller Kunst die Unfähigkeit des Menschen, den Fremden zu verstehen. Damit implementiert Tarkowskij in seinem Werk eine Ästhetik des Unterschieds, die sich permanent am Rande der (Un)Kommunizierbarkeit bewegt.

Auch wenn der Dichter Eugenia erklärt, dass es notwendig sei, die Grenzen der Staaten zu zerstören, fügte er sogleich hinzu: »Nella vita devi essere diverso – im Leben musst du anders sein«, als sie am Bagno Vigoni entlanglaufen. Und auf die Badegäste hinweisend, sagt er auch: »Tue so, als gäbe sie nicht; gehe deinen Weg und basta!« Insgesamt lässt er spüren, dass nur der Musiker aus dem 19. Jahrhundert und Domenico ihm nahe sind. Dass mit ihnen eine begrenzte Kommunizierbarkeit über das »Nichterfassbare« und »Unvereinbare« entsteht. Auch von seiner Familie, an die er sich zwar erinnert, entfernt er sich; obwohl seine Begleiterin Eugenia ihn dazu ermuntert, sie anzurufen, tut er das nicht. Am Tag der Rückreise, bevor er ins Auto steigt, ruft er: »Alles langweilt mich, ich will nicht nach Hause.« Tatsächlich hält das Telefonat Eugenias ihn davon ab. Sie erinnert ihn daran, dass Domenico gerade seine große Aktion in Rom gestartet hat, und fragt danach, ob Gortschakow indes sein Versprechen eingehalten hat, mit der brennenden Kerze das Schwimmbecken im Bagno Vigoni zu überqueren. Statt der Rückkehr zum Ort seiner Herkunft, lässt er sich zum Bagno Vigoni fahren und erfüllt dort mit größter Mühe das Versprechen, während zur gleichen Zeit

Domenico seine Rede an die Menschheit vor sensationskonsumierenden Zuschauern hält, sich anschließend mit Benzin übergießt und verbrennt.

»In Italien drehte ich einen Film, der zutiefst russisch ist«, schreibt Tarkowskij weiter. Ja, der Filmstreifen zeigt einerseits ein Italien aus einer verfremdeten, dennoch realistischen Perspektive und den russischen Dichter aus einem Blickwinkel, der innerlich wird und den Schmerz der Nostalgie spüren lässt. Die Kamera ist auf Suche und bleibt permanent am Unfassbaren hängen; sie findet weder den Ort der Sehnsucht noch die Quelle des Schmerzes. Und doch kommen sie beide filmisch zum Ausdruck, Unmögliches wird möglich, Unvereinbares wird vereinbar, auch wenn dissonant, brüchig – und letal.

Das Tragische ist im Sujet enthalten. Der Musiker, über dessen Leben der Dichter ein Buch schreiben will, war ein Leibeigener in Russland gewesen. Der Regisseur beschreibt ihn näher in *Die versiegelte Zeit*: »Da er musikalische Fähigkeiten zeigte, hatte ihn sein Gutbesitzer zum Studium nach Italien geschickt, wo er lange blieb und mit großem Erfolg Konzerte gab. Da er offensichtlich von der unausbleiblichen russischen Nostalgie heimgesucht wurde, entschloss er sich nach langen Jahren wieder in das Russland der Leibeigenschaft zurückzukehren, wo er sich kurz darauf erhängte. Natürlich ist die Geschichte dieses Komponisten nicht zufällig im Film, sie paraphrasiert hier das Schicksal und jenen Zustand Gortschakows, in dem wir ihn antreffen, als er sich besonders schmerzlich als ›Außenseiter‹ empfindet, der nur aus ferner Distanz ein ihm fremdes Leben beobachtet und sich Erinnerungen an die Vergangenheit, an die Geschichte Nahestehender, an Laute und Gerüche des heimatlichen Hauses hingibt.«

Neben dem Leitmotiv der Unfähigkeit des Menschen, den Fremden zu verstehen, kommt in den parallel verlaufenden Szenen im letzten Filmabschnitt ein weiteres Leitmotiv, das an Dostojewskij erinnert und auch ein Wesen des Sujets ist. Vor der beabsichtigten Abfahrt läuft Gortschakow auf verlassener, dämmrig beleuchteter Straße, wo er sich, zurück und nach vorne schauend, fragt: »Warum muss ich immer darüber nachdenken? ... Warum habe ich das getan? Warum diese Tragödie?« Daraufhin öffnet Gortschakow die Spiegeltür eines am Straßenrand stehenden Kleiderschranks, auf der er sich gespiegelt sieht. Beim Aufmachen der Spiegeltür wirft der Spiegel das Abbild Domenicos zurück. D. h., Andrejj Gortschakow wird im Spiegel automatisch zu Domenico. Dieser aber befindet sich gerade in Rom, steht auf einem Denkmal und redet auf die distanzierten Herumstehenden ein: »Welcher Ahne spricht in mir; ich kann nicht gleichzeitig im Kopf und im Körper leben! Ich bin nicht in der Lage, eine einzige Person zu sein! Ich bin fähig, zeitgleich unendlich viele Dinge zu fühlen ...« Kompositorisch wiederholt sich auf verbaler Ebene das Thema am Spiegel mit einer kontrastierenden Stimme. Während es sich bei Gortschakow am Spiegel um einen visuellen Automatismus handelt, präsentiert sich hier in der verbalen Handlung die Variante, dass man strebt, eine Person zu sein. Man ist sie nicht – die Vergangenheit und die Gegenwart und die Zukunftsaussichten verhindern dies. Als Domenico mit seiner Rede fertig ist, sich den Benzinkanister reichen lässt und anschließend als menschliche Fackel brennt, schaltet Gortschakow gerade sein Feuerzeug an, um die Kerze anzuzünden, die dann weiterbrennt, als er kurz darauf zusammenbricht und stirbt.

Auch hier dient die Metapher dazu, den Wechsel einer Zugehörigkeit zu dokumentieren: Der am Rande des Schwimmbeckens sterbende Protagonist erscheint in der fortlaufenden Bildsequenz erst in einer Rückblende als Kind wieder, dann in seinem aktuellen Alter vor seinem russischen Bauernhaus, auf dem Geländer neben dem Schäferhund sitzend. Anschließend geht die Kamera auf eine verlangsamte Totale, aus der hervorgeht, dass Gortschakow mit seinem russischem Haus und Hund in der Mitte einer bis auf die Mauer zerfallenen italienischen Kathedrale steht. Auch wenn der Regisseur Tarkowskij sich strikt dagegen wehrt, Metaphern in seine Filme hineinzudeuten, hat die Schlusseinstellung eine Projektion, die ihm nicht bewusst zu sein scheint und Dimensionen erfasst, die seinen Erfahrungshorizont überschreiten. Die Verbindung zweier Welten in einer Schlusseinstellung präsentiert nämlich ein Bild, das eine neue, integrierte Gesamtheit – in seiner Polyvalenz mit mehreren Ebenen – enthält. Die eine könnte als Ausdruck der Vergeblichkeit menschlicher Ambitionen begriffen werden. Und die andere als die der Geburt von etwas Neuem und die des Todes – denn die Kathedrale ist in ihrer Funktion längst in einem »unbelebten« Zustand und Gortschakow stirbt gerade bei der Integration dieser Elemente.

Und noch etwas wird deutlich: Gortschakow und Domenico erscheinen als zwei Seiten einer Person, und auch der gleiche Schäferhund, der Domenico begleitet, tritt immer wieder auch neben Gortschakow auf, sowohl in Italien als auch in Russland und letztendlich in Kindheitsszenen mit den Frauen in den braun-grauen Rückblenden. Zwei Personen mit zwei Elementen, das Nostalgische und das Verrückte, das Herkunftsgebundene und das Herkunftsentwurzelte. Beide im Gefühl, sich der modernen Gesellschaft nicht zugehörig zu fühlen. Beide in Auflehnung gegen die Gegenwart, als Verweigerung des Zugehörigkeitsgefühls zu einer oberflächlichen Mehrheitsgesellschaft, die – nach Domenicos Abschiedsrede – sich vom einfachen Leben abgewendet und dadurch

»den verkehrten Weg genommen hat«. Domenicos Aufforderung, dass man »zu den ursprünglichen Grundlagen des Lebens zurückkehren soll, ohne das Wasser schmutzig zu machen«, spiegelt sich in den sinnlich-übersinnlichen Bildern des fließenden Wassers, die im Film wiederkehrendes Motiv sind – wieder eine der vielen Kompositionswiederholungen im Sujet.

Im Film schwingt die Interkulturalität stets mit; die Arbeit am Licht ist interkulturell, an den Farben im Hier und Jetzt und im Dort und Damals, an den semantischen Schichten und an den Schicksalen im Spannungsbogen Herkunft-Zugehörigkeit. Und in der semantischen Polyvalenz der Bilder und der Inhalte bleibt als Folie eine weitere Person in der Person übrig: der Musiker, in den sich Gortschakow hineinidentifiziert und in dem er sich innerlich auslebt. Während der Musiker, von nostalgischen Wellen heimgesucht, die Freiheit in Italien verlässt und in die Leibeigenschaft zurückkehrt, will der Dichter nicht mehr zum Land seiner Herkunft zurück, unabhängig vom Grad der Freiheit, die dort vorherrscht. Der Musiker ging in eine festgefügte, ihm bekannte Welt zurück, wo er sich anschließend erhängt, der Dichter hingegen weiß, dass die moderne Gesellschaft – egal in welcher Gesellschaftsordnung – fragmentiert ist wie seine Identität als nirgendwo dazugehörig, mit Herkunftsfixierung.

Abschließende Bemerkungen

Anders als bei Schlemihl als fiktionaler Figur und Alexander Herzen als lebendiger Persönlichkeit des 19. Jahrhunderts, die im Abstandnehmen zur Zugehörigkeit Heilung suchen und individuell partielle Lösungen bekommen, erliegen Sophokles' und Tarkowskijs Protagonisten sowie der Dichter Ovid dem inneren, nicht auflösbar empfundenen Konflikt. Sowohl Peter Schlemihl als auch Alexander Herzen nehmen sich eine Dramatisierung der Herkunftsproblematik nicht vor. Im Gegenteil: Der eine erwähnt sie gar nicht, der andere hängt aus politischen Gründen daran, ohne ideologisch und emotional daran zu kleben. Ödipus und Gortschakow als fiktive Figuren, Ovid als erfolgreicher Dichter des imperialen Roms sind hingegen im Spannungsbogen Herkunft-Zugehörigkeit als rigide Wertbestimmung gefangen und geraten in den Strudel des Schicksalhaften. Das empfundene Verhängnis und Schicksal (Ödipus) oder die kulturell unüberwindbare Schranke (Ovid, Tarkowskijs Protagonist) kann nicht bewältigt werden, was als immerwährende Tragik des Menschen im Sujet trotz Moderne (wo sie potenziell in den Bereich der Pathetik geschoben werden kann) noch einen Platz findet.

Zu guter Letzt, soll noch angemerkt werden, dass alles Lebendige sich auf Migration gründet. Bäume, Pflanzen, Mikroorganismen, Fische, Vögel, Menschen – die Migration ist das Lebensprinzip schlechthin. Ohne sie – kein Wachstum, keine natürliche Homöostase, nichts. Die Geschichte der Menschheit ist eine der Migration – als organisierter Eroberungszug anderer Länder, als Vertreibung unliebsamer Gruppen und Personen, aber auch als Versuch, das eigene Leben woanders neu zu gründen. Darin entfaltet sich die Differenz als weiteres Lebensprinzip. Auch in ihr selbst hat sie einen Spannungsbogen – zwischen der Affirmation auf der einen und der Negation auf der anderen Seite des Bogens. Es ist schon bemerkenswert, weshalb so ein zentrales Phänomen des Lebendigen in der Literaturkritik der Welt als Kategorie nur eine Randposition einnimmt.

Hanau, im Mai 2009

LITERATURLISTE

Bachtin, M.: Die Ästhetik des Wortes. Frankfurt a. M. 1991.
Biondi, F.: Ode an die Fremde. Sankt Augustin 1995.
Biondi, F.: In deutschen Küchen. Frankfurt a. M. 1997.
Dal Masetto, A.: Noch eine Nacht. Frankfurt a. M. 2008.
Herzen, A.: Mein Leben, Memoiren und Reflexionen. Bd. 1–3. Berlin 1962.
Ovidius Naso, P.: Briefe aus der Verbannung. Zürich 1963.
Sophokles: Tragödien. München 1990.
Tarkowskij, A.: Nostalghia (DVD). Italien/Sowjetunion 1983.
Tarkowskij, A.: Die versiegelte Zeit. Frankfurt a. M. 1985.
Chamisso, A. von: Schlemihls wundersame Geschichte. Frankfurt a. M. 1973.
Watzlawick, P./ Beavin, J. H./ Jackson, D. D.: Menschliche Kommunikation. Bern/Stuttgart/Wien 1974.
Watzlawick, P. (Hg.): Die erfundene Wirklichkeit. München 1984.

VON DEN WIEDERKEHRENDEN ZU DEN INTERKULTURELLEN UFERN
Einige Gedanken zu Carmine und Gino Chiellino

Die jungen Wissenschaftlerinnen und Wissenschaftler aus Augsburg wollten einen Beitrag von mir über Carmine Chiellino für eine Festschrift zu seinem 65. haben. Die Festschrift sollte eine Überraschung werden. Ich fand die Idee toll, ihn mit einer Ehrung zu überraschen. Allerdings rutschte ich in ein Problem: Von Gino Chiellino wusste ich viel mehr als über Carmine Chiellino. Dachte ich. Eine Zeit lang hatte ich Gino als Lyriker und Carmine als Literaturwissenschaftler begriffen. Ich empfand, mit dem Lyriker mehr Gemeinsamkeiten zu haben als mit dem Literaturwissenschaftler. Dabei stimmte dieses Empfinden nicht, denn die wissenschaftliche Seite habe ich nicht nur genauso hautnah erlebt wie die lyrische, sondern auch mit eigenen Beiträgen mitgestaltet. So oder anders, eine wissenschaftliche Abhandlung wollte ich aus guten Gründen nicht leisten. Das Handwerkzeug hatte ich ja nicht. Aber einen Essay schreiben, das konnte ich mir gut vorstellen. Vom Dichter Gino wusste ich einiges zu sagen. Ich habe seine dichterische Entwicklung in nächster Nähe begleitet, ja, meine schriftstellerische Entwicklung stand seit über dreißig Jahren in enger Wechselwirkung mit seiner dichterischen Entwicklung. Von Carmine Chiellino, vom Forscher, vom Wissenschaftler, vom Lehrenden habe ich auch einiges aus unmittelbarer Nähe verfolgen können: Jedes Mal, wenn wir uns trafen, unternahmen wir lange Spaziergänge und gingen dann in irgendein Café, das sich unmittelbar anbot. Vor Kaffee und Kuchen tauschten wir uns weiter aus. In gegenseitiger Befruchtung hörte ich all die Beiträge, die in der Folgezeit in Fachzeitschriften oder Büchern und in seinen Essaybänden erschienen sind. Zudem wurde der Schriftsteller Franco Biondi mehrmals von Carmine Chiellino nach Augsburg eingeladen, um dort vor seinen Studentinnen und Studenten aus seinem Werk zu lesen. In diesen Universitätslesungen war gut zu spüren, wie sehr der Lehrende Carmine Chiellino sich all der Studentinnen und Studenten annahm, die das Studium und die Wissenschaft ernst betrieben (all diejenigen Studierenden, die nur an einem Schein mit Minimalaufwand interessiert waren, sprach Chiellino persönlich an, mit der Frage, ob sie sicher waren, sich im richtigen Seminar zu befinden).

Mit all diesen Bildern im Kopf, mal vom Dichter Gino, mal vom Wissenschaftler Carmine, sitze ich seit einiger Zeit am Schreibtisch und grübele. Was soll ich daraus machen? Ich stellte fest, nicht mein Switchen zwischen zwei Persönlichkeitszuständen von Carmine und Gino

Chiellino war mein Problem, schließlich bin ich auch mal der Schriftsteller, mal der Essayist, mal der psychologische Psychotherapeut, mal der Lehrende im systemischen Ansatz, nein, es war das Ungeordnete in meinem Kopf. Schließlich haben Gino und ich uns 1976 kennengelernt und haben gemeinsam etwas zu bewegen versucht. Und wurden selbst permanent bewegt. Wie nun das Ungeordnete in meinem Kopf ordnen? Sollte es überhaupt geordnet werden? Das ist das eine. Und das andere: Gehört ein Stück Chaos nicht in eine lebendige Freundschaft? Und: Ist der Freund auch der geeignete Laudator?

Die wesentliche Schwierigkeit für meinen Beitrag über ihn zu seinem 65. Lebensjahr, für diese Festschrift, besteht darin, dass unsere schriftstellerischen und intellektuellen Lebensläufe zeitweilig eng verzahnt sind, und ich stehe vor der Schwierigkeit, das Seine von dem Meinen zu trennen. Mir wird es gerade klar, das schaffe ich nicht allein. Mir wird klar, warum es so lange gedauert hatte, bis ich mich, auf dem letzten Drücker, gezwungen hatte, mich einfach hinzusetzen und loszuschreiben. Mir wird klar, weshalb ich keinen Plan entwickeln konnte – ich setze einen zu hohen Anspruch an mich und an das, was am Ende publiziert werden soll, und blockiere mich selbst. Als Schriftsteller habe ich mehrere Werke aus dem Impuls heraus geschrieben. In diesem Kontext komme ich mit den Impulsen nicht weiter; es scheint so, dass ich also einen konkreten Gesprächspartner brauche, der mich anspornt, um überhaupt etwas schreiben zu können. Während dieser inneren Auseinandersetzung suchte mich eine Literaturwissenschaftlerin, Chantal Wright aus Kanada, auf, die eine wissenschaftliche Arbeit über *Südwind-Literatur* und *PoLiKunst* schreiben will. Als sie mich mit ihrem Aufnahmegerät auf dem Tisch zu interviewen begann, überlegte ich, ob dies doch die Form sein kann, um das hervorzubringen, was ich hervorbringen will: eine Würdigung von Chiellinos Leistungen. In der Tat: Durch die Schaffung einer Interviewerin, die mir den distanzierten Blick leiht, kann ich sofort loslegen.

Was haben Sie über Herrn Chiellino zu berichten?

Vielleicht ist es für Sie interessant, zu erfahren, wie wir uns im fernen 1976 kennengelernt haben. Die erste Begegnung ging über die Zeitung. Seit 1974 war ich aktiv beim *Werkkreis Literatur der Arbeitswelt* auf deutscher und bei *Il Mulino* und *Corriere d'Italia* auf italienischer Seite. Es herrschte die Bemühung, literarische Texte, Gedichte und Zeugnisse von Migranten in die Öffentlichkeit zu bringen. Gino publizierte hingegen in der monatlich erscheinenden Frankfurter Stadtillustrierten *Die andere*

Zeitung. Auf eine von mir im *Corriere d'Italia* publizierte Kurzgeschichte *Die Botschaft* ließ Chiellino eine literarische Kritik folgen, in Form eines Briefes, mit dem Titel *Eine anachronistische Botschaft*. In seinen Ausführungen bettete er eine Textanalyse in eine solidarische Bekundung ein. Die solidarische Bekundung nahm ich an, seine kritischen Anmerkungen zum Text weniger. Ich ordnete Chiellino damals dem akademischen Kreis zu, dem gegenüber ich damals große Vorbehalte hegte. Deswegen, als Chiellino einige Nummern später weitere Emigrantentexte im *Corriere d'Italia* einer weiteren Textanalyse unterzog (*Vi insegno il primo passo* am 6. Juni 1976 und *No alle èlites* am 27. Juni 1976), meldete ich mich mit einem Gedicht auf den Seiten dieser Wochenzeitung zurück. Mit diesem Text im Brecht'schen Duktus:

UM DIE FORM AUSZUARBEITEN

Auf die Frage, ob er die klassischen Werke kennt,
um die Form auszugestalten
antwortete mein Arbeitskollege:
Ich muss von morgens bis abends arbeiten.

Mir ging es darum, den italienischen Akademiker zurechtzuweisen, ohne mir die Frage zu stellen, aus welchem kulturellen Hintergrund der Kritiker Chiellino stammte. Zudem wies Chiellinos Text im Grunde genommen zurecht auf inhaltliche und formale Schwächen der von Emigranten veröffentlichten Texte hin. Ihm ging es in der Hauptsache um Authentizität im Emigrantengedicht, also um eine unmittelbare Unterstützung der dichtenden italienischen Emigranten, darum, ihre Gedichte von Anachronismen aus den romantischen und klassizistischen Strömungen zu befreien und daraus eine genuine Emigrantenliteratur hervorgehen zu lassen. Dies sollte durch Arbeit an der dichterischen Sprache geleistet werden. Ich ging hingegen, im Elan des Aufbruchs, von der Vorstellung aus, wie wichtig es zunächst einmal war, dass Emigranten sich überhaupt trauten, zur Feder zu greifen und Zeugnis von sich ablegten. Auf mein Gedicht reagierte Chiellino mit einem Leserbrief, der am 14. November 1976 im *Corriere d'Italia* veröffentlicht wurde; in diesem Leserbrief reagierte er auf mein Gedicht mit einem Gegengedicht, »nicht als Qualitätsvergleich, sondern, weil ich darin das Problem der Form direkt angehe, nach der bekannten These: Die Sache ist die Form«, so Chiellino (von mir übersetzt). Das war spannend: In seinem Gedicht ging es um Worte, die sich auf dem gelebten Leben öffnen können oder auch auf falschen Versprechungen. Und die falschen Versprechungen sollten auch als solche genannt werden. Es war im Prinzip ein politischer Diskurs, das gefiel mir. Und es war mehr. Nach 34 Jahren kann ich rückblickend sagen: Es war ein Programm. Hier das Gedicht:

> Parole contengono vita
> Invano si cercherebbe
> di capirle attraverso il vocabolario
>
> Non si aprono a nulla
> se non
> a vita vissuta
>
> Il resto è filologia, pessima critica letteraria
> Aspettare per esempio significa:
> attendere che qualcosa o qualcuno arrivi in un luogo
>
> Qui la possibilità
> che qualcosa o qualcuno non arrivi
> non è calcolata
>
> Qui si vuole generare una fiducia cieca
> Perciò di queste parole
> non sappiamo che farcene
>
> Al loro posto usiamo i sinonimi:
> menzogne, manipolazione, sfruttamento
>
> E così
> creiamo una speranza
> concreta.

So wie Sie berichten, hat es ja zwischen Chiellino und Ihnen konflikthaft angefangen. Wie sind Sie trotzdem zueinandergekommen?

Ja, das war lustig. Ich erinnere mich nicht genau, wer den ersten Schritt gemacht hat. Dunkel in Erinnerung habe ich allerdings, dass er in seinem ersten Junibeitrag in der *Corriere d'Italia* seine damalige Adresse in Gießen angegeben hatte, und ich, nach diesen Auseinandersetzungen, brieflich Kontakt zu ihm aufnahm. Fakt ist, wir vereinbarten einen Treff in Frankfurt. Ich erinnere mich nicht mehr, wo wir uns trafen, wohl aber, dass wir einige Stunden zusammensaßen. Zuerst haben wir uns lange angeschwiegen. Kontaktsuchend und schweigend. Ich empfand mich damals vor einem Mann stehend, der mir verstockt und verklemmt erschien. Als er anfing zu sprechen, begann sich bei mir Faszination breitzumachen. Er brachte glasklare Gedanken über die Situation der Migrantenliteratur zutage. Sein scharfer Verstand beeindruckte mich. Das, was er in seinen Artikeln im *Corriere d'Italia* ausführte, war auf einmal plausibel. Überzeugend und bestechend. Seine distanzierte Haltung war hingegen verwirrend, ja, sie ließ mich letztendlich verunsichert zurück.

Distanziert? Verunsichert? Was meinen Sie damit?

Es war keine abweisende Haltung, eher eine distanzerstellende. Ich habe Jahre gebraucht, um sie zu verstehen. Ich will Ihnen einen kleinen Auszug aus meinem Tagebuch von 1979 nicht vorenthalten; am 26. Mai hielt ich Folgendes fest:

> Wie dem auch sei, ich habe heute Gino Chiellino in einem Café getroffen, und wir haben zwei Stunden lang miteinander geredet. Unsere Überlegungen gingen dahin, eine Literaturzeitschrift zu gründen. Durch ein Brainstorming kamen wir auch zu einem Titel: *Gastarbeiterstraße*. Wir haben genauere Überlegungen über die Essays angestellt, zusammengestellt, was darin enthalten sein sollte, die Ziele dieser Zeitschrift besprochen, darüber nachgedacht, wie man ein Publikum erreicht und gewinnt. Auch die Frage, ob auf Italienisch oder auf Deutsch die Publikation erfolgen sollte, hat uns lange beschäftigt. Anfang 1980 soll die erste Nummer herauskommen. Nun müssen wir einiges tun, damit sie in Gang kommt. Wir müssen also das Umfeld aktivieren. Es war wunderbar, mit ihm darüber zu sprechen. Auch unsere Art, zusammenzuarbeiten, gefiel mir. Was mich irritierte, war die persönliche Distanz, die zwischen uns blieb. Zu vorsichtig. Vielleicht sind wir zu unterschiedlich als Charaktere. Vielleicht ist es auch der soziokulturelle Hintergrund. Es ist seltsam, von seiner Art gefällt er mir, im Umgang sind wir kühl und distanziert.

Ja, wir waren sehr vorsichtig zueinander. Als hätte die sich anbahnende freundschaftliche Beziehung schnell zerbrechen können. Als hätten wir bereits gewusst, wie wichtig wir füreinander einmal sein werden. Mir blieb seine ausgeprägte Schweigsamkeit jahrelang ein Rätsel; erst nach und nach erkannte ich in ihr den kulturellen und den biografischen Hintergrund des kalabrisch Herkünftigen.

Das finde ich interessant, eine Zeitschrift mit dem Titel Gastarbeiterstraße? *Ist daraus etwas geworden?*

Nein. Wenn man so will, war dies der Vorbote für die Buchreihe *Südwind-Gastarbeiterdeutsch*, die von Suleman Taufiq, Rafik Schami, Jusuf Naoum und mir herausgegeben worden ist; Giuseppe Giambusso und Gino Chiellino kamen einige Jahre später hinzu, jeder von ihnen gab eine Gedichtanthologie in dieser Buchreihe heraus. *Gastarbeiterstraße* blieb hingegen eine Idee, die ohne finanzielle Unterstützung und ohne externe Autoren keine Chance hatte zu entstehen. Wir haben nach Verlagen gesucht, nach Autoren geschaut, die Potenziale hatten, anspruchsvolle Texte zum Phänomen zu schreiben, fanden aber keine Resonanz. Kaum jemand war damals hierfür sensibilisiert. Und diejenigen, die es waren, winkten ab. Hierzu einen weiteren Textauszug aus dem Tagebuch 1979 vom 13. Oktober:

> Gestern Nachmittag war ich auf der Buchmesse. Dragutin, Gino, Aras Ören getroffen. Mit Ahmet vom Ararat Verlag gesprochen. Dann auch mit einem Mann von der *Linkskurve*. Ja, es gärt langsam um die Literatur der Emigration. Jeder versucht jedoch, nur Wasser für seine Mühle an sich zu ziehen. Meine Idee von einer Vereinigung von Gastarbeiterkünstlern bekommt noch keinen Hafen. Aras ist gegen jede Aktivität in diese Richtung. Vielleicht ist es noch zu früh. Doch aber, zu dem Vorhaben von Gino und mir mit der geplanten Zeitschrift hat er sich interessiert gezeigt.

Schließlich habe ich am 15. Oktober festgehalten:

> Mit Fiorenza nach Frankfurt zur Buchmesse. Mit Gino auf der Gegenbuchmesse. Gino und ich haben bis um vierzehn Uhr die erste Nummer der literarischen Zeitschrift durchstrukturiert und welche Beiträge von wem reinkommen sollten. Auf der Buchmesse habe ich dann mit Pazarkaya über das Werkkreisprojekt gesprochen; er ist bereit, mit einem Beitrag mitzuwirken. Was seine Beteiligung als Mitherausgeber anbelangt, war er dagegen deutlich reserviert; er sagte, das ist zu viel Arbeit, alles zu lesen und auszuwählen, dafür wird er eine Ankündigung beim WDR durchsagen. Natürlich will er gerne sich mit einem Beitrag für die Zeitschrift beteiligen. Meine

Frage, ob er bereit wäre, sich mit anderen Künstlern ausländischer Abstammung zusammenzutun, hat er zwar verbal bejaht, hat aber dann doch negative Bemerkungen dazu gemacht. Beim Stand des Ararat-Verlags waren auch Aras Ören und andere Autoren anwesend, doch die Haltung war eher negativ. Mein Eindruck ist, sie fühlen sich über uns stehend, sie sehen sich selbst auf dem Literatursektor behauptet und brauchen so was nicht. Mein Gefühl war auch, beide behandelten mich von oben nach unten. Ich habe dabei nur gedacht: Sie haben von uns nie reden hören, darum halten sie Abstand. Schade. Es heißt also, dass wir anders vorgehen müssen. Wir müssen es so organisieren, dass sie uns als gleichrangig behandeln und begegnen müssen. Mein Eindruck war auch, dass sie die Literatur der unteren Schichten, wie die der Arbeitsemigranten, geringschätzen. Zumindest Pazarkaya und Ahmet vom Ararat-Verlag zeigen es so deutlich.

Gingen damals die Versuche von Chiellino und mir in unserer Unreife und durch die mangelnde Bereitschaft der Gesprächspartner unter, so näherte ich mich unserem Ziel durch die Gründung der Reihe *Südwindgastarbeiterdeutsch* mit anderen Gefährten 1980. Gino Chiellino wurde als Dichter gleich von Anfang an miteinbezogen, als Herausgeber einer Gedichtanthologie drei Jahre später: *Nach dem Gestern/Dopo ieri*.

Wie ging es dann mit ihnen beiden weiter?

Eine radikale Annäherung vollzog sich beim Aufbau der Vereinigung *PoLiKunst* und beim Vorhaben *Südwind-Literatur* beim ›Neuen Malik Verlag‹. Auf der einen Seite empfand ich eine große Gemeinsamkeit mit ihm. Als Mitherausgeber war Gino ein zuverlässiger Partner. Und auch als mein Nachfolger als erster Vorsitzender der polynationalen Vereinigung. Ich erlebte ihn als ehrgeizig, ehrgeiziger als ich, umtriebig, vor allem bestechend mit seinem analytischen Verstand. Erstaunlich war für mich auch, wie schnell er bei öffentlichen Lesungen in den Achtzigern, in den Diskussionen in einen harten Streit mit Einzelnen im Publikum geriet. Es war deutlich: Naive Fragen erlebte er als Provokation. Banale Fragen enthielten zudem oft solche Unterstellungen und Klischees vom Gegenüber, die schwer zu ertragen waren. Ich interpretiere es so: Einmal eingewandert in die deutsche Sprache, sie wertschätzen gelernt, den Ort in dieser Sprache suchend, in dem das eigene Ich und der eigene Kontext vorkommen, wurde es für ihn schmerzlich, dass der Großteil der Zuhörerschaft nicht nur keine Antenne für die gesendeten Botschaften hatte, sondern auch als Reaktion darauf Verniedlichungen,

Folklorisierungen oder auch Entwertungen produzierte. Gegen diese ignorante (sprachwissenschaftlich) unqualifizierte Haltung positionierte sich Chiellino so deutlich wie kaum ein anderer. Inzwischen reagiert er nicht mehr so eruptiv auf solche ZuhörerInnen, eher mit feiner Ironie.

Und auf der anderen Seite?

Ja, auf der anderen Seite war seine Schweigsamkeit für mich sehr irritierend. Insbesondere, wenn Gruppenkonflikte ausbrachen, wie unter den Herausgebern der Buchreihe *Südwind-Literatur*, wirkte er wie entrückt. Einmal, als ich davon betroffen war, und drei der fünf Herausgeber (Rafik Schami, Habib Bektas und Jusuf Naoum) mich beschuldigten, ein Rassist zu sein, bloß weil ich nicht a priori einräumen wollte, dass jeder Herausgeber einen Anspruch auf die Herausgabe eines eigenen Werkes hätte, schwieg Gino vor sich hin, um mir am folgenden Morgen – in einer Zweierkonstellation – mitzuteilen, wie seltsam er die ganze Diskussion erlebt habe; erst Jahre später bekundete er, wie haltlos die Beschuldigungen der Mitherausgeber gegen mich gewesen waren. Insofern habe ich seine zurückhaltende Haltung erst viele Jahre später etwas besser verstanden: Er war einfach ausgestiegen (Neudeutsch: hatte sich weggebeamt) aus einer ihm freudlosen – konflikthaften – Situation.

Es klingt so, als wäre zwischen ihnen beiden noch etwas offen ...

Nein. Wir sind unterschiedlich, und wir haben diese Unterschiedlichkeit voll angenommen, wir haben sie als Chance und als Möglichkeit der gegenseitigen Bereicherung betrachtet. Vor seinem wissenschaftlichen Werk habe ich stets einen großen Respekt gehabt. Seine Thesen zum interkulturellen Gedächtnis, seine Analysen zum Verhältnis des monokulturellen Gesprächspartners und zur interkulturellen Literatur, seine Erforschung der interkulturellen Literatur unter Mitarbeit seiner StudentInnen, die Suche nach geeigneten Elementen, die das Wesen dieser Literatur begründen, legen offen, wie beharrlich und treu er seiner Sache geblieben ist, und rufen bei mir Bewunderung hervor. Insgesamt ist unser Verhältnis von gegenseitigem Respekt geprägt. Selbst das scheinheilige Quotendeutschland, wo immer einer von uns »der Italiener« zu viel war, hat uns nicht gegeneinander bzw. auseinander getrieben.

Das scheinheilige Quotendeutschland? Was meinen Sie damit?

Ja, die deutsche literarische Öffentlichkeit scheint bei der Wahrnehmung der Autorinnen und Autoren mit interkulturellem Hintergrund nach Quoten vorzugehen und dementsprechend auszuwählen. Zunächst werden mal Frauen und Männer gegeneinander gesehen, die türkisch-deutsche kulturelle Minderheit gegen die arabo-deutsche bzw. gegen die italo-deutsche und so weiter. Was uns beide, als Autoren, anbelangt, haben wir beide die gleiche Erfahrung gemacht: dass einer von uns zu viel ist. Nach dem Motto: Für eine Lesereihe reicht uns, nur einen »Italiener« dabei zu haben, zwei »Italiener« ist einer zu viel. Früher fanden wir es gar nicht lustig, da bei diesem Blickwinkel die Qualität der Autorinnen und Autoren sowie der Texte außer Acht gelassen wurden, jetzt lachen wir darüber. Wir lachen darüber, dass die deutsche Rezeption uns eine Zeitlang nach der Vergabe ex-equo des Chamisso-Preises als eine Art siamesischer Zwillinge betrachtet hatte, dann nach dem Entweder-oder-Grundmuster.

Sie meinen, dass das Gedicht Chiellinos als Reaktion auf Ihr Gedicht ein Programm sei. Was meinen Sie damit? Und was sagen Sie zu seinem literarischen Werk?

In diesem Beitrag sehe ich nicht den Platz für eine ausführliche literaturkritische Würdigung. Ich habe auch gerade nicht den Kopf frei für eine solche Arbeit, obwohl dies für Sie und selbst für Gino spannend sein könnte, zu lesen, wie ein Freund und Wegbegleiter sein literarisches Werk sieht. Dies plane ich eher für eine Poetikdozentur – mündlich von der Universität Dresden zugesichert – ein, in der ich gerne anhand von Chiellinos Texten die Fragilität des Ich zeigen würde. Dort würde ich auch gerne etwas ausführlicher auf seine programmatischen Positionen eingehen. Was ich an dieser Stelle gerne tue, ist, einen Aspekt hervorzuheben, den ich seit Anbeginn mit regem Interesse verfolge. Mein Blickwinkel ist in diesem Zusammenhang ein wenig durch meine unmittelbare Leidenschaft eingegrenzt. Ich erkenne einen Zusammenhang zwischen seinen distanzhaltenden Umgangsformen in öffentlichen Kontexten sowie seiner Neigung zur Schweigsamkeit auf der einen Seite und der intellektuellen Haltung in seinem literarischen Werk auf der anderen. In der Hauptsache sind darin die Gedanken und die kognitiven Reflexionen zentral. Für die erste Schaffensphase eines Poeten in der Fremde dienen sie als Schutz- und Erkundungsinstrument zugleich. Grundsätzlich können menschliche Verteidigungshandlungssysteme in allen Übergangsräumen Ersatzhandlungen produzieren, die Kognitionen und Gedankenüberbauten bestimmen, so in jeder Begegnung mit der Fremde, ob die Ankunft und das Leben in einem Internat, das universitäre Leben in einem achtundsechzig-durchtränkten Rom oder bei der Ankunft und bei jeder Begegnung in einem von den Kriegsfolgen traumatisierten und auf Monokulturalität beharrenden Deutschland der siebziger, achtziger und neunziger Jahre des vergangenen Jahrhunderts. Die große literarische Leistung beider Chiellinos – Gino und Carmine – ist die, sich vom Denken als defensive Handlung in der Begegnung der Fremde wegzubewegen, hin zum Denken als Handlung zur inneren Integration der unterschiedlichen kulturellen Selbst. Und letztendlich Denken als Vordenken, als kreativen Prozess, um die monokulturelle Sprache und Zuhörerschaft zu überwinden, in Richtung zu einer interkulturellen Sprache und Zuhörerschaft hin.

Vielen Dank für Ihre Ausführungen.

Ich muss mich bedanken; durch Sie und Ihre Fragen ist es mir gelungen, doch noch etwas zu versprachlichen. Denn es war und ist nicht einfach für mich, etwas über Gino zustande zu bringen, wegen der langen Freundschaft und der daraus entstandenen Nähe auf der einen Seite und des gemeinsamen literarischen Wegs auf der anderen. Jetzt freue ich mich bei der Vorstellung des Augenblicks, an dem Gino/Carmine die Festschrift überreicht wird, und er meinen unter vielen Beiträgen mit Wertschätzungen und Würdigungen seines Schaffens lesen kann.

Hanau, 22. Juli 2010

WIE WERKE AUS EINER FRAGMENTIERTEN PERSÖNLICHKEIT HERVORGEHEN

Die literarische Ausarbeitung von Figuren mit einer deutlich distinguierten dissoziierten Persönlichkeit kommt in der sogenannten Weltliteratur hin und wieder vor. Das Werk Robert Louis Stevensons, *Der seltsame Fall von Doktor Jekyll und Mister Hyde*, hat großen Ruhm erlangt. In dieser Novelle ist die Einnahme einer chemischen Substanz für die Verdoppelung der Persönlichkeit verantwortlich und nicht die innere Architektur der Person bzw. die Folge dissoziativer Prozesse.

Ein weiteres in der Fachwelt bekanntes Beispiel geht aus dem Gesamtwerk Fernando Pessoas hervor. Der aus Portugal stammende Autor, der mehrere Jahre seiner Kindheit in Durban in Südafrika verbracht hat, ist in die sogenannte Weltliteratur eingegangen, indem er einige Werke unter seinem Namen und mehrere Werke mit Heteronymen veröffentlicht hat, wie Alberto Caeiro, Ricardo Reis, Alvaro de Campos, und dem Halbheteronym Bernardo Soares. Die Schaffung dieser Heteronyme wird in der literarischen Kritik als ein bewusster Akt des Autors rezipiert. Doch, indem ich die einzelnen Werke und die unterschiedlichsten Selbstkundgaben über die Schaffung der Heteronyme lese, erkenne ich, dass diese literarischen Zeugnisse mehr oder weniger Resultate einer fragmentierten Persönlichkeit sind. Letztendlich erscheinen sie mir als Produkte des Präbewussten.

Ein weiteres klares Beispiel entnehme ich aus einigen Werken Rudyard Kiplings, dem im damaligen Bombay geborenen und in England aufgewachsenen Schriftsteller, der sein Englisch als Fremdsprache begriffen hat. Eine fragmentierte Persönlichkeit ist bei *Kim* und im *Dschungelbuch* gut zu erkennen. Bei *Moglis Siegeslied* kommt es so zum Ausdruck: »Zwei Mogli sind in mir, aber das Fell Shir Khans stampfen beide mit meinen Füßen.« In diesem brillanten Satz bestätigt sich, dass Mogli mindestens zwei seiner dissoziierten Selbstanteile kennt.

Nun möchte ich in vereinfachter Form das Konzept der Dissoziation beschreiben. In erster Linie will ich mich auf die Theorie der strukturellen Dissoziation konzentrieren, ein Konzept, das aus der klinischen Arbeit von Pierre Janet hervorgeht, die von niederländischen klinischen Psychotherapeuten Anfang dieses Jahrhunderts aufgenommen, erweitert und durch experimentelle Forschungsarbeit teilweise bestätigt worden ist. Dieses Konzept beschreibt, wie ein Trauma-Erlebnis die Gesamtpersönlichkeit eines Individuums fragmentiert und damit seine Identität. Es beschreibt auch, wie traumatische Erlebnisse im Säuglings- und Kindesalter die Integration der Persönlichkeit hemmen oder gar blockieren und dadurch ein Kohärenzgefühl von sich selbst als Ganzes verhindern. Diese traumatisierenden Prozesse etablieren einerseits einen anscheinend funktionierenden Persönlichkeitsanteil, der im Alltag mehr oder weniger gut orientiert ist und diesen dementsprechend bewältigen kann, und anderseits emotionalisierte Persönlichkeitsanteile, die mit den traumatischen Erlebnissen eng verknüpft und dementsprechend in traumatisierenden Kontexten fixiert sind. Diese traumaorganisierten Selbstanteile sind auf Vermeidung potenzieller traumabedingter Gefahren sensibilisiert oder werden aktiv, sobald sie im Alltag irgendwelche Auslöser ausmachen. Der anscheinend funktionierende Anteil der Person ist für das Individuum tragend, weil dieser im Hier und Jetzt orientiert und aktiv ist, währenddessen die traumatisierten Selbstanteile hauptsächlich in der Vergangenheit eingefroren sind; das Erleben von Ohnmacht, Hilflosigkeit und Ausgeliefertsein angesichts todesnaher Episoden strukturiert ihre Handlungen.

Wie gerade erwähnt, das Konzept der strukturellen Dissoziation ist zum ersten Mal von Pierre Janet vorgestellt worden, einem Zeitgenossen und Kontrahenten Sigmund Freuds, und wurde vom niederländischen Forscherteam mit van der Hart, Nijenhuis und Steele aufgenommen und weiterentwickelt. So wurden die Erforschungen Charles Samuel Mayrs integriert, die dieser englische Psychiater im Ersten Weltkrieg bei traumatisierten Soldaten an der Front durchgeführt hatte. Diese Soldaten wiesen eine Aufspaltung ihrer Persönlichkeit in einen anscheinend funktionierenden Anteil und einen durch das Trauma emotionalisierten Anteil auf. Diese beiden Anteile stehen dann in einem fragmentierten, zerbröckelten Verhältnis zueinander.

Ich möchte nun zum Kern der Sache kommen, indem ich mich mit einem Autor beschäftige, der seine Werke sowohl in italienischer als auch in deutscher Sprache verfasst. Franco Biondi. Anfangs der Neunziger Jahre des vergangenen Jahrhunderts, während einer Lesereise in Italien, hat er folgendes Gedicht geschrieben, das 2005 in der zweisprachigen Gedichtsammlung *Giri e rigiri, laufend* veröffentlicht worden ist:

> blitzartig sehe ich mich
> und verschwinde
>
> ich erreiche mich nie:
> bis ich begreife wo ich stehe
>
> gehe ich schon voran
> und renne hinter mir her

Dieses Gedicht trifft bei Lesungen immerzu auf Zuspruch. Auf Nachfrage freut sich der Zuhörer über die seltsame Multiplizität der Handlungen des Ich. Doch in seinem Hintergrund erscheint das Gedicht eher als rätselhaft. Selbst der Dichter Franco Biondi sah diesen Text für sein Tun als zutreffend, aber ihn detailliert erklären konnte er auch nicht.

Von der Beschreibungsseite her kann der Prozess so definiert werden: Die eine Seite der Persönlichkeit rennt vorneweg, die andere geht der anderen hinterher, erscheint ihr ausgeliefert und ohne Kontrollmöglichkeit. Auf der tieferen Ebene erkenne ich erst jetzt, nach vielen Jahren, die Präsenz einer fragmentierten Persönlichkeit und kann hierzu eine Erklärung geben. Demnach beschreibt der funktionierende Persönlichkeitsanteil, wie ein Persönlichkeitsanteil von ihm erscheint und entgleitet, während ein anderer Persönlichkeitsanteil diesen nie erreicht, also hinter ihm her ist. Die funktionierende Persönlichkeit ist bemüht zu verstehen, wo der Anteil sich befindet, und stellt fest, dass die eine Seite voranschreitet und die andere sie verfolgt. Im Kern gelingt es diesen drei Seiten der Persönlichkeit nicht, ihre Handlungen zu integrieren und somit, sich als einheitliches Subjekt zu begreifen, das seinen Weg geht.

Der kontextuelle Hintergrund dieses Gedichtes ist folgender: Es entstand in den Abständen zwischen Lesungen in italienischen Städten in deutscher Sprache vor einer Zuhörerschaft, die mehrheitlich italienischsprachig war. In diesem bikulturellen Kontext funktioniert der Autor, indem er seine Texte vorträgt und anschließend dem Publikum Rede und Antwort steht. Gleichzeitig sind in ihm emotionale Positionen präsent, die erledigte und unerledigte Erinnerungen in sich tragen und ihn in Erregung versetzen. Diese Erregung findet dann ihren Ausdruck in literarischen Texten wie in diesem Gedicht.

Es lässt schlussfolgern, dass die im Gedicht beschriebenen Anteile Träger von fundamental unterschiedlichen existenziellen Erfahrungen sind. Wenn ich die Biografie des Verfassers erforsche, dokumentiert u. a. auch in den semibiografischen Romanen *In deutschen Küchen* und *Die Unversöhnlichen*, werden dort zwei steinige Wege sichtbar: jener in der Lebensphase vor der Auswanderung im Italien der Fünfziger und Sechziger und jener während der langen Jahre nach der Einwanderung.

Die Lektüre jener Romane lässt erschließen, wie seine Erfahrungen in dem Italien der Fünfziger und Sechziger von bürokratischer und kleinbetrieblicher Willkür charakterisiert waren, die dem Romanprotagonisten verunmöglichten, ein würdiges Leben zu führen. Dieses Phänomen ist in vor- und postindustriellen Gesellschaften, wo das Individuum sich gezwungen sieht, sich solchen Nutznießern auszuliefern, die Menschen als austauschbare Objekte betrachten, sehr verbreitet.

Solche Lebensverhältnisse hat Franco Biondi durchlebt und sie haben ihn dazu veranlasst, auszuwandern. Diese Seite Franco Biondis ist für viele Jahre auf der Flucht geblieben – während die andere Seite, jener Anteil, der in einem postindustriellen Alltag als Poet auf der Suche nach humanen Beziehungen ist und dafür kämpft und hinter ihr her ist – und sie offenbar nie erreicht. Während der Anteil, der in Deutschland präsent ist, einen gewissen Grad an würdevollen Lebensmomenten findet, indem er arbeitet, schreibt, sich in seinem Alltag engagiert, obschon er keine gebührende Anerkennung erfährt, weder für seine literarische Präsenz noch seine literarischen Leistungen. Dabei erscheint es ihm so, dass die Ankunftsgesellschaft sich ihrer inneren Verpflichtung nicht bewusst ist.

Es ist von daher verständlich, dass diese beiden Seiten im Individuum ein tiefes Unbehagen ausgelöst haben und es nicht schaffen, sich in der funktionierenden Gesamtpersönlichkeit einzubinden, die dieses Gedicht geschrieben hat. Dies geschieht nicht nur, weil der sich evolvierende Alltag voll Widrigkeiten ist, die diesen Weg nicht leicht machen, sondern auch, weil das Individuum, die Gesamtpersönlichkeit, sich permanent schwer tut, sich mit inneren verletzten Anteilen aus der Kindheit und aus der Emigration zu konfrontieren und demzufolge sich mit ihnen zu verbinden.

Kindheits- und Emigrationstraumata bleiben oft für lange Lebensabschnitte eine innere Wunde. Die funktionierende Person ist in ihrem Alltag bemüht, sie zu ignorieren bzw. ihre Existenz zu verleugnen, doch sie schwimmen sich doch hoch ins Bewusstsein, sobald irgendwelche Alltagserlebnisse eine Verbindung in die tieferen Schichten der Persönlichkeit provozieren. Was die implodierten Traumata vor seiner Auswanderung nach Deutschland anbelangt, so wird der Schriftsteller Franco Biondi bei seinen wiederkehrenden Besuchen seines Herkunftslandes immerzu neu getriggert. Er braucht nur in dem Ort, wo er wohnt, vor dem Büro des Bürgermeisters zu warten, und schon wird er in seine Jugend versetzt, wo das Warten auf Amtspersonen ein Akt völliger Unterwerfung war, wodurch die aktuelle Situation eine Reinszenierung alter Unterwerfungsrituale wird. So kann verstärkend passieren, dass der Bürgermeister sich mit seinen intimen Freunden während der offiziellen Sprechstunde unterhält und eine halbe Stunde vor der Sprechstundenzeit einfach aufbricht, weil er in der Bar mit anderen Freunden verabredet ist, und lässt den drei Stunden lang wartenden Franco Biondi vom Angestellten trösten, er soll zu der nächsten Sprechstunde in der folgenden Woche wiederkommen. Oder er steht am Schalter der Post und muss zuhören, wie der Postangestellte seine Privatgespräche am Handy führt, um dann in die »verdiente Pause« zu gehen, während der

Wartende immer noch dort geduldig auf jene Dienstleistung hofft, zu der der Postangestellte laut Dienstvertrag verpflichtet ist und wofür er ein festes Gehalt erhält. Diese Dienstleistung wird irgendwann auch kommen, nicht selten in Form einer gnädigen Herablassung.

Dieses Gedicht ist nicht der einzige Text des Schreibenden Franco Biondi, der sich mit der Fragmentierung der Persönlichkeit auseinandersetzt. Im Roman *Die Unversöhnlichen*, 1991 veröffentlicht, zeigen sich Fragmentierungen auf mehreren Ebenen. Die erste artikuliert sich in der Darstellung des Protagonisten Dario Binachi und seines Widerpartes, Franco Biondi. Beide leben in Frankfurt, der Protagonist ist ein arbeitsloser Sozialarbeiter, Franco Biondi wird als Verfasser schwer verdaubarer Romane beschrieben. Der Ich-Erzähler Dario Binachi, der auch im Roman *In deutschen Küchen* (1997) Protagonist ist, will anfangs des Romans eine Reise zu seinem Herkunftsort San Martino antreten, um die Gründe seiner inneren Blockade in Deutschland herauszufinden, da er sie in seiner Familiengeschichte vermutet. Die zweite Fragmentierung präsentiert sich in der Person des Protagonisten selbst: Er fühlt sich von inneren Stimmen kritisiert und getrieben. Die vielen Dario Binachis, die er in seinem Inneren wohnen spürt, begleiten und unterstützen ihn teilweise bei seinen Exkursionen in die Familiengeschichten. Doch er erlebt auch, dass er durch diese Stimmen Dinge tut, die er nicht tun will, und auch in der Auseinandersetzung mit dem Schriftsteller Franco Biondi, von dem er sich verfolgt und ausgenutzt fühlt, sieht er sich dazu genötigt, ihm mit allen Mitteln Einhalt zu gebieten.

Im Laufe des Romans wird ersichtlich, über eine Art Familienrekonstruktion, dass seine inneren Blockaden aus den unversöhnlichen Positionen der einzelnen Familienmitglieder hervorgehen – Positionen, die bis zu der Urgroßelterngeneration verfolgbar sind –, doch es offenbart sich auch, dass die innere Fragmentierung des Protagonisten ihn daran gehindert hat, bestimmte berufliche Laufbahnen in Frankfurt einzuschlagen. Bei dieser inneren Auseinandersetzung fühlt der Protagonist, dass nur eine schreckliche Tat ihn davon befreien könnte: den Schriftsteller Franco Biondi umzubringen ...

Am Ende des Romans erscheint dieser Angriff auf den Schriftsteller ohne sichtbaren Erfolg, da der Protagonist sich immer noch vom Schriftsteller Franco Biondi observiert und dementsprechend verfolgt fühlt.

Man kann an dieser Stelle die Hypothese aufstellen, dass der arbeitslose Sozialarbeiter, mit den vielen Dario Binachis, die ihm innewohnen, und der Schriftsteller zwei normal funktionierende Persönlichkeitsanteile sind, im Sinne der Konzeption der strukturellen Dissoziation – also, zwei ANP (Anscheinend normal funktionierende Persönlichkeitsanteile). Ihre teilweise heftige Auseinandersetzung kann demzufolge als Richtungskampf begriffen werden, während die inneren Stimmen Dario Binachis als EP (Emotionale Persönlichkeitsanteile) betrachtet werden können. In diesem Sinne kann dieses Werk als Entwicklungsroman verstanden werden, in welchem der Protagonist nicht nur seine Einbettung der Familiengeschichte erfassen, sondern auch eine Integration der inneren Kräfte und Stimmen erreichen will. Unter diesem Blickwinkel betrachtet, zeigt sich der Protagonist noch weit davon entfernt, und dennoch stellt der Roman nur einen kleinen Schritt in diese Richtung dar.

In dem Roman *Der Stau* (2001) haben wir es hingegen mit mehreren Figuren zu tun, die auf eine einzige Person zurückzuführen sind. Die zentralste Figur in diesem Werk ist wiederum ein Sozialarbeiter mit dem Namen Milù Migrò. Der Hauptprotagonist fühlt sich in seinem Leben wie beim alltäglichen Berufsverkehr in einem Stau; er pflegt nachts auf dem Friedhof spazieren zu gehen, wo er Außenseiter und Ausgestoßene trifft, die dort übernachten, und beschäftigt sich gerne damit, sich in fremde Personen hineinzuversetzen, und nennt dies »Personeneinwanderungen«. Den Begriff »Einwanderung«, der für die geoökonomischen und geopolitischen Bewegungen von Personen verwendet wird, transferiert er in die Dimension des Psychodynamischen. Aus diesem Blickwinkel ist dieser Roman sehr bunt durchzogen. Hier werden verschiedene Personen für seine »Einwanderungen« herangezogen, die der Sozialarbeiter direkt und/oder indirekt kennt. Da treten Figuren auf wie die aus Ostdeutschland Vertriebene Gunda Schroth, der Transsexuelle Wolfgang alias Deborah, der/die Gunda – je näher sie sich kennen – Avancen macht, Astrid, die Verwaltungsangestellte der Sozialstation, wo Migrò tätig ist, Nojàs, ein Asylant, der sich als ein großer Kenner der deutschsprachigen Literatur ausweist und auf der Suche nach seinem leiblichen deutschen Vater war.

Auch hier begegnet der Leser dem antagonistischen Paar aus *Die Unversöhnlichen*, Dario Binachi und Franco Biondi. Während Dario Binachi als mehr oder weniger gescheiterter Schriftsteller präsentiert wird, wird Franco Biondi als Psychotherapeut eingeführt, der lediglich Klienten mit psychischen Problemen behandelt und sich stark ambivalent zu Dario Binachi verhält.

Mit der Brille des Konzepts der strukturellen Dissoziation betrachtet, vertritt Milù Migrò jenen anscheinend funktionierenden Personenanteil: Er bewältigt seinen Alltag ohne große Komplikationen und meistert beinah dienstbeflissen seine Sozialarbeiteraufgaben, doch seine Tätigkeit in der Sozialstation erfüllt ihn nicht. Seine Kolleginnen und Kollegen sind mehr oder weniger mit sich selbst beschäftigt, die Klienten, welche die Beratungsstelle aufsuchen, bringen jene Haltung mit, die mit der Redewendung »Wasch mich, mache mich aber nicht nass« in Einklang steht, seine Außenkontakte sind von seinem Bedürfnis geprägt, Menschen auf einer gewissen Distanz zu halten, und auch für seinen nahen Freundeskreis macht er keine Ausnahme. Er lebt also in seiner kleinen Wohnung wie ein Eremit und liebt es dennoch, sein direktes und indirektes Umfeld und den deutschen Alltag näher zu betrachten, am Fenster, vor dem Fernseher, im Radio und unterwegs. Dabei erschafft er sich alternative Welten und betreibt, wie oben erwähnt, »Personeneinwanderungen«, indem er sich in gedachte oder im Alltag begegnete Personen hineinversetzt und damit seine Fantasiewelt richtiggehend besiedelt. Er erkennt, dass jedes Lebewesen das innere und äußere Wachstum beansprucht, dass er selbst eine persönliche Entwicklung braucht, die seine unmittelbare Umgebung nicht bereitstellen kann oder will. Unter diesen Bedingungen lebend richtet er sich in einer »Heiterkeit des Überdrusses« ein, eine Art Angewidert-Sein, die ihm erlaubt, in einem auf Oberflächlichkeit basierenden Umfeld zurechtzukommen. Und letztendlich, um auch mit seinen emotionalen Persönlichkeitsanteilen (EPs) zu koexistieren.

Auf den ersten Blick, genau betrachtet, wiederholen sich auch in diesem Roman die dort dargestellten Selbstanteile. Franco Biondi, der in diesem Roman eine untergeordnete Rolle einnimmt, erweist sich als ein Psychotherapeut, der sich in sich versagenden Aktivitäten verliert. Auf der anderen Seite ist Dario Binachi als personifizierter Persönlichkeitsanteil ein Schriftsteller in fremder Sprache, der die Unmöglichkeit erlebt, in der deutschen Gegenwartsliteratur anzukommen. Der Leser kann ihn ein Stück bemitleiden, wie er um die Gunst Astrids, der Verwaltungskraft der Sozialstation, wo Milù Migrò arbeitet, wirbt. Insofern zeigen sich alle drei funktionierenden Selbstanteile (ANPs) in einem flüssigen »Stau«.

Auch dieser Roman würdigt die erheblichen Schwierigkeiten, die der Schreibende Franco Biondi als übergeordnete Instanz bei seinen Versuchen hat, seine traumatisierten Anteile aus seiner Biografie zusammenzubringen, sie in sich zu integrieren. Es scheint so, als ob er Varianten aus dem Gedicht durchspielt:

> blitzartig sehe ich mich
> und verschwinde
>
> ich erreiche mich nie:
> bis ich begreife wo ich stehe

gehe ich schon voran
und renne hinter mir her

Und doch, wenn ein kritischer Leser die Details in seinen Werken untersuchen würde, würde er wahrscheinlich so etwas wie eine Bewegung nach dem Muster »Zwei Schritte voran und ein Schritt zurück« entdecken. Das will heißen: Der Dichter der Neunziger mit diesem Gedicht war ein wenig im Gleichschritt mit dem Schriftsteller des Romans *Die Unversöhnlichen* und ein bisschen weiter hinten als der Romanverfasser von *Der Stau*. Dieser wiederum ist höchstwahrscheinlich weiter zurück als der Verfasser Franco Biondi dieses Vortrags im Jahre 2015. So wie Mogli seine dissoziierten Selbstanteile kennt und in *Moglis Siegeslied* benennt, kennt der Autor nun auch recht gut seine Selbstanteile, die nicht nur im zitierten Gedicht, sondern auch in seinen Romanen erscheinen.

Falls der Dichter Franco Biondi jenes Gedicht heute schreiben würde, würde er folgende Version liefern:

Ununterbrochen finde ich mich
und verlasse mich

Ich verbinde mich selbst mit mir

Während ich fortschreite und zurückkehre
komme ich voran.

Hanau, Mai und Juni 2015

DER INTERKULTURELLE AUTOR
UND DIE RESONANZEN

I.

Manch ein Autor schreibt i. d. R. nicht nur für sich, sondern auch für ein imaginiertes Gegenüber. Manch ein anderer schreibt ausschließlich für sich und wiederum ein anderer nur für das imaginierte Gegenüber – dieser steckt möglicherweise in der Illusion, er schreibe überhaupt nicht für sich. Manche Autoren wollen das imaginierte Gegenüber unterhalten, andere ihm Denkanstöße geben, andere wiederum ganz allgemein missionieren. Die Palette der intendierten Absichten eines Autors enthält vielfältige Varianten. So oder so: Beim Schreibprozess braucht der Autor vor allem Resonanzen, damit ein Werk aus ihm hervorgeht. Zumeist braucht er eine Resonanz von außen. In Zusammenhang mit diesem Essay: Wie ist es um das Zusammenspiel zwischen innerer und äußerer Resonanz bei einem interkulturellen Autor bestellt? Zudem noch die Frage: Wie sind die inneren und äußeren Resonanzen eines Autors wie Franco Biondi organisiert?

Auf persönlicher Ebene erinnert sich F. B., dass die ersten veröffentlichten Gedichte 1974 eine gewisse Scham in ihm hervorgerufen haben. Der Gedanke, der imaginierte Leser könnte seine Texte abartig finden und ihnen ablehnend gegenüberstehen, machte ihn bange. Die Angst vor Blamage saß tief. Ihm war es so, als ob eine innere Seite den Drang verspürte, zu schreiben und die Umgebung um sich daran teilhaben zu lassen, und eine andere innere Seite dagegen opponierte. Insgesamt spürte er jedoch einen gewissen Trost, dass der Abstand zwischen ihm als Schreiber und dem unbekannten Leser groß war. Tröstlich war in diesem Sinne der Gedanke, dass er und der konkrete Leser nur vage Vorstellungen voneinander haben würden. Trotz oder gerade wegen dieser Vorstellung fürchtete er sich jedes Mal, wenn er jemand aus seiner Nähe begegnete, der potenziell seine veröffentlichen Texte gelesen haben könnte.

Die ersten Rückmeldungen der Zeitschriftherausgeber gaben ihm eine gewisse Rückendeckung. Und diese nahm mit jedem veröffentlichen Text zu. Dennoch, in dem Maß, wie die positiven Rückmeldungen aus der Ferne ihm Rückhalt gaben, blieben im ähnlichen Ausmaß die Skepsis und eine Spur Peinlichkeit, sobald er ausmachen konnte, dass das reale Gegenüber im Bilde war und seine literarischen Produkte ablehnen könnte. Ja, diese innere Seite behielt ihre Vorbehalte und brachte ihm

Zweifel ein, ob dem, was er verfasste, eine allgemeinere Bedeutung beigemessen werden konnte.

Es dauerte eine Weile, bis F. B. es gelang, diese innere Seite ein bisschen zu besänftigen. Bis ihm es nicht mehr wichtig wurde, wie das imaginierte Gegenüber zu seinem literarischen Schaffen stand. Aber ganz still blieb diese Seite nie. Beim Schreiben meldete sie sich mit etlichen Zweifeln. Erst nachdem der Text fertig war, gönnte sie ihm etwas Ruhe. Und sie meldete sich dann wieder, wenn F. B. vor tatsächlichen Zuhörern stand, wie bei öffentlichen Lesungen. Hier sorgte sie für innere Unruhe, eine solche, die nicht mit dem allseits bekannten Lampenfieber zu verwechseln war, doch aber seine Stimme zum Zittern brachte, zum Stottern, zum Verstümmeln des gesprochenen Wortes. F. B. brauchte eine Weile, bis er über das Atmen diese innere Seite zu einem gewissen Abstandnehmen bewegen konnte. Insgesamt schaffte er es nach und nach, entspannter zu dem imaginierten und konkreten Leser/Zuhörer zu stehen.

Der Weg dahin war steil. Als er vor Kollegen aus der Frankfurter Literaturwerkstatt *Werkkreis Literatur der Arbeitswelt* eine Erzählung über einen jungen Analphabeten in zwei Sprachen vorlas und spöttische Ungläubigkeit erntete, hatte er dennoch bereits genug innere Stabilität aufgebaut, um sich nicht von inneren Regungen umwerfen zu lassen. Eine innere Stimme jagte ihm Angst ein: »Du genügst nicht!« Und eine Gegenstimme beteuerte trotzig: »Doch, ich kenne das Phänomen!« Auch Jahre später, als er die FAZ-Rezension über seine Novelle *Abschied der zerschellten Jahre* las, die diese als Machwerk voller Stilblüten und falscher Metaphern bezeichnete, gab es eine Seite in F. B., die sogar darüber lächeln konnte.

Was war geschehen? Der Verfasser dieses Essays erklärt es so: »Durch die Wechselwirkung der inneren und äußeren Resonanzen war F. B. ein interkultureller Autor geworden, der dabei war zu lernen, mehr den inneren Resonanzen zu vertrauen als den äußeren.«

F. B. denkt gerne an die Schaffensmomente zurück; ihm fallen insbesondere *Abschied der zerschellten Jahre*, *Die Unversöhnlichen* und *Karussellkinder* ein. Das erste Werk verfasste er in knapp vier Wochen in tranceähnlichen Zuständen, mit einer belebenden Innenresonanz, *Die Unversöhnlichen* in knapp elf Monaten, mit einem Orchester an inneren Stimmen, die erste Fassung des dritten erwähnten Werkes in sechs. Insgesamt merkte F. B. hierzu an: »Diese Werke sind über eine unbändige, innere Resonanz von mir gegangen!«

II.

Nun aber, was meint Resonanz? Darunter versteht man ganz allgemein die Wechselwirkung mitschwingender Systeme. Konkret können mitschwingende Systeme unter der Bedingung beiderseitiger Gegenwärtigkeit in Resonanz treten. Dabei kommen diese Systeme miteinander in Wechselwirkung und organisieren prozesshaft einen Vorgang der Gegenseitigkeit. Gegenseitigkeit kann synchron oder asynchron und hierzu abwechselnd oder nicht geordnet bzw. überlagernd, symmetrisch oder komplementär ablaufen. Resonanzen haben in physikalischen, technischen und biomechanischen Feldern breite praktische Anwendungen erfahren, aber auch im psychosozialen Bereich.

In der modernen psychobiosozialen und neurobiologischen Bindungsforschung wird die Bedeutung der Resonanz vorwiegend auf der emotionalen Ebene fokussiert und für die Entwicklung eines Menschen hervorgehoben. Ob, in welchem Umfang und in welcher Qualität in den ersten drei/vier Lebensjahren eines Kindes Selbstwirksamkeit, Selbststeuerungskompetenzen, Bindungsfähigkeit, und empathische Schwingungsfähigkeiten bei eben diesem Kind entstehen, bedarf es der Präsenz eines Gegenübers, das die Fähigkeit haben sollte, emotional resonant zu sein. Also mit eben diesem Kind in Beziehungsentsprechung zu gehen und diese so aufrechtzuerhalten, dass der Heranwachsende in die Lage versetzt wird, ein solches inneres Muster einzurichten. A. Schore fasst die Ergebnisse etlicher Forschungsarbeiten und wissenschaftlichen Studien zusammen, die sich mit der Auswirkung emotionaler bzw. fehlender Resonanzen und Synchronisationen auf die Entwicklung des Gehirnes befassen. Seine Arbeiten zeigen, dass der zwischenmenschliche Kontext der »Affektsynchronisierung« und der zwischenmenschlichen Resonanz das zentrale Feld der Beziehungsdynamik darstellt. Wenn diese Beziehungsdynamiken unter Dauerstress stehen, entwickeln die heranwachsenden Kinder asynchronische, dysfunktional chronifizierende Affekte und zwischenmenschliche Dissonanzen; dieser Bindungsstress verstärkt den Abbau der rechtshemisphärischen Gehirnschaltkreise, die sich dann in dauerhaften Dysregulationen in der rechten Gehirnhälfte manifestiert. Vernachlässigung, Missbrauch und Gewalt in der Beziehung zu Kindern werden hierfür verantwortlich gemacht. Die gegenwärtige Forschung zeigt unmissverständlich, wie dies bleibende Schäden hinterlässt, die nur mühselig, ja, schwer zu reparieren sind.

III.

Wie sieht nun die Resonanz zwischen der deutschen Gesellschaft und ihren andersherkünftigen Minderheiten aus? Und zwischen der interkulturellen und der deutschsprachigen Literatur? Der Rückblick auf die vergangenen fünfzig Jahre lässt ein grobes Nebeneinander der mitschwingenden Systeme erkennen. Eine resonante Gegenseitigkeit ist nur in den Bereichen zu erkennen, in denen es ums Konsumieren geht, mehr oder weniger beim Waren- und verbrauchsbetonten Kulturaustausch. Hinzu kommt, dass der Kulturaustausch nun einmal eine Kulturvermittlung der Vertreter unterschiedlicher Kulturen impliziert. Er ist bei der Beschreibung der direkten Wechselwirkung zwischen einer kulturellen Mehrheit und mehreren kulturell-ethnischen Minderheiten eher irreführend. Die faktisch stattgefundene Einwanderung macht nämlich die Angehörigen kulturell-ethnischer Minderheiten zu ehemaligen Repräsentanten der Herkunftskulturen.

Die Wechselwirkung zwischen deutschsprachiger und interkultureller Literatur lässt hingegen eine weitgehend ausgebliebene Gegenseitigkeit erkennen. Nach der Phase der völligen Ignorierung dieses literarischen Phänomens sind Autoren fremder Sprachherkunft in Erscheinung getreten, die über ein Forum mit einer Bücherreihe wie *Südwind-Gastarbeiterdeutsch* und mit der Gründung einer Literatur- und Kunstvereinigung wie der *PoLiKunst* einen Dialog mit der Öffentlichkeit der Mehrheitsgesellschaft gesucht haben. Diese reagierte darauf vorwiegend überrascht bis ungläubig, um sie gleich danach mit Etikettierungen zu versehen. Es folgte eine Phase des Missbrauchs, die sich durch unterschiedliche Erscheinungsformen artikuliert hat. Eine davon hat sich mit einer expliziten Betonung und teilweisen Überzeichnung der soziologischen Aspekte der interkulturellen Literatur hervorgehoben. Eine andere hat sich insbesondere in die exotistische Seite dieser Literaturströmung hineingesteigert. Eine dritte ist bemüht, ihr den eigenen Namen zu geben, und hat sich der Aufgabe gewidmet, sie adoptivmäßig zu betreuen und auf Anpassung bis zur Unkenntlichkeit ihrer Wesenheit zu trimmen.

Insgesamt erweckten diese Bemühungen der deutschen Öffentlichkeit und die literarische Rezeption den Eindruck, als biete sie den andersherkünftigen Kulturschaffenden nicht ein Podium, wo resonante Gegenseitigkeit stattfinden würde, eher doch eine kulturelle und literarische Einbahnstraße. Bemerkenswert war auch, dass das öffentliche Interesse an der Literatur der Eingewanderten weitgehend verschwand, nachdem G. Wallraffs Reportage *ganz unten* 1985 veröffentlicht wurde, mit der der Verfasser seine Erlebnisse als verkleideter türkischer Arbeiter schilderte.

Gerade dieses Phänomen zeigt:

a) dass das Bedürfnis der deutschen Öffentlichkeit nicht so sehr auf das Zusammenspiel von Form und Inhalt der Literatur der Eingewanderten gerichtet war, sondern mehr inhaltlich
b) dass die deutsche Öffentlichkeit und der deutsche Literaturbetrieb mehr den Berichten der Landsleute als denen der Eingewanderten vertrauen
c) dass das registrierte Interesse der deutschen Öffentlichkeit sich lediglich auf Exotismus und Berichterstattungen beschränkt hat
d) dass die deutsche Mehrheit noch stark selbstbezogen und beziehungsmäßig selbstreferenziell war (es kommt die Frage auf, ob sie dies 2015 während des starken Andrangs vieler syrischer Flüchtlinge an der deutschen Staatsgrenze immer noch ist).

Demzufolge war der damalige Vorwurf an die Autoren fremder Sprachherkunft, sie produzierten ja nur Sachtexte und keine echte Literatur, eher eine projektive Übertragung der inneren Zustände der deutschen Gesellschaft als der reale Zustand der interkulturellen Literatur. Mit dieser Brille lesend, wurde in den Folgejahren über vielversprechende interkulturelle Autoren, die an ihrer literarischen Anwesenheit in der deutschsprachigen Literatur webten, ein großer Mantel der resonanzlosen Präsenz gelegt.

Die Frage, ob diese angebahnte (Fehl)Entwicklung repariert werden kann, überfordert F. B., schließlich ist er kein Hellseher. Er spürt nur Unbehagen. Und vor allem fühlt er sich bei diesem Rückblick fragil und ignoriert. Auf diesen Aspekt will er später zurückkommen.

IV.

Vom Biografischen her hat F. B. eine Kindheit mit geringen emotionalen Resonanzen gehabt. Beide Eltern waren kindheits- und erwachsenentraumatisiert und demzufolge stark mit sich beschäftigt und/oder mit der Bewältigung des Familienalltags. Das Mutterseelenalleingefühl hat er ausgiebig durchlebt und gespürt, wie entlastend und gleichzeitig belastend es sich anfühlte, für seine Eltern da zu sein und auch für sie den Alltag an die Brust zu packen. In jenen Momenten erlebte er in sich resonant, nur in jenen Momenten verspürte er seine Eltern resonant. Wohlgemerkt: resonant auf seine Selbstaufopferungsbereitschaft, nicht aber auf seine Bedürftigkeit nach anwesenden Eltern. Nicht resonant empfand er hingegen das Land, in das er geboren wurde. Verbrecher wollte er nicht werden, verzweifelte Taten wollte er nicht begehen, sich massiv selbstschädigend war er innerlich nur leicht, aber doch nicht gravierend organisiert, so fand er den Weg, sein Herkunftsland innerlich aufzugeben und sein Gefühl der Fremde anderswo anzugehen.

Als er sich 1965 in Deutschland niederließ, war das Land stark mit sich beschäftigt; auf der einen Seite waren die meisten Deutschen im Rahmen der Traumafolge-Störungen einerseits damit beschäftigt, das Erlebte zu verdrängen und Dritte-Reich- und Kriegstrigger zu vermeiden, und andererseits im Rahmen der Alltagsbewältigung Wachstums- und Konsumideologien zu entsprechen. In diesem Selbstrettungsversuchsszenario waren für weitere Teile der deutschen Bevölkerung die Ankömmlinge wie F. B. auf der einen Seite erwünschte Muli, auf der anderen Seite lästige Störenfriede, die dann als Projektionsfläche gut nutzbar wurden.

Auf der Resonanzebene war das für F. B. sehr verwirrend: gewollt und nichtgewollt zu sein. Bekanntlich stellt dies auf Beziehungsebene eine Double-Bind-Zange dar. Double-Bind-Fallen sind so strukturiert, dass der in der Zange steckende Betroffene stets falsch handelt, ganz gleich, was er tut oder nicht tut. Die systemisch-konstruktivistische Theorie führt eindrückliche Sprachkonstruktionen als Beispiele auf, der Alltag eines Menschen ist voll damit gespickt. In solchen Double-Bind-Fallen ist der darin Steckende bei der Beziehungsebene auf die heuristische Vorgehensweise des Versuchs und Irrtums und auf der inneren Ebene auf sich selbst angewiesen.

Die vorzügliche Studie A. Antonovskys über die psychische Verfassung jüdischer KZ-Überlebender zeigt, dass das innere Kohärenzgefühl nur dann aktiviert werden kann, wenn ein innerer Resonanzboden in der Person vorliegt, der ihr dann ermöglicht, die drei grundlegenden Dimensionen der Salutogenese zu vernetzen und zu entfalten. Es handelt sich 1) um die Dimension der Verstehbarkeit, was einem in einem bestimmten Kontext geschieht, 2) um die der Handhabbarkeit der eigenen Lage und 3) um das Gewahrsein der Sinnhaftigkeit des eigenen Handelns.

Seit dem Beginn seiner Präsenz in Deutschland ist F. B. unterbewusst bestrebt, in all diesen drei Dimensionen aktiv zu bleiben. Er vermutet, dass diese inneren Impulse sich aus den Notlagen seiner Kindheit etabliert haben und immerzu abgerufen werden, sobald der Kontext sie einfordert.

V.

Der Verfasser dieses Essays ist davon überzeugt, dass dies die Grundlagen der Errungenschaften von F. B. sind. Eine Double-Bind-Klammer führt i. d. R. zur Lähmung und/oder Erstarrung des Betroffenen, wenn dieser sich ihr ausgeliefert fühlt und sich darin mental aufgibt. F. B. hat sich ausgeliefert gefühlt, doch sich nicht aufgegeben. Er hatte sich damals sinngemäß gesagt: »Italien bin ich scheißegal, darum hat es mich in einem deprivierten Zustand gelassen. Und Deutschland will meine Energie, aber mich nicht. Aber ich will mich, darauf kommt es an!«

Da Deutschland traditionell, kulturell, ideologisch ein schwieriges Pflaster war, war F. B. wie in seiner Kindheit auf Kirmesplätzen und im Kinderheim auf ein Handeln durch Versuch und Irrtum angewiesen. Mehr denn je stellte er fest, dass alles, was falsch war, sich oft als richtig herausstellte, und das, was richtig erschien, zeigte sich dann oft falsch. Es half ihm also, Wege auszuprobieren und bei Widrigkeiten, Sperrungen und Mauern in die mentale Rück- und Vorwärtsbesinnung zu gehen.

Die Wege und Umwege waren lang. Am Anfang dieser Wege und Umwege arbeitete er tagsüber am Fließband und abends besuchte er in der Volkshochschule den Kurs zur Erlangung der Mittleren Reife, nebenbei dichtete er. Die Aneignung manchen geistigen Eigentums der Menschheit gab ihm immer wieder den Anstoß, dann aber auch die geistige Auseinandersetzung mit sich selbst im eigenen Kontext. Nicht das Studium der Psychologie verschaffte ihm den nötigen Antrieb, sondern vielmehr das Dichten. Diente die Erzählung *Passavantis Rückkehr* dazu, sich vom Herkunftsland emotional loszusagen, so brachte ihn der Gedichtzyklus *Die Falle* 1983 auf den Double-Bind, in dem er sich fühlte. So beginnt der Zyklus:

>mit geschwängerten Sprechblasen
>hin
>   ab
>   stürzen
>
>in der Halle einer Falle
>– schwebend –
>besinne ich mich
>
>die Unmöglichkeit der Rückkehr
>&
>die Schwierigkeit voranzuschreiten

> ich sammle Melancholie und
> ordne sie an den Mundwinkeln

Aber die Suche nach einem Wohlfühlort in einer Gesellschaft, die das eigene Wollen und Nichtwollen von anderswo herkünftigen Menschen im eigenen geografischen Raum nicht klären kann oder will, findet in Gedichten fünf Jahren später statt, genau im Gedichtzyklus *Ode an die Fremde*. Zunächst ist in Gedicht 2 von 10 zu lesen:

> ...
> natürlich habt ihr damit nichts zu tun
> ihr freundlichen Mitbürger
> was unsere gemeinsame Zukunft angeht
> lebt ihr in entsorgten Gedanken
> ...

Dann bei Gedicht 6 von 10:

> ...
> Freunde
> wenn ihr plötzlich euer Mehrheitsdenken
> über mich ausbreitet
> wenn ihr auf einmal
> mich an der empfindlichsten Stelle trefft
> ist sie die Fremde
> mein Schutz
> und meine Waffe zugleich
> der anonyme Ort meiner Selbstbehauptung
> ...

Und bei Gedicht 10:

> ...
> Des Wissens brennende Begier
> fährt zielstrebig auf Schienen
> Die Stimmen im Inneren verstummen
> angesichts des Ebenbildes
> Wenn man's vielleicht niemals gewesen ist
> wie kann ich es werden?

Das Wie ist immer noch im Werden bei F. B. Das waren Beispiele aus dem dichterischen Werk; in der Prosa, wie beim Roman *Der Stau*, zeigt es sich im Narrativen in solchen Abschnitten wie diesem:

> In einer kurzen Pause dachte ich, dass die tägliche Anwesenheit in der Sozialstation wie eine Beruhigungstablette war. Nein, noch schärfer: sie war ein Einschläferungsmittel. Sie spritzte mir jeden Tag ein bisschen mehr Bewegungslosigkeit und Ohnmacht in die Venen ein. Dann war ich am Abend erschöpft und unfähig, etwas mit mir anzufangen. Vielleicht, weil man ausgiebig für andere da war, wuchs man innerlich, während der Raum genauso klein blieb. Bei dieser Vorstellung kamen mir Pflanzen in Töpfen in den Sinn. Sie wuchsen und gediehen, solange der Topf ihnen Kraft und Raum gab. Wenn der Topf klein gehalten und/oder der Humus nicht ausgewechselt wurde, fingen die Pflanzen an, zu verkümmern oder einzugehen.

Diese Passage drückt aus, wie es einem der Romanprotagonisten, Milú Migrò, in einem Arbeitsumfeld ergeht, wie in der Sozialstation, wo er als Sozialarbeiter beschäftigt ist, wenn Abgestumpftheit und mangelnde Entwicklungschancen das Betriebsklima bestimmen. Der Protagonist, um darin zu überleben, sieht sich veranlasst, in etliche fremde Lebensläufe einzutauchen, was er dann »Personeneinwanderungen« nennt. In den Romanen *In deutschen Küchen, Die Unversöhnlichen* und *Karussellkinder* ist es dann der Protagonist Dario Binachi, der gezeigt wird, wie er in italienischen und deutschen Kontexten in Resonanzfeldern zurechtkommt.

Im dritten und letzten Abschnitt vom *Der Stau* resümiert Milú Migrò:

> Auf jeden Fall hatte ich genug vom meinem trotteligen Dasein auf der Sozialstation, wo ich mich befleißigte, Hilfe anzubieten, die zumeist vergeblich war, weil die Personen, die vorgaben, sie zu suchen, sich in ihrem persönlichen Käfig bzw. Aquarium versteckten. Sie versteckten sich, weil sie getrocknet werden wollten, ohne ihre Nässe aufzugeben. Ich hatte genug davon, Zielscheibe irgendwelcher Launen von August und von Qualitätsentwicklungsexperten zu sein. Ich konnte mir nicht vorstellen, dass sie wussten, was Qualität ist, so war auch noch zu bezweifeln, dass sie wussten, was Entwicklung bedeutet. Zugegeben, ich wusste selbst nicht, was ich von mir wollte. Nur Negativbeschreibungen versprachen Hilfe: Ich wollte weg von den Staus. Positiver ausgedrückt: Ich brauchte die Entstauung.

Im Gespräch mit einem seiner Widerparte, Dario Binachi, der in diesem Roman eine Nebenrolle innehat, artikuliert Milú Migrò seinen Ausweg:

> Ich erwähnte die bei uns durchgeführte Organisations- und Qualitätsentwicklung, die uns zur Rationalisierung unserer Emotionen zwang und die uns zum Pragmatismus lockte, beim Elend effizienzüberprüfte Trosteinheiten zu spenden. Tröstlich sei, dass je mehr die Umsetzung der Ziele und Handlungspläne der Organisationsplaner voranschreite, desto mehr die Sozialstation im Chaos versinke. Man sitze nun als Sozialarbeiter nur noch auf Konferenzen, Abstimmungssitzungen und Gremien. Die meisten Sozialarbeiter kämen kaum noch dazu, ihre Klienten zu sehen, und wenn doch, hätte man kaum noch Zeit, die Gespräche auszuwerten oder auch nur schriftlich zu fixieren (was wiederum Vorschrift war). Ich erwähnte auch, dass ich Ärger mit meinem Vorgesetzten gehabt hatte. Dass er kurz davor war, mir eine schriftliche Abmahnung anzuhängen, was mich beruflich auf gefährliche Bahnen geworfen hätte. Die Versöhnung mit August war rechtzeitig zustande gekommen. Deshalb konnte ich jetzt mit dem allgegenwärtigen Unterwerfungsideal koexistieren, ohne mich zu verleugnen, was natürlich ein Spagat war. Zu guter Letzt erwähnte ich, dass die beantragte Kur eine Pause zum Nachdenken bewirken sollte, denn ich brauchte neue berufliche Wege ...

Diese Romanpassagen zeigen in evidenter Weise, wie die fehlenden Resonanzen einer emotional deprivierten Umgebung einer Sozialstation irgendwo in Deutschland den Protagonisten an den Rand seiner Verzweiflung führen und wie er dann seine ihm möglichen Ausflüchte sucht.

VI.

In der Retrospektive vermitteln viele Stellen seines Werkes, dass innere und äußere Resonanzen leitmotivisch sind. F. B. ist überzeugt, dass sein inneres Resonanzvermögen in all diesen Jahren gewachsen ist. Die Beachtung der inneren Resonanzen sowie das Zutrauen zur deutschen Sprache haben ihm dazu verholfen, seinem Erleben besser zu vertrauen und sich auf seine Erinnerungen einzulassen. Ihm ist bekannt, dass die Fähigkeit, viszerale Empfindungen wahrzunehmen, die Grundlage emotionalen Gewahrseins ist. Er weiß: Solange Erinnerungen unzulänglich sind, kann der Autor sie nicht verarbeiten. Wenn er vor einem seiner literarischen Projekte sitzt, vor einem Notizheft oder Notizblatt oder am Computer, lässt er sich von seinen blinden Bildern fangen. Er hat die Erfahrung gemacht, er kann auch eine Zeitlang auf Ersatzwelten reiten, doch irgendwann wickelt sich aus ihm der Keimling eines Narratives auf, der Stück für Stück nach einer Kohärenz sucht. Er kennt es zu genüge, dass er, sobald er sich erinnert und er diese Erinnerung nicht sofort niederschreibt, diese sich in seinem Kopf verändert. Sie wird nicht besser und detaillierter, nur einfach anders. Das Phänomen ist allgemein bekannt, dass Erinnerungen sich verwandeln, je mehr Zeit vergeht. Diese Adaptation der Erinnerungen eines Menschen an seine aktuellen Bedürfnisse und Notwendigkeiten kennen die Autoren auch, und ihnen geschieht es erst recht direkt beim Schreibprozess. Was Erinnerungen für die Literatur dann zu leisten haben, meint F. B., ist nicht die innere wahrheitsgetreue Realität des Autors, eher vielmehr, sie einerseits in Literatur zu verwandeln und andererseits – auf persönlicher Ebene – sie für sich zu personifizieren, also sie in seinem Lebensfluss realitätsangepasst zu integrieren.

Eine resonante Authentizität besteht für F. B. nicht darin, das Erinnerte getreu wiederzugeben, sondern vielmehr darin, es im Fluss seiner Lebensgeschichte so einzubetten, dass er im Nachhinein weiß: »So habe ich es erlebt«, im Sinne einer Personifikation und einer Präsentifikation. Weiter besteht eine resonante Authentizität auch darin, es so niederzuschreiben, dass ein Leser es sinnlich, emotional und kognitiv nachvollziehen kann und dabei seine persönlichen Bilder daraus entwickelt.

Der interkulturelle Autor kann die Lebensäußerungen seiner Gestalten auch im Rahmen einer fantasierten oder auch fantastischen Wirklichkeit so wiedergeben, indem er trotzdem extrem persönlich bleibt (siehe z. B. *Das Buch der Unruhe* von F. Pessoa und bedingt *Das Dschungelbuch* von R. Kipling). Indem er das Sujet, das er verfasst, innerlich lebt und daraus Werk und Welt werden lässt. Nicht nur mit seinen Fingern beim Verfassen seiner Texte und mit seinem rechtshemisphärischen präfrontalen Kortex ist er beteiligt, wo das Arbeitsgedächtnis aktiv ist, sondern auch mit dem linkshemisphärischen präfrontalen Kortex, wo das Selbstgewahrsein stattfindet, ist er involviert; somit stellt er die nötigen Verbindungen zu den Arealen des Hippocampus, wo die Topografie seiner Erlebnisse und seiner fantasierten Welt gespeichert sind, her.

Wenn er dann beschließt, etwas extrem persönlich zu Wort und Satz und Text zu bringen, kann er die Begrenztheit der Sprache testen, ihre Grenzen reizen und hin und wieder über diese Grenzen springen. Denn jeder, der Worte für seine Gefühle und für sein (körperliches) Empfinden sowie für seine inneren Bilder und seine innere Fantasiewelt nutzen will, sieht sich mit der Begrenztheit der Sprache konfrontiert. Grundsätzlich ist alles Erleben von seiner Natur her präverbal; nur Teile davon lassen sich unmittelbar verbalisieren. Rein strukturell bildet der visuelle Kortex nicht nur die Außenwelt ab, er produziert auch Innenlebenbilder, die beiderseits ständig bestrebt sind, nach kognitiven und verbalen Rastern zu fahnden. Daraus kann sich ein Narrativ entwickeln. Es kann einer Person leicht fallen, Geschichten zu erzählen oder auch kohärente Verhaltensbeschreibungen zu produzieren, doch sobald diese intime Interna ihres Gesamterlebens beschreiben will, sieht sie sich oft vor Formulierungsgrenzen und hohen Sprachmauern. Sofort steht diese Person vor einer scheinbaren Alternative: entweder verstummen oder Sprachbarrieren überschreiten, mit der schnellen Evidenz, dass ihre Sprachkondensate hermetisch werden. Oder feststellen, dass die verfügbare Sprache nicht imstande ist, die Innenlebenbilder adäquat wiederzugeben. Die meisten Menschen können zustimmen, dass es ihnen leichter fällt, andere Menschen zu beschreiben als sich selbst, als es einem innerlich ergeht.

Hier spielt die innere Resonanz eine zentrale Rolle. Vor allem die innere emotionale Resonanz, die einem Menschen ermöglicht, innerlich zu schwingen, einen Kontakt von den emotionalen Zuständen zur persönlichen Sprachzentrale herzustellen, ein kohärentes Narrativ zustande zu bringen. Diese innere Entsprechung wird dann die Basis kreativen Schaffens.

VII.

Es ist etwas Natürliches, dass eine innere Entsprechung eine äußere sucht. Ein interkultureller Leser kann sich überzeugen, dass F. B.s Werk einen roten Faden aufweist. Es will einerseits Menschen auf der interkulturellen Suche zeigen, ein inneres Wachstum anstreben und Selbstwirksamkeit in ihrem Kontext erleben, und andererseits auch erreichen, dass seine Werke zum einen den Weg zur Öffentlichkeit finden und zum anderen sie in der deutschsprachigen Literatur für das, was sie literarisch und ästhetisch zustande bringen, eine Entsprechung erfahren.

Bisher kam eine solche Entsprechung hauptsächlich zwischen seinem Werk und dem Fachkreis zustande, der ebensolche Werke erforscht. Innerhalb einer auserlesenen Community erfährt er Resonanz. Das freut den Autor F. B., denn diese vermittelt ihm das Bewusstsein, dass seine Schriften einer Resonanz wert sind. Doch spürt er, dass diese Entsprechung nur einem Teil seiner Zugehörigkeitsbedürfnisse beikommt. Die Entsprechung seiner Zugehörigkeitsbedürfnisse wäre dann gegeben, wenn ein gebührender Platz für seine Werke entstehen würde. F. B. kennt das Thema zur Genüge. Ihm geht es vielmehr darum, Zugehörigkeit in einer Vielfalt zu spüren.

VIII.

Zugehörigkeit ist ein zentrales Anliegen menschlichen Daseins. Zugehörigkeitsgefühle haben zumeist einen stammesgeschichtlichen Hintergrund. In der Neuzeit haben sie ihren Ausgangspunkt in der ursprünglichen Bindung im Familienverband. Dreh- und Angelpunkt ist das Spannungsverhältnis zwischen Verbundenheit/Trennung und die mit der Trennung verschränkten Ängste. Verbundenheit und Trennung sind wesentlich im Säugetierbereich. Die Trennungsängste sind z. B. in der Bindungsforschung über die Untersuchungen der Situation der Fremden nach M. Ainsworth gut belegt. Trennungen und Abschiede beinhalten eine potenzielle Beendigung der Vertrautheit und die Gefahr der Auflösung der Zugehörigkeit. In alten Kulturen wurde die Auflösung der Zugehörigkeit zu der Gemeinschaft in Form der Verbannung als Mittel benutzt, Menschen zu bestrafen und Exempel zu statuieren (siehe die Verbannung und der Todeskummer des legendären lateinischen Dichters Ovid). In der Tierwelt führt die Verbannung aus der Herde oft zum Tod des ausgestoßenen Tiers. Auswanderungsbewegungen führen auch zur Beendigung von Zugehörigkeit, wenn die einzelnen Ausgewanderten sich von ihrem Ursprungsland bewusst und unterbewusst lossagen.

In bestimmten Zusammenhängen ist das Zugehörigkeitsgefühl existenziell. In der psychotherapeutischen Arbeit ist das Phänomen der nichtgewollten Kinder bekannt und auch gut erforscht. Die Wahrnehmung, von direkten Bezugspersonen unerwünscht, ungewollt zu sein und demnach sich dem Familienverband nicht oder nicht ganz zugehörig zu fühlen, stürzt sie in existenzielle Nöte und häufig in einen lebenslangen Kampf mit etlichen Übertragungen auf spätere Beziehungen im Erwachsenenalter. Je enger das Gefühl und/oder das Bedürfnis nach Zugehörigkeit, desto stärker wird das Empfinden einer Verlusterfahrung, desto intensiver wird anschließend der Trennungsschmerz. Die in der Kindheit erfahrene Qualität der Bindung und Trennungen von den Bindungspersonen beeinflussen maßgeblich im Erwachsenenalter den persönlichen Umgang mit emotionalen Zuständen und Verhaltensweisen in Trennungssituationen.

Dem Zugehörigkeitsgefühl verbunden sind soziale Ereignisse wie Aufnahme oder Ausschluss eines Mitgliedes sowie natürliche oder unnatürliche Trennungen und die damit verschränkten Gefühle der Trauer oder des körperlichen Schmerzes. Stammesgeschichtlich haben sie wie die damit verbundene Trauer eine zugehörigkeitserhaltende Funktion. Trauer hat deshalb den Nutzen, soziale Bindungen zu stabilisieren bzw. aufrechtzuerhalten. Trauer fördert also die Wiedervereinigung und hält die emotionale Verbundenheit während der Abwesenheit aufrecht und dient der Bewältigung des Verlustes. Wenn z. B. der Clanführer seinen Stamm verlassen muss, sind Trauergefühle wichtig, damit der Stamm den Anführer vermisst und nicht sofort einen neuen Führer aussucht. In ähnlicher Weise funktioniert es in der Partnerschaft, wenn ein Partner für eine längere Zeit verreist ist oder verreisen muss.

So existenziell die Verweigerung von Zugehörigkeit oder der Ausschluss von einer Community, so existenziell kann die Aufnahme einer Person in eine Community werden. Im Essay *Meine Heimat?* beschrieb ich, wie mich die Massenzeremonien beeindrucken, als die amerikanischen Behörden Einwanderer mit einer gefühlsbetonten Zeremonie zu amerikanischen Staatsbürgern machten. Die Ernsthaftigkeit, die Tränen, die Bewegtheit der Einwanderer waren nichts anderes als Ausdruck der Freude und des Glücks, das ersehnte Ziel erreicht zu haben: sich mit Brief und Siegel zugehörig zu fühlen. Was zentral in diesen Momenten ist: Das ist ein beiderseitiger Akt. Der eigentliche Vorgang ist ein formeller, ein bürokratischer. Aber der Ritus, die Fahnen, die Urkunden verliehen der Handlung eine Ernsthaftigkeit, weil sie auf die emotionale Entsprechung schließen läßt. Demzufolge waren die eingebürgerten Einwanderer und die innere Einstellung einer Nation in gegenseitiger Resonanz. Diese Art von Resonanz ist in den europäischen Ländern nicht geläufig. Historisch gesehen ist Deutschland der Nachkriegszeit auf zeitbegrenzte »Einwanderung« eingestellt. Wie oben beschrieben: zugleich gewollt und nicht gewollt.

IX.

Inzwischen steckt F. B. weniger in der Double-Bind-Falle als am Anfang seiner Anwesenheit in Deutschland. Doch in der literarischen Gegenwart sich nicht anwesend zu erleben, zeichnet seine literarische Präsenz aus. Genauer: anwesend und abwesend zugleich. Insofern anwesend, weil seine literarischen Aktivitäten zeitweise auch in reduzierter Form weiterlaufen und ein Teil seiner bisherigen Realisate, auch wenn mit etlichen Erschwernissen, publiziert worden ist – de facto hat sich kein Verlag ernsthaft dafür interessiert, ihn für eine gewisse Kontinuität des Werkes zu unterstützen, aber in Zeiten der Vermarktung und Kommerzialisierung literarischer Erzeugnisse wäre es zu viel verlangt.

Diese Erscheinung gehört zudem zur Abwesenheit eines Gegenübers für sein Werk.

Die Gegenwartsliteratur – wie oben angesprochen – zeigt keine Anzeichen einer Reparatur der eingeschlagenen (Fehl)Entwicklung. Eine schleichende Angleichung zeigt sich durch die verstärkte Präsenz von Standarddeutschwerken vieler Autoren fremdsprachiger Herkunft. Solche Gegenwartsautoren wie F. Zaimoglou, R. Schami und J. Oliver sind vom Sog der standarddeutschen Literatur dermaßen absorbiert, dass sie im gerade erschienen *Große ABC für interkulturelle Leser* nicht einmal im Anhang im Corpus der interkulturellen Literatur in Europa angeführt werden. Im Gegenzug harrt die interkulturelle Literatur in einem Nischendasein und es könnte eine Frage der Zeit sein, bis sie völlig ignoriert wird.

Durch seine langjährige Arbeit als psychologischer Psychotherapeut, der sich in den letzten zehn Jahren im Bereich der Traumatherapie, speziell auf die Behandlung struktureller Dissoziationen, spezialisiert hat, weiß er, dass Fragilität und Ignoranz zwei dissoziierte Anteile einer traumatisierten und relativ normal funktionierenden Person sind. Er hat ebenso die Erfahrung gemacht, dass Gegenwartsgesellschaften zum Thema Trauma Fragilitäten allzu gerne dissoziieren und ignorieren. Dieses Phänomen ist wissenschaftsgeschichtlich auch für zwei Traumabereiche gut belegt: für den Bereich des sexuellen Missbrauchs und für den der Kriegstraumata.

Psychische Traumata durch sexuellen Missbrauch sind seit 1860 bekannt; J.-M. Charchot, P. Janet und M. Prince hatten den Zusammenhang zwischen hysterischen Symptomen jüngerer Frauen und erlebtem sexuellen Missbrauch herstellen können. M. Prince machte schon 1906 Bemerkungen zum Phänomen der multiplen Persönlichkeit und P. Janet entwickelte sogar Anfang des 19. Jahrhunderts ein Dissoziationskonzept, das bis zum heutigen Tag Gültigkeit erfahren hat und letztendlich auch neurobiologisch bestätigt wurde. Doch Leute wie S. Freud und weitere Vertreter der Psychoanalyse kamen der bürgerlich rigiden Gesellschaft gelegen, sich vom Traumakonzept wegzubewegen und Konzepte zur Triebhaftigkeit des Menschen und dessen Abwehrmechanismen den Vorzug zu geben. Erst durch die frauenbewegten Teile der 1970er-Jahre-Gesellschaft konnte dieses Phänomen nicht ganz ignoriert werden, und es herrscht immer noch die gesamtgesellschaftliche Tendenz, die inzwischen (auch) neurobiologisch belegten Erkenntnisse zu ignorieren. So werden Opfer sexueller Gewalt unterbewusst in Kindergärten, Schulen und anderen öffentlichen Räumen nicht wahrgenommen. Auch wurden und werden die verheerenden Traumafolgestörungen wegen sexuellen Missbrauchs immer noch auch von vielen Fachkräften in der Psychiatrie und Kliniken hartnäckig ignoriert und psychiatrisch mit psychiatrischen Verlegenheitsdiagnosen etikettiert. Und demzufolge völlig inadäquat behandelt.

Im Rahmen der Kriegstraumafolgestörungen lief es nicht grundsätzlich anders. Der Erste Weltkrieg 1914–1918 produzierte etliche Kriegssoldaten mit extrem seltsamen Symptomen, denen dann ein britischer Psychiater den Namen *shell shock* gab. Da diese Diagnose die Kampfbereitschaft der eingesetzten Soldaten beeinflusste, gab der Heeresstab den Befehl, sie in eine harmlosere Diagnose umzuformulieren: »Not Yet Diagnosed Nervous«, und die Politiker nach dem Krieg, sie ganz zu tilgen, um Entschädigungsansprüche von Kriegsveteranen gar nicht aufkommen zu lassen. Die Leugnung der Traumafolgen des Krieges wurde beim Zweiten Weltkrieg nicht in einem solchen Ausmaß fortgesetzt. Der gleiche britische Psychiater, C. Mayr, und ein amerikanischer Kollege, A. Kardiner, berichteten darüber und entwickelten sogar Programme, durch die traumageschädigte Soldaten während des Krieges behandelt wurden, doch dann sorgte die Nachkriegszeit dafür, dass die traumaverknüpften Diagnosen aus der offiziellen Psychiatriediagnosestellung verschwanden. Erst die Folgen des Vietnamkrieges und der Aufbruch der frauenbewegten Siebziger öffneten ein Zeitfenster, aus dem die Traumafolgestörungen gesehen wurden und sie ihren berechtigten Platz in Erkennen und Behandeln eingeräumt bekamen.

Doch ist die Zeit der Ignorierung noch nicht überwunden. Auch wenn etliche Tatort-Folgen, Krimis, Romane und Erzählungen, auch wenn viele Illustrierte davon berichten und traumatisierte Afghanistan-Veteranen inzwischen eine mehr oder weniger adäquate Behandlung in Anspruch nehmen können, weigern sich viele Professionelle aus den ambulanten Diensten, aus den Psychiatrien und Kinderkliniken, ihr Fachwissen einem Update zu unterziehen, mit der katastrophalen Folge, dass viele Menschen nicht nur falsch diagnostiziert, sondern auch falsch behandelt bzw. retraumatisiert werden.

Diese kurzen historischen Skizzierungen zeigen, wie unliebsame Themen tabuisiert wurden und werden. Solange die dominanten Eigeninteressen einer Warengesellschaft, die in ihrem Unterbau Täterstrukturen aufweist, und die gesellschaftlichen Tendenzen weiterhin die öffentliche Wahrnehmung bestimmen, werden solche Trends schwer umgepolt werden können.

Diese Hinweise dienen auch als inhaltliche Brücke zur interkulturellen Literatur.

X.

Nicht dass F. B. die interkulturelle Literatur als traumatisiert betrachtet. Aber stark vernachlässigt ist sie wohl. Vor allem weitgehend ignoriert. Als existiere sie nicht in der bundesrepublikanischen Realität. Bekommt diese fehlende Resonanz einen chronischen Verlauf, droht ihr der Zusammenbruch. Ihre Anwesenheit verdankt sie noch den kleinen Nischen, die ihr eine Resonanz bieten. Ob sie den Überlebensmodus überwinden kann, hängt u. a. davon ab, ob der Resonanzboden sich beiderseitig erweitert.

Durch Leugnen ihrer vielzähligen Realitäten kann das Gefüge einer plurikulturellen Gesellschaft geschädigt werden. Auch wenn sie im gesellschaftlichen Wandel neue Gesichter bekommt, kann sie nicht vertrauen, dass das Vergessen alle Spuren ihrer Konstitution verwischt. Im Gegenteil. Die aktuellen Massenbewegungen des heutigen Zeitalters verweisen auf bevorstehende Umwälzungen moderner Gesellschaften. Zwar waren frühere Gesellschaften auf Vergessen ein- und ausgerichtet. So lassen die Zunamen vieler Menschen des heutigen Deutschlands auf Hugenottenvorfahren, auf polnische oder italienische oder ungarische Herkunft in den vergangenen Jahrhunderten schließen, Menschen also, die ihren Ursprung völlig verwischt zu haben scheinen.

Doch der Prozess der Auswanderungsbewegungen aus aller Welt und der Einwanderung in Deutschland und – in zunächst vermindertem Ausmaß – in anderen europäischen Ländern, beschleunigt sich. Die Erfahrung aus der jüngsten Geschichte zeigt, dass dadurch bikulturelle Gedächtnisse sich in die deutschsprachige Gesellschaft einweben. Und unvermindert zur Sprache kommen wollen.

Ja, F. B. kann sich schwer vorstellen, dass der Anpassungsdruck nur in eine Richtung bestehen bleibt. F. B. geht eher davon aus, dass Nationalliteraturen ihren Zenit überschritten haben. Dass sie unumstößlich zu interkulturellen Literaturen werden.

Hanau, im Dezember 2015

LITERATURLISTE

Antonovsky, A.: Salutogenese. Zur Entmystifizierung der Gesundheit. Erweiterte deutsche Ausgabe v. A. Franke. Tübingen 1997.

Biondi, F.: Ode an die Fremde. Gedichte. St. Augustin 1988.

Biondi, F.: Der Stau. Roman. Frankfurt a. M. 2001.

Chiellino, C.: Das ABC für interkulturelle Leser. Jahrbuch für Internationale Germanistik. Reihe C, Bd. 10. Bern 2016.

Ellenberg, H. F.: Die Entdeckung des Unbewussten. Geschichte und Entwicklung der dynamischen Psychiatrie von den Anfängen bis Janet, Freud, Adler und Jung. Zürich 1987.

Schore, A.: Affektregulation und die Reorganisation des Selbst. Stuttgart 2007.

Van der Hart, O./Nijenhuis, E./Steele, F.: Das verfolgte Selbst. Strukturelle Dissoziation und die Behandlung chronischer Traumatisierung. Paderborn 2008.

Van der Kolk, B.; Verkörperter Schrecken: Traumaspuren im Gehirn. Geist und Körper und wie man sie heilen kann. Lichtenau/Westfalen 2015.

DOKUMENTATIONEN

FRANCO BIONDI/RAFIK SCHAMI

LITERATUR DER BETROFFENHEIT
Bemerkungen zur Gastarbeiterliteratur[1]

»*Ob ich Zugang zur deutschen Kultur gefunden habe? Wie sollte ich? Nicht mal die deutschen Arbeiter haben Zugang zur sogenannten ›deutschen Kultur‹. Die ist nämlich eine Kultur der höheren Deutschen für höhere Deutsche.*«[2]

Antonio Hernando

Dieser Aufsatz soll die Literatur der Gastarbeiter behandeln; doch ohne uns ein Bild von der Lage der Gastarbeiter zu schaffen, ohne die Frage der Kultur zu klären, kann dieses Thema nur bruchstückhaft diskutiert werden. Diese fundierte Behandlung aber – so sehr sie verlockend logisch anmutet – sprengt den Rahmen dieses speziellen Aufsatzes. Vielleicht kann der Hinweis auf die vorhandenen Teilstudien den Leser trösten.[3]

Nimmt man an, die Literatur der Gastarbeiter ist der Ausdruck ihrer Lage, dann muss man fragen, weshalb diese Literatur zwanzig Jahre lang kaum in Erscheinung trat. Es lässt sich leicht erklären, dass diese Literatur als Bestandteil der oppositionellen Literatur unterdrückt wurde, aber diese Erklärung genügt nicht. Die sozialökonomischen Bedingungen, unter denen die Gastarbeiter leben, stellen einen wichtigen Faktor dar. Dazu kommt der kulturelle Faktor, der meist vernachlässigt wird, ohne den die literarische Aktivität bzw. Inaktivität aber nicht zu verstehen ist.

Die Gastarbeiter kommen meist aus südlichen Ländern, sie kommen aus ländlichen Gebieten und sind von der dortigen kulturellen Entwicklung geprägt. Sie kommen hierher und erleben einen Bruch, denn sie werden in eine festgefügte, auf einem anderen Stand der Entwicklung sich befindende Kultur hineingeworfen. Dieser Bruch in der kulturellen Entwicklung ähnelt sehr der kulturellen Katastrophe, die die Kolonialvölker erlitten. Das Resultat ist eine Phase des literarischen Verstummens, die kurz oder lang dauern kann. In dieser Phase versucht der Gastarbeiter zuerst, mit seiner Umwelt und seiner Identität klarzuwerden. Es ist ein umwälzender Prozess, durch den einerseits mancher fließend schreibende Literat für immer stumm wurde; andererseits ein Gastarbeiter, auch mit geringer Schulbildung, zum ersten Mal begreift, wie wichtig es ist, seine Erfahrung zu vermitteln.

Gesellschaftliche Wirklichkeit in der Literatur der Gastarbeiter

Viele schreiben, um ein Zeugnis über ihre Erlebnisse, um ihre Erfahrung in der Fremde zu hinterlassen. Ihre Berichte über die Demütigungen des Alltags prangern die Peiniger der Gastarbeiter an. Denn

> wenn das Drama der erzwungenen Entwurzelung zuerst und der erzwungene Aufenthalt danach ihnen bewusst wird, so entsteht bei ihnen das Bedürfnis, anzuklagen, zu protestieren, aus der Isolation hervorzuheben, indem sie die schärfste, die friedlichste, die humanste Waffe, die existiert, benutzen: das Wort.[4]

Es ist kein Zufall, dass gerade die Fragen der Identität und der Bedingungen, unter denen die Gastarbeiter leben, die Hauptthemen dieser Literatur darstellen. Wenn man die Behandlung dieser Fragen liest, stellt man zwischen den Gastarbeiterliteraten große Gemeinsamkeiten fest, trotz der Verschiedenheit ihrer Herkunft. Bekanntlich stellen die Gastarbeiter eine ethnische Minderheit im Vielvölkerstaat dar, ohne jedoch die Voraussetzungen zu haben, die solche Minderheiten in den rückständigsten Ländern haben (so z. B. Schutz vor Ausweisung). Deshalb ist ihre Reaktion auf das Ausländerdasein ähnlich. Die Nuancen werden dabei von den verschiedenen Lebensgeschichten hervorgerufen, die mitunter für die Unterschiede der Anpassungsfähigkeit und Verarbeitung der Lage verantwortlich sind.

Viele Gastarbeiter schreiben mehr, als die Mehrheit der Leser sich vorstellt. Ein wichtiges Thema dieser Literatur ist das Schicksal des Gastarbeiters; d. h. ökonomisch gezwungen zu sein, aus der eigenen Heimat auszuwandern, oder besser formuliert, aus ihr verjagt zu werden, und die daraus resultierende Sehnsucht nach dieser Heimat, die in der Isolation der Fremde widerspruchslose, idyllische Züge bekommt, da der Gastarbeiter im neuen Land keine Heimat findet.

Der enge Zusammenhang zwischen den Verhältnissen, in denen der Gastarbeiter lebt, und seiner Suche nach einer Heimat wird u. a. am Beispiel des Buches *Im neuen Land* deutlich, denn obwohl das Thema ›Leben in der Bundesrepublik‹ sein sollte, kann man beim Durchlesen eine immer wiederkehrende Rückkoppelung auf die Ursprungsheimat feststellen und dies in fast jedem Gedicht und jeder Erzählung:

> In der Straßenbahn ist es ruhiger als auf dem Friedhof in meinem Dorf. An diesem Morgen muss ich an Pfarrer Markus denken, der so gerne in einer solchen Stille Messe halten würde.[5]

Auf der anderen Seite des Flusses gingen immer mehr Lichter an. Ich schloss die Augen und dachte an zu Hause, an Concetta, an Mario, an Pippo [...] und stellte mir die zwei Kinder vor, die wieder gewachsen sein mögen [...].[6]

...
und in Gedanken
kehrst du doch jeden Tag heim
hier mit unsichtbaren Ketten gefesselt
...[7]

...
einmal träumte ich
bei dir zu sein
ich raubte einen blick von dir
und kehrte zurück
einmal träumte ich
wir sind
zusammen mit den kindern
...[8]

Die Gastarbeiter wurden hierhergeholt und sie brachten ihre suggerierte Illusion mit: Zwei, drei Jahre und ich bin gerettet, ich kehre zurück, baue ein Häuschen, einen kleinen Laden oder kaufe einen Traktor, und das Leben gedeiht unter den gutgenährten Söhnen und Töchtern. Nicht nur das Ziel erwies sich für viele als die Karotte vor dem Esel, die ihm immer nah, aber unerreichbar bleibt. Das wäre die Arbeit in ihren Nationalstaaten auch gewesen. Vielmehr ist der Boden unter den Füßen der Gastarbeiter unsicher; diese Schwebe, diese Unsicherheit während der langen, schmerzvollen Jahre in der Fremde, durch die Fülle von Gesetzen, durch den behutsam genährten Hass gegen Ausländer; das alles führt langsam zur Ernüchterung und zur qualvollen Feststellung: Es klappt nicht wie geplant, und man wird weder in der neuen noch in der alten Heimat akzeptiert. Als Resultat dieser Ernüchterung fängt die Beschäftigung mit dem Aufnahmeland allmählich an.

Diese Unsicherheit, dieses Leben mit einem »Koffer [und] eine[m] Pass«,[9] ohne den »ein Mensch [...] nicht mehr gültig [ist]«[10] und mit einer Aufenthaltserlaubnis, ist der wesentliche Unterschied zwischen den heutigen Gastarbeitern und den früheren Emigranten in einem typischen Einwanderungsland wie den USA oder Südamerika. Ein Italiener, ein Pole oder ein Araber hatte sich dort nach zehn, fünfzehn Jahren, obwohl er immer noch diskriminiert wurde, niederlassen können. Die Diskriminierung führte dort zur Ghettobildung, aber das Damoklesschwert der Ausweisung verschwand, und die Einwanderer schlugen in der neuen Heimat in dem Maße Wurzeln, in dem sie sich von der alten entwurzelten. Der heutige Gastarbeiter, ohne diese Voraussetzungen, ist »von allem entwurzelt/ verwurzelt in nichts«.[11]

Dies kann man dort an der damaligen Emigrantenliteratur und hier an der heutigen Gastarbeiterliteratur ablesen. Die Existenz der Gastarbeiter ist hier von der Konjunktur der Wirtschaft abhängig und am allerwenigsten kann der Gastarbeiter sie beeinflussen. Seine Unsicherheit wird daher in der Zeit der Krise am deutlichsten, vor allem wenn er Tag und Nacht »Deutschland den Deutschen« hört. Ob mit faschistischem Ton der NPD oder mit einem liberalen Geschreibe des Herrn Jürgen Schilling,[12] der das Wort vom »Rausschmeißen der Türken« durch die »liberale« Übersetzung »Repatriieren der Türken« ersetzt, beide wollen dasselbe: das Schwert fallen lassen. Dass darunter eine Familie »schläft«, stört sie bei ihren »Recherchen« nicht.

Das Ausmaß der Betroffenheit wird deutlich, wenn man sich überlegt, dass sich ein Italiener mit einem Türken mit nicht mehr als 100 Wörtern oft besser verständigen kann als mit einem Deutschen, obwohl er ihm ebenfalls fremd ist. Das Ausmaß der Betroffenheit wird verständlich, wenn man sieht, dass Ausländer mit perfektem Deutsch es schwierig haben, einem deutschen Kollegen klarzumachen, dass ein Angriff gegen sie eigentlich ein Angriff gegen ihn ist. Gerade die Betroffenheit ist aber unentbehrlich für die Solidarität. Diese Verbindung zwischen Betroffenheit und Solidarität macht den legendären »wilden« Streik bei Ford 1973 verständlich, aber sowohl dieser Streik als auch die tausend kleineren Kämpfe der Gastarbeiter zeigen deutlich, dass, solange mitbetroffene Deutsche kein Verständnis für die Lage der Gastarbeiter und die Ziele der Kämpfe haben, diese isoliert und hoffnungslos bleiben. Die Herrschenden haben es verstanden, ausgerüstet mit der Übermacht der Massenmedien, einen Keil zwischen alle Betroffenen zu schlagen. Der Fremde gilt so als Konkurrenz, aber auch als Verkörperung des Gewünschten.[13] Dies alles führt einerseits zu verzweifelten Versuchen vieler Gastarbeiter zur Überanpassung, die bei der zweiten Generation noch deutlicher zu sehen ist,[14] andererseits zur Einschalung der Gastarbeiter in kleinen länderbezogenen Gemeinschaften, ob Kulturgemeinden oder auch einfach Kneipen von Landsleuten, die als Ersatz für die Heimat, als Fluchtort vor den Ängsten und vor allem als Stärkungsspritzen für die geschwächte Identität dienen. Durch diese Ghettos ziehen sich wiederum Grenzen nach ethnischer, religiöser und kultureller Zugehörigkeit. Es ist bekannt, dass Türken und Griechen große Hürden überwinden müssen, um miteinander zu kommunizieren. Diese sind durch die historische Entwicklung verursacht, ihre Größe hängt davon ab, wie bewusst sie den Einzelnen sind, vor allem weil die Bourgeoisien beider Länder bis heute noch imstande sind, von ihrer Krise auf den »Erzfeind« abzulenken. Weniger bekannt ist jedoch der Abgrund zwischen Nord- und Süditalienern, zwischen Türken und Kurden aus der Türkei. Dies alles führt einerseits zur Schwächung der nationalen Abgrenzungen in den Ghettos, aber manchmal auch zur Schwächung der Solidarität unter den Gastarbeitern, die durch die aufgezwungene Konkurrenz noch zusätzlich geschwächt wird. Die erste Aufgabe der Gastarbeiterliteratur liegt gerade im Kampf gegen die aufgezwungene Trennung unter sich und zwischen ihnen und den deutschen Arbeitern.

»Südwind-Gastarbeiterdeutsch«

Emigranten- und Exilliteratur gibt es schon, seit es Unterdrückung und Ausbeutung gibt. Wegen ihrer Reichhaltigkeit ist es unmöglich, sie auch nur zu schildern, auch wenn man sich auf die letzten zwei Jahrhunderte beschränken wollte, in denen auch erstmalig der Begriff »Nation« seinen historischen Inhalt bekam. Denken wir an Tausende von Schriftstellern in Amerika, die aus verschiedenen Nationen stammten und in der 1. Generation Arbeiten u. a. in spanischer, italienischer und arabischer Sprache lieferten. Um ein anderes Beispiel zu erwähnen: Die Emigrantenliteratur in Arabien Ende des 19. und Anfang des 20. Jahrhunderts stellte in Form und Inhalt einen gewaltigen Fortschritt dar, der tiefgreifenden Einfluss bis heute hat. Auch in Mitteleuropa war die Emigrantenliteratur nicht weniger interessant, wenn auch hier die Arbeitsemigranten, bedingt durch ihre dürftige Bildung und ihre grausamen sozialen Verhältnisse, keine unmittelbare Rolle spielten im Vergleich zur Rolle der politischen Exilanten der verschiedenen europäischen Nationen, von Marx und Heine bis Brecht und Benjamin, um deutsche Beispiele zu wählen.

Das Exil betraf Einzelne, während die Arbeitssuche Massen betraf. Vergleicht man die Literatur der früheren Arbeitsemigranten mit der heutigen Gastarbeiterliteratur, so findet man große Ähnlichkeiten und auch Unterschiede. Ähnlichkeiten, weil der Grund der Emigration, die Misere des Herkunftsortes und der Fremde ähnlich sind. Unterschiede, weil die Umwelt, in der diese Literatur entsteht, und dazu gehört der Schriftsteller selbst, sich geändert hat.

Einer dieser grundlegenden Unterschiede liegt im Grad der Kenntnisse über die Ursachen der Emigration. Immer klarer wurde es den

Betroffenen, dass ihre Emigration keine gottgewollte Naturkatastrophe, sondern eine Folge der herrschenden ökonomischen Verhältnisse ist. Hier genau liegt der Grund, weshalb wir zum ersten Mal in der Geschichte der Emigration mit der bisherigen Tradition gebrochen haben, der Tradition nämlich, dass höchstens nationale Zusammenschlüsse von Literaten entstanden, die in eigener Sprache für ihre eigenen Landsleute schrieben. Das ist verständlich im 19. und Anfang des 20. Jahrhunderts und letztlich sein Ausdruck, aber ineffektiv, da diese Literatur, beschränkt durch den nationalen Rahmen, das internationale Problem der Emigranten kaum verarbeiten, geschweige denn Ansätze zu einer Lösung liefern kann.

Eine effektive Gastarbeiterliteratur muss sich daher von Anfang an multinational gestalten. Nur so kann die Lage der Gastarbeiter umfassend beleuchtet werden, um danach eine Lösung zu finden.

Ein erster notwendiger Schritt war daher die Planung und der Beginn einer literarischen Reihe, *Südwind-Gastarbeiterdeutsch*, an der in der BRD lebende Gastarbeiterliteraten verschiedener Nationalitäten teilnehmen. Der zweite Schritt ist die Gründung eines Vereins für die in der Bundesrepublik in Bild, Ton oder Wort kulturschaffenden Ausländer, der sowohl für bessere Kommunikation unter den ausländischen Literaten und Künstlern als auch für den Kampf für ihre Rechte geeignet ist.

Nun wird es auch andere Bücher über Ausländer und auch mit Ausländern geben.[15] Ihre Einmaligkeit zeigt jedoch, wie gering diese guten Leute die Rolle der Gastarbeiter einschätzen, mit anderen Worten, wie wenig das Problem der Gastarbeiter in das Bewusstsein der Linken eingedrungen ist. Von der buchmarktbedingten Ereiferung der »Meinungsmacher« ganz zu schweigen. Anders ist die Ambition einer Gastarbeiterliteratur, nämlich kontinuierlich das Wort der Gastarbeiter in die Öffentlichkeit zu bringen.

Form und Inhalt der Gastarbeiterliteratur

Die Form der Gastarbeiterliteratur ist mannigfaltig, obschon das mündlich Überlieferte, Volkstümliche eine bedeutende Rolle spielt. Es ist sicher, dass nur die wenigsten Autoren mehr oder weniger einen Überblick über Fragen der Ästhetik haben. Sie experimentieren bewusst mit der Form, um Inhalte anders zu vermitteln. Die Mehrheit der Autoren sind keine eingeweihten Literaten; sie verwenden im Gedicht oder in der Prosa volkstümliche oder erzählerische Strukturen, was in den südlichen Ländern große Traditionen hat. Vergleicht man jedoch die hiesige Gastarbeiterliteratur mit der dort gegebenen Literatur, so findet man, dass beide wiederum sehr verschieden sind, da der Ursprung der Autoren und der Einfluss der hiesigen Kultur auf die einzelnen, auch aus dem gleichen Land stammenden Autoren, verschieden ist. Man findet bei einem und demselben Autor beispielsweise realistische wie auch surrealistische Elemente, ohne dass dieser Autor die Entwicklung der Literatur im mitteleuropäischen Raum bewusst verfolgte. Es ist selbstverständlich leicht, z. B. die Arbeit eines Autors als Mischung von Gorki und Brecht zu klassifizieren, aber das wäre falsch: Die komplizierten Erfahrungen der Gastarbeiter können durch Karteikartendenkmethoden nicht erfasst werden.

Auch die Abstempelung dieser Literatur als Proletkult ist leichtfertig und würde latent in eine Verfälschung münden. Wie schon erwähnt, gehen viele Gastarbeiter vom mündlichen Erzählen aus, aber gerade diese Form der Literatur hängt sehr stark vom Erzählenden ab: Eine und dieselbe Geschichte erfährt je nach Erzähler gravierende Änderungen. Dieses Element ist wichtig, um die Literatur der Gastarbeiter zu verstehen. Die Vielfalt der Umgebung, aus der die heutigen Gastarbeiter stammen, wo ein römischer Pflug neben einem IBM-Computer gebraucht wird, die Vielfalt des Umfeldes, in dem der Gastarbeiter in der Bundesrepublik wirkt, bilden den gemeinsamen Boden, auf dem eine Literatur entsteht, bei der ästhetische Kategorien aus der Realismusdebatte als unzulänglich betrachtet werden können. Zuweilen ist also eine genaue Lektüre erforderlich, um den Zugang zu den »Bildern« und Inhalten zu bekommen. Andererseits ist aber für manche Lektoren oder Dilettanten ihr Schema ausschlaggebend und nicht die erforderliche Anstrengung; ihre Scheren fielen jahrzehntelang über die literarischen Arbeiten der Gastarbeiter her. Das Resultat war ein dem Gastarbeiter fremdes Produkt. Um die Sache nicht im Allgemeinen zu lassen, führen wir zwei Beispiele an, die die Tiefe des Problems deutlicher machen:

Volkskultur und Heimat haben im deutschen Sprachraum einen faschistischen Nebengeschmack, der sowohl Antonio Gramsci als auch Nazim Hikmet und auch uns fremd ist.[16]

Gehen wir noch einen Schritt weiter: Auch Linke lächeln bei einem Stück eines 57-jährigen Gastarbeiters, der den Tod seiner Mutter beweint.[17] Wir teilen dieses Lächeln nicht. Nicht weil wir emotional eine sippenhafte Solidarität mit unseren Kollegen ausüben, sondern weil wir die Liebe zur Mutter in ihrem historischen Kontext verstehen.

Die Entwicklung der Gastarbeiterliteratur und ihre Perspektiven

Bis jetzt ist wenig über die Gastarbeiterliteratur geschrieben worden. Wenn man diese Literatur in der Bundesrepublik bis zu ihren Anfängen zurückverfolgt, dann findet man, dass die italienischen Gastarbeiter die reichhaltigste, durch Dokumente belegte Erfahrung sammelten. Neben Briefen, Gedichten, Romanen und Erzählungen, die sie, häufig sogar gegen Bezahlung, in ihrer Heimat veröffentlichten, haben sie in der Bundesrepublik seit 1951 Veröffentlichungen in der Wochenzeitschrift für Emigranten *Corriere d'Italia*, vor allem verstärkt seit 1974. Seit 1970 haben sie, erstmals durch einen christlichen Verein, dann durch Arbeiterinitiativen, Wettbewerbe für Dichtung und seit 1978 für Prosa durchgeführt. Seit 1974 geben sie eine monatliche, einfach vervielfältigte Literaturzeitschrift heraus, die in der Küche eines Elektrikers hergestellt wird; dieser veröffentlichte neben der Zeitschrift auch noch ca. 50 Gedichthefte mit Werken von über 20 italienischen Gastarbeitern.[18] Hier findet man auch eine tiefgreifende Debatte über die Literatur der Gastarbeiter, vor allem durch Beiträge und Interviews, die durch den Gastarbeiter Vito d'Adamo geleistet wurden. Die offizielle Kulturmafia schloss sich freiwillig aus der Diskussion aus.

Andere Volksgruppen haben bestimmt Ähnliches, aber wir haben bis jetzt nicht die Möglichkeit gehabt, dies zu erfassen.

Es gibt viele Autoren, die neben verschiedenen Beiträgen für Zeitschriften auch eigene Werke in deutscher Sprache veröffentlichen (auch wenn nicht alle in deutscher Sprache geschrieben wurden), so z. B. Aras Ören (mehrere Gedichtbände), Jusuf Naoum *(Der rote Hahn)*, Rafik Schami *(Andere Märchen)*, G. Aparicio, S. Taufiq u. a. *(Wir sind fremd, wir gehen fremd)*, F. Biondi *(Nicht nur Gastarbeiterdeutsch)*, G. Aparicio *(Meine Wehen vergehen)*, Güney Dal *(Wenn Ali die Glocken läuten hört)*.

Südwind-Gastarbeiterdeutsch ist der erste Versuch, die Literatur der Gastarbeiter selbständig und kontinuierlich herauszugeben. Er geht vom Bewusstsein aus, dass diese Literatur keine Rezepte liefern kann, aber sie kann die Verhältnisse bloßlegen, unter denen die Gastarbeiter leben und »unter denen ein Mensch zum Gastarbeiter gemacht wird, damit sie aufgehoben werden können.«[19] Diese Reihe will dazu beitragen, diese zerstreute, vernachlässigte und unterdrückte Literatur zu erfassen. Dieser kulturelle Widerstand ist wichtig und möglich. Einerseits, um gegen die durch die ökonomische Vormachtstellung des offiziellen Kulturbetriebes hervorgerufene Geringschätzung gegenüber den Gastarbeitern und ihrer kulturellen Leistungen anzugehen; »andererseits ist das der Wirksamkeit des kulturellen Widerstandes dieser Massen zu verdanken, die politisch beherrscht und wirtschaftlich ausgebeutet in ihrer Kultur den einzigen Halt finden, um ihre Eigenständigkeit zu bewahren.«[20]

Diese Literatur ermöglicht zugleich den kulturellen Austausch zwischen »Inländern« und Gastarbeitern. Sie bleibt jedoch autonom gegenüber der Literatur des Ursprungs und der neuen Heimat und ist zugleich eine Bereicherung derselben. Sie richtet sich vor allem gegen die eindimensionale, folkloristische Gestalt, in der die Kultur der Gastarbeiter gerne gesehen wird, wie auch, bei zunehmendem Rückgang der Arbeiter- und Studentenbewegung, der Internationalismus auf diese dekadente Ebene gesunken ist.

Die Literatur der Gastarbeiter ist aber auch eine Selbsthilfe zur Verteidigung der Identität, ein Schritt im Selbsterkenntnisprozess, denn sie bietet die Möglichkeit, unser Problem nicht als ein individuelles Problem eines Mustafa aus Istanbul oder eines Jannis aus Kilkis anzusehen, der Pech hatte, zur falschen Zeit gekommen zu sein, in falscher Fabrik gearbeitet und im falschen Ort gewohnt zu haben, sondern als ein gemeinsames Problem von über 4 Millionen, ja von 60 Millionen Bürgern der Bundesrepublik. Diese Erkenntnis ist die erste Voraussetzung für die Formierung eines vernünftigen Widerstandes; dabei spielt das Wort in Zeiten der Desorganisierung, in Zeiten der grausamen Ruhe, eine beachtliche Rolle in der Zerbrechung der Isolationsmauern und im lebendigen Beweisen der trivialen Wahrheit, dass die importierten Arbeitskräfte an einem Menschen hängen. Sonst bleibt diese Wahrheit eine moralische Wortspielerei.

Durch diese literarische Arbeit sagen die Gastarbeiter praktisch, dass sie keine Vermittler und keine Regisseure brauchen, die zwanzig und mehr Jahre lang nichts sahen und auf einmal entdecken, dass es sich lohnt, so viel Mist wie möglich an den Tag zu fördern, damit die schon lange bekannten Tatsachen und »Lösungsvorschläge« unter ihrem Namen patentiert werden.[21] Dabei stellt man alsbald fest, dass die Erkenntnisse dieser »Experten« über die Gastarbeiter primitiv und ihre Vorschläge zur »Lösung« einfältig sind. Ihre »kritische« Haltung entpuppt sich als erzreaktionär.

Auch die plötzlich überproportionale »Sorge« um die zweite Generation von manchen »kritischen« Vertretern dieser Gesellschaft ist, in unseren Augen, ein verkappter Versuch, von den Problemen der ersten Generation abzulenken, nachdem ihre »weniger kritischen« Kollegen jahrzehntelang das Problem angeblich »übersahen«.

Gerade in Zeiten der Krise ist es notwendig, mit allen Betroffenen nach einer Lösung zu suchen und nicht auf Situationen zu reagieren, sondern zu agieren. Die Literatur der Gastarbeiter sollte daher nicht nach Versöhnung suchen, denn es hat den Unterdrückten noch *nie* geholfen, den Unterdrücker um Milde zu bitten. Sie soll auch nicht vorhaben, die Probleme so sanft zu umschreiben, damit der Spießbürger nicht provoziert wird, denn er ist auf der ganzen Linie provoziert, indem Gastarbeiter z. B. schon zu Wort kommen. Sie soll vielmehr die ansprechen, die mit Gastarbeitern auf derselben Ebene stehen, aber auch die, die von ihrer Situation, wie sie noch ist und werden kann, erfahren wollen, damit sie sie besser verstehen. Hierbei wird versucht, die literarische Kommunikation zunehmend in Deutsch nachzuvollziehen, d. h. zunehmend in Deutsch zu schreiben. Damit wollte man und will man auch das Gemeinsame betonen, um Brücken zu schlagen zu den deutschen Mitbürgern und zu den verschiedenen Minderheiten anderer Sprachherkunft in der Bundesrepublik. Wir meinen nicht das vermutbare Problem der Sprachbewältigung, wenn wir davon sprechen, wie schwer es für einen Türken, Italiener, Araber, Spanier oder Jugoslawen ist, in Deutsch zu schreiben – vielmehr begibt sich der Autor schon hier auf eine Konfliktebene mit seiner Identität. Die Autoren bezahlen diesen Preis, weil sie sich bewusst sind, dass nur das gemeinsame Handeln mit allen Betroffenen die Gründe ihrer Betroffenheit aufheben kann.

© *1981 Franco Biondi, Rafik Schami*

ANMERKUNGEN

1 Wir gebrauchen bewusst den uns auferlegten Begriff vom »Gastarbeiter«, um die Ironie, die darin steckt, bloßzulegen. Die Ideologen haben es fertiggebracht, die Begriffe Gast und Arbeiter zusammenzuquetschen, obwohl es noch nie Gäste gab, die gearbeitet haben. Die Vorläufigkeit, die durch das Wort Gast zum Ausdruck gebracht werden soll, zerbrach an der Realität; Gastarbeiter sind faktisch ein fester Bestandteil der bundesrepublikanischen Bevölkerung. Weiterhin wird hier das Stigma »Gastarbeiter« bewusst eingesetzt, wie der Begriff »Prolet« seinerseits in den zwanziger Jahren eingesetzt wurde.
2 Antonio Hernando: Das Gastspiel eines Gastarbeiters. In: Franco Biondi u. a. (Hgg.): Im neuen Land. Bremen: Edition CON 1980 (=Südwind-Gastarbeiterdeutsch; 1), S. 109 ff.
3 Ernst Klee (Hg.): Gastarbeiter, Analysen und Berichte. Frankfurt a. M.: Suhrkamp 1972; Karl Markus Michel/Tilman Spengler (Hgg.): Kursbuch 62. Vielvölkerstaat Bundesrepublik. Berlin: Kursbuch/Rotbusch 1980; Paolo Cinanni: Emigration und Imperialismus. München: Trikont 1970; ders.: Emigration und Arbeitereinheit. Zur politischen Problematik der »Gastarbeiter«. Frankfurt a. M.: Cooperative 1979 und Lothar Elsner: Fremdarbeiterpolitik in Westdeutschland. Berlin/DDR: Tribüne 1970.
4 Sandro Casalini: Vortrag im WDR vom 29. 1. 1977.
5 Rafik Schami: Zwischen Traum und Straßenbahn. In: Biondi u. a. (Hgg.), Im neuen Land (wie Anm. 2), S. 33–45, hier S. 36.
6 Franco Biondi: Die Heimfahrt. In: Ebd., S. 57–73, hier S. 57.
7 Antonio Hernando: Finstere Nacht des Auswanderers. In: Ebd., S. 125 f., hier S. 125.
8 Suleman Taufiq: Segel der Sehnsucht. In: Ebd., S. 121–123, hier S. 122 f.
9 Vgl. ebd., S. 121.
10 Gino Chiellino: Gastarbeiter in Italien. In: Ebd., S. 5.
11 Vgl. Anm. 7.
12 Jürgen Schilling: Sind wir fremdenfeindlich, provinziell, vermufft oder gar rassistisch? In: DIE ZEIT, Nr. 48 vom 21. 11. 1980. Herr Schilling macht keinen Halt davor, die Türken als Hindernis einer deutschen Wiedervereinigung hinzustellen!
13 »Der ›Gastarbeiter‹ teilt nicht das Arbeitsethos der bundesrepublikanischen Bevölkerung: er ist faul, feiert häufig krank, leistet sich also mehr Lebenszeit [...]. Daneben existiert aber auch die Imago des

›Gastarbeiters‹, der sich dadurch auszeichnet, dass er mehreren Beschäftigungen nachgeht und sich nahezu rund um die Uhr abrackert, eine Menge Geld verdient [...]. Beide Imagines fallen empirisch in ein und derselben Person zusammen.« Rolf Haubl/Gerd-Peter Marck: Die Bombe lieben lernen. In: Michel/Spengler (Hgg.), Kursbuch 62 (wie Anm. 3), S. 173–181, hier S. 177 f. Und: »Gegenüber den ›Gastarbeitern‹ sind wir aufgerufen, einen Alltag zu verteidigen, den die kritische Reflexion als Zusammenbindung unerfüllter Wünsche aufschlüsselt.« In: Ebd., S. 176.

14 Die Frage der Identität ist bei der zweiten Generation noch verheerender, hier hat man es mit einem komplexen Zustand zu tun, je nachdem ob diese jungen Mitglieder der Reservearmee der Gastarbeiter Jahre ihrer Kindheit in der alten Heimat verbracht haben oder hier geboren wurden, hier wiederum je nachdem, ob in einer ausländischen oder gemischten Ehe.

15 So z. B. Michel/Spengler (Hgg.), Kursbuch 62 (wie Anm. 3), das unbestritten manche hervorragenden Beiträge enthält, aber auch den makabren Fehler, dass darin Ausländer kaum zu Wort kommen (nur: Franco Biondi: Eine Erzählung und G. Stafylidou: Eine Reportage).

16 Die Diskussion der Linken in letzter Zeit, sowie die verschiedenen Ansätze zur Herstellung einer neuen Beziehung zur Heimat ist als Bestätigung der Berechtigung unserer Haltung anzusehen. Siehe u. a.: Elisabeth Moosmann (Hg.): Heimat. Sehnsucht nach Identität. Berlin: Ästhetik-und-Kommunikation-Verlags-GmbH 1980.

17 Vgl. Giuseppe Fiorenza: Befreundete Hände sollen mich begraben. In: Biondi u. a. (Hgg.), Im neuen Land (wie Anm. 2), S. 80–82.

18 Es handelt sich um Antonio Pesciaioli, von Beruf Elektriker, der sich 1974 die Aufgabe gestellt hatte, literarische Texte von im Ausland lebenden Italienern zu sammeln und herauszugeben. Seit 1974 gelang es ihm, Texte von etwa 1.000 Italienern zu veröffentlichen. Die Literaturzeitschrift trägt den Namen *Il Mulino*.

19 Franco Biondi: Beitrag in *Corriere d'Italia* vom 19.12.1976.

20 Amilcar Cabral: Die Rolle der Kultur im Befreiungskampf. IKA-Materialien (1974), H. 3, S. 3.

21 Damit meinen wir nicht den bereits erwähnten Herrn Schilling, auch nicht die vielen »besorgten« FR-Redakteure, sondern solche wie in der Berliner Stadtzeitung *Zitty*, die ihren Umweltschutz in Schützenjagd auf die wilden Ausländer umwandeln. Siehe: Hans-Günter Kleff: Die Fremden in unserem Land. In: Michel/Spengler (Hgg.), Kursbuch 62 (wie Anm. 3), S. 27 ff.

»DIE UNVERSÖHNLICHEN«

Ein Briefwechsel zwischen Franco Biondi und Karl Corino

17. August 1994

Lieber Herr Biondi,

wie versprochen – hier die von mir annotierten Seiten Ihres Romans *Die Unversöhnlichen*.

Da Sie den Text ja vermutlich im Computer haben, habe ich mir erlaubt, mit dem Kuli zu »operieren« und die problematischen Stellen zu annotieren, zu unterkringeln oder mit Fragezeichen zu versehen. Mein Gesamteindruck: Sie sollten den Text noch nicht an einen Verlag geben – die sprachliche Gestalt ist noch unzulänglich.

Wie groß die Schwierigkeiten sind, kann ich mir nur allzu gut vorstellen, wenn ich mich nämlich in die Situation hineindenke, auf Italienisch zu schreiben. Es ist deutlich, dass Sie angesichts eines »gewöhnlichen« Stoffes, wie man ihn früher in Texten der Sorte »Literatur der Arbeitswelt« abhandelte, versuchen, schöpferisch zu schreiben, neue Formulierungen zu finden. Das ist ein hochriskantes Unternehmen, und ich fürchte, in einer ganzen Reihe von Fällen ist das Experiment gescheitert: das Ergebnis ist verkrampft, gesucht originell, unfreiwillig komisch.

Mancher meiner Einwände mag subjektiv sein – objektive Kriterien sind da schwer zu gewinnen, aber sie dürfen ziemlich sicher sein, dass immer da, wo ich den Stift gezückt habe, ein Problem verborgen liegt. Ich bin gerne bereit, mit Ihnen über diese Probleme zu reden, wenn Sie es für sinnvoll halten. Rufen Sie mich an, und wir machen einen Termin.

Ich gebe Ihren Text mal auch einem jungen, hochbegabten Praktikanten, der gegenwärtig bei uns ist. Er soll mal ein Gutachten schreiben und formulieren, wie diese Prosa auf ihn wirkt.

Einstweilen die besten Grüße
K. Corino

24. August 1994

Lieber Herr Corino,

ich hatte mich an Sie gewandt und lediglich danach gefragt, ob Sie – dank Ihrer Position und Erfahrung im Verlagsbetrieb – bei der Suche nach einem Verlag behilflich sein könnten. Durch Ihre zwei Briefe scheinen Sie mir äußerst indirekt mitzuteilen, dass Sie mir diese Hilfe nicht geben können.

Ich bedanke mich auf jeden Fall für Ihre Bemühung.

Zum Ton beider Schreiben an mich und zu Ihren hehren Absichten, mir mit Ihren Bleistifthinweisen im Typoskript helfen zu wollen, einen am Geschmack der herrschenden Leseart adaptierten Text zu liefern, möchte ich dennoch einige Sätze anmerken.

Sie enttäuschen mich. Sie gehen implizit davon aus, dass die sogenannten »Muttersprachler« (was heißt da Muttersprache? Ist eher nicht sinnvoll von institutionalisierter Sozialisationssprache zu sprechen?) die deutsche Sprache als ihren ausschließlichen Besitz begreifen und Fremde sich darin nur wie Gäste zu verhalten haben. Danach sind »Muttersprachler« das eigentliche Maß und die Messlatte über Zu- und Ausgänge in und von der deutschen Sprache. Es ist auch Ihr gutes Recht, daran zu glauben. Problematisch wird jedoch, wenn dieser Glauben absolutistisch bzw. ein Machtinstrument wird. Dann sehe ich mich vor einem Kultur- und Sprachzentrismus stehen, der seine kanonisierten Sprachregeln und -bezüge als allgemeingültig betrachtet und sie mir für meine Regeln und Zu- und Ausgänge vorschreiben will. Dieses Konzept geht also von einer hierarchischen Ordnung aus, wonach die Angehörigen der Mehrheit den Rahmen setzen, in der sich Sprache zu bewegen hat, und die Angehörigen der kulturellen und ethnischen Minderheiten dem zu folgen haben. Demgegenüber gibt es ein Konzept der Pluralität der Zu- und Ausgänge in und von der deutschen Sprache, wonach der Zu- und Ausgang der Eingeborenen – trotz ihrer Tradiertheit und Eingewurzeltheit – nur ein möglicher ist, der genauso relativ und subjektiv ist, wie die andere. Ich bin in diesem Konzept fast zu Hause. Dieses Konzept scheint in der amerikanischen, französischen und englischen Literatur eher praktiziert zu werden. Aber im deutschen Literaturbetrieb ist es so, dass Tradiertheit und Eingewurzeltheit in der deutschen Sprache ein Machtinstrument ist, das nur deutliche Annäherungen an den Kanon zulässt, aber dies führt zu einer Sprache mit geistigen und emotionalen Behinderungen – Handikaps, die sich in die DNS der Sprache einnisten können. Ich persönlich spüre die Starre, die aus den beiden an mich gerichteten Schreiben hervorgeht.

Mit herzlichen Grüßen
Franco Biondi

26. August 1994

Lieber Herr Biondi,

vielen Dank für Ihren Brief. Das ist ein weites Feld, wie es bei Fontane heißt – der übrigens auch ein Beispiel dafür liefert, wie der Angehörige einer eingewanderten (in diesem Fall: französischen) Minderheit zum deutschen Schriftsteller wurde.

Wie Sie wahrscheinlich wissen, bin ich derjenige gewesen, der der deutsch schreibenden Türkin Emine Ozdamer [sic!] vor ein paar Jahren den Bachmann-Preis verschaffte. Es hing damals an meiner Stimme, ob der »Babyficker« von Allemann oder der Roman der Ozdamer [sic!] den Preis bekommen soll. Ich sagte damals vor laufender Kamera, die deutsche Sprache und Literatur würden gegenwärtig von den Rändern her bereichert, von den Rumäniendeutschen ebenso wie von den deutsch schreibenden Türken, Italienern, Spaniern usw. Ranicki hat mich damals wegen dieser These zu seinem »Todfeind« erklärt und auch dies habe ich gleich wieder öffentlich gemacht. So möchte ich jetzt noch einmal betonen, dass ich den Texten deutsch schreibender Ausländer prinzipiell positiv gegenüberstehe. Aber das kann natürlich nicht bedeuten, dass es im Hinblick auf die literarische Bewertung irgendeinen Rabatt gibt. Dies gilt sowohl für die grammatische Korrektheit als auch für die sprachliche Innovation – es sei denn, man will die Texte von deutsch schreibenden Ausländern von vorn herein nur als sozialpsychologisches oder soziologisches Dokument werten. Einen Verstoß gegen die deutsche Grammatik, verunglückte Metaphern, misslungene Neologismen streiche ich in einem Buch-Manuskript einem Deutschen genauso an wie einem Ausländer. Die leitenden Prinzipien sind dabei der Duden und mein Sprachgefühl, wie es sich in fast fünfzig Jahren herausgebildet hat.

Generell meine ich, dass sich das Deutsche für Einflüsse von außen offener verhält als z. B. das Französische. Dort hat man vor kurzem ja ein Gesetz erlassen, das alle englischen Lehnwörter mit Acht und Bann und Geldstrafen belegt.

Nach Prozessen wurde das Gesetz so eingeschränkt, dass das »Franglais« (die Mischung aus Französisch und angelsächsischen Lehnworten wie hot dog, weekend etc.) nur in offiziellen Texten verboten ist – der berühmte Mann auf der Straße darf es weiterhin benutzen. Man stelle sich einmal vor, die Deutschen würden ein solches Gesetz gegen die englischen Lehnwörter erlassen!

Aber trotz dieser Offenheit des Deutschen für Einflüsse von außen kann es natürlich nicht angehen, dass nun jeder kommen und sagen kann: so wie ich spreche und schreibe, ist es korrekt, sprachlich originell und literarisch interessant, und jeder, der mich zu korrigieren wagt, ist ein sprachlicher Chauvinist. Sollte ich es z. B. je wagen, Italienisch zu schreiben, so wurde ich mich selbstverständlich von einer literarischen Autorität beraten lassen und ihren Ratschlagen folgen. Denn wenn man als 25-jähriger eine Sprache zu lernen anfängt (wie es mir in den Jahren 1966/67 in Rom widerfuhr), dann gelingt es einem meist nur noch partiell, in den Geist einer Sprache (in diesem Fall: in den Geist des Italienischen) einzudringen. Um literarisch zu schreiben, ist das absolut notwendig. Denn nur dann kann man die einer Sprache innewohnenden und von den »Muttersprachlern« vielleicht noch nicht genutzten Möglichkeiten entfalten, ohne dass diese Sprache vergewaltigt, verbogen, verunstaltet wird.

Wenn ich mir, mit Verlaub, Ihren Brief vom 24. 8. nehme, dann stelle ich z. B. an einer ganzen Reihe von Beispielen fest, dass Sie im Deutschen nicht genügend verwurzelt sind, sonst würden Sie z. B. nicht »Leseart«, sondern »Lesart« sagen und Sie würden nicht von der »Eingewurzeltheit« eines Zugangs reden. Dieses Bild würde nur stimmen, wenn Sie die Sprache vorher Verbis expressis als Baumhaus bezeichnen, dessen Flechtwände samt den Türpfosten noch im Boden wurzeln. Beim literarischen Schreiben gehört eine spezifische Sensibilität für die Herkunft von Worten und Bildern unbedingt zu den Voraussetzungen. Um es Ihnen vielleicht an einem italienischen Beispiel noch deutlicher zu machen: man muss oder sollte beim Gebrauch des Worts »auguri« wissen, dass es vom etruskischen Begriff des Augurs kommt, der bestimmte Vorbedeutungen aus dem Vogelflug las.

Eine Sprache ist in der Tat etwas, deren Gesetze mit der von Ihnen erwähnten DNS vergleichbar sind. Mit den heutigen Methoden ist es möglich, in die DNS neue Chromosomen einzuschleusen, so dass heute schon Kreuzungen von Schaf und Ziege möglich werden. Ob es je gelingen wird, Schaf und Wolf zu kreuzen – da habe ich meine Zweifel. Sie allerdings versuchen es mitunter ...

Mit einem schönen Gruß
Ihr K. Corino

9. September 1994

Lieber Herr Corino,

ich habe Ihr Schreiben erhalten. Es ist bedrückend, nicht nur weil es einen leicht überheblichen, polemischen Ton beinhaltet. Es ist vor allem deprimierend, da es eine beengte Sichtweise, die auf der deutschen Sprache lastet, reproduziert, und Sie es mir außerordentlich schwer machen, Ihnen doch noch zu begegnen.

Sie sprechen von Rabatt; Rabatt setzt voraus, dass Sie Sprache als Ware begreifen, wobei der Autor, dem hier unterstellt wird, Rabatt zu verlangen, ein Sprachkäufer wäre, was widersinnig ist, weil er eher als ein Sprachproduzent zu verstehen wäre. Und wer wäre dann der Sprachhändler? Sie vielleicht, der Sie Rabatt gewähren oder feste Preise verlangen können? Und wer beansprucht dann Besitz von Sprache?

Auch Ihr Beispiel mit den englischen Lehnwörtern in der deutschen Sprache unterschlägt die Machtfrage und vor allem die Tatsache, dass der Einfluss der englischen Einwanderer auf die deutsche Sprache als sehr gering einzuschätzen ist, wahrscheinlich geringer als der der marokkanischen. Aber Sie meinen mit Ihren Bemerkungen wahrscheinlich die internationalen Beziehungen, bei denen die Sprache funktional auf den Waren-Austausch bezogen wird. Oder Sie meinen vielleicht den Einfluss, der durch die permanente Anwesenheit der amerikanischen Streitkräfte in Europa entstanden ist?

Ich bin bei Ihren Ausführungen nicht klar gekommen, ob Sie vom Konzept ausgehen, dass man eine Sprache besitzen kann und es demzufolge ein Erbrecht dazu gibt, oder ob Sie ein Sprachignorant sind. Ich gehe von anderen Überlegungen aus. Auch wenn ich im prallen Leben eine

Interpendenz voraussetze: Was kommt doch zuallererst, die Erfahrung oder die Sprache? Und was spielt der eingebildete Machtanspruch auf Sprache für eine Rolle? Und die Einbildung, dass die Geburt in eine Sprache vererbte Vorherrschaft in dieser Sprache bedeutet? Natürlich kann man mit beanspruchter und ausübender Vorherrschaft auch die Vorschriften zur Sprache aufzudiktieren versuchen. Wenn Sie das Wort »Fisimatenten« betrachten, das man auf dem grünen Tisch des Dudens in einer zwar nachvollziehbaren Weise mit dem Mittelhochdeutschen »Visament = Zierat« verbunden hat, aber die Erfahrung derjenigen hessischen Dorfbewohner außer acht lässt, die dazu einen anderen konkreten Bezug haben, werden Sie vielleicht annähernd verstehen, was ich damit meine. Für diese, die ihre Töchter »heil« in die Heirat zuführen wollten, war natürlich das Werben der französischen Soldaten ein Problem: Visite ma tend, was dazu führte, den Mädchen zu sagen: Mach ka Fisimatente!

Schließlich Ihre Bemerkung von der »Bereicherung von den Rändern« schmeckt nach kolonialistischer Denkweise in der Sprache. Aber vielleicht verstehen Sie Bereicherung nicht so wörtlich und meinen das etwas harmloser: Im Sinne der Kleinmarkthalle in Frankfurt: Als Warenangebot für den deutschen Gaumen. Wenn es so wäre: Das wäre also, was Literatur heutzutage leisten sollte!

Wie Sie wissen, sind die Vertreter der Erbtheorie (für Intelligenz, Aggressionen, Rasse, Sprache etc.) überhaupt nicht zugänglich für die Annahmen über den Einfluss von Erfahrung, was sich für die Menschheitsgeschichte als verhängnisvoll erwiesen hat. Falls Sie vom Konzept ausgehen werden, dass die Erfahrung (eines Einzelnen, einer Gemeinschaft etc.) am Anfang steht und sich daran die Sprache bildet, dann müssten Sie auch zugestehen, dass eine Sprache sich aus Sprachwelten gründet. Diese können durch den Einsatz von Macht, aber auch durch Konsens der Sprachverwalter zusammengeführt werden, wie das Bayerische mit dem Sächsischen. Aber auch hier liegt im Ermessen der Sprachverwalter, die zu Sprachkonventionsbeschützern werden, ob bestimmte Erfahrungen und deren Sprache im von ihnen erlaubten Sprachuniversum zugelassen oder aus diesem gelöscht werden. Siehe oben mit Fisimatenten. Von daher muss man sich als Sprachverwalter oder »Sprachhüter« die Frage gefallen lassen, wie man sich zur Entstehung neuer Sprachwelten verhält, wie die, die in seinem Sprachschoss aus den Migrationsbewegungen hervorgegangen sind und weiterhin hervorgehen. Wenn dabei vom grünen Tisch behauptet wird, das gibt es nicht, dann sagt man auch, es gibt diese Erfahrung nicht. Ich behaupte, dass die deutsche Sprache in ihrer Anlage, voll in der Lage ist, fremdes Leben und die Kulturunterschiede in sich aufzunehmen und für andere, für die diese Erfahrung eine gravierende Differenz oder eine Provokation in Bezug zur eigenen Erfahrung sind, zugänglich zu machen. Und ich behaupte auch, dass fremdes Leben und die Kulturunterschiede die Sprachkonventionen und die Regeln der Sprachkonventionsbeschützer verletzen müssen, wollen sie sich wirklich in der und durch die Sprache darstellen.

Und das wäre nun eine gemeinsame Aufgabe von Autoren und Kritikern aus unterschiedlichem kulturellen und ethnischen Hintergrund: Die Möglichkeit der deutschen Sprache, das Fremde, den Unterschied auszudrücken, auszuloten und die gelieferten Modelle als Teil eines neuen Ganzen zu begreifen. Da Sie sich voreingenommen zeigen, frage ich gerne, ob Sie in der Lage sind, das zu beurteilen, was ich schreibe; und wenn ja, woher nehmen Sie Ihre Kompetenz. Es reicht nicht – insbesondere in einer Zeit aufbrechender Interkulturalität –, Kompetenz aus der Muttersprachlichkeit zu beziehen. Ich vermute eher, dass Kompetenz sich von der Fähigkeit herleitet, Fremde und Unterschiede zu begreifen.

Würden Sie Erfahrung als bedeutsame Kategorie für die Entwicklung des Sprachausdrucks sehen, müssten Sie dann Ihrem Mitarbeiter sagen, dass er seine deutsche Sprache erst mit Inhalten (sprich: Erfahrung) auffüllen muss, bevor er sich auf die schreibende Menschheit einschießt, ansonsten macht er sich nur lächerlich – und sie sich mit ihm, solange er zu ihren Diensten steht.

Mit freundlichen Grüßen
Franco Biondi

17. September 1994

Lieber Herr Biondi,

vielen Dank für Ihren Brief. Ich fürchte, der weitere Briefwechsel läuft nur noch auf Varianten der bisherigen Argumentation – und zwar von beiden Seiten – hinaus. Trotzdem will ich es ein letztes Mal versuchen, Ihnen meine Position verständlich zu machen.

Vielleicht ist es Ihr Pech, dass Sie ausgerechnet an mich geraten sind, denn ich bin auch für manche deutsche Autoren (i. e. Autoren mit Deutsch als Muttersprache) kein einfacher Gesprächspartner. In einer Zeit, wo man morgens beim Frühstück schon kaum eine der großen Zeitungen aufschlagen kann, ohne dass einem grammatische Fehler und Stilblüten ins Auge fallen, lege ich großen Wert darauf, dass in Texten, die mir angeboten werden, die Standards der deutschen Grammatik und Stilistik nicht unterschritten werden oder, das ist das Mindeste, dass man toleriert, wenn ich die Irrtümer und Schnitzer verbessere. Ich nehme mir auch die Freiheit, Rundfunkkollegen auf Konferenzen öffentlich zu korrigieren, wenn sie sich Lapsus leisten (z. B. scheinbar und anscheinend verwechseln oder wenn sie »alttestamentarisch« sagen und »alttestamentlich« meinen).

Wenn ich Ihnen gegenüber formulierte, dass es für Autoren, deren Muttersprache nicht die deutsche ist, keinen Rabatt gibt, dann meine ich dies so: es gibt keine Ermäßigung auf das Eintrittsbillett in die deutsche Literatur, und dieses Entree bedeutet eben: Anerkennung und Beherrschung der sprachlichen Standards, die auch für deutsche Autoren gelten. Eine Sprache zu erlernen, ist immer eine Frage der Macht und der Repression, wobei diese von der Sprache selbst ausgehen. Es ist mühsam und repressiv, wenn man unregelmäßige Verben und die Deklination von Substantiven und all die tausend Ausnahmen lernen muss. Dabei geht es nicht um die Abwehr von Erfahrungen, – unsere indogermanischen Sprachen, zu denen das Italienische wie das Deutsche gehört, spannen einen ganz ähnlichen begrifflichen Horizont auf, innerhalb dessen wir in Italien und Deutschland, sprachlich determiniert, ziemlich ähnlich denken – sondern um die angemessene Formulierung von Erfahrungen. D. h. hierzulande, wenn man sich an Deutsche wendet, in einer Sprache, wie sie sich bei uns in den letzten (knapp) fünfhundert Jahren seit Luthers Bibelübersetzung herausgebildet hat und heute zwischen Bayrischzell und Flensburg verstanden wird. Natürlich wandelt sich die Sprache im Lauf der Jahrhunderte, und manche Wendung des herrlichen Luther-Deutschs ist heute verblasst oder kaum mehr verständlich. Sprache ist immer geronnene Erfahrung. Wenn es in der Luther-Bibel heißt: Du sollst dem Ochsen, der da drischet, nicht das Maul verbinden, dann steckt dahinter die uralte Dresch-Technik, Ochsen über das Getreide zu treiben, das auf einer Tenne ausgebreitet ist. Sie rieben mit ihren Hufen die Körner aus den Ähren. Da war es selbstverständlich, dass die Ochsen sich gelegentlich bückten und ein Büschelchen Getreide fraßen. Schon zu Luthers Zeiten war m. E. das Dreschen mit Ochsen in

Mitteleuropa ungebräuchlich. Man drosch damals mit dem Flegel, aber die weitgehend bäuerlich lebenden Deutschen verstanden die biblische Wendung wohl noch. Heute, im Zeitalter des Mähdreschers, habe ich meine Zweifel, ob Stadtkinder Hintergrund und Sinn des Ochsen-Bildes noch begreifen. Es liegt heute also nahe, Bilder aus der Sphäre der Technik abzuleiten, und hat der Mähdrescher noch keine entsprechende Wendung hervorgebracht, so doch wenigstens der Rasenmäher. Wann immer von gleichsam mechanischen Kürzungen der Subventionen die Rede ist, zitiert man das »Rasenmäher-Prinzip«.

Der sprachliche Wandel ist in einer sich wandelnden Welt unvermeidlich, aber er sollte nicht von geistiger Schlamperei und Dummheit bestimmt werden, sondern, wenn irgend möglich, von schöpferischen Kräften. Neuerdings stellt man ja z. B. fest, dass sich eine Art von »absolutem Dativ« herauszubilden scheint; wann immer eine Apposition auftaucht, wird sie in den Dativ gesetzt, selbst wenn das Bezugswort im Nominativ, Genitiv oder Akkusativ steht. Wer glaubt, dass ich z. B. eine solche sprachliche Hurerei toleriere, der irrt sich. In diesem Zusammenhang bedaure ich sehr, dass wir heute keinen Schopenhauer oder Karl Kraus mehr haben und dass die Verfasser von Grammatiken inclusive der Duden-Redaktion sich immer mehr auf das Laissez faire verlegen – was natürlich bequemer ist.

Ich bin mit Karl Kraus dafür, Sprachsünden zu geißeln – gleichzeitig stimme ich mit Karl Kraus überein, dass es zuweilen eine »Orthographie des Herzens«, gelegentlich auch eine Grammatik und Stilistik des Herzens gibt, z. B. bei naiven Sprachbenutzern wie dem Offiziersburschen von Georg Trakl, der in einem erschütternden Brief den Tod seines Herrn beschrieb. Auch große Dichter und Dichterinnen dürfen gelegentlich gegen die Grammatik verstoßen, sei es um des Reimes oder sonstiger höherer Zwecke willen. Wenn die Lasker-Schüler einmal schreibt – ich zitiere aus dem Gedächtnis –:

> Ach liebe Engel öffnet mir,
> ich aß vom bittern Brote,
> mir lebend noch die Himmelstür
> auch wider dem Verbote,

dann verstößt dieser Dativ in der letzten Zeile gegen den gebotenen Akkusativ, aber die Lasker bildet den erbetenen Verstoß der Engel gegen das Gebot Gottes auch gleich noch sprachlich ab.

Solche Ausnahmen müssen freilich begründet sein und auf einem breiten Fundament sprachlicher Konvention ruhen, und nur unter dieser Bedingung gewinnen sie einen besonderen Ausdruckswert.

Ich bin der Meinung, dass jemand, der als Deutscher geboren und mit Deutsch als Muttersprache aufgewachsen ist, nicht von vornherein auch sprachliche Kompetenz im Deutschen beanspruchen kann. Wir werden in Kürze das Phänomen erleben oder tun es gelegentlich schon heute, dass in Deutschland wenn nicht geborene, so doch aufgewachsene Türken, Italiener, Spanier, Rumänen etc. besser Deutsch sprechen und schreiben (werden) als mancher Deutscher. Es gibt in jeder Population Menschen mit besonderer sprachlicher Kompetenz (und gelegentlich gelingt sogar noch im Erwachsenenalter der Sprung in eine andere Sprache, man denke an Joseph Conrad). So ist mir ein Ausländer, der ein korrektes oder gar virtuoses Deutsch spricht, allemal lieber als ein deutscher Landsmann, der seine Muttersprache nur mühsam radebrecht und keinen geraden Satz sprechen oder schreiben kann. Umgekehrt bin ich auch nicht bereit, um das ein letztes Mal zu sagen, ein Kauderwelsch, das voller grammatischer Fehler und schiefer Bilder ist, als Literatur anzuerkennen, nur weil es von einem Ausländer stammt, der auf seine angeblich so überwältigend neuen Erfahrungen pocht.

Selbstverständlich ist die deutsche Sprache in der Lage, Erfahrungen aus anderen Sprachwelten und Kulturen aufzunehmen, Sprichwörter z. B. sprachliche Bilder, Metaphern usw., – das meine ich u. a. mit »Bereicherung von den Rändern her« –, aber es geht z. B. nicht an, dass ein deutsch schreibender Marokkaner die deutsche Grammatik nach dem Vorbild der marokkanischen Grammatik umbildet, ein Türke sie nach türkischen Sprachgesetzen ummodelt, ein Russe nach russischen usw.: das Ergebnis wäre ein multikulturelles Kuddelmuddel, in dem niemand mehr etwas – und den anderen – versteht. Gerade wenn das Deutsche als lingua franca für die verschiedensten hier lebenden Ausländer dienen soll, ist die allseitige Anerkennung von Regeln nötig. Und wie sagt doch Schiller: nur das Gesetz kann Freiheit geben. Auch die Freiheit des poetischen Ausdrucks.

In diesem Sinne beste Grüße!
Ihr K. Corino

P. S. Das etymologische Wörterbuch von Friedrich Kluge, das ich seit meinem Studium benutze, gibt für »Fisimatenten« folgende Etymologie:

»›Visae patentes (literae)‹ ›ordnungsgemäß verdientes Patent‹, im 16. Jh. als ›vise-patentes‹ reichlich belegt, wird durch spöttische Auffassung des Bürokratischen ›überflüssige Schwierigkeit‹. Unter Einfluss von ›visament‹ ›Zierrat‹ tritt man an die Stelle des p, so schon 1499 ›it is ein viserunge und ein visimatent‹«.

28. September 1994

Lieber Herr Corino,

haben Sie vielen Dank für Ihre Erklärungen. Ich versichere Ihnen: Es ist nicht mein Pech, dass ich an Sie gekommen bin – Sie nehmen sich ernst und zeigen sich. Es ist nur bedauerlich, dass Sie die Machtfrage verlagern – die Dinge sind es, und Sie verstecken sich dahinter.

Ich habe Sie schon richtig verstanden: Sie meinen »Bereicherung von den Rändern her« in mechanischer, primitiver Weise. Auch die Kolonialmächte verstanden primär die Bereicherung in der vereinfachten Form von Gold und Geld. Ihre Vorstellung von der »Bereicherung mit fremden Sprichwörtern, sprachlichen Bildern, Metaphern usw.« ist wirklich – ob es Ihnen gefällt oder nicht – eine additive, simple Methode der Aneignung einer fremden Sichtweise, ist die Methode der Übermalung von Birnen zu Auberginen und die des Verkaufs der Birnen als Auberginen. Wenn Sie sie so hartnäckig zitieren, dann müssen Sie es auch gesagt bekommen: Bei der Özdamar wimmelt es davon; und man muss nicht unbedingt des Türkischen kundig sein, um dies herauszubekommen.

Von außen her mag dies als schon exotisch wirken, dennoch bringt die Übermalung von Birnen zu Auberginen nämlich gar nichts für den Auberginengeschmack. Denn wenn Sie sich so sprachkundig geben, so müssten Sie auch wissen, dass die Kraft der Bilder sich dann auch als solche erweist, wenn sie bei einer Rückübersetzung weiterbestehen bleibt. Wenn aber die sprachlichen Transplantate rückübersetzt als banal und sogar als lächerliche Sprachhülsen erscheinen, die jede Sprache als Redewendungen in Hülle und Fülle hat und die nur starre Vorstellungen hervorrufen, heißt es nur, dass sie den Glamour in der anderen Sprache versprechen. Ernstzunehmende Literatur ist das gewiss nicht. Für mich stellt sich eher die Frage, ob die deutschen Literaturkritiker sich nicht von Hütchenspielern haben blenden lassen. In meinem Kulturkreis heißt es, dass nur Provinzler sich von Hütchenspielern reinlegen lassen. Und es heißt auch: Es geschieht ihnen zu Recht.

Wenn Sie aber meinen, dass Bereicherung erst dann entsteht, wenn durch Sprache die kulturelle Differenz formuliert wird, dann verlassen Sie die einfache Arithmetik und begeben sich in die komplexere Differentialrechnung. Denn, ganz gewiss (ich zitiere Sie): »Die deutsche Sprache ist in der Lage, Erfahrungen aus anderen Sprachwelten und Kulturen aufzunehmen.« Bloß die Angehörigen der deutschen Mehrheit wie Sie: (noch) nicht.

Schließlich will ich noch etwas problematisieren: Den »Kluge« zu konsultieren – was ich selber tue – heißt noch nicht, dessen Interpretationsvorgaben befolgen zu müssen. Autoritätsgläubigkeit ist wahrlich nicht nur eine deutsche Tugend. Aber die Geschichte zeigt, dass die Unterwerfung (oder milder: die kritiklose Befolgung von Vorgaben) unheilvolle Folgen haben kann. Diese Vorgehensweise gibt einem vor allem die Illusion, sich bei Irrtümern aus der Verantwortung zu stehlen. Ich dagegen verlasse mich auf Erfahrung und auf den kritischen Geist – bei Irrtümern trage ich auch die volle Verantwortung für die Folge meiner Stellungnahmen.

M. f. G.
Franco Biondi

Abdruck mit freundlicher Genehmigung von Karl Corino.

QUELLENNACHWEIS

Fremd dem eigenen Werk gegenüber. Vortrag, gehalten in Lörzweiler, April 1983.
Von den Tränen zu den Bürgerrechen. Ein Einblick in die italienische Emigrantenliteratur. In: Zeitschrift für Literaturwissenschaft und Linguistik 14 (1984), H. 56, S. 75–100.
Einige Überlegungen zur künstlerischen Folklore. In: Polynationaler Literatur- und Kunstverein (Hg.): Der Tanz der Fremden. PoLiKunst-Jahrbuch 1984. Augsburg: Selbstverlag 1984, S. 15–22.
Meine Fremde ist ein Spiegel- und Glaslabyrinth. Vortrag, gehalten in Oldenburg, 6.2.1985, unveröffentlicht.
Die Fremde wohnt in der Sprache. In: Ackermann, Irmgard/Weinrich, Harald (Hgg.): Eine nicht nur deutsche Literatur. Zur Standortbestimmung der »Ausländerliteratur«. München: Piper 1986, S. 25–32.
Verliert sich die PoLiKunst-Literatur im Glaslabyrinth der Fremde? Vortrag, gehalten in München, März 1985. In: Die Brücke 4 (1985), H. 26, S. 61–65.
Macht Emigration krank? In: Förderverein Deutscher Schriftsteller in Hessen (Hg.): Redaktion: Franco Biondi, Gino Chiellino, Herbert Friedmann, Jusuf Naoum. Land der begrenzten Möglichkeiten. Einwanderer in der Bundesrepublik. Frankfurt a. M./Olten/Wien: Büchergilde Gutenberg 1987, S. 46–55.
Dankesrede zur Verleihung des Chamisso-Preises, 13.2.1987, unveröffentlicht.
So sehe ich mich unter den Deutschen. In: Schwencke, Olaf/Winkler-Pöhler, Beate (Hgg.): Kulturelles Wirken in einem anderen Land. Ausländische Künstler in der Bundesrepublik Deutschland. [XXV. Kulturpolitisches Kolloquium der Evangelischen Akademie Loccum, 20.–22.2.1987.] (=Loccumer Protokolle; 3/87.) Rehburg-Loccum: Evangelische Akademie Locccum 1987, S. 28–31. Bei dieser Tagung auch der folgende ‚Minderheitsbeitrag zur Arbeitsgruppe »Literatur«'
Ein Riss verläuft durch die Fremde. Vortrag, gehalten in Traunreut, Mai 1987, unveröffentlicht.
Die Fremde und die Anderen. Überlegungen für ein Essay. In: Rösch, Heidi (Red.): Literatur im interkulturellen Kontext. Dokumentation eines Werkstattgesprächs und Beiträge zur Migrantenliteratur (=Dokumentation. Weiterbildung; 20). Berlin: Technische Universität 1989, S. 22–27.
Die blinde Sehnsucht im blinden Land (1989), unveröffentlicht.
Wo die Fremde bleibt. Arbeitsthesen zur Literatur in der Fremde. 1. Entwurf. In: Die Brücke 10 (1991), H. September/Oktober, S. 14.
Was fremd bleibt. Über den intellektuellen Umgang mit der Anwesenheit von Inländern ohne Niederlassungsrecht. In: Die Brücke 11 (1992), H. 65, S. 26–29.
Die Sprache braucht die Fremde. Für die Tagung »Sich die Fremde nehmen.«

Deutschsprachige Literatur von Ausländern. In der Katholischen Akademie der Erzdiözese Freiburg, 21./22. 11. 1992, unveröffentlicht.

Über Obrigkeitsdeutsch und Pluralität in der Sprache. In: Evangelische Akademie Iserlohn (Hg.):Tagungsprotokoll 6/95: Das Eigene und das Fremde. Literatur in der Interkulturalität. Iserlohn: Evangelische Akademie 1995, S. 18–23. – Auch in: INN. Zeitschrift für Literatur 12, 1995, Nr.34, S.33–35. – Sigurd Paul Scheichl: Über Pluralität in der Sprache und ihre Grenzen. Eine Replik auf Franco Biondi. In: INN. Zeitschrift für Literatur 12 (1995), Nr.34, S.35–38.

Literarische Sprachwege. In: Krautgarten. Forum für junge Literatur (1999), H. 34. (Italienische Erstfassung: Sui sentieri della lingua. In: Gallo, Pasquale (Hg.): Die Fremde. Forme d'interculturalità nella letteratura tedesca contemporanea. Fasano: Schena 1998.)

Sprache als Herausforderung. Vortrag, gehalten in Sankt Vith, 1998, unveröffentlicht.

Meine Heimat? In: Meyer, Hans Georg / Wiegerling, Klaus (Hgg.): Heimat. Das allen in die Kindheit scheint und worin noch niemand war. Deutsch-israelisch-palästinensisches Lesebuch. Frankfurt a. M.: Brandes & Apsel 1997, S. 28–33.

Oidipale Scheidewege. Vortrag in der Dortmunder Universität, 24. 4. 1999, erweitert und unveröffentlicht.

Herkunft und Zugehörigkeit in der Literatur. Von der Schwierigkeit, der interkulturellen Literatur einen Rahmen zu geben. In: Heimatkunde. Migrationspolitisches Portal der Heinrich Böll Stiftung, URL: https://heimatkunde.boell.de/2009/10/18/herkunft-und- zugehoerigkeit-der-literatur, Datum des Zugriffs: 23. 3. 2016.

Von den wiederkehrenden zu den interkulturellen Ufern. In: Bieniec, Adrian u.a. (Hgg.): Rem tene, verba sequentur! Gelebte Interkulturalität. Festschrift zum 65. Geburtstag des Wissenschaftlers und Dichters Carmine/Gino Chiellino. Dresden: Thelem 2011, S. 111–119.

Werke einer fragmentierten Persönlichkeit. Vortrag, gehalten in Orvieto (Italien) am 29. 6. 2015 bei der Tagung *Letteratura italiana nel mondo – nuove prospettive* – vom Verfasser ins Deutsche übertragen.

Der interkulturelle Autor und die Rsonanzen (2015), unveröffentlicht.

Literatur der Betroffenheit. Bemerkungen zur Gastarbeiterliteratur. In: Schaffernicht, Christian (Hg.): Zuhause in der Fremde. Ein bundesweites Ausländer-Lesebuch. Fischerhude: Atelier im Bauernhaus 1981, S. 124–136.

»Die Unversöhnlichen«. Ein Briefwechsel zwischen Franco Biondi und Karl Corino. In: Die Brücke 14 (1995), H. 84, S. 15–19.

STATT EINER DANKSAGUNG

Meine inneren Seiten waren im Widerstreit, ob Franco Biondi eine Danksagung am Schluss oder am Anfang dieses Essaybandes zum Ausdruck bringen sollte. Die eine Seite hatte keine Lust, eine Auflistung jener Protagonisten, die zum Abschluss dieses Werkes beigetragen haben, zusammenzustellen. Die andere hatte eine Menge Namen parat – Befürworter und Gegner seines literarischen Schaffens. Anders als früher, da Franco Biondi zu einem produktiven Prozess kam, aus dem ein Text hervorging, geriet er in die Lähmung. Und Lähmung bedeutete für Franco Biondi, weder der einen noch der anderen Seite den Vorzug zu geben, sondern zu warten, bis sich in ihm eine dritte Seite meldet, die ihm den Weg weist. Tatsächlich meldete sich diese dritte Innenstimme. Auslöser war ein Schreiben vom 2. 8. 2016 der Robert Bosch Stiftung, das Franco Biondi mitteilte, dass sie »den Adelbert-von-Chamisso-Preis 2017 zum letzten Mal vergeben« wird. Die Begründung der Unterzeichner liest sich wie folgt: »Nach 75 Haupt- und Förderpreisträgern hat der Preis seine ursprüngliche Zielsetzung vollständig erfüllt: Autoren mit Migrationsgeschichte haben heute grundsätzlich die Möglichkeit, jeden in Deutschland existierenden Literaturpreis zu gewinnen.«

Die eine innere Seite hat sich über diese Mitteilung riesig gefreut: »Endlich geht diese Augenwischerei zu Ende!« Diese innere Seite hatte genug Indizien, dass die Bosch Stiftung als »PR-Agentur« der Bosch GmbH nicht so sehr die interkulturelle Literatur im Auge hatte, sondern vielmehr diesen Preis gestiftet hatte, mit der Frage: Wie viel PR bringt er mir ein? Und die Hochglanzbroschüren der Bosch Stiftung weckten immerzu den Eindruck, dass der Glanz der jährlich Prämierten nicht so viel Glanz brachte wie erhofft. Die andere innere Seite, die sich 1987 bei der Preisvergabe wertgeschätzt sah, fand es gar nicht lustig. Eher traurig. Aber die dritte, sie merkte kritisch an: »Ihr interkulturellen Literaturbanausen, was hat euch angetrieben?«

Ja, die Preisträgerliste zeigt, dass zunehmend die Anpassung an den deutschen Literaturkanon prämiert wurde (damit PR für die Bosch Stiftung gestiftet wird), nicht die Markierung des Unterschieds und der Interkulturalität. Der Gedanke, der suggeriert, eine Mission sei vollendet worden, zeigt ihr impliziertes Verständnis von Literatur, ein Verständnis, das dem Geist vom Namensgeber des Preises widerspricht. Es ist bekannt, was Adelbert von Chamisso zu seiner Lage unter seinen Mitmenschen anmerkte: »Ich bin Franzose in Deutschland und Deutscher in Frankreich … Ich bin nirgends am Platze, ich bin überall fremd …«. Und in *Peter Schlemihls wundersame Geschichte* findet der Protagonist seinen Weg in der Erforschung der Flora und will ihn in der Faunaerforschung weiter verfolgen. Nicht der Verkauf der Seele hat ihn zum Ziel geführt, sondern das Bekenntnis zur eigenen Andersartigkeit. Sprich: ein Bekenntnis nicht zur Anpassung, sondern zur Interkulturalität. In einer Mail an mich merkte Walter Schmitz an: »die Mission der Kultur ist aber nie beendet«. Dem kann ich beipflichten und mein Anliegen interkulturell spezifizieren, mit einem Gedicht von Franco Biondi aus dem Jahr 1990:

> Entstummung
>
> Die Farben des Herbstes
> die Geometrie des Tages
> die Stimmen im Viertel
>
> entstummen meine ich
> drängen sie nach vorne
>
> in die Sprache zu uns hin.

In diesem Sinne bedanke ich mich nun doch bei allen meinen Ichs und bei all denen, die ihnen widersprochen, sie angeregt und unterstützt/gefördert haben.

Hanau, 31. August 2016 (am Jahrestag meiner Ankunft in Deutschland vor 51 Jahren)

WALTER SCHMITZ

FRANCO BIONDI – VON ERNST UND VIELFALT DER SPRACHE

Wer, so wie im 19. Jahrhundert der Historiker Ernest Renand, glaubt, Nationen erzählten sich von Tag zu Tag ihre Geschichte neu, den müssen Migranten zutiefst verunsichern. Denn die ›andersherkünftigen‹ Einwanderer, die sich in einem Territorium, dessen Bewohner sich als ein Volk in einer Nation begreifen, nun ansiedeln, bringen ja viele Geschichten mit. Und in der Abwehr entsteht denn auch das Schreckgespenst, das in Europa nun schon seit geraumer Zeit umgeht und sich sogar globalisiert hat – die Multikulturalität. Bannen ließe sich die Angst vor dem Multikulturellen freilich sogleich, wenn man sich nur entschließen wollte, die Geschichten der ›Andersherkünftigen‹ (vgl. S. 74 u. ö.)zu hören, ihre Erfahrungen ernstzunehmen und nicht nur das Eigene im Fremden zu suchen, also sich unter Integrationszwänge zu stellen, sondern vielmehr das Fremde im Eigenen zu entdecken, mit Neugier und offen für eine Zukunft, die als solche ja unbekannt sein muss. Gerade deshalb bietet sie die Chance, den Fixierungen der Vergangenheit zu entkommen.

Als im Jahr 1964 der millionste Gastarbeiter in der von heute aus gesehen ›alten Bundesrepublik‹ ankam, waren die meisten Deutschen und war die bundesrepublikanische Öffentlichkeit noch nicht einmal bereit, sich einer Diskussion über ›Einwanderung‹ oder gar Multikulturalität zu stellen. Schon terminologisch schien das Problem dingfest gemacht. Die Ankömmlinge waren ›Gastarbeiter‹, Gäste und Arbeiter zugleich. Als Arbeiter sollten sie zum Wirtschaftswunder beitragen, als Gäste sollten sie sich ruhig verhalten und nach angemessener Zeit wieder gehen. »Die Ideologen haben es fertiggebracht«, kommentiert Biondi, »die Begriffe Gast und Arbeiter zusammenzuquetschen, obwohl es noch nie Gäste gab, die gearbeitet haben.«[1] Und dass der gutgemeinte Hinweis: »Die Gastarbeiter sind auch Menschen« (S. 68), überhaupt notwendig war und wie in der Betonung dieser Selbstverständlichkeit sich notwendig auch etwas Herablassung einschlich – das wird den Lesern von Biondis damaligen Essays heute wieder in großer Schärfe bewusst.

---

1 Franco Biondi/Rafik Schami: Literatur der Betroffenheit. Bemerkungen zur Gastarbeiterliteratur. In: Zu Hause in der Fremde. Ein bundesdeutsches Ausländer-Lesebuch. Hg. v. Christian Schaffernicht. Fischerhude: Atelier im Bauernhaus 1981, S. 124–136, hier S. 134f.

Der Terminus ›Gastarbeiter‹ leistete aber noch mehr, als nur das Paradoxe zusammenzuzwingen; er schuf auch eine Einheit, die es so nicht gab. Es gab nicht ›die Gastarbeiter‹ als geschlossene Gruppe, es gab vielmehr eine heterogene, multikulturelle Ansammlung, die durch dieses Wort und die Bedingungen, die in dem Wort beschrieben waren, in eine ihnen bis dahin völlig fremde Einheit gezwungen wurde. Und dieser aufgezwungenen Gemeinschaft wurden unterschiedslos auch andere Migranten zugerechnet, etwa Bildungsmigranten; und etliche von diesen, die späterhin in deutscher Sprache Literatur schrieben, solidarisierten sich nicht allein mit ihren Landsleuten, sondern eben mit allen, die so zusammengezwungen wurden. Gino Chiellino etwa, Yüksel Pazarkaya und Rafik Schami gehören zu denen, die so gleichsam eine literarische Solidarität bewiesen. Erst allmählich meldeten sich die ›Gastarbeiter‹ selbst mit ihren je eigenen Geschichten zu Wort; und die, die das taten, begannen dann sogar – mit einer gewissen Impertinenz, wie das die Adressaten empfanden – Aufmerksamkeit für dieses Unterfangen einzufordern.

Franco Biondi war, als er seine literarische Arbeit begann, tatsächlich ein ›Gast-Arbeiter‹. Als Achtzehnjährigen hatten ihn seine Eltern – Arbeitsmigranten – nach Deutschland nachgeholt. Die Familiengeschichte Biondis freilich liest sich wie ein Staffellauf der Fremdheit: Geboren ist Biondi in der Romagna, als Heimat kann man seinen Geburtsort, die kleine Stadt Forli, gewiss nicht bezeichnen. Seine Kindheit verbrachte er in den Städten Norditaliens, auf den Plätzen, wo die Schausteller, zu denen auch seine Eltern gehörten, ihre Buden aufschlugen; gelegentlich war er in Internaten als ein Waisenkind auf Zeit. Gastlich war dann Deutschland, die Gegend um Mainz, für ihn nicht. Er wuchs in das Milieu seines Berufes als Elektroschweißer hinein, arbeitete in der Industrie, ohne sich heimisch zu fühlen. Der so genannte zweite Bildungsweg erwies sich für ihn als derjenige Lebensweg, der es ihm erlaubte, ›sich die Fremde zu nehmen‹ (vgl. S. 176) – wie es ein Gedichttitel des distanzierten Freundes Gino Chiellino, der zum Weggefährten werden sollte, so treffend ausdrückt. Die Fremde, die er sich nahm, wurde sein Leben. Der drohende Unterton, der in der Analogie der Formel zur Redewendung ›sich das Leben nehmen‹ mitklingt, markiert zugleich die Gefährdung, der Franco Biondi sich in seinem deutschen Leben stets ausgesetzt sah. Die großen Schlagworte seit den 1960er Jahren werden hier, wenn sie in den Alltag des Einzelnen hereinbrechen, verwandelt in Erfahrung: Ausbeutung – also das Missverhältnis von Arbeitsleistung und erhaltenem Lebenswert – und Ausländerhass, also die Aggression gegen die Lebensgrundlagen der ›Fremden hier bei uns‹. Verwoben sind diese Erfahrungen in Geschichten, und Franco Biondi beginnt seit den 1970er Jahren sie auszudrücken und aufzuschreiben. Gedichte entstehen, erzählende Prosa und eben auch Essays.

Die Unterschiede der Gattungen sind offenkundig. Die Lyrik spielt die Erfahrung und die Sprache gegeneinander aus, erkundet, wie die deutsche Sprache sich öffnet für die Erfahrungen der ›Andersherkünftigen‹, Erfahrungen, die der Sprache der deutschen Bildung – trotz des Verrats an der Sprache im Dritten Reich – jetzt nach Meinung der deutschsprachigen Sprachmächtigen fremd bleiben müssten; die ›Andersherkünftigen‹ könnten ihre Erinnerung, ihre Tradition, ja ihre Fremdheit eben nicht in das ›Haus der deutschen Sprache‹ einbringen. Eben das unternimmt Franco Biondi; wenn sich das Land verändern müsste, um die Fremden anzunehmen, so würde eine Sprache, die Neues aufzunehmen vermag, den Weg in eine Zukunft weisen, die es gemeinsam zu entdecken gelte.

Die Neuentdeckungen in der Sprache prägen sich in Geschichten aus. Romane und Erzählungen Biondis erscheinen. Es ist gewiss nicht die Lebensgeschichte Franco Biondis, die Franco Biondi in diesen Romanen und Erzählungen berichtete, obschon gelegentlich eine Nebenfigur dieses Namens auftaucht und obwohl Dario Binachi, die Hauptfigur in *Karussellkinder* (2007) und schon in den Romanen *Die Unversöhnlichen* (1991) und *In deutschen Küchen* (1997) ein Protagonist, sich eben auch biographische Züge aus dem Leben Franco Biondis angeeignet hat. Erzählt werden Lebensgeschichten, die erkunden, wie man sich in der Fremde ›die Fremde nehmen‹ und überleben könne.

Der Essay schließlich setzt dies in größere Distanz, beschreibt, analysiert, versucht, die Erfahrung zu ordnen, macht Vorschläge zum Dialog mit anderen Wissens- und Weltmodellen. Diese Reflexion von Leben, Erleben, (Schreib-)Erfahrung und Schreiben begleitet Biondi, seitdem er den Weg des Schriftstellers eingeschlagen hat.

Biondis Ausbildung zum Psychotherapeuten öffnet eine weitere Erkenntnisperspektive, um den Menschen, der da schreibt, zu verstehen und das Geschriebene im Dialog mit der Leserschaft noch einmal in einer neuen Weise verständlich zu machen. Dabei wird überraschend eine Frage aufgeworfen, deren Antwort freilich ausbleiben muss, denn sie würde die Schreibarbeit Biondis gleichsam zunichtemachen. Es ist die Frage, wer hier schreibt, wer hier reflektiert. Für den Essay bietet sich im gewöhnlichen Verfahren die Ich-Form oder auch ein distanziert berichtender Sachstil an. Franco Biondi berichtet durchaus sachlich, allerdings über einen gewissen Franco Biondi, den man für sein Ich halten könnte. Biondi hat im Jahr 2005 ein Gedicht darüber veröffentlicht, wie es zu dieser Spaltung kommt, die neben das Ich ein Er stellt – also die Fremde, das Sich-selbst-fremd-Werden –, die Selbstentfremdung als Werkzeug der Erkenntnis nutzt; das ist nun wiederum im poetischen Ausdruck zu erkennen, der dann zurückübersetzt wird in die Sprache des Essays. Das Gedicht erschien in seiner zweisprachigen Gedichtsammlung *Giri e regiri, laufend*:

> blitzartig sehe ich mich
> und verschwinde
>
> ich erreiche mich nie:
> bis ich begreife wo ich stehe
>
> gehe ich schon voran
> und renne hinter mir her (S. 248)

Ich ist, in einer früher ungeahnten Konkretion der Formel aus der ›klassischen Moderne‹ um 1900, jetzt in der Tat ›ein anderer‹, ein Fremder, der sich stets entfernt – entfernt auch im Raum der Sprache. Denn: »Ich möchte gegen die Fremde in der Sprache anschreiben.« (S. 72) In der ›fremden Sprache‹ wäre die eigene Erfahrung einzuholen – und damit überhaupt erst angeeignet. Freilich, sichtbar ist das Ziel, doch der Weg erweist sich als endlos. – Wenn Biondis Essays, seine Gedichte, seine Romane und Erzählungen aber eine Gemeinsamkeit aufweisen, so ist es eben die: Dieser Autor nimmt die Sprache ernst. Sie ist für ihn bestimmt kein bloßes Mitteilungsmedium, sie ist für ihn ebenso wenig ein Medium ästhetischer Effekte; die deutsche Sprache bedeutet für den schreibenden Franco Biondi eine Herausforderung seiner ganzen Existenz. Denn auf seinem endlosen Weg zu seinem ›anderen‹ Selbst verändert sich der Schreibende ja, und indem er sich verändert, verändert sich auch die Sprache, die eben kein neutrales ›Instrument‹ ist. In der Konfrontation mit dem Ernst der Sprache entdeckt der Schreibende Vielfalt als Chance und als Gefährdung zugleich. Vielfalt in der Sprache ist die Bedingung der Schreibexistenz des Franco Biondi. Wenn es ihm die deutsche Sprache erlaubt, sich nicht nur ihren Traditionen und den in ihr bereits sedimentierten Erfahrungen und ästhetischen Erwartungen, ja Normen zu unterwerfen, sondern wenn sie ein Raum der Freiheit ist, in dem das Andere, das ›Andersherkünftige‹, das Fremde zu Worte kommt – nur dann ist das Schreiben des Franco Biondi ein Weg zum eigenen Ich. Denn dieses Ich ist ja ebenfalls gespalten in eines der Herkunft, zu der es keine Rückkehr gibt, und eines der Gegenwart, in der die Ankunft erschwert und vielleicht sogar verwehrt bleibt. Dass Ich ein anderer sei, ist für Franco Biondi keine ererbte Formel der Modernität, wie sie ehedem Arthur Rimbaud geprägt und wie sie viele immer neu variiert und sich angeeignet haben. Es ist vielmehr jenes ganz persönliche Paradox, das aus der Spaltung heraus Identitätsdialoge erst möglich macht. Ob diese zu einem Ziel führen, ist ungewiss. Die Lebens- und Wahrnehmungsmetapher des ›Glaslabyrinths‹, die in etlichen der Essays genutzt und ausgelegt wird, hält dieses Ineinander von Desorientiertheit und der Suche nach dem richtigen Weg fest; und impliziert ist dabei nicht nur die Gefahr der unaufhebbaren Täuschung und Irrung, sondern letztlich auch die letzte Gefährdung des Lebens selbst: denn im Inneren des Labyrinths wartet von jeher der Minotaurus, das Monster, das den Suchenden tötet. Wenn man den Mut hat, sich die Fremde zu nehmen, so kann dies durchaus das Leben kosten.

Die Fragmentierung der Persönlichkeit, die fatal enden kann, die Wahl zwischen den verschiedenen Wegen der Herkunft, der Zugehörigkeit und einer vielleicht noch offenen Zukunft – das sind vielfach variierte Leitthemen der Essays. Sie greifen über das Literarische hinaus und nehmen auch die Not der Fremde, die jeden betrifft, die psychischen Schädigungen, die Unsicherheit, die Zukunftsangst in den Blick und benennen die sehr greifbaren, aber oft beschwiegenen Gründe für diesen Verlust von ›Heimat‹. Es ist eben nicht nur das Heimweh, die ›Nostalghia‹, wie sie Andrei Tarkowskij in einem eindringlichen Film von 1983, den Biondi ebenso eindringlich interpretiert, geschildert hat. Es sind auch administrative Akte, so etwa die vorenthaltenen Bürgerrechte. *Von den Tränen zu den Bürgerrechten* heißt einer der großen Essays, in denen Biondi mit der gebotenen Nüchternheit die Entwicklung des Schreibens von Ausländern nachzeichnet, vor allem derer, die aus Italien kamen und hier weder in der ersten noch in der zweiten – und vielleicht nicht einmal in den Folgegenerationen zur ›Anwesenheit‹ zugelassen wurden. ›Anwesenheit‹ ist ein Schlüsselwort für Biondi. ›Anwesenheit‹ bedeutet, dass sich das Feld der Gegenwart insgesamt verändert, weil Akteure hinzutreten – oder, um es angemessener auszudrücken, Menschen mit ihren Schicksalen, die wahrgenommen werden wollen. Das verändert auch die Selbstwahrnehmung derer, die ›immer schon‹ da waren, lässt zunächst einmal erkennen, dass dieses ›immer schon‹ eine Konstruktion ist: setzt sich doch die Geschichte Europas aus Migrationsprozessen zusammen. Nimmt man alle Anwesenden in einem Lande ernst, diejenigen, die fremd sein sollen, wie jene, die sich einheimisch dünken, so verändern sich auch die Traditionen. Auch hier bietet Biondi – vor allem in dem großen Essay *Herkunft und Zugehörigkeit in der Literatur*.

Von der Schwierigkeit, der interkulturellen Literatur einen Rahmen zu geben – exemplarische Lesarten, die bis in die Antike zurückreichen, bis zu jenem Ödipus, der weniger, wie es im bürgerlichen Milieu um 1900 naheliegen mochte, ein sexuell getriebener und in Schuld verstrickter Mann und Sohn, sondern vielmehr ein Fremder ist, dem sich kein gangbarer Lebensweg öffnet.

Die Fremde, die Biondis Schreibvoraussetzung ist, hat – wie könnte es anders sein – mehrere, zumindest zwei Aspekte. Zum einen betrifft sie den, der fremd ist und dem Fremdheit zugesprochen wird. Zum anderen betrifft sie aber jenes Land, in das er gekommen ist und das ihm gegenüber eben die Fremde ist – und vielleicht auch bleiben will. Das Private ist, wie ich anknüpfend an eine eben doch nicht überholte Redeweise der 1960er/70er Jahre, als Biondis literarisches und bürgerschaftliches Bewusstsein sich in deutscher Sprache auszudrücken begann, hier sagen will: Das Private ist eben auch unmittelbar politisch. Franco Biondi hat nach über einem Jahrzehnt eine weitere Version jenes Gedichtes, das eine fragmentierte Persönlichkeit nicht nur ausdrückt, sondern als Bedingung des Lebensprozesses sichtbar macht, geboten. Sie lautet:

> Ununterbrochen finde ich mich
> und verlasse mich
>
> Ich verbinde mich selbst mit mir
>
> Während ich fortschreite und zurückkehre
> komme ich voran. (S. 254)

Vielleicht, so der beruhigte Grundton dieser Version, ist eine Ansiedlung – wie man nach vielen terminologischen Debatten in jüngster Zeit die letztliche Ankunft der Zuwanderer im neuen Land beschreiben möchte,[2] möglich, aber der Prozess des Erfahrens, des Schreibens, der Vertremdung und ausgesprochener Anwesenheit, der lässt sich nicht abschließen. Immerhin aber hat er zu einem Ergebnis geführt, das sich zu Beginn nicht absehen ließ. Denn nicht nur der Schreibende hat sich verändert, sondern die Sprache ist ihm auch entgegengekommen. Für Biondi war es offenkundig: Nicht nur »die Fremde braucht die Sprache«, sondern auch »die Sprache braucht die Fremde« (S. 139). Denn das Fremde fordert zur Wandlung heraus; die starren Normen eines

---

2 Vgl. Tom Cheeseman: Novels of Turkish German Settlement. Cosmopolite Fictions. New York: Camden House 2007.

›Obrigkeitsdeutsch‹ werden unter dem Druck der 1968er-Bewegung schwächer, Abweichungen werden zum Gewinn – ästhetisch und erkenntnisfördernd. Daran hat das Schreiben der ›Andersherkünftigen‹ Anteil – und Franco Biondi hat dieses, sein eigenes Recht auf Sprache immer wieder nachdrücklich eingeklagt und eindrucksvoll in seinem Schreiben belegt.

Soweit also ein Resümee, das den Bogen von den 1960er Jahren über die Beunruhigung und Selbstvergewisserung der 1990er Jahre schlägt bis in die Gegenwart. Und obschon die Essays sich nicht in vorschnellen Aktualisierungen ergehen, finde ich eine Notiz, die mich, den Leser heute, geradezu erschreckt: »dass die deutsche Mehrheit noch stark selbstbezogen und beziehungsmäßig selbstreferenziell war (es kommt die Frage auf, ob sie dies 2015 während des starken Andrangs vieler syrischer Flüchtlinge an der deutschen Staatsgrenze immer noch ist)« (S. 259). – Es ist ein Schrecken angesichts der ungerührten Konstanz der Verhältnisse. Seit nunmehr einem halben Jahrhundert ist Deutschland zum Einwanderungsland geworden. Ein Prozess, der von vielfältigen Debatten begleitet war; eine Fülle von Einsichten in das Fremde und das Eigene, in die Anforderungen einer vielkulturellen Gesellschaft, in die Pflichten des Respekts und der gegenseitigen Achtung liegt vor. Sie wurde gelesen, aber es gibt institutionelle Mißachtung und noch im Jahr 2015 tobt sich ein Hass auf alle Fremden aus, den man in Deutschland so nicht erwartet hatte, der aber jetzt die Ereignisse der frühen 1990er Jahre mit brennenden Flüchtlingsheimen und einem aufgebrachten Empörungspopulismus gleichsam als Vorspiel kenntlich macht. Es muss hier nicht wiederholt werden, dass seit den 1990er Jahren selbsternannte Akteure des ›Volkes‹ auch einen Schlussstrich unter den ›deutschen Schuldkomplex‹ fordern, wie sie es nennen. Verschränkt ist dies auf merkwürdige Weise mit einer Normalität des vielfältigen Miteinanders, die zu pflegen wir allen Anlass hätten. Wäre da nicht der zweite Aspekt des Schreckens: dass diese Normalität eben nicht als Maßstab der Gelassenheit und Zuversicht dient. Franco Biondi, um ihm hier einmal eine nicht ganz zulässige Repräsentativität zuzumuten, mag doch einstehen für viele, die sich tatsächlich ansiedeln konnten und für die Deutschland vielleicht nicht zur ›Heimat‹, aber doch zum Land ihres Lebens geworden ist. Und auch die so genannte Mehrheitsbevölkerung erkennt dies durchaus. Vom ›Spaghettifresser‹, wie ein Schimpfwort der 1960er Jahre für die zugewanderten Italiener lautete, zum Pizzabäcker – das wäre ja ein Beispiel für gelungene Willkommenskultur.

Im Film *Willkommen auf Deutsch* (Carsten Rau/Hauke Wendler 2014) wehren sich die Einwohner des kleinen Ortes Appel (415 Einwohner) im Landkreis Hamburg-Harburg heftig gegen die Ansiedlung von 50 Flüchtlingen – sämtlich Männer – in ihrer Mitte: So viele Fremde, das führe zu sozialen Spannungen und sei eine Bedrohung, insbesondere für Frauen und Mädchen. »Es gibt immer dann keine Vorbehalte gegen Ausländer«, so Bürgermeister Reinhard Kolkmann (SPD), »wenn ich sie kenne, wenn sie meine Nachbarn sind, wenn ich sie privat kennenlerne […] oder wenn sie in meinem Garten arbeiten […] oder wo immer ich Ausländer kennenlerne, oder zum Italiener gehe, da gibt's sowieso keine Vorbehalte.«[3] Diese Blindheit der scheinbaren Anerkennung ist also der zweite Aspekt des Schreckens, und zu nennen ist schließlich die borniert Verteidigung der ›Heimat‹, auf die die Ansässigen ein Exklusivrecht zu haben glauben.

Franco Biondi, einer jener ›Italiener‹, denen seinerzeit ähnlicher Argwohn und analoge Vorurteile begegneten, hat sich aus den Erfahrungen der Fremdherkunft und der verweigerten Anwesenheit heraus gefragt, was für ihn denn Heimat sein könne. Zunächst, so heißt es im Eingang seines Essays *Meine Heimat?*: »Heimat – seit etlichen Jahren verwundert mich dieser Begriff, der ein historisches Zuhause für eine Gemeinschaft und für die Einzelnen meinen soll« (S. 184), und das Wort führt dann auch auf irritierende Wege. Es findet sich etwa in »*Heimzahlen* und *Heimlichtuereien*« (ebd.). Der Erzähler des Romans *In deutschen Küchen* erkennt, dass auch die Ansässigen entheimatet sein können, und an anderer Stelle ist die Verbindung zum Unheimlichen denn auch nicht weit. Seine Romane, wie immer der autofiktionale Anteil zu bestimmen wäre, erzählen jedenfalls Geschichten von denen, die sich nicht integrieren, denn Integration ist immer von der Mehrheit her gedacht, und wohin sollten sie sich denn auch integrieren? In eine Kultur, über die die Ansässigen selbst nicht verfügen? In eine Tradition, die – wie im Roman *In deutschen Küchen* – von der weiterwährenden Präsenz der Denkmuster des Dritten Reiches bestimmt ist, der Brutalität und Aggression im Alltag, wie sie Horst, das Zentrum einer von ihm bestimmten patriarchalischen Familie, allzu lange ausübt? Dario integriert sich nicht. Er bricht auf aus diesem Milieu. Sein Weg hat erst begonnen. Sein Autor aber hat denen, die ihr ›Recht auf Heimat‹ als ›Einheimische‹ so aggressiv vorbringen, schon längst entgegengehalten: Erst die Begegnung mit dem Fremden macht für mich Heimat erfahrbar. Erzeugt sie Angst und verknüpft sich diese »mit all dem, was mit Heimat gefüllt wird, wird dies zuletzt zu einer Regressionsfläche. Dadurch wird allem, was fremd wirkt, nicht

---

3 Willkommen auf Deutsch. (Deutschland 2015, R.: Carsten Rau u. Hauke Wendler). Brown Sugar Films 2015, 0:42:59–0:43:03.

begegnet. Begegnung will heißen, dass Heimat niemals ein geschlossenes System sein kann. Wenn ein Ort sich tatsächlich durch Offenheit und Prozesshaftigkeit auszeichnet, dann fühle ich mich dort beheimatet« (S. 188). Nicht zuletzt die Spuren dieser Beheimatung machen seine Essays zu einer faszinierenden Lektüre; sie führt uns auf eine Reise in die Vorgeschichte unserer Gegenwart und lässt uns erkennen, wie weit wir auf unserem Weg in die Zukunft schon vorangekommen sein müssten.

ZEITTAFEL

1947	geboren am 8. August in Forlì in der Romagna (Italien).
1965	Arbeitsmigration nach Deutschland, bis 1974 Tätigkeit als Schlosser, Elektroschweißer und Akkordarbeiter im Rhein-Main-Gebiet.
1971–1976	Zweiter Bildungsweg (Mittlere Reife und Hochschulreife)
1976–1983	Studium der Psychologie in Frankfurt am Main
1976–1983	Deutschlehrer bei Lehrgängen für italienische Erwachsene zur Erlangung des italienischen Hauptschulabschlusses in Deutschland
seit 1975	Veröffentlichung eigener Werke in deutscher und italienischer Sprache
1979	Erscheinen des Gedichtbandes *nicht nurgastarbeiterdeutsch*
1974–1979	Mitglied im *Werkkreis Literatur der Arbeitswelt*
1980	Der Erzählungsband *Passavantis Rückkehr* erscheint.
1980–1983	Mitherausgeber der Reihe *südwind-gastarbeiterdeutsch* bei der CON-edition mit Suleman Taufiq, Rafik Schami und Jusuf Naoum
1980	Mitbegründer von PoLiKunst (des Literatur- und Kunstvereins von in Deutschland lebenden Minderheitsangehörigen)
1983	Ehrengabe der Bayerischen Akademie der Schönen Künste
1983–1986	Mitherausgeber der Reihe *Südwind-Literatur* beim Neuen Malik Verlag mit Gino Chiellino, Rafik Schami und Jusuf Naoum

1984	Die Novelle *Abschied der zerschellten Jahre* erscheint.
1987	Adelbert-von-Chamisso-Preis ex-equo mit Gino Chiellino
1990	Der Roman *Die Unversöhnlichen oder im Labyrinth der Herkunft* erscheint.
1995	Der Gedichtband *Ode an die Fremde* erscheint.
1997	Der Roman *In deutschen Küchen* erscheint.
2001	Der Roman *Der Stau* erscheint.
2005	Der Gedichtband *Giri e rigiri, laufend* erscheint.
2005	Arbeitsstipendium der Robert Bosch Stiftung
2007	Der Roman *Karussellkinder* erscheint.
2012	Der Roman *Kostas stille Jahre* erscheint.
2015	Der Roman *Die Unversöhnlichen. Neufassung* erscheint.

INHALT

Vorwort von Gino Chiellino   5

Essays und Vorträge

    Fremd dem eigenen Werk gegenüber   11

    Von den Tränen zu den Bürgerrechten   15

    Einige Überlegungen zur künstlerischen Folklore   51

    Meine Fremde ist ein Spiegel- und Glaslabyrinth   60

    Die Fremde wohnt in der Sprache   67

    Verliert sich die PoLiKunst im Glaslabyrinth der Fremde?   73

    Macht Emigration krank?   83

    Dankesrede zur Verleihung des Chamisso-Preises   92

    »So sehe ich mich unter den Deutschen«   95

    Minderheitsbeitrag zur Arbeitsgruppe »Literatur«   100

    Ein Riss verläuft durch die Fremde   103

    Die Fremde und die Anderen   109

    Die blinde Sehnsucht im blinden Land   116

    Vorläufige Thesen zur Literatur in der Fremde   124

    Was fremd bleibt – die deutschen Intellektuellen und die Anwesenheit von Inländern ohne Niederlassungsrecht   127

    Die Sprache braucht die Fremde – die Fremde braucht die Sprache   139

Sprachfremde und Obrigkeitsdeutsch	142
Über literarische Sprachwege	161
Sprache als Herausforderung	179
Meine Heimat?	184
Ödipale Scheidewege	189
Herkunft und Zugehörigkeit in der Literatur	208
Von den wiederkehrenden zu den interkulturellen Ufern	237
Wie Werke aus einer fragmentierten Persönlichkeit hervorgehen	247
Der interkulturelle Autor und die Resonanzen	255

Dokumentationen

Franco Biondi/Rafik Schami: Literatur der Betroffenheit	275
»Die Unversöhnlichen« Ein Briefwechsel zwischen Franco Biondi und Karl Corino	286
Quellennachweis	298
Statt einer Danksagung	300
Nachwort von Walter Schmitz	302
Zeittafel	311